Das Buch
Jehan Sadats außergewöhnliche Autobiographie ist zugleich Ausdruck ihrer tiefen Verbundenheit mit ihrem Land und Zeugnis ihrer innigen Liebe zu ihrem Mann, Anwar el-Sadat. Unter ihren zahlreichen sozialen Engagements lag ihr die Situation der mohammedanischen Frau besonders am Herzen. Jehan, selbst streng religiös erzogen, sah, wie sehr der Koran – entgegen seinem ursprünglichen Wortlaut – von den Männern vereinnahmt und zu deren Gunsten ausgelegt wird. So begann sie sich trotz großer Opposition, zuweilen sogar von seiten ihres Mannes, für die Rechte der Frau einzusetzen. Um zu demonstrieren, wie wichtig politische Präsenz und Bildung für Selbständigkeit und Selbstbewußtsein der Frauen sind, engagierte sie sich neben den Pflichten an der Seite ihres Mannes und ihrer Familie zunehmend selbst in der Politik und begann noch im Alter von 41 Jahren ein Universitätsstudium, das sie 1986 mit der Promotion abschloß. Jehan Sadat kämpfte entschlossen für die Geburtenkontrolle, um der Überbevölkerung und der Überlastung der Frauen Einhalt zu gebieten. Zu ihren größten Verdiensten gehören die Einführung gerechterer Scheidungsgesetze sowie die Quotenregelung, die die Repräsentation der Frauen in der Regierung sicherte. In ihrer Autobiographie gewährt Jehan Sadat einzigartige Einblicke in die häufig mißverstandene Welt des Islam und in die Gesellschaft des modernen Ägypten.

Die Autorin
Jehan Sadat wurde 1933 als Tochter einer Engländerin und eines Ägypters in Kairo geboren. Gegen den anfänglich großen Widerstand ihrer Familie heiratete sie 1949 den 15 Jahre älteren Anwar el-Sadat, der wegen seiner politischen Aktivitäten bereits inhaftiert gewesen war. An der Seite ihres Mannes, der 1970 das Amt des Staatspräsidenten übernahm und maßgeblich zur politischen Neuorientierung Ägyptens beitrug, engagierte Jehan Sadat sich zunehmend für soziale Bereiche, insbesondere die Rechte islamischer Frauen. Nach der Ermordung Anwar el-Sadats durch religiöse Fanatiker 1981 zog Jehan Sadat sich zunehmend aus ihren öffentlichen Ämtern zurück. Seit 1985 lebt sie in Virginia/USA, wo sie an verschiedenen Universitäten lehrt.

JEHAN SADAT

ICH BIN EINE FRAU AUS ÄGYPTEN

*Die Autobiographie
einer außergewöhnlichen Frau
unserer Zeit*

Aus dem Englischen
von Gisela Stege

WILHELM HEYNE VERLAG

MÜNCHEN

HEYNE GROSSDRUCK
Nr. 21/19

Titel der Originalausgabe
A WOMEN OF EGYPT

Umwelthinweis:
Dieses Buch wurde auf
chlor- und säurefreiem Papier gedruckt.

Dieser Titel ist auch in kleinerer Schrift
in der Allgemeinen Reihe Nr. 01/8196 lieferbar.

4. Auflage

Copyright © 1987 by Simon and Schuster, Inc.
Lizenzausgabe mit Genehmigung des Scherz Verlags,
Bern und München
Gesamtdeutsche Rechte beim Scherz Verlag, Bern und München
Wilhelm Heyne Verlag GmbH & Co. KG, München
Printed in Germany 2001
Innenfotos: Associated Press, Frankfurt; Bilderdienst Süddeutscher Verlag,
München; dpa, München; Focus, Hamburg; Keystone, Hamburg;
Pandis Media, München
Umschlaggestaltung: Atelier Ingrid Schütz, München
Gesamtherstellung: Presse-Druck Augsburg

ISBN 3-453-10875-2

Inhalt

1 Der Tod meines Mannes 7
2 Jugend in Kairo 40
3 Der Revolutionär und das Schulmädchen . 87
4 Die Befreiung Ägyptens 136
5 Die Zeit Gamal Abdel Nassers 167
6 Leben auf dem Dorf 234
7 Ägyptens Unglück 275
8 Verrat und Verräter 326
9 Die Söhne Abrahams 360
10 Die Aufgaben einer First Lady 383
11 Frauen im Islam 419
12 Der Weg zum Frieden 470
13 Im Namen Allahs 526
14 Unendliches Leid 578
   Epilog 601

Dem Andenken meines Mannes, Anwar el-Sadat,
und meinen Kindern,
Lubna, Gamal, Noha und Jehan, gewidmet,
die gleich mir geliebt und gelitten haben.

1 Der Tod meines Mannes

Der 6. Oktober 1981 gehörte zu den wenigen Tagen von Tausenden, an denen ich nicht um das Leben meines Mannes bangte. Dieses Datum – der 6. Oktober – war zu einem der stolzesten Gedenktage Ägyptens geworden, ein Tag, an dem alljährlich jener Moment im Jahre 1973 gefeiert wurde, in dem unsere Soldaten den Sueskanal überquerten und das Land zurückeroberten, das uns Israel genommen hatte.

Innenpolitische Differenzen waren an diesem Tag ebenso vergessen wie religiöse, politische und soziale Unterschiede. An jedem 6. Oktober gab es nur noch ein einziges Ägypten, das in Einigkeit meinen Ehemann Anwar el-Sadat feierte, jenen Mann, der unser Land aus der Demütigung erlöst und der Gerechtigkeit entgegengeführt hatte. So sicher war ich, daß Anwar an diesem ganz besonderen Tag keine Gefahr drohte, daß ich beinahe nicht an der traditionellen Militärparade in Nasr City am Stadtrand von Kairo teilgenommen hätte. Statt dessen wollte ich mir die Parade mit Anwars Zustimmung gemeinsam mit meinen drei Töchtern im Fernsehen ansehen und an meiner Dissertation für die Universität von Kairo arbeiten.

Weil mir mein Sicherheitsoffizier Vorwürfe machte, als er entdeckte, daß ich nicht beabsichtigte, mit Anwar an der Feier des Jahrestages teilzunehmen, änderte ich jedoch meinen Entschluß in letzter Minute und fuhr doch noch hin.

Wie schmuck mein Mann immer in den Uniformen aussah, die er sich speziell für die Militärparade am 6. Oktober anfertigen ließ! Auch in diesem Jahr trug er wieder eine neue, die, genau wie alle anderen, dem von ihm so bewunderten Vorbild der deutschen Uniformen entsprechend sehr eng geschnitten war. In den früheren Jahren hatten meine Töchter und ich ihn immer ein wenig mit seiner Eitelkeit geneckt, während wir mit aller Kraft an seinen Stiefeln zerrten und ihm halfen, sie über die langen Breeches hinaufzuziehen. »Meinst du nicht, die Uniform könnte ein bißchen lockerer sitzen?« fragte ich ihn, während er sich hineinmühte. »Aber ich bitte dich, Jehan«, wehrte er mit vorgetäuschter Ungeduld ab. »Du hast wirklich keine Ahnung vom Militär.«

An diesem Tag legte er immer sehr großen Wert auf sein Aussehen, und um zu zeigen, wie stolz er darauf war, ein Offizier der ägyptischen Armee zu sein, vervollständigte er seine äußere Erscheinung durch einen Marschallstab, den er sich unter einen Arm klemmte – eine ziemlich affektierte Geste, die mir überhaupt nicht gefiel. »Die Leute werden dich für einen Angeber halten, und das bist du doch gar nicht«, protestierte ich. Er aber behauptete, der Stab repräsentiere ›den wahren Stil militärischen Lebens‹, und trug ihn trotzdem. Allerdings nicht an jenem letzten 6. Oktober.

Alles war anders als sonst, an diesem 6. Oktober. Früher hatte ich mich in jedem Jahr sehr zeitig angekleidet, um meinem Mann noch in die Uniform helfen zu können. Während er sich dann fertig anzog, ging ich bereits ins Erdgeschoß und begrüßte den Vizepräsidenten und den Verteidigungsminister, die alljährlich in unserer Villa in Giseh erschienen, um meinen Mann zum Paradeplatz zu begleiten. Gemeinsam warteten wir drei, bis Anwar ausgehfertig die Treppe herabkam. Da ich ihn in Gegenwart dieser Regierungsbeamten natürlich nicht necken konnte, griff ich auf einen offizielleren Gruß zurück: »Alles Gute zu diesem Tag«, sagte ich zu ihm. »Und Allah segne euch alle.« Dann fuhren sie gemeinsam mit einem Wagen zu einer Vorbesprechung ins Verteidigungsministerium, während ich zwanzig Minuten später mit einem zweiten direkt zum Paradeplatz aufbrach.

Weil ich mich an diesem 6. Oktober jedoch erst in letzter Minute zum Besuch der Parade entschloß, mußte ich mich hastig ankleiden und möglichst schnell noch den Friseur kommen lassen, daher verpaßte ich diesmal Anwars Abfahrt. Am frühen Morgen hatte ich ihn geweckt und ihm wie üblich die Zeitungen gebracht. Und weil es ein besonderer Tag war, hatte ich außerdem unsere zweijährige Enkelin Jasmin, die Tochter meines Sohnes, zu ihm ins Bett gesteckt. Er lachte, als sie ihn am Schnurrbart zu ziehen versuchte, und lachte abermals, als sie ihn beim Rasieren nicht auf die eingeseifte Wange küssen wollte.

Meine letzte Erinnerung an meinen Ehemann zu Hause ist das Bild, wie er im Bad vor dem Spiegel steht und sich rasiert. Nicht einmal für unseren gewohnten Abschied unten an der Treppe reichte die

Zeit. Ich sagte ihm nicht auf Wiedersehen. Ich küßte ihn nicht. Ich sah ihn überhaupt nicht mehr. Vom Fenster meines Schlafzimmers aus hörte ich, wie der Wagen zum Tor hinausrollte.

Halb so schlimm, dachte ich damals, ich würde ihn ja bald auf dem Paradeplatz wiedersehen, und dann würden wir zur Siegesfeier nach Hause zurückkehren. Wie jedes Jahr an diesem Tag würde ich ihn an der Haustür mit dem *zachrit* begrüßen, dem Trillern, das die Ägypterinnen ausstoßen, indem sie die Zunge sehr schnell gegen den Gaumen schlagen lassen. Alle unsere Nachbarn würden bei seiner Rückkehr auf die Balkons ihrer Häuser treten, und die Frauen würden mit mir zusammen das *zachrit* ertönen lassen, bis die ganze Luft von freudiger Erregung und Segenswünschen vibrierte. All das war so vorhersehbar wie das Familienfoto, das traditionell alljährlich an diesem Tag in unserem mauerumgebenen Garten aufgenommen wurde.

Dieses Jahr war der Fotograf schon einen Tag zuvor bei uns gewesen und hatte im Garten Aufnahmen von Anwar und Jasmin gemacht. Ich hatte zugesehen, wie Anwar ruhig dasaß und las, während unsere Enkelin auf ihm herumturnte. »Kommen Sie doch auch für ein Foto her, Frau Sadat«, hatte der Fotograf gerufen, aber ich mußte zu einer Sitzung. »Ach, das hat doch bis morgen Zeit«, wehrte ich ab. »Heute hab' ich zuviel zu tun.« Ich konnte nicht ahnen, daß nicht nur mein Mann, sondern auch der Fotograf nur wenige Stunden später umkommen würden.

»Omi, Omi, wir wollen auch mit! Bitte laß uns mitkommen!« rufen meine Enkelinnen, als ich mit meinem fünfjährigen Enkel Scharif zum Paradeplatz aufbrechen will. Warum soll ich sie eigentlich nicht alle mitnehmen, frage ich mich. Dies ist ein besonderer Tag für ihren Großvater, für unser ganzes Land. Und wenn sie bei der Parade müde oder ungeduldig werden, kann ich sie mit dem Kindermädchen im Auto nach Hause bringen lassen. Also fahren wir alle zusammen.

Gott muß Anwar diesen letzten glücklichen Moment auf Erden bewußt geschenkt haben. Niemals werde ich sein Lächeln vergessen, als er unter aufbrausendem Beifall die Tribüne betrat und zum oberen Teil hinaufblickte, wo er seine vier Enkelkinder neben mir stehen sah. Sein gewöhnlich ruhiges und nachdenkliches Gesicht war, als er zu uns heraufwinkte, auf einmal von strahlend-sonniger Wärme erfüllt. »Welch ein Lächeln!« flüsterte mir eine Parlamentsabgeordnete ins Ohr. Sie hatte recht. Es war nicht einfach irgendein Lächeln. Es war das Lächeln eines Mannes, der sein Land an diesem Tag besonders liebte, der seine Familie mehr liebte als das eigene Leben. In Gedanken sehe ich auch jetzt noch immer die Schönheit dieses letzten Lächelns, erinnere ich mich daran, wieviel Glück sein Gesicht in diesem Moment ausstrahlte.

»Warum diese Verzögerung?« frage ich Suzanne Mubarak, die Frau des Vizepräsidenten, die neben mir sitzt. Ein Motorrad hat eine Panne. Und es sollte weitere Verzögerungen geben.

»Und jetzt sehen wir unsere tapferen Guerilla-Streitkräfte«, verkündete die Stimme über den Lautsprecher. Zwei bis drei Minuten vergehen, aber noch immer wird nicht marschiert. Die Parade verläuft nicht so glatt wie in früheren Jahren unter der Leitung des Verteidigungsministers Gamasi. Da hatte es keinen Moment des Leerlaufs gegeben.

Die Formationen der Luftwaffe erscheinen am Horizont: Phantom-Jets, die akrobatische Kunststücke vorführen und dabei lange, leuchtend bunt gefärbte Rauchfahnen hinter sich herziehen. Donnernd jagen die Jets kreuz und quer über den Himmel, bis er mit einem Muster aus roten, blauen und grünen Streifen bedeckt ist.

»Das ist der absolute Höhepunkt!« Frau Mubarak lacht vor Freude; ihr Mann, der neben Anwar sitzt, war früher selbst Luftwaffenpilot.

In all der Aufregung und dem Lärm stimme ich in ihr Lachen ein, obwohl ich um die Piloten besorgt bin. Wie sehr muß Anwar diesen Anblick genießen! Durch die großen Glasfenster der Balkons über den Tribünen blicke ich zu ihm hinab. Genau wie alle anderen hat er das Gesicht emporgewandt und beobachtet das Schauspiel am Himmel. Seine Mütze hat er vor sich auf die Brüstung gelegt.

Plötzlich bricht ein Armeelastwagen aus der Reihe der Artilleriefahrzeuge aus und hält direkt vor den Tribünen. Drei Mann springen heraus und laufen mit Maschinengewehren auf die Tribünen zu. Unmittelbar darauf höre ich eine Granate explodieren, deren Detonation beinahe im Dröhnen der Jets untergeht.

Rauch füllt die Luft. Mein Blick wandert sofort zu Anwar hinunter, der aufgestanden ist und auf seinen Leibwächter zeigt, als wolle er ihm befehlen: »Sorgen Sie dafür, daß das aufhört!« Es ist das letzte Mal, daß ich meinen Mann lebend sehe.

Rufe, Schreie. Kugeln durchschlagen das Glas des Fensters, durch das ich der Parade zugeschaut habe. Ich springe auf, will zu meinem Mann, aber mein Leibwächter tritt mir in den Weg.

»Bleiben Sie bitte auf Ihrem Platz, Madame«, sagte er.

»Fassen Sie mich nicht an!« befehle ich ihm.

Er ist stärker als ich und zieht mich so energisch zu Boden, daß mein Arm noch zwei Wochen später blutunterlaufen ist. Ringsumher herrscht Chaos. Meine Enkel weinen, schreien auf, als eine weitere Granate explodiert und uns die Schüsse in den Ohren dröhnen.

»Aufhören!« rufe ich der haltlos schreienden Frau eines unserer Minister zu, die zusammen mit den Frauen der Generale und der Regierungsbeamten im Laufgang kauert. Neben mir auf dem Fußboden sitzen Frau Mubarak und meine Sekretärin. »Das sind Moslemfanatiker«, erkläre ich.

Seit Monaten schon ist es in Ägypten immer wieder zu Ausbrüchen religiöser Gewalt gekommen. Zum erstenmal in der Geschichte unseres Landes haben Spannungen zwischen religiösen Extremisten Moslems gegen unsere uralte Gemeinde koptischer Christen aufgebracht und in blutigen Angriffen zahlreiche Opfer gefordert. Da immer heftigere Ausbrüche von Gewalttätigkeiten die Stabilität des Landes zu gefährden drohten, war Anwar im September gezwungen, über tausend religiöse und politische Extremisten vorübergehend in Haft nehmen zu lassen. Angesichts der Tatsache, daß die letzte Phase der Rückgewinnung des Sinai bevorstand, ägyptischen Bodens, der seit dem Krieg von 1967 von den Israelis besetzt war, durfte Anwar auf keinen Fall riskieren, daß es zu inneren Unruhen kam.

Religiöser Eifer hatte auch bei anderen Minderheiten Widerstand gegen Anwars Politik entfacht. Weil er mit Israel Frieden geschlossen hatte, wurde mein Mann von islamischen Fundamentalisten und einigen Führern arabischer Länder als Verräter bezeichnet. Weil er davon träumte, die Anhänger des Christentums, des Judentums und des Islam harmonisch zu vereinen, wurde er als Ungläubiger gebrandmarkt. Und weil er durch seine Wirtschaftspolitik, die *infitah*, Ägypten ausländischen Investoren öffnen wollte, nannte man ihn eine Marionette des Westens. Auch ich war von den religiösen Extremisten beschimpft worden: weil ich die Mohammedanerinnen in ihrem Selbstbewußtsein bestärkte, weil ich meinen Kopf nicht in einen Schleier hüllte. Während dieser kritischen Phase im Sommer und Herbst 1981 hatte ich große Angst um das Leben meines Mannes. In der eskalierenden Spannung der letzten Wochen hatte es nicht einen einzigen Tag gegeben, an dem ich mich morgens nicht von ihm verabschiedete, ihn nicht segnete und nicht darauf gefaßt war, ihn abends nicht lebend wiederzusehen. Bis auf diesen einen Tag.

Der Kugelhagel dauert an und wird noch schlimmer. Wir, die wir in einem fensterlosen Durchgang kauern, können nichts sehen; aber ich bin fest überzeugt, daß die Schüsse, die wir hören, von unseren Sicherheitswachen kommen, die diesem Zwischenfall, oder was immer es auch gewesen sein mag, ein Ende bereiten. »Ruhe bewahren«, ermahne ich die Frauen immer wieder. Ich selber bin merkwürdigerweise ganz gelassen. Ich weine nicht. Ich habe keine Angst. Ich fürchte nicht einmal für das Leben meines Mannes. Ich glaube immer noch, daß Armeeangehörige ihm niemals etwas antun könnten. Er sieht in ihnen seine Kinder, nennt sie immer nur seine ›Söhne‹. Und sie wiederum lieben ihren Oberbefehlshaber.

Bei dem Überraschungsangriff von 1973 waren ägyptische Truppen über den Sueskanal und die Bar-Lev-Linie gestürmt, jenen fünfzehn Meter hohen Erdwall, von dem die Israelis behaupteten, er sei unüberwindlich. Indem er die Israelis zum erstenmal in fünfundzwanzig Jahren bezwang und uns nach drei demütigenden Niederlagen endlich zu einem Sieg verhalf, hatte Anwar unseren Stolz auf Ägyptens Militär wiederhergestellt. Dafür nannten ihn Soldaten wie Zivilisten stets *batal elubur*, Held der Überquerung.

»Mr. Atherton! Mr. Atherton!« rufe ich dem Botschafter der Vereinigten Staaten zu, dem ersten Menschen, den ich unten sehe, nachdem die Schießerei vorüber ist. Aber er hört mich nicht. Überall sind Sessel umgestürzt, liegen Menschen auf dem Boden, werden in Krankenwagen geladen. Andere, die nicht verwundet sind, stehen einfach da und starren ins Leere, als seien sie k. o. geschlagen, hielten sich aber gerade noch aufrecht. Ich halte nach meinem Mann Ausschau, finde ihn aber nicht. Langsam, vorsichtig steige ich zu den Tribünen hinab. Ich will in diesem Moment nicht hysterisch wirken, keine Angst um meinen Mann oder mein Land zeigen.

»Wo ist Präsident Sadat?« erkundige ich mich bei einem Angehörigen der Präsidentengarde und bin bemüht, das Blut auf seiner schneeweißen Uniform zu übersehen.

»Es geht ihm gut, das schwöre ich, Frau Sadat!« antwortet er. »Ich hab' ihn selbst zum Hubschrauber getragen, der ihn ins Maadi-Hospital bringen wird. Anscheinend ist er nur an der Hand verletzt.«

»Dann fahren wir jetzt ins Krankenhaus«, erkläre ich meinem Leibwächter ruhig. Ich sehe, wie Fawzi Abdel Hafez, Anwars Sekretär, schwer verwundet auf einer Bahre davongetragen wird, und mir fällt ein, daß er unmittelbar hinter meinem Mann saß. Dennoch kann ich einfach nicht glauben, daß Anwar etwas zugestoßen ist. Vizepräsident Mubarak ist, wie ich weiß, nichts geschehen. Während wir im Tribünengebäude noch im Gang kauerten, kam einer seiner Leibwächter herein und flüsterte Frau Mubarak ins Ohr, ihr Mann sei in Sicherheit.

Rasch setze ich meine Enkel in den Wagen, um mit ihnen zu dem Hubschrauber zu fahren, der uns ins Krankenhaus fliegen soll. Unterwegs versuche ich die Kinder, die fast hysterisch sind vor Angst, ein bißchen zu beruhigen. Ich werde den Hubschrauberpiloten bitten, in der Nähe unseres Hauses zu landen, damit wir die Kinder absetzen können.

Im Krankenhaus verstehe ich nicht, warum sie mich alle wie versteinert anstarren und niemand auch nur ein Wort mit mir spricht. Da ich viel Zeit mit den Verwundeten der Kriege von 1967 und 1973 im Krankenhaus verbracht habe, sind mir sämtliche Ärzte und Schwestern, die ich in der Halle sehe, gut bekannt.

Ich mache mir jetzt große Sorgen um meinen Mann, denn man sagt mir, daß er im Operationssaal liegt. Noch nie sind mir die Korridore so lang vorgekommen wie jetzt, als ich eilig dem Zimmer zustrebe, in dem weitere Regierungsbeamte sowie meine Familie auf mich warten. Gott sei Dank sind alle meine Töchter gesund. Und hier. Aber natürlich, sie haben sich die Parade ja, wie ich mich auf einmal erinnere, im Fernsehen angeschaut. Endlich finde ich den Raum, in dem sie mit ihren Ehemännern und den Ministern warten, die den Angriff überlebt haben. Vizepräsident Mubarak, der einen Streifschuß an der Hand hat, ist bereits verbunden worden.

Es ist so still in diesem Raum. Ich geselle mich zu ihnen und schweige ebenfalls. Ich warte darauf, daß ein Arzt kommt und mir sagt, ich brauche mir keine Sorgen zu machen, meinem Mann gehe es gut. Aber es kommt keiner.

Mein Schwiegersohn Hassan Marei nimmt einen Anruf von meinem fünfundzwanzigjährigen Sohn Gamal in Kalifornien entgegen, wo er von dem Anschlag auf seinen Vater gehört hat. Die Wunde, hat das amerikanische Fernsehen berichtet, befinde sich in Anwars Brust neben dem Herzen. Wie Gamal zu Hassan sagt, hat unsere Botschaft in Washington dafür gesorgt, daß er sofort mit einer Maschine nach Hause fliegen kann. Als zusätzliche medizinische Versicherung hat Gamal unseren Botschafter in London telefonisch gebeten, dafür zu sorgen, daß er auf dem Flug nach Ägypten Dr. Magdi Yakub, einen weltberühmten ägyptischen Herzspezialisten, abholen kann. Dr. Yakub ist zwar mitten in einer Operation, übergibt aber sofort an einen anderen Arzt und fährt mit seinen Instrumenten und seiner ganzen Ausrüstung zum Flughafen.

Selbst nach einer halben Stunde kommt noch immer kein Arzt zu uns in den Raum, in dem wir alle schweigend warten. Und obwohl ich die Wahrheit nicht wissen will, spüre ich sie doch intuitiv. Jetzt muß ich meine Pflicht erfüllen. Ich atme tief durch, stehe auf und wende mich an Vizepräsident Mubarak.

»Wie es scheint, ist Anwar el-Sadat nicht mehr am Leben«, sage ich sehr ruhig zu ihm. »Jetzt ist die Reihe an uns, das Land zu führen. Bitte, Herr Mubarak, kümmern Sie sich um Ägypten.« Er starrt mich nur verständnislos an.

»Sagen Sie das nicht, Frau Sadat! Sagen Sie das bitte nicht!« höre ich jemanden rufen. Als ich mich nach der Stimme umwende, sehe ich Anis Mansur, den Herausgeber der Zeitschrift *Oktober*, einen Freund, der sich mit Anwar jede Woche zu einem Interview traf. Ich antworte ihm nicht. Ich muß zu meinem Mann!

Niemand hält mich auf, als ich allein durch die Halle in den Raum gehe, in dem Anwar liegt. Im Korridor begegne ich dem Chefchirurgen, der seinen Sohn im Krieg von 1967 verloren hat. Wie oft habe ich bei ihm im Krankenhaus gesessen und ihn getröstet! Jetzt lehnt er an der Wand, als könne er sich nicht allein aufrecht halten. Warum ist er nicht im Operationssaal und versucht meinen Mann zu retten?

»Ich kann's nicht ertragen, ihn zu sehen«, sagt er zu mir. Seine Augen schwimmen in Tränen.

Ich hatte die Wahrheit schon geahnt. Jetzt kenne ich sie. »Ich verstehe, Herr Doktor«, antworte ich ihm. »Ich danke Ihnen für alles, was Sie getan haben.«

Als ich die Doppeltür zum Operationssaal aufstoße, hege ich wider alle Vernunft noch etwas Hoffnung. Aber es gibt keine Hoffnung mehr. Anwar liegt auf einem Bett, noch immer mit seiner neuen Uniform bekleidet. Ein Ärmel ist aufgerissen worden, damit die Ärzte möglichst schnell mit der Bluttransfusion beginnen konnten, aber es war alles umsonst. Ich eile zu meinem Mann, werfe mich unter Tränen an seine Brust. So sehr bin ich in meinem Schmerz gefangen, daß es Minuten dauert, bis ich merke, daß Ärzte und Schwestern hilflos im Raum stehen, während ihnen die Tränen über die Wangen laufen. Sie haben ihm bereits die Augen geschlossen und das Kinn mit einem Tuch hochgebunden.

Es ist ein Moment, den ich nicht beschreiben kann: einen Mann zu sehen, der vor kurzem noch so lebendig war, der mir noch wenige Stunden zuvor mit dem

Strahlen von tausend Kerzen zugelächelt hatte – ihn da so still liegen zu sehen... Meine Tränen strömen, aber sie strömen lautlos. Ich muß vorsichtig sein. Offiziell weiß bisher noch niemand, daß Sadat gestorben ist. Und es darf auch niemand erfahren, bis wir ganz sicher sind, daß unser Land nicht gefährdet ist. Ich streiche ihm übers Haar, küsse ihm Gesicht und Hände. Wie kann er tot sein? Ich sehe keine Wunden, kaum einen Blutfleck auf der Uniform. Ich möchte ihn so gern aus dem Schlaf holen, aber ich vermag es nicht.

Durch den Tränenschleier sehe ich einen meiner Schwiegersöhne hereinkommen. »Hassan«, wende ich mich leise an ihn, »hol meine Kinder.«

»Nein! Nein!« protestiert er sofort, weil er nicht glauben will, was er doch sieht.

»Hassan«, wiederhole ich bestimmter, »hol bitte meine Kinder herein, damit sie sich von ihrem Vater verabschieden können.«

Mit ihren Ehemännern kommen meine Töchter in den Operationssaal. Immer wieder küssen sie ihren Vater auf Stirn und Hände, fallen ihre Tränen auf seinen Körper. Genau wie ich liebten sie ihn sehr, sehr innig, und sie vermögen ihren Schmerz nicht zurückzuhalten. Gemeinsam sprechen wir das traditionelle Moslemgebet für die Toten: »Allah gehören wir, und zu ihm müssen wir zurückkehren. Es gibt keinen Gott außer Allah, und Mohammed ist Sein Prophet.«

»Laßt uns gehen«, sage ich nach wenigen Minuten zu meinen Kindern und wende mich an die Ärzte. »Ich danke Ihnen für alles, was Sie für meinen Mann getan haben. Ich habe noch eine Bitte. Ich möchte, daß niemand diesen Raum betritt. Ich will nicht, daß die Leute hereinkommen, nur um ihn anzusehen. Bitte, gönnen Sie ihm die letzte Ruhe.«

Sie nicken zustimmend.

Die Minister müssen es erfahren. Mubarak muß es erfahren. Elf Jahre lang war mein Mann Präsident von Ägypten. Nun geht die Verantwortung auf Mubarak über.

»Herr Präsident«, sage ich zu ihm, als ich wieder im Warteraum bin, »Anwar Sadat ist nicht mehr. Er lebt nicht mehr. Es ist Gottes Wille. Aber Ägypten lebt noch und befindet sich in Gefahr. Jetzt sind Sie es, der uns führen muß.« Aber er bleibt regungslos sitzen. »Ich habe eine Bitte«, fahre ich fort. »Machen Sie Sadats Tod erst bekannt, wenn Sie sich genau über die Lage im Land informiert haben und wissen, wie Sie sie unter Kontrolle halten können.«

Die Minister begeben sich daraufhin hinaus, um eine Krisensitzung anzuberaumen. Nur Hosni Mubarak bleibt sitzen. Einer der anderen Minister kommt zurück, um ihn zu holen, aber es ist, als nehme er ihn gar nicht wahr.

»Herr Mubarak, ich werde so lange hierbleiben, bis Sie sich aufraffen und zu der Sitzung gehen«, erkläre ich ihm. »Sie haben die Pflicht, Ägypten zu schützen.« Endlich erhebt sich Mubarak.

Überall hielt sich das Gerücht, Sadat sei nur an der Hand verletzt. Aber die Leute, die im Krankenhaus gewesen waren, kannten die Wahrheit. Als ich mit meinen Töchtern durch die endlosen Korridore hinausging, begannen Ärzte, Krankenschwestern und sogar unsere Leibwächter laut zu weinen. Ich versuchte Haltung zu bewahren, verbarg meine Augen hinter einer Sonnenbrille, aber es fiel mir schwer. Eine der Oberschwestern, die ich gut kannte, nahm mich in die Arme, und dann weinten wir beiden gemeinsam – lautlos.

Draußen vor dem Krankenhaus hatten sich viele trauernde Menschen versammelt, sogar Parlamentsmitglieder, die einfach dastanden und klagten. Die Ministerin für Soziales saß einem Trauerritual folgend, das noch aus den Tagen der Pharaonen stammte, auf dem Boden, schlug sich an die Brust und rief mit lauter Stimme Allah an. Die Trauer über den Tod meines Mannes ging sehr, sehr tief, und auch mein Chauffeur begann auf dem Rückweg nach Hause immer lauter zu klagen. Als wir unser Haus betraten, steigerte sich die Intensität der Trauer. Die Dienstboten glaubten immer noch, Anwar sei nur verwundet worden, es gehe dem Präsidenten gut. Doch als sie den Chauffeur und meine Familie sahen, wußten sie Bescheid.

Ich konnte nicht sofort mit ihnen sprechen, sondern begab mich mit meinen Töchtern nach oben auf den Balkon von Anwars Zimmer, auf dem er so oft gesessen und nachgedacht hatte, während er auf den Nil hinausblickte. Dort konnte ich endlich ungehemmt um den Mann weinen, mit dem ich einunddreißig Jahre verheiratet gewesen war und dessen Vision von Frieden und Demokratie ihn das Leben gekostet hatte. Ich konnte hören, wie sich das Wehklagen im ganzen Haus verbreitete. Das Kindermädchen meiner Enkelin begann ihre Kleider zu zerreißen, auf und ab zu springen und in der Tradition der Landbevölkerung zu kreischen. »Hör auf damit«, bat ich sie, denn ich fürchtete, sie könne sich etwas antun.

Das Telefon klingelte. Es war Gamal, der vom Flughafen in den Vereinigten Staaten aus anrief. »Mama, ich fliege jetzt los, um Dr. Yakub abzuholen«, berichtete er.

Ich atmete tief durch. Die Telefonleitung, über die wir sprachen, war nicht sicher. »Du solltest lieber direkt hierherkommen, Gamal«, wies ich ihn ruhig an. »Wir brauchen keinen weiteren Arzt mehr.«

Es folgte eine schreckliche Pause. »Ich verstehe, Mama«, sagte er schließlich. »Ich werde den Botschafter in London anrufen und ihm erklären, daß es in Kairo genug Ärzte gibt und Dr. Yakub nicht mehr benötigt wird.«

»Ist alles in Ordnung mit dir?« fragte ich ihn.

»Ja, Mama«, antwortete er. »Der Arzt in unserer Botschaft hat mir ein Beruhigungsmittel gegeben.«

»Sei tapfer«, ermahnte ich unseren Sohn. »So wie dein Vater es von dir erwarten würde.«

Gamal hatte seinem Vater nahegestanden, sehr nahe. Tagtäglich pflegte Anwar mindestens eine Stunde im Garten spazierenzugehen, und Gamal hatte ihn oft dabei begleitet. Sie führten Gespräche, in denen der Vater dem Sohn die Pflichten klarzumachen versuchte, die er Ägypten und der Familie gegenüber hatte. In unserem Land wird in jeder Familie der älteste Sohn als nächstes Oberhaupt und als verantwortlich für das Wohlergehen von Mutter und Schwestern betrachtet. Da Gamal unser einziger Sohn war, verwendete Anwar viel Zeit darauf, ihn auf den Augenblick vorzubereiten, da er, der Vater, nicht mehr am Leben sein würde. Und nun war dieser Moment gekommen.

Aber noch wußte niemand in Ägypten davon. Sobald die Schüsse auf dem Paradeplatz fielen, war die Fernsehübertragung gestoppt worden. Das hatte zu Spekulationen geführt. Es wurde gemunkelt, daß eine richtige Revolution ausgebrochen sei. Die Moslemfanatiker versuchten den Rundfunksender zu übernehmen, um die Massen im Namen des Islam zu mobilisieren, lautete eins der Gerüchte. Ein anderes wollte wissen, die Attentäter seien entkommen und in die Assiut-Universität geflohen, ein Zentrum der Fundamentalisten, wo sie die Macht auf dem Campus ergriffen hätten und alle töteten, die sich ihnen entgegenstellten. Natürlich gab es auch Mutmaßungen über das Schicksal des Präsidenten.

Am Spätnachmittag erschien auf einmal ein Zitat aus dem Koran auf dem Fernsehschirm: »Nichts wird uns geschehen, es sei denn, Allah habe es so bestimmt. Er ist unser Beschützer. In Allah mögen die Gläubigen ihr Vertrauen setzen.« Dies nahmen die Menschen als Zeichen für das Schlimmste; sie versammelten sich vor unserem Haus auf der Straße, klagten und beweinten das Attentat auf ihr Staatsoberhaupt. Die Telefone in unserer Villa klingelten unaufhörlich, die Hausangestellten schirmten mich jedoch ab und sagten, der Arzt hätte mir ein Beruhigungsmittel gegeben, damit ich ein wenig schlafen könne. Selbst Jimmy Carter, der ehemalige Präsident der Vereinigten Staaten, der so viel für den Frieden zwischen Ägypten und Israel getan hatte, durfte nicht mit mir sprechen. Ich konnte wirklich nicht ans Telefon gehen. Ich konnte nicht mit den Menschen sprechen. Meine Kinder und ich waren viel zu erschüttert.

Um 20 Uhr erst, sieben Stunden nach dem Attentat auf meinen Mann, erschien Mubarak im Fernsehen, um Anwars Tod bekanntzugeben. »Allah hat bestimmt, daß Sadat an einem Tag starb, der selbst symbolisch für ihn stand – umgeben von seinen Soldaten, von Kriegshelden und Menschen, die alle die Wiederkehr des Tages feierten, an dem die arabische Nation ihre Würde zurückgewann«, erklärte Mubarak feierlich. Anschließend spielte, wie man mir sagte, die ›Stimme Amerikas‹, die viele Ägypter hören, Chopins Trauermarsch, von Zeit zu Zeit unterbrochen von der arabisch gesprochenen Meldung, Anwar el-Sadat, Präsident der Arabischen Republik Ägypten, sei tot.

Wie war es möglich, daß Angehörige der Armee ihn getötet hatten? Wer war verantwortlich für die mangelnde Sicherheit auf dem Paradeplatz? Gamal traf ein wenig später an jenem Abend ein, als meine Töchter und ich noch versuchten, unsere Tränen zurückzuhalten und Antworten auf all diese Fragen zu finden. Und es *gab* Antworten – wenigstens ein paar. Anwar selbst hatte seinen persönlichen Leibwächter gebeten, sich nicht zwischen ihn und die Streitkräfte zu stellen – nicht nur, weil er glaubte, daß er vor seiner eigenen Armee nicht geschützt zu werden brauche, sondern auch, weil eine solche Zurschaustellung von Sicherheitsmaßnahmen als Zeichen der Verwundbarkeit ausgelegt werden konnte. An diesem Tag hatte sogar die Spezial-Sicherheitstruppe des Präsidenten außer Sichtweite auf der entfernten Seite der Tribünen gestanden.

Viele Fragen blieben jedoch offen. In jedem anderen Jahr hatte ein Regiment Guerillakämpfer die Parade angeführt, um sodann zwischen dem Präsidenten und dem Rest der Truppen Aufstellung zu nehmen. In diesem Jahr geschah das nicht. In jedem anderen Jahr hatten Scharfschützen der Regierung auf den Dächern der umliegenden Gebäude bereitgestanden und nach potentiellen Attentätern Ausschau gehalten. In diesem Jahr gab es nicht einen einzigen Scharfschützen. Jedes Militärfahrzeug und jede Waffe hätte mehrmals an verschiedenen Kontrollpunkten untersucht werden müssen, bevor sie die Tribünen erreichten, um sicherzustellen, daß sie keine scharfe Munition enthielten. Und doch war es den drei Attentätern – einem Offizier und zwei Mannschaftsdienstgraden – irgendwie gelungen, mit scharfer Munition bis zu meinem Mann vorzudringen.

Alle, die auf den Tribünen gesessen hatten, waren überzeugt, daß es eine größere Verschwörung gewesen war. Als sie die Granaten und das Feuer der automatischen Waffen genau zu dem Zeitpunkt hörten, als die Jets über uns hinwegdonnerten, hatten die meisten Menschen geglaubt, wir würden bombardiert. Beide Hände über den Ohren, hatten sie sich instinktiv geduckt und gedacht, nun sei alles zu Ende. Niemand glaubte daran, daß dieses Attentat auf den Präsidenten von Ägypten die Tat einiger weniger war, sondern eine umfassende Verschwörung.

So vergingen Stunden. Jeder in Ägypten beschuldigte jeden. Die Präsidentengarde beschuldigte die Armeegarde und umgekehrt. Und beide beschuldigten die Spezial-Sicherheitstruppe des Präsidenten.

Mittlerweile nahm das Klagen vor unserem Haus immer mehr zu. Meine Tränen trockneten, und Argwohn machte sich breit – Argwohn gegen jedermann. Am folgenden Tag rief mich, während ich die Beileidsbezeugungen der ausländischen Botschafter entgegennahm, Premierminister Fuad Muhi el-Din an und bat um Erlaubnis, im Zuge der Untersuchung des Anschlags die Kugel entfernen zu lassen, die in Anwars Körper steckengeblieben war. Ich erteilte sie ihm bereitwillig – unter einer Bedingung allerdings: daß ich und mein Sohn Gamal dabei anwesend sein dürften. Denn schließlich werde es Allahs Wunsch sein, daß Gamal Gelegenheit gegeben werde, sich von seinem Vater zu verabschieden, der in seiner Abwesenheit gestorben sei.

Den wahren Grund verschwieg ich ihm natürlich: Gamal verstand viel von Waffen und Munition und würde erkennen können, ob die Kugel im Körper seines Vaters aus einem Maschinengewehr der Terroristen oder aus einer anderen Waffe stammte, vielleicht sogar aus einer Pistole. Möglicherweise war mein Mann ja hinterrücks von jemandem auf der Tribüne, einem Sympathisanten der Moslemfanatiker, oder sogar von einem Angehörigen der Garde erschossen worden, während die Attentäter ihn von vorn angegriffen. Ich traute keinem.

Premierminister Muhi el-Din war entsetzt, als ich darauf bestand, mit Gamal zusammen dabeizusein. »Es wird viel zu belastend für Sie sein, sich das anzusehen«, protestierte er.

»Ich werde dort sein«, beharrte ich.

Auf dem Weg ins Krankenhaus machte ich mir mehr Sorgen um Gamal und seine Reaktion auf den Anblick des Leichnams als um mich selbst. Bei den vielen Schüssen mußte Anwars Körper doch regelrecht zerfetzt sein. Um Gamal darauf vorzubereiten, erinnerte ich ihn daran, daß unserem Glauben zufolge das Fleisch seines Vaters zwar sterblich gewesen sei, die Seele jedoch im Paradies leben werde. Mein Mann war in seinen letzten Lebensjahren nämlich sehr religiös, ja fast sogar zum Mystiker geworden; er hatte gefastet, auch wenn es gar nicht nötig war, und weit mehr als die erforderlichen fünf Gebete am Tag gesprochen. Seine Seele werde mit Sicherheit in den Himmel einziehen, erklärte ich Gamal, und mit der höchsten spirituellen Ehre belohnt werden: das Antlitz Allahs zu schauen.

»Erschrick nicht über das, was du siehst, sondern freue dich, daß er im Paradies sein wird«, bat ich Gamal. »Ich bin seine Frau, du bist sein Sohn. Weil wir noch auf dieser Erde weilen, ist es unsere Pflicht, ihn auch im Tod zu ehren. Er soll nicht allein sein, wenn man ihn öffnet. Wir müssen an seiner Seite sein.« Und auch meinen Argwohn teilte ich ihm mit. »Sieh dir die Kugel gründlich an und such zu erkennen, was es für eine ist«, bat ich ihn ruhig. »Du kennst dich aus mit diesen Dingen, ich jedoch nicht. Wenn die Kugel aus einer anderen Waffenart stammt als jener, die von den Attentätern benutzt wurde, werden wir wissen, ob weitere Personen darin verwickelt waren.«

Im Krankenhaus versuchte nun auch der Generalarzt, mir diese schwere Prüfung zu ersparen. »Sie werden sich immer an diesen letzten Anblick Ihres Mannes erinnern, und die Erinnerung wird Sie Ihr Leben lang quälen«, versuchte er mich behutsam zu überzeugen.

»Ich werde an der Seite meines Mannes stehen«, beharrte ich. »Bitte erheben Sie keine Einwände. Wenn wir nicht bei ihm sein dürfen, werde ich die Erlaubnis, meinen Mann zu operieren, verweigern.«

Aber er wollte noch immer nicht nachgeben. Schließlich telefonierte Gamal mit Präsident Mubarak. »Ich kann sie nicht zurückhalten«, erklärte Mubarak meinem Sohn. »Er war ihr Ehemann. Ich kann es ihr nicht verbieten.« Und er befahl den Ärzten, mich zur Autopsie zuzulassen.

Anwars Leichnam wurde, von einem Tuch bedeckt, auf einer Bahre aus der Leichenkammer des Krankenhauses hereingefahren. Erschrocken hielt ich den Atem an. Nie hatte ich ihn so völlig entspannt und glücklich gesehen, sogar mit einem Lächeln auf den Lippen! Jeden Morgen hatte ich ihn um 9 Uhr geweckt. »Laß mich nur noch zehn Minuten schlafen«, sagte er oft mit verquollenen Augen, weil er nicht gut geschlafen hatte. Jetzt, in seinem ewigen Schlaf, sah er besser, sah er friedvoller aus denn je zuvor. Ein Leuchten schien von ihm auszugehen, und wären seine Augen nicht geschlossen gewesen, ich hätte jeden Moment erwartet, daß er mit mir sprach.

Selbst sein Körper schien unverletzt zu sein und keineswegs von Kugeln zerfetzt. Als das Laken entfernt wurde, sah ich nichts weiter als drei winzige Löcher, eines im Bein und zwei in der Brust unmittelbar neben dem Herzen. Sie wirkten eher wie kleine Prellungen als wie tödliche Wunden. Viel zu unbedeutend, um einen solchen Mann niederzustrecken. Weil er so lebendig wirkte, streckte ich die Hand aus, um ihn zu berühren. Doch dort, wo meine Hand seinen Körper berührte, stieß sie auf Kälte. Es gab kein Leben. Ein letztes Mal küßte ich ihn auf die Stirn. Sie war wie Eis.

Bei diesem letzten Blick auf seinen Vater vermochte Gamal die Tränen nicht mehr zurückzuhalten. Sich immer wieder die Augen trocknend, stand er dicht daneben, als der Chirurg Anwars Schulter aufschnitt, den Finger in den Schnitt schob und die Kugel herauszog. Gamal nahm sie von ihm entgegen und betrachtete sie aufmerksam. Sie war vom selben Typ wie jene, die die drei Terroristen für ihre Maschinengewehre brauchten. Niemand sonst hatte auf meinen Mann geschossen.

»Wir können jetzt gehen«, sagte ich zu Gamal. Gemeinsam kehrten wir nach Hause zurück, während die Ärzte die offizielle Autopsie zu Ende führten.

Unmittelbar nach dem Attentat auf meinen Mann wurde das Kriegsrecht erklärt und ein Ausgehverbot verhängt. Die Militärpolizei trieb Hunderte von religiösen Extremisten zusammen und durchsuchte ihre Häuser, wo sie nicht nur riesige Waffenlager entdeckte, sondern auch einen detaillierten Plan für die Übernahme der Regierungsgewalt. Warum hatten unsere Sicherheitstruppen nicht schon früher Kenntnis davon gehabt?

Schuld am Tod meines Mannes waren Nachlässigkeit und Sorglosigkeit. Anwars Vorliebe für die Streitkräfte und seine feste Überzeugung, daß sie niemals von den Moslemfanatikern infiltriert werden würden, hatten zu seinem Tod beigetragen. »Das ist unvorstellbar«, hatten Anwars letzte Worte an Hosni Mubarak gelautet, als die Angehörigen seiner eigenen Armee mit feuernden Maschinengewehren auf ihn zugerannt kamen.

Anwar wurde unmittelbar gegenüber dem Paradeplatz in Nasr City, wo er niedergeschossen worden war, in einem Grab beigesetzt, das die Form einer kleinen Pyramide besaß. Das war meine Entscheidung, nicht seine. Er und ich, wir hatten oft darüber gesprochen, wo er beigesetzt werden sollte, vor allem in den letzten Monaten, als er den Tod nahen fühlte. Ich hatte immer so getan, als nähme ich diese Gespräche nicht so ernst, weil ich ihn von den Vorahnungen ablenken wollte, die ihn so quälten. Er aber kam hartnäckig immer wieder auf seinen Tod und den Wunsch zu sprechen, in dem geliebten Dorf seiner Kindheit Mit Abul-Kum im Nildelta begraben zu werden. »Ach, Anwar, die Kinder und ich werden anderthalb Stunden brauchen, wenn wir dich dort besuchen wollen«, neckte ich ihn, um ihn vom Thema abzubringen.

Aber er ließ sich nicht ablenken. »Wenn nicht in Mit AbulKum, dann am Fuß des Sinai beim St.-Katharinen-Kloster, wo wir eine Moschee und eine Synagoge errichten werden«, sagte er mir verschiedentlich, wenn wir im Garten spazierengingen. »Wenn ich dort begraben werde, wird das den Menschen vor Augen führen, daß alle Religionen gleich sind, daß es nur einen Gott für uns alle gibt.« Das war natürlich eine wunderbare Idee. Anwars inbrünstigster Wunsch war es, daß Juden, Christen und Moslems in Frieden miteinander leben konnten. Und der Sinai war für uns alle wichtig. Auf dem Sinai hatte der Prophet Moses die Zehn Gebote von Gott erhalten und den Dornbusch brennen sehen. Und durch den Sinai war der Prophet Jesus gezogen, als er mit seiner Familie vor König Herodes nach Ägypten floh.

Am Sinai begraben zu werden, hatte für Anwar außerdem symbolische Bedeutung. Er sah es als seine Aufgabe, dieses Land, das uns die Israelis zu Nassers Zeit entrissen hatten, für Ägypten zurückzugewinnen. Die Tatsache, daß es meinem Mann durch friedliche Mittel gelungen war, dies zu erreichen, erwies sich ironischerweise als sein Todesurteil. Daß er dort beigesetzt wurde, wäre eine angemessene Ehre gewesen. Aber ich hatte, liebevoll spottend, nie nachgelassen in dem Bemühen, Anwar die Idee auszureden, den Ort seines Grabes selbst aussuchen zu wollen. Mit Abul-Kum sei schon schwer zu erreichen, erklärte ich ihm, der Sinai noch weit schwieriger. »Wir würden mindestens ein Flugzeug und ein Auto brauchen, um zu dir zu kommen, Anwar«, protestierte ich. »Ich könnte dich nur ein- oder zweimal im Jahr besuchen, und deswegen wäre es immer noch besser, wenn wir dich in Mit Abul-Kum begraben würden.«

Aber die Zeit des Scherzens war vorüber. Anwars Vorahnungen hatten ihn nicht getrogen. Und als Präsident Mubarak mich fragte, wo Anwar beigesetzt werden sollte, beschloß ich, die Wünsche meines Mannes zu ignorieren. Er war ein großer Mann, dachte ich, kein Durchschnittsmensch. Warum ihn dort begraben, wohin die Menschen nur mit Mühe gelangen können? Warum nicht dort, wo er gestorben ist: an einem Ort, der vom Militär geprägt ist, auf das er so stolz war? Würde er dort beigesetzt werden, erinnerte das die Menschen an alles, was er für sein Land getan hatte. Und jedes Jahr, bei der Parade am 6. Oktober, würden Soldaten und Offiziere in dem Bewußtsein an seinem Grab vorbeimarschieren, daß Anwar el-Sadat dort lag, und in Ehrfurcht vor ihm salutieren.

Damals wußte ich noch nicht, daß Hosni Mubarak die Militärparaden am 6. Oktober ausfallen lassen würde, weil er es vermeiden wollte, sich in eine ähnlich gefährliche Lage zu bringen wie sein Vorgänger.

Ebensowenig wußte ich, daß Mubarak für die folgenden beiden Jahre den 5. Oktober zum offiziellen Trauertag für Sadat erklären, den 6. Oktober aber als Feiertag des Sieges über Israel beibehalten würde. Darüber wäre Anwar bestimmt verärgert gewesen, denn er hatte immer gern Extreme kombiniert. So hatte er sich zum Beispiel ausgerechnet den 5. Juni, den Jahrestag unserer demütigenden Niederlage durch die Israelis im Sechstagekrieg von 1967, ausgesucht, um 1975 den Sueskanal wieder zu öffnen und so einen Tag nationaler Schande in einen Tag nationaler Freude zu verwandeln.

Doch Mubarak vermochte nicht in derartigen Gegensätzen und scheinbaren Widersprüchen zu denken. »Bitte«, wandte ich mich an ihn, »der 6. Oktober gehört Sadat. Sie dürfen ihn Anwar nicht wegnehmen.« Während zweier Jahre erwiderte er darauf jedoch, er fürchte, es werde mich verbittern, wenn der Sieg an dem Tag gefeiert würde, an dem mein Mann den Tod fand. »Mich verbittern ganz andere Dinge«, gab ich ihm behutsam zurück. Schließlich muß er mir wohl geglaubt haben, denn heute ist der 6. Oktober ein einziger, bittersüßer Tag der Trauer und Freude. Und wo immer ich auf der Welt auch sein mag – an diesem Tag kehre ich nach Kairo zurück, um meinen Mann zu ehren und sein Grab zu besuchen.

Am Tag der Beisetzung saß ich in dem Sessel auf der Tribüne, in dem auch Anwar gesessen hatte. Ich hatte das Gefühl, mich in einem dramatischen Theaterstück zu befinden und nicht genau zu wissen, was wirklich war und was Fantasie. In diesem Sessel wurde er erschossen, mußte ich immer wieder denken. Vor wenigen Tagen noch hat er genau hier auf diesem Platz gesessen, voll Energie, voll Leben, voll Liebe zu seinem Land. Und jetzt kommt er noch einmal hierher, aber es ist nur sein Leichnam. So wenige Tage haben unser Leben und unsere Zukunft grundlegend verändert.

Es waren nicht viele Menschen auf den Straßen von Kairo, um sich den Leichenzug anzusehen. Im Ausnahmezustand, der nach dem Tod meines Mannes ausgerufen wurde, war es Gruppen von mehr als fünf Personen verboten, sich in der Öffentlichkeit zu versammeln. Statt dessen sahen sich die Menschen die Beisetzung zu Hause im Fernsehen an. Vor der Trauerfeier wurde eine Dokumentation über sein Leben gesendet: Anwar, wie er trotz der Gefahr im Jahre 1973 an die Front ging; Anwar, wie er im Jahre 1977 während seiner kühnen Friedensmission in Israel in der El-Aksa-Moschee von Jerusalem betete; Anwar, wie er vor der Knesset sprach. Mein Mann war kein Opfer des Krieges: Mein Mann war ein Opfer des Friedens.

Wie es unserer Tradition entspricht, gingen nur Männer im Trauerzug mit, unter anderen Jimmy Carter, Richard Nixon und Gerald Ford – ehemalige Präsidenten der Vereinigten Staaten –, Prinz Charles von England, König Baudouin von Belgien, Großherzog Jean von Luxemburg, Kanzler Helmut Schmidt von Westdeutschland, Präsident François Mitterrand von Frankreich und der ehemalige Präsident Valéry Giscard d'Estaing, politische Führer aus der Sowjetunion und Afrika. Hunderte von ausländischen Würdenträgern kamen, meinem Mann die letzte Ehre zu erweisen, darunter auch der umstrittenste von allem, Ministerpräsident Begin von Israel.

Ich war nicht nur schockiert, sondern auch sehr traurig darüber, daß außer dem Präsidenten des Sudan, Numeiri, und dem Präsidenten von Somalia, Siad el-Beri, kein einziger arabischer Führer gekommen war, um den ermordeten Bruder auf dem letzten Weg zu begleiten. Gewiß, es hatte Differenzen zwischen Ägypten und den arabischen Ländern gegeben, als Anwar Frieden mit Israel schloß. Nach der Unterzeichnung der Friedensverträge vom Camp David hatten bis auf den Sudan, Oman und Somalia alle arabischen Länder, ob Staaten oder Königreiche, die diplomatischen Beziehungen zu Ägypten abgebrochen. Doch wie der Islam sagt, wird jeder Streit, den wir in diesem Leben miteinander haben mögen, durch den Tod beigelegt und also war es die Pflicht dieser Araber als gute Moslems, den Heimgang eines Mannes aus ihren eigenen Reihen zu ehren. Trotzdem haben sie es nicht getan. Warum nur, fragte ich später einige arabische Führer. »Weil Begin teilnahm und ich nicht mit dem israelischen Ministerpräsidenten im selben Trauerzug gehen wollte«, lautete eine der Antworten. Ich aber wußte, daß das nur eine Ausrede war. Ihr Ausbleiben verletzte mich zutiefst.

Die Wagenkolonne, die Anwars Leichnam begleitete, kam langsam näher; vor dem von Pferden gezogenen Caisson fuhr ein Polizeiauto, dahinter ein zweites, zu beiden Seiten je ein Motorrad. Ungläubig schüttelte ich den Kopf. Mit meinen Kindern zusammen überquerte ich die Straße bis zum Grab, um meinen Platz neben Präsident Mubarak und Präsident Numeiri einzunehmen.

Als der Sarg ins Grab hinabgelassen wurde, konnte ich meine Tränen nicht mehr zurückhalten. So gefaßt wie möglich stand ich dabei, als Gamal, meine Schwiegersöhne und Anwars Brüder in die Gruft hinabstiegen, um die Begräbnisriten zu vollziehen und sich ein letztes Mal von ihm zu verabschieden. Mir als Frau verbot die Tradition, dem Leichnam meines Mannes in die Gruft zu folgen, aber ich wußte natürlich, was dort geschah. Der Teil des Sargdeckels, der Anwars Gesicht bedeckte, würde geöffnet und der Sarg nach Mekka ausgerichtet werden. Dann würden die Männer Koranverse sprechen, um ihm die Antworten in Erinnerung zu rufen, die er den Engeln Naker und Nakir geben mußte, um ins Paradies gelangen zu können.

Von Staub sind wir, zum Staub kehren wir zurück. Vor der offenen Tür zur Gruft wartend, kämpfte ich um Selbstbeherrschung. Als die Männer wenige Minuten darauf wieder auftauchten und die Tür des Grabes versiegelt wurde, wußte ich, daß Anwars Leichnam in die Fahne des Landes gewickelt worden war, das er so innig liebte – des Landes, für das er sein Leben gegeben hatte: Ägypten.

Wie es die Tradition will, gesellte ich mich vierzig Tage nach dem Tod meines Mannes zu über fünfzig Verwandten aus seiner Familie – seinen Brüdern,

Schwestern, Neffen, Nichten, Cousins und Cousinen, seinen drei Töchtern aus erster Ehe –, die sich an seinem Grab versammelten. Gemeinsam weinte ich mit meinen Kindern, während wir einem Scheich lauschten, einem moslemischen heiligen Mann, der Passagen aus dem Koran vorlas. Ich konnte meine Gedanken nicht von dem lösen, was Fawzi Abdel Hafez, Anwars Sekretär, mir kurz zuvor erzählt hatte. Als er unmittelbar nach den Schüssen verwundet neben Anwar lag, sah er, daß mein Mann die Augen öffnete und zu dem Balkon hinaufsah, auf dem ich kurz zuvor gestanden hatte. Mein Mann vermochte nicht zu sprechen und wußte, daß er im Sterben lag, doch seine Augen sprachen deutlich. »Kümmere dich um meine Familie. Sorge für sie, Fawzi«, baten sie den loyalen Freund. Und Fawzi sollte tatsächlich einer unserer treuesten Freunde bleiben, uns oft besuchen und mit uns weinen.

Jetzt gehe ich allein zu Anwars Grab, stehe davor und lese aus dem Koran. Und wann immer ich dort eintreffe – am Vormittag, am Nachmittag, zuweilen aber, wenn ich nicht schlafen kann, auch erst spätabends –, stets finde ich dort trauernde Menschen vor. Wie man mir sagte, ist Anwars Grab nach den Pyramiden und der Sphinx der meistbesuchte Platz von Kairo.

Noch immer kommen mir die Tränen, wenn ich an meinen verstorbenen Ehemann denke, aber mir war vom ersten Moment an klar, daß ich seinen Tod akzeptieren, daß ich auch ohne ihn weiterleben mußte. Voll Tapferkeit mußte ich seinen Verlust ertragen –

für meine Familie und für Ägypten. Das war nicht leicht, nach einunddreißig Jahren des Zusammenlebens mit einem solchen Mann – einem Mann, der mich genausosehr liebte wie ich ihn. Wir waren zwei Partner, die sich ergänzten, viel mehr als ein gewöhnliches Ehepaar. Wir verstanden und respektierten einander vollkommen. Er war meine Kraft. Ich war sein Licht. Das zu verlieren, war unendlich schwer für mich.

Jetzt versuche ich meinen Tränen Einhalt zu gebieten. Statt zu weinen, denke ich daran, wie er mich gern sehen würde. Sähe er mich in meinem Schmerz – er wäre bestimmt nicht glücklich darüber. Er sah mich stets als Kämpferin und war sehr stolz auf mich. Also muß ich so weiterleben, wie er es sich wünschen würde. Immer, wenn ich das Gefühl habe, mich in meinem Schmerz zu verlieren oder etwa schwach zu werden, sage ich mir sofort: So darfst du nicht sein. Sadat will nicht, daß du so bist. Anwar will dich genauso stark sehen, wie du schon immer warst. Nur weil ich dieses Bild von ihm in mir trage, konnte ich, was ich durchmachen mußte, bewältigen.

2 Jugend in Kairo

Bis zum Alter von elf Jahren wußte ich nicht, daß mein Name eigentlich Jehan war, ein persischer, von meinem Vater ausgewählter Name, der ›die Welt‹ bedeutet. Meine Mutter, eine Engländerin, hatte mir den Beinamen Jean gegeben, und so wurde ich auch von meinem Vater, einem Angestellten des Gesundheitsministeriums, von meinen Lehrern an der christlichen Missionsschule, die ich besuchte, und von meinen Freundinnen genannt. Für mich und meine Schulkameradinnen war es keineswegs außergewöhnlich, europäische Namen zu tragen. Meine Freundinnen hießen Mimi und Fifi, Helen und Betty. Die Ägypter bewunderten die europäische Lebensart, seit unser Führer Mohammed Ali Ägypten einhundert Jahre zuvor dem ausländischen Einfluß geöffnet hatte, weil er die Europäer für viel fortschrittlicher hielt. Aber das Merkwürdige daran war, daß ich meinen richtigen Namen nicht einmal kannte, bis ich kurz vor dem Übertritt in die höhere Schule mein Grundschulzeugnis erhielt.

»Wer ist Jehan?« fragte ich die Lehrerin, die den Namen auf dem Zeugnis über meine Adresse geschrieben hatte.

»Du«, antwortete sie mir.

Ich lief nach Hause zu meiner Mutter. »Wie heiße ich?« fragte ich sie.

»In der Schule bist du von nun an Jehan«, erklärte

sie mir. »Bei uns zu Hause bleibst du Jean.« Und so nennen mich meine Geschwister noch heute.

Geboren wurde ich auf der Insel Roda, einer von zwei Nilinseln, die durch Brücken mit Kairo im Osten und Giseh im Westen verbunden sind. Meine Insel Roda war ein bezauberndes Fleckchen Erde mit Gärten und anmutigen, pfirsichfarbenen Kalksteinvillen, bewohnt von Familien der ägyptischen Mittelschicht.

Ich war das dritte von vier Kindern unserer Familie und das erste Mädchen. Zwischen meinen Brüdern und mir bestand ein großer Altersunterschied: Magdi war zehn, Ali sieben Jahre älter als ich. Meine Mutter hatte sich, wie man mir sagte, von ganzem Herzen ein kleines Mädchen gewünscht. Deshalb gab der Tag meiner Geburt Anlaß zu einem großen Freudenfest in unserem Haus, und das Glück meiner Eltern wurde dann sogar noch gekrönt von einer Gehaltserhöhung, die mein Vater am selben Tag von der Regierung, seiner Arbeitgeberin, erhielt. Nun sahen meine Eltern in mir von Anfang an ein gutes Omen. Einundzwanzig Monate später wurde meine Schwester Dalia geboren, und unsere Familie war komplett.

Wir hatten alle eine sehr helle Haut – ein Erbe nicht nur meiner englischen Mutter, sondern auch der Familie meines Vaters. Mein Großvater väterlicherseits war ein Saidi aus Oberägypten, gehörte also einem hochgewachsenen, gewöhnlich dunkelhäutigen Schlag an, der in direkter Linie von den Pharaonen abstammte. Dennoch hatte auch mein Großvater eine helle Haut und blaue Augen besessen, und seine

Kinder – mein Vater, mein Onkel und meine beiden ägyptischen Tanten – waren ebenfalls hellhäutig.

Während meiner frühen Kindheit lebten wir mit unserer ganzen Verwandtschaft unter einem Dach und trennten uns erst, als ich fünf Jahre alt war. Doch niemand entfernte sich räumlich sehr weit von den anderen.

Es muß meine Mutter viel Mut gekostet haben, ihre Heimat England zu verlassen und nach Ägypten zu kommen. Doch auch mein Vater brauchte wohl viel Durchsetzungsvermögen, um eine Ausländerin zu heiraten. Eine derartige Heirat verstieß zwar nicht gegen die Religion des Islam, denn die Kinder eines Moslems werden ohne weiteres ebenfalls Moslems, und nur moslemischen Frauen war es verboten, in eine andere Religion hineinzuheiraten. Die Einwände meiner Großeltern gegen die Heirat stützten sich vielmehr auf die Familientradition; überdies war bereits eine Ehe zwischen meinem Vater und seiner Cousine arrangiert worden. »Niemand aus unserer Familie hat jemals einen Ausländer geheiratet«, schrieb mein Großvater nach England, wo mein Vater studierte. »Ich werde dir nie die Erlaubnis geben, diese Engländerin zu heiraten.«

Meine Großeltern waren an Engländer natürlich durchaus gewöhnt, denn es gab in Ägypten zu jener Zeit sehr viele Briten. Seit den achtziger Jahren des vorigen Jahrhunderts war eine über zehntausend Mann starke britische Truppe zum ›Schutze‹ unserer Regierung in Ägypten stationiert. Im Grunde aber war es der britische Hochkommissar, der damals unser Land regierte, während Briten und Franzosen gemeinsam Ägyptens Finanzen kontrollierten. Selbst die ägyptischen Anteile an dem 1869 fertiggestellten Sueskanal hatte unser hochverschuldeter Khedive Ismail den Briten verkaufen müssen. Daher war es wahrhaftig nichts Ungewöhnliches, in Kairo Engländern und vielen anderen Fremden zu begegnen. Doch meinen konservativen Großeltern fiel es ziemlich schwer, sich an all das Neue zu gewöhnen.

Nur zögernd erklärte sich mein Großvater schließlich einverstanden, und meine Großmutter schickte meiner Mutter das traditionelle ägyptische Verlobungsgeschenk: ein Schmuckstück – in diesem Fall einen Brillantring sowie eine Halskette aus Brillanten und Saphiren, die sie von ihrem Großvater geerbt hatte – und etwas Geld für die Hochzeitsreise, denn meine Eltern wollten sich in England standesamtlich trauen lassen. Als mein Vater drei Jahre später mit meiner Mutter heimkehrte, brachten die beiden schon meinen in Liverpool geborenen Bruder mit. Wie es damals noch üblich war, zogen meine Eltern ins Haus meines Großvaters auf Roda, und bald schon lernten meine Großeltern auch meine Mutter lieben, obwohl das für beide Seiten nicht einfach gewesen sein kann, denn zu jener Zeit war unsere Gesellschaft noch konservativer, und die Gewohnheiten meiner Mutter waren wahrhaftig seltsam.

Sie lehnte alle ägyptischen Speisen ab und verlangte von der sudanesischen Köchin spezielle Mahlzeiten. Während die übrige Familie zum Beispiel die gewohnten ägyptischen Gerichte aß, ließ sich meine Mutter gekochtes Hammelfleisch mit Kartoffeln und Minzesauce auftischen.

Wir teilten unser Haus mit einer anderen Familie, die in der Wohnung über uns lebte. Zu Weihnachten holte meine Mutter zu deren und dem Staunen aller anderen Nachbarn einen wunderschönen Fichtenbaum ins Haus, den sie mit glänzenden Sternen und Kugeln dekorierte und mit der Figur eines Weihnachtsmanns krönte. Die Kinder aus der Nachbarschaft strömten herbei, um unseren Baum zu bewundern, denn nur wenige ägyptische Familien feierten Weihnachten, und keines hatte jemals einen Christbaum gesehen.

Meine Mutter erzog uns nicht zu Engländern. Ganz und gar nicht. Zu Hause sprachen wir alle arabisch, das sie ebenfalls sehr gut sprechen gelernt hatte, und da sie keinen Bekehrungseifer kannte, beeinflußte sie uns auch nicht gegen unsere Moslemtraditionen. Dennoch war das alles für mich als Kind ein bißchen verwirrend. Über dem Bett meiner Mutter hing ein Kruzifix des Propheten Jesus, und manchmal sah ich, wie sie, die Hände nach Art der Christen gefaltet, davor kniete und betete. Obwohl wir als kleine Kinder noch nicht beteten, wußte ich, daß die Moslems das ganz anders machten: Sie standen aufrecht mit ausgebreiteten Armen und warfen sich sodann zu Boden. Ich konnte diesen Unterschied zwischen meiner Mutter und der übrigen Familie nicht verstehen.

»Warum bist du Christin, und wir anderen sind

alle Moslems?« erkundigte ich mich eines Nachmittags bei ihr, nachdem eine Mitschülerin mir diese Frage gestellt hatte.

»Niemand kann sich seine Religion aussuchen«, erklärte sie mir sehr behutsam. »Wir sind alle das, wozu wir geboren sind. Wichtig ist nur, daß man niemals vergißt, daß alle Religionen nur einen Gott haben. Wie wir ihn verehren, spielt keine Rolle, solange wir nur den Glauben haben.«

Aber es beunruhigte mich immer noch. Die christlichen Gebräuche meiner Mutter bewirkten, daß ich eingehender über unsere moslemischen Traditionen nachdachte, die andere als selbstverständlich hinnahmen. In der koptischen Missionsschule, die alle Kinder besuchten, weil sie die einzige Grundschule auf Roda war, las uns die christliche Lehrerin mehrmals in der Woche Geschichten aus der Bibel vor, Geschichten über die vielen Propheten und Jesus Christus. Jeden Morgen vor dem Unterricht gab es eine christliche Andacht, an der wir, wie uns die Lehrerin erklärt hatte, nicht teilzunehmen brauchten, wenn wir nicht wollten. Ich wollte nicht, also blieb ich im Klassenzimmer an meinem Platz sitzen, während alle anderen Schüler zur Andacht gingen, auch meine Schwester, die noch zu jung war, um etwas zu verstehen.

»Warum kommst du nicht mit?« fragte mich meine Schwester.

»Das ist für Christen, und wir sind Moslems«, antwortete ich.

»Aber du ärgerst die Lehrerin«, behauptete sie.

Das war mir gleich. »Ich werde mir nicht einen Priester anhören, nur um mich bei der Lehrerin beliebt zu machen«, erklärte ich.

Doch meine Schwester hatte recht. Die Lehrerin wurde gemein zu mir und ließ mich jeden Tag während der Pause mit dem Gesicht zur Wand in der Ecke stehen.

»Deine Schwester kommt zur Andacht. Die anderen Schüler, deren Eltern beide Moslems sind, ebenfalls«, sagte die Lehrerin zu mir. »Warum mußt du es unbedingt anders machen?«

»Weil ich keine Christin bin«, antwortete ich. Und ab ging's, wieder in die Ecke zurück.

Im Gegensatz zu vielen ihrer englischen Freundinnen, die mit Ägyptern verheiratet waren, konvertierte meine Mutter nicht zum Islam, obwohl das überaus einfach gewesen wäre: Man brauchte sich nur in Gegenwart von zwei Zeugen in der Al-Azhar-Moschee als Moslem registrieren zu lassen und fünfmal unser Glaubensbekenntnis zu sprechen: »Ich bezeuge, daß es keinen Gott gibt außer Allah und daß Mohammed Sein Prophet ist.« Meine Tanten und Onkel hatten kein Verständnis dafür, daß sie an ihrem Glauben festhielt. Aber mein Vater liebte meine Mutter sehr und wollte keinen Druck auf sie ausüben. Statt dessen folgten wir unseren Traditionen und begingen die Feiertage zusammen mit der Familie meines Vaters. Und am Fasten während des Ramadan nahm auch meine Mutter ein bißchen teil, weil sie uns Mut machen wollte. Wir waren eine Moslemfamilie mit christlicher Mutter.

Sie war ganz anders als die typischen ägyptischen Mütter, die ihre Kinder wie eine Glucke beschützten. Wenn wir beim Spielen im Garten hinfielen, kamen unsere Tanten immer angelaufen und hoben uns auf. »Laßt sie doch selbst aufstehen«, sagte meine Mutter zu ihnen.

Viele ägyptische Mütter blieben abends am Bett ihrer Kinder sitzen, bis sie eingeschlafen waren, und ließen dann eine Lampe im Zimmer brennen, damit sie sich nicht fürchteten, wenn sie in der Nacht aufwachten. Davon hielt meine Mutter nichts; sie fand, es mache die Kinder unselbständig und verweichliche sie nur. Sie schlug statt dessen den entgegengesetzten Weg ein: An jedem Abend, bevor wir zu Bett gingen, schickte sie uns allein in den Garten hinaus, den wir im Dunkeln dreimal umrunden mußten. Auf diese Weise, erklärte sie uns, würden wir lernen, uns nicht zu fürchten, wenn wir allein seien, und keine Angst vor der Dunkelheit zu haben. Und sie hatte recht.

In unserem Haus herrschte eine sehr herzliche, liebevolle Atmosphäre. Jeden Tag kehrte mein Vater um zwei, der Stunde, da alle Ämter ihre Pforten schlossen, aus dem Büro nach Hause zurück, und immer brachte er uns etwas mit – Schokolade, französischen Käse oder ein Päckchen Räucherzunge. Die Hauptmahlzeit nahmen wir mittags ein und hielten anschließend, wie alle anderen Einwohner von Kairo, bis vier oder fünf Uhr Mittagsschlaf. Nach dieser Siesta begab sich mein Vater, anders als viele ägyptische Männer, nicht in die Cafés, um dort mit

Freunden Kaffee zu trinken, Backgammon zu spielen oder die Nargileh, die Wasserpfeife, zu rauchen, sondern ging mit uns allen zusammen aus, oder er blieb bei uns zu Hause.

Manchmal ging er auch mit uns am Freitag, unserem Sonntag, in die Altstadt, die am Bab el-Metwalli, dem Tor des Heiligen, beginnt. Es hat seinen Namen von einem Sufi-Scheich, der vor Jahrhunderten dort gesessen und an den Passanten Wunder vollbracht haben soll. Obwohl ich in Kairo geboren war, bestaunte ich immer wieder aufs neue nicht nur die Sehenswürdigkeiten, sondern auch die aufregende Geschichte meiner Heimatstadt. In den für Automobile viel zu schmalen Gassen der Altstadt drängten sich schwerbeladene Pferde, Esel und sogar Menschen, die frisches Gemüse, Brennholz, Kupfer- und Messingvasen zum Verkauf in den Chan-el-Chalili-Basar trugen. Da Kairo jahrhundertelang das größte Handelszentrum der Welt gewesen war, hatten im Mittelalter hier, in der Karawanserei von Chan el-Chalili, Händler aus der gesamten arabischen Welt ihre Kamelkarawanen entladen. Und ganz in der Nähe hatten die Fatimiden-Sultane sogar einen Zoo für die Giraffen, Strauße und Elefanten eingerichtet, die ihnen die Könige Afrikas als Tribut schickten.

Die zwölftausend Kaufläden des Chan el-Chalili waren gefüllt mit Relikten aus der Vergangenheit, die auch in der Gegenwart noch ihren Zweck erfüllten. Oft zogen meine Eltern mit uns durch die dunklen, gewundenen Gäßchen zum Silber- und Goldmarkt, der im innersten Kern des Basars lag, um ihn vor Eindringlingen zu schützen. Dort durften meine Schwester und ich uns für ein paar Pfennig Silberarmreifen kaufen. Während meine Mutter dann auf dem Gewürzmarkt Minze, Thymian und Salbei für ihre englischen Saucen erstand, lauschten wir Kinder, wie es ägyptische Kinder seit Jahrhunderten tun, mit gespitzten Ohren auf den Klang der Fingerzymbeln des umherziehenden Saftverkäufers und flehten unseren Vater an, uns große Gläser voll kaltem, schwarzem, sirupartig-süßem Tamarindensaft zu spendieren.

Wenn wir an den Häusern der mittelalterlichen Mameluken-Sultane vorbeikamen, die alle einen separaten Harem für ihre Frauen und weiblichen Verwandten hatten, konnten wir gebratene Zwiebeln riechen und das Schnattern der Gänse der armen Familien hören, die jetzt dort hausten. Oft blickten meine Schwester und ich zu den *maschrabiya* empor, den reichgeschnitzten Holzfenstern der Harems, durch die die Frauen zwar hinaus, durch die aber niemand hineinblicken konnte. Manchmal, wenn wir ein Auge entdeckten, das neugierig zu uns herabspähte, sprangen wir erschrocken zurück. In meiner Fantasie war es das Auge eines Gespenstes. Ich konnte mir nicht vorstellen, versteckt zu werden, wie es so manchen meiner Geschlechtsgenossinnen ergangen war. Und ebensowenig konnte ich mir vorstellen, daß sich meine Mutter, die jetzt Arm in Arm mit meinem Vater einherschlenderte, jemals so unterwürfig verhielte wie damals die unsichtbaren Frauen im Harem. Gott sei Dank, sagte ich mir, daß diese Zeiten endgültig vorüber sind. Bald sollte ich jedoch entdecken, daß das durchaus nicht überall der Fall war.

Als ich ungefähr acht Jahre alt war und eine Freundin aus der Nachbarschaft besuchte, sah ich verblüfft, daß die Mutter ihren Ehemann bediente, ihm die Speisen zubereitete und servierte und selbst erst aß, wenn er vollständig gesättigt war. Ich war entsetzt. Kein einziges Mal setzte sie sich zu ihm, da sich das für sie nicht gehörte. Selten verließ sie das Haus, und wenn, dann höchstens, um die Lieblingsspeisen ihres Ehemanns einkaufen zu gehen. Sobald er gegessen hatte, ging er mit seinen Freunden aus und ließ sie allein. Einmal, als ich da war, kam ein Mann, um den Ehemann zum Besuch eines Cafés abzuholen. Nachdem sie ihm die Tür geöffnet hatte, eilte die Frau schnell in ein anderes Zimmer, damit er sie nicht ansehen konnte. Mein Vater lachte, als ich ihm davon erzählte. »Sie sind eben altmodisch«, erklärte er mir.

Bei uns zu Hause war es ganz anders. Am Abend kamen häufig die Geschwister meines Vaters oder die Freundinnen meiner Mutter – zumeist mit Ägyptern verheiratete Engländerinnen – zu Besuch. Dann saßen Männer und Frauen zusammen im Salon, und wir Kinder durften zuweilen dabeisitzen und ihren Gesprächen zuhören. Das war zwar völlig natürlich für uns, für viele ägyptische Familien, in denen die Geschlechter ihren Besuch ausschließlich getrennt empfingen, dagegen nicht. Selbst Anwar war schokkiert, als ich nach unserer Eheschließung seine männlichen Freunde ins Haus einließ, ihnen im Salon Tee anbot und mich nach ihren Familien erkundigte, während sie auf Anwar warteten. »Wie kannst du nur so etwas tun, Jehan? Du kennst sie doch kaum!« fragte Anwar mich später dann wohl ärgerlich. Aber wir waren unterschiedlich erzogen. »Ich bin die Gastgeberin in diesem Haus«, pflegte ich Anwar zu antworteten. »Ob es ein Mann ist, der kommt, oder eine Frau, ist mir wahrhaftig gleichgültig.« Anwar dagegen war es nicht gleichgültig, und so bereitete ihm meine moderne Einstellung während unserer ersten Ehejahre einige Probleme.

Meine Familie in Kairo war weder arm noch reich, sondern gehörte zur Mittelschicht. Zu jener Zeit waren die wenigen Angehörigen der Mittelschicht zum größten Teil Regierungsbeamte. Anders als in anderen Ländern, wo sich die Mittelschicht durch ihr Einkommen definiert, bilden in Ägypten die Beamten eine Gesellschaftsklasse für sich. Genau wie mein Vater trugen sie zumeist westliche Anzüge, waren gebildet und sprachen arabisch, verdienten aber nicht viel Geld; höchstens fünfzehn ägyptische Pfund im Monat, damals ungefähr fünfzehn amerikanische Dollar. Das übrige Ägypten teilte sich unter König Faruk in zwei Klassen: Die sehr Reichen, von denen es nur sehr wenige gab, verfügten über riesigen Grundbesitz und sprachen ausschließlich Französisch, während die sehr Armen, von denen es Millionen gab, weder lesen noch schreiben konnten und etwa fünfzig Dollar im Jahr verdienten. Die meisten

Armen waren Fellachen, wörtlich ›Pflüger des Bodens‹ – also jene, die die Felder der Reichen bestellten. Die Fellachen waren von jeher Ägyptens Rückgrat.

Dann gab es natürlich die Ausländerkolonie. Ägypten war lange ein internationaler Knotenpunkt gewesen, mit über 300000 Griechen, 100000 Italienern, 50000 staatenlosen Juden und Tausenden von Personen mit französischen und englischen Pässen, die sich nach dem Ersten Weltkrieg in Kairo und Alexandria niedergelassen hatten. Auch zahlreiche Zyprioten, Malteser und nordafrikanische Araber hatten Ägypten zu ihrer Heimat gemacht. Durch den Zweiten Weltkrieg waren noch mehr Flüchtlinge sowie Tausende von Soldaten ins Land gekommen, die unter der britischen Flagge dienten: Engländer, Inder, Australier und Afrikaner aus den britischen Kolonien. In Kairo war das Viertel der britischen Truppenquartiere, das sich vom Tahrir-Platz bis zu den Ufern des Nils erstreckte, rings von einer Mauer mit Stacheldraht umgeben. Das Kairo meiner Kindheit bestand aus zwei verschiedenen Städten: dem westlich-modernen Zentrum und den alten, traditionell ägyptischen Außenbezirken.

In den vierziger Jahren bot das Leben in Kairo viele Annehmlichkeiten. Durch den Krieg waren Hunderttausende von Fellachen aus den Dörfern gekommen, um für die Engländer zu arbeiten, und die Zahl der verfügbaren Arbeitskräfte war Legion. In unserem Haus auf Roda hatten wir sechs Angestellte: Osman, den sudanesischen Koch, der Jahre später mit uns in die Präsidentenvilla umziehen sollte, einen Gärtner, einen Chauffeur und drei Frauen zum Putzen und Waschen. Das war keineswegs ungewöhnlich. Alle Familien der Mittelschicht hatten Hausangestellte, denn damals waren die Löhne sehr niedrig, im Höchstfall zwei bis drei ägyptische Pfund im Monat. Das Einkommen meiner Familie wurde noch durch das Land ergänzt, das mein Vater und seine Geschwister von ihrem Vater geerbt hatten – 120 Morgen in Buhaira, die von den Fellachen bewirtschaftet wurden. Durch die Erträge dieses Landbesitzes gehörten wir fast schon zu den Privilegierten.

Ramadan, die Feier des Monats, in dessen Verlauf unserem Propheten der Koran offenbart wurde, war in meiner Kindheit eines meiner religiösen Lieblingsfeste. Dreißig Tage lang fasteten wir von Sonnenaufgang bis Sonnenuntergang und durften nach dem Koran während dieser Zeit nicht eine einzige Krume Brot essen, nicht einen einzigen Tropfen Wasser trinken. Zigaretten- und Pfeiferauchen, Intimitäten zwischen Ehepaaren, Fluchen und Streitigkeiten waren verboten. Alle Gedanken an profane Dinge sollten spirituellen Gedanken weichen. Es hieß, daß selbst eine einzige Lüge, ein einziger leidenschaftlicher Blick das Fasten eines ganzen Tages entwerten konnte.

Der Ramadan fiel immer auf ein anderes Datum – in jedem Jahr um elf bis zwölf Tage früher als im Jahr davor –, denn der Moslemkalender beruht auf den Mondphasen und nicht auf dem Sonnenzyklus des westlichen Kalenders. Wenn er in die Sommerhitze fiel, war der Fastenmonat schwieriger zu überstehen, doch seine spirituelle Botschaft war immer dieselbe: Damit sie lernten, sich zu beherrschen und mit den Armen zu identifizieren, sollten alle Moslems weltlichen Freuden entsagen.

Die Erwartung steigerte sich schon einige Zeit vor Ramadan-Beginn von Tag zu Tag, denn niemand konnte genau vorhersagen, wann die Scheichs den Neumond des neunten Monats entdecken würden. »Der Ramadan wird vermutlich morgen beginnen«, hieß es etwa im Radio, »denn heute wurde der neue Mond noch nicht gesichtet.« Schließlich verkündeten dann die Rundfunknachrichten endlich das Anbrechen des Ramadan, und das hieß, daß man mit dem Fasten im ersten Morgenlicht des folgenden Tages in dem Augenblick beginnen mußte, da man einen weißen, vor den Himmel gehaltenen Faden deutlich von einem schwarzen zu unterscheiden vermochte. Obwohl der Koran uns Kindern erlaubte, mit dem Fasten zu warten, bis wir in die Pubertät kamen, wurden wir, als wir elf oder zwölf Jahre alt waren, von unserer Familie ermuntert, es wenigstens ein bis zwei Tage lang zu versuchen. Von elf Jahren an versuchte ich jedesmal, den ganzen Monat lang zu fasten, besaß aber erst mit dreizehn Jahren die dazu erforderliche Selbstdisziplin.

Die Tage waren nicht allzu anstrengend im Ramadan. Die meisten Geschäfte und Büros blieben geöffnet, aber sie machten erst spät am Vormittag auf, damit jene, die fast die ganze Nacht hindurch aufgeblieben waren, am Morgen ausschlafen konnten. Gegen Abend jedoch, wenn sich der Zeitpunkt des *iftar* näherte, des Augenblicks, da das Fasten gebrochen werden durfte, veränderte sich die Atmosphäre drastisch. Mit einem Schlag leerten sich die Straßen von Roda und Kairo und wurden still, kein Laden hatte mehr geöffnet, kein Auto, kein Omnibus war zu sehen. Denn alle, auch die Busfahrer, waren auf der Stelle nach Hause geeilt, um sich auf den Moment vorzubereiten, da sie wieder essen und trinken durften.

Ungeduldig lauschten wir alle auf die Kanonenschüsse, die in jedem Viertel abgefeuert wurden, sobald die Sonne unterging und alle Moscheen der Stadt die hellen Lichter an ihren Minaretts anschalteten. Dann feierte meine Familie zusammen mit Millionen anderen diesen Moment mit einem Spezialgetränk aus Aprikosensirup und setzte sich zum abendlichen Festmahl nieder.

Trotz aller Entbehrungen war – und ist – der Ramadan der fröhlichste und geselligste Monat des ganzen Jahres. In diesen Wochen nahmen wir die Abendmahlzeiten niemals allein für uns, sondern stets mit der ganzen Familie ein; Tanten, Onkel, Cousinen und Cousins, bis zu zwanzig Personen, versammelten sich mal bei uns, mal in einem anderen Haus. Niemals konnten Speisen so köstlich aussehen, so köstlich duften, so köstlich schmecken! Schon kurz vor Sonnenuntergang strichen wir Kinder um den gedeckten Tisch herum und starrten hungrig auf die eigens für den Ramadan zubereiteten Speisen: mit Pistazien, Mandeln und Rosinen gefülltes, in Zitronensirup und Zucker getauchtes Gebäck, Zuckerwatte, gekrönt mit Rosinen, Nüssen und Sahne, Kompott aus gedünsteten Aprikosen, Feigen, Pflaumen und Rosinen. Sobald der Kanonenschuß ertönte, stopften wir uns alle damit voll, um anschließend noch stundenlang am Eßtisch sitzen zu bleiben, Geschichten zu erzählen und fröhlich zu sein.

Ich liebte auch jede einzelne Minute des Ramadan deswegen, weil das Gewohnte plötzlich zu etwas Besonderem wurde. Die Nacht wurde zum Tage, das Leben schien länger, reicher zu sein. Wir Kinder liefen von Haus zu Haus, klopften an die Türen und baten um Süßigkeiten. Bis zwei Uhr morgens wimmelten Kairos Straßen von Menschen, denn nach dem Festmahl mit der Familie ging jedermann seine Freunde besuchen. In bunten Zelten auf dem Hussein-Platz und auf den Dorfplätzen von ganz Ägypten rezitierten die Scheichs die ganze Nacht lang aus dem Koran. Zwischen den einzelnen Rezitationen traten in Kairo oft Sänger und Volkstanzgruppen auf.

Ich blieb während des Ramadan immer besonders lange auf und erwachte trotzdem sehr früh am Tag. Denn kaum waren meine Schwester und ich endlich zu Bett gegangen, da wurden wir, so schien es, schon wieder von der schönen Stimme des *misaharati* unseres Viertels, des Mannes, der die Gläubigen vor Tagesanbruch weckt, aus dem Schlaf gerissen. Ich haßte es, um drei Uhr morgens aufzustehen und den *suhur* einzunehmen, die Mahlzeit kurz vor Tagesanbruch. »Ich will nichts essen«, erklärte ich meiner

Mutter, wenn sie mich aus dem Bett holte. »Laß mich doch schlafen!« Aber sie verlangte stets, daß ich aufstand, und später machte ich es mit meinen eigenen Kindern trotz ihrer empörten Proteste ebenso. Eine Mahlzeit am Tag reichte während der Wachstumsperiode für ihren Körper eben nicht aus.

Nicht jeder Moslem mußte im Ramadan fasten. Außer den Kindern entband der Koran die Reisenden, die Kämpfer in einem heiligen Krieg und die Kranken von dieser Pflicht. Schwangere und stillende Frauen waren ebenso ausgenommen wie jene, die ihre Tage hatten, denn eine Frau, deren Körper nicht rein war, durfte weder fasten noch beten.

Am Ende des Ramadan gab es dann noch einmal ein religiöses Fest, das dreitägige Aid el-Sachir. Dieses Fest war das genaue Gegenteil des Fastenmonats, denn wie Gott uns während des Ramadan das Essen verbot, war es dann verboten, *nicht* zu essen. Geschäfte, Schulen, Fabriken und Büros hatten geschlossen. Bettler und Obdachlose bekamen Almosen. Dienstboten erhielten beträchtliche Geld- oder Kleidergeschenke von ihren Brotherren, Kinder neue Kleider und Schuhe. Nach der Beendigung des Fastens sollte niemand mehr etwas entbehren. Das Leben kehrte in seine normalen Bahnen zurück.

Einer meiner liebsten weltlichen Feiertage war in meiner Kinderzeit Schamm el-Nesim, der ›Duft der Brisen‹. Er ist für uns der erste Frühlingstag und fällt regelmäßig auf den Montag nach dem Osterfest der christlichen Kopten. Dann fuhren alle Einwohner von Kairo, die es einrichten konnten, in die ländliche Umgebung hinaus, denn von alters her heißt es, der Wind besitze am frühen Morgen dieses Tages ganz besonders wohltuende Eigenschaften. Wie so viele unserer Traditionen geht auch Schamm el-Nesim auf die Zeit der Pharaonen zurück.

Zahlreiche Rituale des Schamm el-Nesim sind unverändert auf uns überkommen. Zwar hielt unsere Familie sie nicht alle ein, aber die Dienstboten schliefen stets entweder mit einer Zwiebel unter dem Kopfkissen oder begannen den Tag, indem sie eine Zwiebel zerschnitten und daran rochen. Auf diese Weise, behauptete die Tradition, könne die Nase die guten Düfte später besser aufnehmen. Für uns dagegen war Schamm el-Nesim einfach ein wunderschöner Frühlingstag, den wir mit Freunden und Verwandten auf dem Land verbrachten.

Schon die Vorbereitungen machten Spaß. Meine Schwester und ich färbten hartgekochte Eier rot, gelb oder blau und bemalten sie mit Wachsstiften. Wenn wir Glück hatten, gingen meine Eltern mit uns zu Groppi, dem berühmten Teesalon und Chocolatier der Stadt, um Körbe voll Schokoladenhasen und -eiern zu kaufen. Ganz früh am Morgen fuhren wir dann zu Tante Batta, deren Haus an einem Nilarm lag, zu den Pyramiden, zu dem hübschen öffentlichen Park am Nildamm oder nach Giseh, obwohl der Zoo dort stets überfüllt war.

Die Straßen waren ebenso schwarz von Menschen wie die Nilufer. Aber das störte niemanden. Alle Kinder trugen neue, helle Kleider, und auf dem Boden saßen dicht an dicht Familien und picknickten. Die Blumenverkäufer, die durch die Parks zogen, verkauften Girlanden aus Jasminblüten und frisch geschnittene Rosen. Mein Vater mietete oft eine Feluke, das noch aus Pharaozeiten stammende einseglige Flußboot, mit dem wir quer über die starken Strömungen des Nils hinwegkreuzten und tief die frischen Brisen in die Lungen sogen.

War Schamm el-Nesim mein bevorzugter weltlicher Feiertag im Frühling, so war Wafa el-Nil, ›Fülle des Nils‹, mein Lieblingsfeiertag im Spätsommer. An diesem Augusttag wurde der Damm unmittelbar südlich von Kairo durchstochen, und der Nil, angeschwollen von den Wassern und dem fruchtbaren Schlamm seiner Quellflüsse in Uganda und Äthiopien, stieg zu seiner alljährlichen, zwei Monate währenden Herbstflut an.

Das Beste am Wafa el-Nil war, daß die Feiern direkt auf Roda stattfanden. Schon Tage zuvor war der *munadi el-Nil*, der Ausrufer des Nils, in unserem Viertel umhergezogen, um den Wasserstand auszurufen, den der Fluß auf dem berühmten Nilmesser an der Südspitze unserer Insel erreicht hatte. Dieser ›Nilometer‹ stammte aus dem achtzehnten Jahrhundert und war an der Stelle angelegt worden, an der Moses als Säugling angeblich in den Binsen gefunden wurde.

Welch ein Freudenfest, wenn der Nil endlich den Höchststand, mehr als sechs Meter über dem Normalstand, erreichte! Mit bunten Bändern und Wimpeln geschmückte Feluken, die Takelage mit Lichterketten besetzt, drängten sich vor Rodas Ufern auf dem Fluß, und auch an Land funkelten überall Lichterketten. Da manche Boote sogar Musikkapellen an Bord hatten, hörten wir vom Ufer her die verschiedensten Melodien übers Wasser tönen. Den ganzen Tag lang, bis neun Uhr abends, feuerten Kanonenboote Salven ab, um alle Welt zu den Wassern des Nils zu rufen.

Es war ein zauberhafter Anblick und in meinen Augen sehr romantisch. An der Pier der unteren Spitze unserer Insel trug ein buntbemaltes Boot die große, reichgeschmückte Statue eines jungen Mädchens: der Braut des Nils. Sobald die Flut stieg, wurde die ›Braut‹ bei Sonnenuntergang in den Nil geworfen, um sich mit ihrem ›Bräutigam‹ zu vereinigen und so ein gutes Erntejahr zu gewährleisten. An Land begannen alle zu klatschen, zu jubeln und ihrer Freude durch das *zachrit* Ausdruck zu verleihen, während überall Feuerwerkskörper in die Luft stiegen. Ich liebte die romantische Vorstellung dieser Vereinigung im Wasser, war aber froh, daß die ›Braut‹ jetzt eine Statue war und nicht eine lebende Jungfrau, wie sie die Ägypter der Legende zufolge früher alljährlich zu opfern pflegten.

Als der fertiggestellte Staudamm von Assuan 1964 der alljährlichen Flut ein Ende setzte, war ich sehr traurig darüber, daß wir den Wafa el-Nil nicht mehr feiern konnten.

In meiner Kindheit, bevor der Assuandamm gebaut wurde, schoß die normalerweise sanfte Strömung des Nils während der zweimonatigen Flut sehr schnell, ja gefährlich reißend nordwärts zum Mittelmeer. Am Flußufer, an dem entlang wir jeden Morgen zur Schule gingen, stieg das Wasser während der Flut bis auf zwei Meter an das Niveau des Weges heran. Meine Eltern ermahnten uns immer wieder, nicht zu nah ans Ufer zu gehen, aber wir waren Kinder und beachteten derartige Warnungen nicht weiter.

Eines Tages – ich war acht und meine Schwester sechs – entdeckte ich eine schwarze Katze, die auf einer Feluke nahe der zum Nil hinabführenden Treppe von den Fluten umschlossen war. »Wir müssen die Katze retten«, erklärte ich meiner kleinen Schwester, »sonst wird sie ertrinken.« Doch es war meine Schwester, die beinah ertrank. Sie rutschte auf der untersten Stufe aus, fiel ins Wasser und ging sofort in einem Strudel unter. Meine beiden Brüder sprangen ihr nach, Ali geriet dabei jedoch selbst in den Strudel.

Ich stand am Ufer und schrie aus vollem Hals, während Magdi, mein ältester Bruder, im Wasser kämpfte, um meine Schwester und Ali vor dem Ertrinken zu retten. Und wie durch ein Wunder gelang es ihm tatsächlich, beide an Land zu schaffen, wo er vor Erschöpfung zusammenbrach. Inzwischen hatte sich eine Menschenmenge angesammelt, und mehrere Leute begannen bei meiner Schwester mit künstlicher Beatmung. Ich hatte furchtbare Angst. Ihr Bauch war angeschwollen von dem vielen Wasser, das sie geschluckt hatte, ihr Gesicht hochrot. Die Helfer drehten sie auf den Bauch, hoben ihre Beine an und schlugen sie auf den Rücken. Nie wieder im Leben habe ich ein so schlechtes Gewissen gehabt. Statt um meine Schwester hatte ich mich nur um diese Katze gekümmert. Schließlich begann Dalia zu würgen und wieder zu atmen. Meine Eltern, die gerufen worden und eilends zum Fluß gelaufen waren, nahmen uns alle vier mit nach Hause. Dort wurde ich zum ersten und einzigen Mal in meinem Leben streng bestraft. Ich wehrte mich nicht, denn ich wußte genau, daß ich diese Strafe verdient hatte.

Meine Familie sah in mir immer diejenige, die für ihre Geschwister verantwortlich war. Aus welchem Grund, ist mir bis heute noch nicht klar, denn meine Brüder waren ja wesentlich älter als ich. Vielleicht kam es daher, daß ich stets das Gefühl hatte, mein Leben werde nicht so verlaufen wie das der anderen. Oft träumte ich, daß mich die Leute mit großem Respekt behandelten, und erzählte auch meiner Mutter, meinem Vater und Zouzou, meiner Lieblingstante, von diesen Träumen.

»Wenn ich groß bin, werde ich eines Tages was ganz Besonderes tun«, erklärte ich allen – eine Prahlerei, die Tante Zouzou Angst einjagte.

»Sag das nicht!« ermahnte sie mich, erschrocken über meinen Hochmut und weil sie fürchtete, ich könnte damit Unglück für mich heraufbeschwören.

Ich weiß nicht, woher diese Träume kamen, denn als Kinder wuchsen wir auf Roda sehr beschützt und behütet auf. Ich glaubte damals fest daran, daß alle Familien so komfortabel und friedlich lebten wie wir. Von der Armut, unter der so viele Ägypter litten, sahen wir nichts. Irgendwann einmal aber drangen die

Probleme der Außenwelt auch bis zu mir vor. Meine Erziehung begann mit einer alten Frau, die im Stamm eines hohlen Baumes wohnte.

Eine Schulfreundin erzählte mir eines Tages von dieser Frau, und ich ging gleich nach der Schule hin, um mir diese Kuriosität anzusehen. Es stimmte. Sie habe keine Kinder, berichtete mir die Alte, keinen Menschen, der für sie sorge. Das machte mich so traurig, daß ich beschloß, mit meinen zehn Jahren selbst für sie zu sorgen. Also besuchte ich sie täglich vor der Schule und auf dem Heimweg, gab ihr mein Taschengeld und schenkte ihr mein Schulbrot. Ich erzählte niemandem von ihr, nicht einmal meiner Mutter. Sie war mein Geheimnis und meine Freundin.

Ich machte mir Sorgen, weil sie ständig an ihren Augen herumrieb. Also packte ich eines Tages Augentropfen und -salbe in meine Schultasche und begann sie behutsam damit zu behandeln. Sie ließ es sich widerspruchslos gefallen.

Nachdem ich eine Woche lang außergewöhnlich spät von der Schule nach Hause gekommen war, wurde ich von meiner Mutter zur Rede gestellt. Ich brach mein Schweigen und erzählte ihr von meinem Geheimnis. Sie war entsetzt und schickte augenblicklich einen Arzt zu der Alten. Es stellte sich heraus, daß sie blind war – vermutlich durch die ›Flußkrankheit‹, ein weit verbreitetes Augenleiden, das von Fliegen übertragen wird. Da mein Geheimnis nun aber gelüftet war, beschloß ich, auch meine Freundinnen zu der Alten mitzunehmen.

Monatelang besuchten wir sie nach der Schule und

brachten ihr Lebensmittel und Kleidung mit. Dann aber war der Baum eines Tages leer.

»Wo ist sie?« erkundigte ich mich bei dem Süßwarenverkäufer an der Ecke.

»Sie ist heute morgen gestorben«, berichtete er. »Die Polizei hat ihren Leichnam abgeholt.«

Ich war untröstlich, denn ich hatte geglaubt, sie mit meiner Fürsorge am Leben erhalten zu können. Aber ich habe sie nie vergessen.

Da es während der Sommermonate Juli und August sehr heiß in Kairo war – ungefähr 35 Grad Celsius –, fuhren wir, wie viele andere Familien auch, ans Mittelmeer. Seit Jahren mietete meine Familie immer dasselbe Strandhaus in Port Said, 180 Kilometer von Kairo entfernt an der Einfahrt zum Sueskanal.

Mit ihren Reihen schmucker Backsteinhäuser, den weißen Dächern und den liebevoll gepflegten Gärten wirkte die Stadt Port Said eher europäisch als ägyptisch. Die Holzhäuschen, die meine Tanten und mein Vater mieteten, standen direkt am Strand auf Pfählen, damit das Wasser unter ihnen durchfließen konnte. Am kühlsten war es unter den Häusern, und genau da kamen meine Cousinen, unsere Freundinnen und ich immer zum Spielen zusammen. Am Abend versammelten sich alle Verwandten in einem der Häuser zum Essen beim Licht von Kerosinlampen, denn es gab noch keine Elektrizität. Ich liebte dieses weiche Licht und war mit vierzehn Jahren sehr traurig, als auch in Port Said die Elektrizität eingeführt wurde.

Am ersten Donnerstag des Monats machten wir es jeweils wie Millionen andere Ägypter und viele Menschen in der ganzen arabischen Welt: Wir versammelten uns in Port Said, in Kairo oder wo immer wir uns gerade aufhielten um unser Batterieradio und lauschten dem allmonatlichen Live-Konzert von Umm Kalthum.

Weder vor ihr noch nach ihr hat es in der arabischen Welt jemals eine so beliebte Sängerin gegeben. Umm Kalthum sang so gefühlvoll von Liebe und Leid, daß viele Zuhörer im Saal oder zu Hause in Tränen ausbrachen. Ihre Stimme wirkte wie Magie, ihr Können war meisterlich. Anderthalb Minuten lang vermochte sie einen Ton zu halten. Bei ihren Konzerten sang sie immer nur drei Lieder, wobei die ersten beiden nahezu zwei Stunden, das letzte eine Stunde dauerte. Immer wieder sang sie denselben Refrain und veränderte ihn jeweils nur um eine winzige Nuance.

Die Europäer fanden ihre Lieder langweilig, wir aber nicht. Für Ausländer sieht jede Düne in der Wüste so aus wie alle anderen, wir aber wissen, daß kein Sandkorn gleich ist. So war es auch mit Umm Kalthums Donnerstags-Konzerten, zu denen ihre treuen Anhänger aus der ganzen arabischen Welt nach Kairo strömten: Von libanesischen Geschäftsleuten bis zu Scheichs aus Kuwait und Saudi-Arabien kamen sie allmonatlich per Flugzeug, nur um diese Frau singen zu hören.

So machtvoll wirkte Umm Kalthums Ausstrahlung auf uns alle, daß im Jahre 1953, als ihre Stimme wegen einer Kehlkopferkrankung verstummte, die Nachricht in den Zeitungen mit schwarzem Trauerrand erschien. Kein arabischer Arzt wagte sie zu berühren, aus Angst, ihrer legendären Stimme Schaden zuzufügen. Schließlich erbot sich das U.S. Naval Medical Center in Bethesda, Maryland, das Risiko einer Behandlung auf sich zu nehmen, und operierte sie dann auch so erfolgreich, daß sie wieder singen konnte. Manche Leute behaupteten, diese Geste der Amerikaner sei das einzige gewesen, das die ägyptisch-amerikanischen Beziehungen während der Präsidentschaft Gamal Abdel Nassers aufrechterhielt.

Viel später wurden Umm Kalthum und ich so gute Freundinnen, daß sie bei der Verlobung meiner ältesten Tochter sang. Als sie 1975 starb, brachte Radio Kairo ihr zu Ehren nach den Abendnachrichten Verse aus dem Koran, eine Geste, die sonst Staatsoberhäuptern und sehr prominenten Persönlichkeiten bei ihrem Tod vorbehalten blieb. Und selbst jetzt noch bringt die Rundfunkstation, die von den Ägyptern ›Umm-Kalthum-Sender‹ genannt wird, jeden Abend von fünf bis sieben ein Programm, das mit einem Lied von Umm Kalthum beginnt und endet.

Als ich elf Jahre alt war, veränderte sich mein Leben von einem Tag auf den andern: Nun mußte ich täglich über die Brücke nach Giseh gehen, um dort das Lyzeum zu besuchen, also keine gemischte Schule mehr wie zuvor, sondern eine staatliche Mädchenschule, für die mein Vater drei ägyptische Pfund pro Monat bezahlte. Daß nur die Leute eine höhere Bildung erhielten, die sich das Schulgeld leisten konnten, war natürlich nicht gerecht, doch die Erziehung, die wir dort genossen, war wirklich erstklassig.

Wegen der britischen Besatzung in Ägypten hatten wir auf der Grundschule alle klar und gut Englisch lesen, schreiben und sprechen gelernt. Außerdem hatten wir mit Lektionen in klassischem Arabisch begonnen, denn das Umgangsarabisch, das wir täglich benutzten, war ausschließlich eine gesprochene Sprache. Auf dem Lyzeum dagegen erhielten wir außer den Fächern Mathematik und Naturwissenschaft fortgeschrittenen Unterricht in den wohlklingenden Redewendungen und Ausdrücken des klassischen Arabisch. Nun war ich endlich in der Lage, den Koran, jenes schönste Beispiel klassischen Arabischs, selbst zu lesen und die formellen Ansprachen unserer Politiker zu verstehen, die meist auch das klassische Arabisch benutzten.

Beim Wechsel auf die Oberschule mußte ich zwischen zwei Studiengängen wählen. In einem Zweig mit dem Schwergewicht auf Geometrie, Algebra, Französisch, Literatur und Naturwissenschaften wäre ich aufs Universitätsstudium vorbereitet worden. Der andere Zweig, der eher traditionelle Weg für Mädchen, legte mehr Wert auf Kunst und Musik, Malerei, Geschichte, Schneidern, Nähen und Kochen, mit anderen Worten, die Vorbereitung auf die Ehe. Aus Trägheit oder weil meine Freundinnen alle diesen Zweigen wählten, entschied ich mich ebenfalls dafür.

Später habe ich diese Entscheidung immer bereut.

Meinen Töchtern hätte ich niemals erlaubt, sich auf diese Weise ihre Zukunft zu verbauen, doch in den vierziger Jahren dachte man eben noch anders.

»Welchen Zweig soll ich wählen?« fragte ich meine Mutter.

Sie persönlich kannte überhaupt keinen Ehrgeiz, sondern war zufrieden, eine gute Ehefrau und Mutter zu sein. »Ich würde Nähen und Kochen wählen«, antwortete sie mir. »Das kannst du immer brauchen, wenn du verheiratet bist.«

Ich ging zu meinem Vater und fragte ihn ebenfalls.

»Du bist hübsch und wirst vermutlich früh heiraten«, entgegnete er. »Dieser Zweig wird dir helfen, eine gute Ehefrau zu werden.«

Keines von uns, ich selber auch nicht, wäre auf die Idee gekommen, ich könnte vielleicht überhaupt nicht heiraten.

Als ich dreizehn war, kam es zu einem traurigen Ereignis in meiner Familie. Nach langem Kampf und vielen Wochen im Sanatorium in der Helwan-Wüste starb meine Cousine Awatif an Tuberkulose. Ich hatte sie immer bewundert und war nicht nur untröstlich, sondern auch bestürzt darüber, daß ein so junger Mensch sterben konnte: Es war meine erste Begegnung mit dem Tod.

Die zweite ließ nicht lange auf sich warten. Nach kaum einem Jahr starb mein Onkel Mustafa an Typhus. Wieder war ich zutiefst betroffen. Onkel Mustafa war so jung, erst neununddreißig, und so versessen auf Sauberkeit, daß er an jedem Abend sogar die Münzen in seiner Tasche wusch. Er hatte gerade das erste Eheglück erfahren, und zwar mit einer Verwandten, die er auf der Beerdigung meiner Cousine kennengelernt hatte. Ihre Ehe war übrigens die erste, die ich persönlich gestiftet hatte. Und nun war die junge Frau schon Witwe. Ich war niedergeschmettert.

Da es mir ein tiefes, inneres Bedürfnis war, diese beiden Tode zu begreifen, begann ich die Antworten im Koran zu suchen. Die klangvolle Sprache der Heiligen Schrift, die ich ja täglich fünfmal hörte, wenn die Muezzins die Gläubigen zum Gebet riefen, liebte ich schon jetzt und lauschte bei Koranlesungen im Rundfunk aufmerksam dem Versrhythmus, der mich wie zahlreiche andere Moslems nicht nur zu dem Versuch inspirierte, mich selbst in poetischen Versen auszudrücken, sondern in mir auch große Bewunderung für die Dichter weckte. Nun suchte ich Trost in meiner Religion.

Es war Tante Nimat, die Tante meiner Freundin Raga, die mich in die Gemeinde der Gläubigen einführte und mich als erste das Beten lehrte. Ragas Tante war sehr konservativ, trug ausschließlich lange Kleider, die ihre Arme und Beine bedeckten, und schlang sich stets ein Tuch um den Kopf, unter dem sie ihre Haare versteckte. Da diese Bekleidung mich schon lange faszinierte, weil meine eigene Familie nicht so konservativ war, stimmte ich freudig zu, als Raga mir eines Nachmittags vorschlug, bei ihrer Tante Tee zu trinken. Damit begann eine lange Reihe nachmittäglicher Zusammenkünfte, bei denen ich zu meiner Identität als Moslime und wahre Gläubige fand.

Ein großer Teil von Tante Nimats religiösen Unterweisungen war mir zwar schon bekannt, aber ich war noch nicht alt genug gewesen, um die Schriften des Korans wirklich in mich aufzunehmen und zu verstehen. Ich wußte, zum Beispiel, daß der Koran das Wort Allahs enthielt, wie es der Engel Gabriel dem Propheten Mohammed im Jahre 610 n. Chr. offenbart hatte, und daß im Koran Allah selber sprach. Ich kannte auch die fünf Säulen meiner Religion, die Rituale und Moralgesetze des Islam, die niemals gebrochen werden durften: das Bekenntnis des Glaubens an *einen* Gott, das Gebet, die Wohltätigkeit, das Fasten und die Pilgerfahrt nach Mekka für jene, die es sich finanziell leisten konnten, denn Allah in seiner Barmherzigkeit entband alle, die zu arm oder zu schwach waren, von der Pflicht zu einer solchen Reise.

Schon als Kind hatte ich stets möglichst viele von diesen Pflichten erfüllt. Was ich von Tante Nimat jetzt jedoch lernte, war das moslemische Ritual des Gebets. Das Gebet ist eine fundamentale Pflicht des Islam, so wichtig, daß es als ›Schlüssel zum Paradies‹ bezeichnet wird. Kein Moslem wird je von der Gebetspflicht befreit. Die Kranken, die nicht in der Lage sind, die Gesten des Gebets auszuführen, dürfen im Sitzen beten. Vollkommen Gelähmte, die nicht einmal sprechen können, dürfen mit den Augen beten. Wer sich auf der Reise oder bei einer Besprechung befindet und daher die fünf einzelnen Rufe zum Gebet nicht befolgen kann, darf am Abend alle fünf Gebete auf einmal sprechen. Doch jeder Gläubige *muß* beten. Im Laufe der Zeit, da ich von Tante Nimat die streng vorgeschriebenen Stufen des Gebets erlernte, nahm meine Religion für mich eine ganz neue, tiefere Bedeutung an, wurde mir zur seelischen Offenbarung.

Wir gingen zum Beten nicht in die Moschee. Das war nicht notwendig, und es gehörte auch nicht zur Tradition. Obwohl der Prophet den Frauen nicht ausdrücklich verbot, in der Moschee zu beten, riet er uns dennoch, unser Gebet in der Zurückgezogenheit des Hauses zu verrichten. Wenn Frauen trotzdem in der Moschee beten wollten, taten sie es von den Männern getrennt im Hintergrund, denn wenn ihre Kleider auch bis zu den Knöcheln reichten, wollten sie sich beim Beten nicht schamlos vorkommen. Ich zog es vor, allein oder mit meiner Familie zu Hause zu beten. Mein Glaube an Gott war sehr persönlich. Und das Gebetsritual war überall gleich.

Zuallererst lernten wir von Tante Nimat Reinlichkeit, denn von einem Menschen, der unrein und schmutzig ist, nimmt Allah keine Gebete an. In den Moscheen gab es große *hanafiyas* – Wasserhähne –, an denen die Männer vor dem Gebet ihre Waschungen vollzogen. In den meisten Häusern – wie auch im Haus von Tante Nimat – gab es für das Reinigungsritual im Bad ein kleines *hanafiya* aus verzinktem Kupfer. Falls kein Wasser vorhanden war, durfte der Gläubige zur Gebetsstunde in der Wüste statt Wasser zum Beispiel Staub oder Sand verwenden.

Auf Roda hatten wir natürlich reichlich Wasser.

Und wir waren eifrige Schülerinnen. An jedem Nachmittag gingen Raga und ich zunächst mit Tante Nimat ins Bad und sahen zu, wie sie sich dreimal die Hände wusch, sich dreimal mit Wasser aus der rechten Hand den Mund spülte, die Nase reinigte, das Gesicht, die Arme bis zu den Ellbogen, den Kopf, die Ohren, den Hals und zuletzt die Füße bis zu den Knöcheln hinauf. Das alles dauerte bei ihr höchstens zwei Minuten, während Raga und ich uns noch sehr viel mehr damit abplagen mußten und wesentlich länger brauchten. Zum Glück für uns wurden diese Reinigungen, solange wir seit der letzten Waschung nicht bewußt eine unreine Handlung vollzogen hatten, nicht vor jedem der fünf Gebete des Tages verlangt.

Wenn wir all diese Körperteile dreimal gewaschen hatten, ging Tante Nimat mit uns in ihr Schlafzimmer, wo wir barfuß und mit dem Gesicht nach Mekka zu beten begannen. Wir beide standen stets ein paar Schritte hinter ihr. Aufgrund ihres Alters und ihrer Kenntnisse war sie der Imam, der Vorbeter, und verantwortlich für den Ablauf der Bewegungen aller übrigen Gläubigen, in diesem Fall zweier kleiner Schulmädchen in grünen Pullovern. Die flachen Hände rechts und links ans Gesicht gelegt, riefen wir gemeinsam »*Allahu Akbar*« – Allah ist groß – und begannen mit dem Nachmittagsgebet. Die übrigen Gebete wurden kurz nach Sonnenuntergang, bei Einbruch der Nacht, wenn es ganz dunkel war, unmittelbar vor Tagesanbruch und kurz nach zwölf Uhr mittags gesprochen. Keines der Gebete durfte jedoch genau bei Sonnenaufgang oder – untergang beginnen, denn das sind die Zeiten, zu denen die Heiden die Sonne angebetet hatten. Nach jedem Gebet sprachen die frömmsten Moslems noch zwei weitere, freiwillige. Raga und ich begannen an diesen Nachmittagen allerdings überhaupt erst damit, wahrhaft unserem Glauben zu folgen.

›Islam‹ bedeutet auf arabisch Unterwerfung, und ›Moslem‹ ist einer, der sich unterwirft. Diese Definitionen erhielten für mich eine ganz neue Bedeutung, wenn wir, nach dem gemeinsamen Lesen einiger weiterer Passagen der Heiligen Schrift, Tante Nimats Niederwerfungen nachahmten. Ein Teil der Kraft eines Gebets entspringt der Disziplin bei diesen Prostrationen, die auch den Glauben stärkt. Indem er sich nach Mekka wendet und mit der Stirn den Boden berührt, bezeugt der Gläubige symbolisch seine Verpflichtung, sich Allah zu unterwerfen. Ganz ähnlich symbolisieren die Waschungen vor dem Gebet unser Bedürfnis, im Dienste Allahs sauber und rein zu bleiben. Die Häufigkeit der Gebete mahnt uns überdies daran, daß wir den Glauben niemals aus den Gedanken verlieren dürfen, denn dadurch, daß wir alle drei bis vier Stunden innehalten und Allahs Worte sprechen müssen, sorgen wir dafür, daß wir uns niemals von Ihm entfernen.

Wie einfach sahen bei Tante Nimat die Niederwerfungen aus! Mit einer einzigen geschmeidigen Bewegung verneigte sie sich aus der Hüfte, richtete sich auf, glitt auf die Knie und berührte mit Nase und Stirn den Boden, während sie zugleich in jeder Stellung dreimal betete: »Allah ist der Größte. Ich preise die Vollkommenheit meines Herrn, des Höchsten.« Dann wiederholte sie ihre Niederwerfungen noch zweimal, während wir ihrem Beispiel zu folgen versuchten. Wenn wir dann wieder aufrecht standen, sprachen wir gemeinsam das Glaubensbekenntnis: »Es gibt keinen Gott außer Allah, und Mohammed ist Sein Prophet.«

Wir beendeten das Ritual, indem wir erst zur rechten und dann zur linken Schulter blickten und dabei jeweils zu den Schutzengeln sagten, die über uns wachen: »Friede sei mit dir und die Gnade Allahs.«

Diese Nachmittage bei Ragas Tante waren für mich eine wahrhafte religiöse Geburt, die in mir das Bedürfnis weckte, noch mehr zu lernen. Ich begann Biographien des Propheten Mohammed zu studieren und spätabends sowie frühmorgens den Koran auswendig zu lernen. Häufig stellte ich meinen Wecker auf fünf Uhr früh und stand auf, wenn meine ganze Familie noch schlief, um Allahs Worte zu deklamieren, während ich die Sonne aufgehen sah. Um mich in der Aussprache der schwierigsten Passagen zu üben, die vor über vierzehn Jahrhunderten geschrieben worden waren, las ich die Heilige Schrift laut vor mich hin.

Schon mit dreizehn entdeckte ich in dem reichen, melodischen Arabisch des Korans etwas Transzendentes, ja wirklich Göttliches. Da der Prophet Mohammed, wie viele seiner Anhänger, Analphabet gewesen war, wählte Allah Worte, die den Zuhörer sowohl bewegen als auch belehren sollten. Die Schönheit der Sprache im Koran ist fast nicht mit Worten zu beschreiben. Das öffentliche Rezitieren ihrer makellos konstruierten Rhythmen, Reime und Assonanzen ist eine große Kunst in der arabischen Welt, und die besten ihrer Interpreten sind bei uns nicht weniger berühmt als die Interpreten klassischer Musik im Westen.

Mein religiöser Eifer wuchs mit jener Begeisterung, die alle Heranwachsenden beflügelt. Als ich vierzehn war, sprach ich zu den täglichen fünf vorgeschriebenen noch einige weitere kurze Gebete. Zweimal am Tag las ich im Koran. Ich las in den Hadithen, den Büchern mit den Aussprüchen des Propheten, die für Moslems nach dem Koran von größter religiöser Bedeutung sind, und befolgte auch ihre Anweisungen. Anstatt nur während des Ramadan fastete ich ein- bis zweimal die Woche. Obwohl es nirgends im Koran verlangt wurde, änderte ich meinen Kleidungsstil und bat meine Mutter, mir Kleider zu kaufen, die wie bei Ragas Tante sowohl die Handgelenke als auch die Knöchel bedeckten. Und ich ging sogar – noch heute unfaßbar für mich – zu meinen Verwandten, Freunden und Bekannten und bat sie, Geld für die Moslembruderschaft zu spenden.

Die Moslembrüder waren überall um uns herum auf Roda und in ganz Kairo; sie unterrichteten junge Moslems in der Geschichte des Islam, halfen Allahs Gebote, wie sie im Koran niedergelegt sind, zu interpretieren und ermutigten die Gläubigen, dem Pfad der Tugend zu folgen. Als junges Mädchen war ich der Überzeugung, daß diese fundamentalistische

Gruppe die höchsten Ideale der Religion und der Moral verkörpere und ihre Vision der Welt keineswegs utopisch, sondern realisierbar sei. Es gab Kliniken der Moslembruderschaft in den Armenvierteln von Kairo, in denen die Kranken kostenlos behandelt wurden, es gab Apotheken der Moslembruderschaft, die Medikamente zu stark herabgesetzten Preisen verkauften, es gab sogar eine Moslembruderschaft-Versicherung für Arbeiter, die krank wurden und nicht für ihre Familie sorgen konnten. Und jeden Tag sah ich die ernsthaften jungen Männer auf den Schulhöfen von Roda für die Organisation arbeiten und sich erbieten, die kleinen Jungen in ihrer Religion und der Geschichte des Islam zu unterrichten. Den Mädchen blieb es meist überlassen, in ihren eigenen Familien etwas über den Islam zu lernen, obwohl sich manche von ihnen den diskreteren Moslemschwestern anschlossen.

Die Moslembrüder waren dankbar für jede Geldspende, die sie erhielten, ganz gleich, welchen Geschlechts der Spender war. Also stahl ich mich einmal pro Woche mit dem Geld, das ich gesammelt hatte, aus dem Haus und ging zu Hassan el-Hudaibi, der ›rechten Hand‹ Hassan el-Bannas, des ›Obersten Führers‹ und Begründers der Moslembruderschaft, der 1928 eine kleine Gruppe junger Männer zusammengeholt hatte, um sich mit ihnen dem Verbreiten der islamischen Lehren zu widmen. Zwanzig Jahre später, 1947, als ich vierzehn Jahre alt war, hatte sich Hassan el-Bannas ursprünglicher Männerbund zu einer Armee junger Profis entwickelt, die in allen Mittelschicht-Vierteln der ägyptischen Klein- und Großstädte aktiv wurden.

Damals wie heute sollte die Mitgliedschaft bei den Moslembrüdern eigentlich geheim bleiben; in einem ägyptischen Stadtviertel gibt es jedoch keine Anonymität. Jeder kennt jeden, weiß, wo er wohnt, was er tut, mit wem er es tut und wann es getan wird. Daher wußte ich natürlich auch, daß Hassan el-Hudaibi, dessen Haus kaum einen Block von dem unseren entfernt lag, einer der Chefs der Bruderschaft war. Ich klopfte an und übergab dem Mann, der mir aufmachte, meine Spende. »Für die Moslembrüder«, flüsterte ich verstohlen und voller Genugtuung darüber, an dem ›Geheimnis‹ teilzuhaben.

»Danke, Schwester«, antwortete der Mann darauf. »Darf man fragen, von wem die Spende kommt?«

Ich aber schüttelte den Kopf wandte mich zum Gehen und murmelte nur: »Von einem Freund.«

Noch während ich die Erfüllung genoß, die ich im religiösen Glauben fand, entdeckte ich eine ganz neue Leidenschaft: die Politik. Mit zwölf Jahren schon war ich von der Woge des Nationalismus mitgerissen worden, die über Ägypten hinwegrollte. Im Jahre 1945 war der Zweite Weltkrieg beendet. Die Engländer waren als Sieger aus ihm hervorgegangen. Doch noch immer war Ägypten ein britisches Protektorat.

Daß die Briten keinen Gedanken an das ägyptische Volk verschwendeten, war eindeutig. Zwar hatten sie für ihre militärischen Zwecke Flughäfen sowie Straßen von Kairo nach Port Said und Sues gebaut, die wir Ägypter ebenfalls benutzten; in all den Jahren aber, da wir unter ihrem ›Schutz‹ standen, hatten sie für die große Mehrheit der Bevölkerung herzlich wenig getan. Im ländlichen Ägypten, wo die Hälfte aller Kinder starb, bevor sie fünf Jahre alt waren, wo mehr Menschen erblindeten als anderswo auf der Welt, wo siebzig Prozent der Erwachsenen von Parasiten befallen waren, weil sie Nilwasser trinken mußten, hatten die Engländer kein einziges Krankenhaus gebaut. Nicht einen einzigen Brunnen hatten sie gebohrt, damit die Fellachen sauberes Wasser zu trinken bekamen. Millionen ägyptischer Dorfbewohner waren Analphabeten, aber die Engländer hatten keine einzige Schule gebaut. Millionen waren nicht in der Lage, sich eine ordentliche Wohnung zu leisten, aber die Engländer hatten keine preisgünstigen Miethäuser errichtet. Ich begriff das alles nicht und schloß mich freudig der aufbrandenden Woge von Patriotismus an, die ganz Ägypten erfaßte. Für mich, das junge Mädchen, wurde die Befreiung Ägyptens vom Kolonialismus regelrecht zur fixen Idee.

Auch gegen König Faruk wuchs der Zorn des Volkes. Er tat alles, was die Engländer von ihm verlangten, solange sie ihn auf dem Thron sitzen ließen. Anstatt den Bedürftigen zu helfen, wie es unsere Heilige Schrift verlangt, erfüllte er sich all seine kindischen Wünsche und Launen. Seine Regierung war außerordentlich korrupt, und es hieß, daß viele ihrer Mitglieder Titel oder Regierungsämter verkauften und sich das mit Grundbesitz bezahlen ließen. Die Leute aus der engsten Umgebung des Königs, selbst seine Barbiere und Gärtner, wurden reich, während die Bauern, die mit ihren Ernten Ägyptens Wirtschaft stützten, immer ärmer wurden. Ich wäre so gern stolz auf unseren König gewesen, mußte mich statt dessen jedoch seiner schämen. Einmal, als die Schule uns frei gab, damit wir die Autokolonne des Königs vorbeifahren sahen, konnte ich mich nicht dazu entschließen, den königlichen Wagen zu grüßen, wie meine Mitschülerinnen es taten. Ich träumte von dem Tag, an dem nicht nur die Engländer, sondern auch Faruk Ägypten von ihrer Gegenwart befreien würden.

Dieses Interesse für Politik stellte meine Familie vor ein Rätsel. Mein Vater war überhaupt nicht politisch. »Woher hast du nur all diese Ideen?« fragte er mich kopfschüttelnd. Er las kaum Zeitung, ich dagegen las ununterbrochen, vor allem nach dem Ausbruch des Palästinakrieges.

In beiden Weltkriegen hatte England Palästina zum Lohn für arabische Unterstützung gegen die Deutschen die Unabhängigkeit versprochen. Aber im Mai 1948 hatten die Briten diese Versprechungen widerrufen, zogen unvermittelt aus dem Gebiet ab und ermöglichten den Vereinten Nationen die Gründung des neuen Staates Israel. Wie konnten die Engländer, die ›Schutzherren‹ Palästinas, nur zulassen, daß Israel auf arabischem Boden entstand? Damals fragte ich mich voll Naivität, warum sie Israel nicht nach Australien verlegten.

Sobald die letzten britischen Truppen Palästina verlassen hatten, trat Ägypten in den Krieg ein und kämpfte Seite an Seite mit Syrien und Jordanien gegen den neuen Staat auf arabischem Boden. In Kairo spürten wir wenig vom Krieg, mit dem Herzen jedoch war ich bei unseren Truppen, die kämpfen mußten, um die Würde unseres Landes und Palästinas zu verteidigen. Voll Stolz sah ich die von den Moslembrüdern bewaffneten und ausgebildeten Freiwilligen-Einheiten durch die Straßen von Kairo marschieren. Zu diesen Fedajin (wörtlich: die ihr Leben für eine Sache geben) gehörten Studenten und sogar einige Pfadfinder, die in ihrer Khakiuniform in den Krieg zogen. Selbst nachdem Ägypten und die anderen arabischen Staaten zwei Monate nach Kriegsbeginn von Israel besiegt worden waren, wollten die Moslembrüder noch nicht aufgeben und schickten weiterhin Freiwillige in den Kampf um den Sinai. Die Transparente, die sie bei ihren Märschen trugen, drückten meine eigenen Gefühle aus: »Palästina den Palästinensern! Schluß mit dem britischen Verrat!«

Ironischerweise war es meine englische Mutter, die meine Liebe zu Ägypten erst richtig weckte. Immer wieder hatte sie uns beim Tee oder beim Abendessen Geschichten über die tapferen englischen Piloten und Infanteristen erzählt, die während des Zweiten Weltkriegs so viel für ihr Vaterland geopfert hatten. Ihr Lieblingsheld war Englands Premierminister Winston Churchill, den sie unendlich bewunderte. Genauso stolz war sie jedoch auf die englische Kultur bis hinab zu dem Porzellangeschirr, das sie aus ihrer Heimat mitgebracht hatte.

Ich liebte meine Mutter sehr und versuchte, stets

ihrem Beispiel zu folgen. Wenn sie ihr Land so heiß und innig liebte, mußte ich das gleiche doch auch für das meine empfinden! Daß der ›Feind‹ in Ägypten die Engländer waren, schien mir kein Widerspruch zu sein, denn worauf es ankam, war ja Treue, Opfermut und Pflichtbewußtsein dem eigenen Vaterland gegenüber.

Während meine Liebe zu Ägypten durch den englischen Patriotismus meiner Mutter genährt wurde, waren es Tante Zouzou und ihre Freundinnen, die mich lehrten, stolz darauf zu sein, daß ich eine Frau war. Als junges Mädchen hatte ich, genau wie meine Freundinnen, zahllose Geschichten über ägyptische Heldinnen gelesen: Königinnen, Dichterinnen, Heilige und Kriegerinnen. Immer wieder hatte ich die Lebensgeschichte der berühmten El-Chansa gelesen, einer Dichterin aus der Zeit Mohammeds, die bei dem großen Dichtertreffen, das alljährlich in der Nähe von Mekka stattfand, den ersten Preis errungen hatte. Dichterinnen waren im Islam wichtige Persönlichkeiten, denn sie schrieben Geschichte, übten Sozialkritik und feierten die in der Schlacht gefallenen Helden. Als El-Chansa ihren Bruder im Kampf verlor, hieß es, sie sei nun ganz von den Geistern erfüllt, die nur die besten Dichter beseelten. Ihre Trauer inspirierte sie zu Versen, in denen sie die Leiden ihres Volkes in seinem ständigen Kampf ums Überleben beschrieb, Versen, die mich tief beeindruckten und mich ermutigten, mich selbst am Schreiben von Gedichten zu versuchen.

Auch das Leben der Chadidscha, der ersten Frau

des Propheten Mohammed, faszinierte mich, ja weckte fast ein Gefühl spiritueller Verbundenheit in mir. Chadidscha, eine reiche Witwe und im Karawanenhandel tätige Geschäftsfrau, hatte als erste den neuen Glauben des Islam angenommen. Als Mohammed ihr verwirrt und furchtsam anvertraute, der Erzengel Gabriel sei ihm in einer Höhle des Berges Hira erschienen und habe ihn zum Propheten Allahs erklärt, hatte sie ihren Mann sofort getröstet und ermutigt. »Freue dich, o Sohn meines Onkels«, hatte sie ausgerufen, »und sei guten Mutes. Wahrlich, bei Ihm, in dessen Hand Chadidschas Seele liegt, wirst du der Prophet dieses Volkes sein. Allah wird dir keine Scham aufladen, denn Er weiß um deine Aufrichtigkeit und Ehrlichkeit.« Mit ihrem Mut und der Kraft ihrer Liebe bewirkte sie, daß Mohammed ihr treu blieb, solange sie lebte. Erst nach ihrem Tod nahm er sich eine zweite Frau.

Die Geschichte der Aischa bint Abi Bakr, die erst neun Jahre alt war, als sie mit dem Propheten verheiratet wurde, liebte ich ebenfalls sehr. Aischa war eine tapfere und kluge junge Frau, die zu Mohammeds großer Liebe wurde. Ihr verdanken wir einen großen Teil der Hadithen, jener Sprüche des Propheten, die für die Moslems so wichtig für das Verständnis des Islam sind. Darüber hinaus kämpfte sie für ihren Glauben und ritt nur wenige Jahre vor Mohammeds Tod auf ihrem eigenen Kamel in die Schlacht. Der Prophet war ihr sehr zugetan; er starb mit dem Kopf in ihrem Schoß.

Gelesen hatte ich auch die Lebensgeschichten von

Heroinen des Westens wie Madame Curie und Florence Nightingale. Eine weitere Lieblingsgeschichte war für mich das Leben der Helen Keller, die zwar blind und taub war, aber trotzdem vieles erreicht hatte. Am aufregendsten jedoch waren Tante Zouzous Erzählungen über die Frauen im modernen Ägypten.

Beim Nachmittagstee in Tante Zouzous Haus lauschte ich gebannt und ehrfürchtig den Gesprächen über Huda Schaarawi, eine der ersten Frauen unseres Landes, die den Briten Paroli geboten hatte und für die Rechte der Frauen eingetreten war. Ohne sie hätten viele ägyptische Frauen nicht mal eine Schulbildung erhalten. Huda Schaarawi war es auch, die 1910 die erste allgemeinbildende Schule für Mädchen eröffnete und damit ganz Kairo schockierte. Im Jahre 1920 gründete sie mit ihrer Freundin Siza Nabarawi nicht nur die erste Frauenvereinigung, sondern auch die erste feministische Zeitschrift, *L'Egyptienne*, die Tante Zouzou regelmäßig las. Als Huda Schaarawi 1923 von der ersten internationalen Frauenkonferenz in Rom nach Alexandria zurückkehrte, wurde sie zur ersten Ägypterin, die öffentlich ihren Schleier ablegte und ihn zum Symbol männlicher Herrschaft und als ausländischen Brauch erklärte, der von den Türken nach Ägypten gebracht worden war.

Meine Bewunderung für Huda Schaarawi, die so vieles für den Fortschritt der ägyptischen Frauen geopfert hatte – darunter ihre Ehe –, war grenzenlos. Ihr Ehemann, dreißig Jahre älter als sie und ein Verwandter, hatte sie verstoßen, als sie sich weigerte, den Schleier zu tragen. Sie aber ließ sich davon nicht entmutigen und siegte 1924 wenigstens in einem Punkt ihrer Reformforderungen: Das Mindestalter, in dem ein Mädchen verheiratet werden durfte, wurde auf sechzehn Jahre festgesetzt statt wie früher auf zwölf bis dreizehn, ein Alter, in dem Huda selbst verheiratet worden war. Mit den übrigen Reformen, die sie in den zwanziger Jahren anstrebte – höhere Schulbildung auch für Frauen, Abschaffung von Polygamie und arrangierter Ehen sowie von Prostitution und der Beschneidung junger Mädchen –, kam sie nicht durch. Sie war eine Vorkämpferin für die Rechte der Frauen, und das machte sie in meinen Augen bewundernswert. Was sie aber zu einer Persönlichkeit machte, die einen beträchtlichen Einfluß auf mein junges Leben ausübte, war ihr Widerstand gegen die Briten.

»Erzähl mir doch noch mal davon, wie Huda Schaarawi gegen die Engländer demonstrierte«, bat ich Tante Zouzou immer wieder. Während der nationalen Erhebung nach dem Ersten Weltkrieg und den ersten nicht eingehaltenen Versprechungen der Engländer, Ägypten zu verlassen, war Huda Schaarawi an der Spitze von 350 Frauen zum Büro des britischen Hochkommissars marschiert, um für Ägyptens Befreiung zu demonstrieren. Der Hochkommissar reagierte nicht. Einen Monat später nahm Huda Schaarawi in Kairo an einem Trauermarsch für die Männer und Frauen teil, die bei den andauernden Demonstrationen von den Briten getötet worden waren. Wieder eröffneten die Engländer das Feuer auf die

Menschenmenge, und wieder kamen zwei Ägypter zu Tode. Auf einmal trat Huda Schaarawi vor den Hauptmann der Kavallerie. »Hier stehe ich vor Ihnen«, wiederholte Tante Zouzou die legendären Worte Huda Schaarawis, die sie in perfektem Englisch gesprochen hatte. »Warum erschießen Sie mich nicht, wie Sie unsere anderen Ägypterinnen erschossen haben? Wir wollen Freiheit für unser Land. Wir werden weder Ihre Willkürherrschaft noch die Schande solcher Willkürherrschaft länger dulden!« Verblüfft über ihren Mut, befahl der englische Offizier seinen Truppen sofort, das Feuer einzustellen. Diese Geschichte faszinierte mich immer wieder. Würde ich selbst jemals so mutig sein können?

»Jean, Tante Zouzou hat dich eingeladen, den Ramadan mit ihr in Sues zu verbringen«, teilte mir meine Mutter kurz vor meinem fünfzehnten Geburtstag mit. »Hast du Lust?«

Und ob ich Lust hatte! Ich fand es wunderbar, Kairo während der Feiertage zu verlassen, und freute mich auch auf das Wiedersehen mit meiner Cousine Aida, deren Ehemann Hassan Izzat genau meiner Vorstellung von einem Helden entsprach. Hassan war im Zweiten Weltkrieg von den Engländern wegen Zusammenarbeit mit den Deutschen verhaftet worden und hatte zu den vielen ägyptischen Armeeoffizieren gehört, die an das arabische Sprichwort glaubten: »Der Feind meines Feindes ist mein Freund.« Ein Sieg der Deutschen in Ägypten, so dachten er und viele andere, würde endlich dazu führen, daß die Engländer aus Ägypten vertrieben und wir wieder selbständig sein würden.

Es war ein heißer, sonniger Tag, an dem wir im Sommer 1948 nach Sues aufbrachen. Ich war selig, als Tante Zouzou und ich die hundertfünfzig Kilometer von Kairo bis zum Roten Meer zurücklegten, und träumte schon im Auto davon, wie wundervoll es sein würde, im glasklaren Wasser zu schwimmen, umgeben von herrlichen Stränden und vor dem Hintergrund der lavendelblauen Ataka-Berge. Da Hassan, der jetzt als Ingenieur arbeitete, ein hervorragender Erzähler war, freute ich mich schon jetzt darauf, von ihm zu hören, wie er unsere Besatzer ausgetrickst hatte. Ich war ein romantisches Schulmädchen mit einer grenzenlosen Fantasie. Ich war erst fünfzehn, aber in Sues sollte ich meinem Schicksal begegnen.

3 Der Revolutionär und das Schulmädchen

Ich erkannte ihn nicht, als ich ihn zum erstenmal sah.

Vielleicht lag es an der späten Stunde, denn es war zwei Uhr nachts, und ich half in der Küche meiner Tante in Sues bei der Zubereitung der Mahlzeit, die während des Ramadan vor Morgengrauen eingenommen wird. Vielleicht lag es auch daran, daß mir das alles so unwahrscheinlich vorkam. Wie war es möglich, daß dieser Mann, ein Nationalheld, ganz einfach so im Hausflur meiner Cousine saß?

»Wir haben einen Gast im Haus«, hatte Hassan Izzat gesagt, als er, mit dem Auto aus Kairo eingetroffen, zu uns in die Küche kam. »Er hat viel leiden müssen, also wollen wir ihm das Beste bieten, was wir haben.«

»Wer ist es denn?« erkundigte ich mich, denn die Vorstellung, einen weiteren Mann wie meinen angeheirateten Cousin kennenzulernen, der für Ägypten gelitten hatte, erregte meine Neugier.

»Anwar el-Sadat.«

Hassans Antwort wirkte auf mich, als hätte er mir einen Schlag versetzt, und während ich ihn ungläubig anstarrte, entglitt die Mangofrucht, die ich in der Hand hielt, meinen Fingern und klatschte zu Boden.

Das konnte nicht wahr sein! Hassan macht sich lustig über mich, dachte ich, als ich die Mango vom Boden aufhob. Denn in den drei Wochen, die ich in

Sues war, hatten wir kaum von etwas anderem gesprochen als von Anwar el-Sadat und der schweren Zeit, die er und seine Mitangeklagten durchmachen mußten. Seit acht Monaten standen sie nun schon vor Gericht, angeklagt des zwei Jahre zurückliegenden tödlichen Attentats auf den Finanzminister Amin Osman. Jetzt ginge die Verhandlung endlich ihrem Ende zu, und alle Zeitungen brachten täglich Fotos des angeblichen Rädelsführers Hauptmann Anwar el-Sadat und Artikel über seine mehrmalige Flucht aus den Gefängnissen. Ich hatte jedes Wort verschlungen.

Ob Sadat an dem Mord an Osman beteiligt gewesen war oder nicht, war unwichtig für mich: Osmans Tod schien mir gerechtfertigt, da er eifrig für eine Zusammenarbeit unserer Regierung mit den Engländern eingetreten war. Als er kurz vor dem Attentat zur allgemeinen Empörung erklärte, Ägyptens Verhältnis zu Großbritannien gleiche einer katholischen Ehe, könne also niemals gelöst werden, unterzeichnete er damit sein Todesurteil. Denn daß ein Kabinettsminister unserer eigenen Regierung, ein Ägypter, so etwas aussprach, wurde von vielen Seiten als Verrat gewertet. Im Januar 1946 war Amin Osman dann auch erschossen worden. Später erfuhr ich, daß es Anwar gewesen war, der mit den Attentätern in die Wüste hinausfuhr und sie im Schießen ausbildete.

Meine Bewunderung für Sadat und die anderen tapferen Männer auf der Anklagebank war mit jedem Zeitungsbericht, den ich darüber las, gestiegen. Täglich wartete ich ungeduldig darauf, daß mein Cousin mit den Zeitungen aus der Innenstadt zurückkehrte. Die Entbehrungen des Ramadan-Fastens waren für mich nichts gegen die Qual des Wartens auf meinen Cousin. Ich ging völlig in dem Drama des Prozesses auf – und im Heldentum der Angeklagten.

Dieser Mann verkörperte alles, was ich bewunderte und selbst gern gewesen wäre. Er war ein Held und ein Idealist. Er hatte sich seine Würde bewahrt und viel für Ägypten geopfert, ohne den Mut und den Glauben an seine Überzeugung zu verlieren. Eines Tages brachte die Zeitung ein Foto von ihm, wie er im Gerichtssaal in dem Käfig stand, der für die Angeklagten errichtet worden war.

»Verurteilen Sie mich zum Tode, wenn Sie wollen«, soll er laut gerufen haben, »aber der Herr Staatsanwalt soll endlich aufhören, vor diesem ehrenwerten ägyptischen Gericht das Lob des britischen Imperialismus zu singen!« Das Urteil sollte Anfang August verkündet werden.

Als der Tag näher kam, konnte ich nicht schlafen und kaum etwas von den köstlichen Früchten und Süßigkeiten essen, mit denen wir das anstrengende Sommerfasten brachen. Das Schicksal dieses Mannes war zu meiner neuen fixen Idee geworden. Während andere Mädchen meines Alters von Filmstars oder romantischen Sängern schwärmten, träumte ich nur noch von Anwar el-Sadat. Und ich betete für seine Rettung.

Am Tag der Urteilsverkündung konnte ich einfach nicht mehr abwarten, bis mein Cousin mir die Zeitung brachte, durfte als junges Mädchen das Haus aber nicht allein verlassen. »Komm, Saneya«, rief ich daher die Dienerin meiner Tante, »ich hab' in Sues was Dringendes zu erledigen.«

Ich bin sicher, daß sie sich von mir nicht täuschen ließ, aber sie kam trotzdem mit, obwohl ich sie in meiner Eile schon bald weit hinter mir ließ.

Ich legte die ganzen fünf Kilometer nach Sues unter stechender Sonne im Laufschritt zurück. Da die Straße mit Sand bedeckt war, wirbelten meine Füße wahre Staubwolken hinter mir auf, und ich zog mit meiner Hast die neugierigen Blicke sowohl der Kinder auf mich, die hoch oben auf den Klee- und Strohlasten ihrer Esel hockten, als auch der Frauen mit den Wasserkrügen auf dem Kopf und den Kleinkindern auf den Schultern. Atemlos keuchend und von einem unerträglichen Durst gequält, der noch viel unerträglicher wurde, weil er während des Fastens nicht gestillt werden durfte, schnappte ich mir am erstbesten Kiosk eine Zeitung.

»Sadat freigesprochen«, verkündete die Schlagzeile.

Ich weiß nicht, ob ich in meinem ganzen Leben jemals eine so tiefe Freude und Erleichterung empfunden habe. Möglicherweise dreißig Jahre später, als Anwar 1977 heil und gesund von seiner Reise nach Jerusalem zurückkehrte. Und möglicherweise 1979 nach dem ersten Rückzug der Israelis aus dem Sinai, als ich vor Dankbarkeit und Glück drei Monate fastete. In diesem Augenblick in Sues aber, von den überwältigenden Gefühlen eines jungen Mädchens erfüllt, kam ich mir vor, als fliege ich geradewegs ins Paradies. »Gott ist der beste Beschützer und der barmherzigste«, zitierte ich aus dem Koran, während mir Tränen über die Wangen strömten. Sadat war gerettet.

Zur Feier des Fastenbrechens an diesem ganz besonderen Tag erstand ich eine Schachtel Pralinen und belohnte mich selbst und Saneya, die mich endlich eingeholt hatte, mit einer Taxifahrt nach Hause. Aber da konnte ich noch nicht ahnen, ein *wie* besonderer Tag dies werden sollte.

Anwar el-Sadat. Noch immer starrte ich Hassan an diesem Abend in der Küche fassungslos an. »Darf ich ihn kennenlernen?« brachte ich schließlich mühsam heraus.

»Aber natürlich, Dummchen!« erwiderte Hassan und genoß den Schock, den er mir versetzt hatte. »Er wird eine Weile bei uns bleiben, bis er weiß, wie's für ihn weitergehen soll.«

Zerstreut fuhr ich mir mit der Hand übers Gesicht und hinterließ einen Streifen Mangosaft. Ich betrachtete mein Kleid, ein einfaches Kleid, das von dem Eilmarsch in die Stadt noch staubbedeckt war. Meine Hände waren klebrig von der Mangofrucht, meine Haare zerzaust. »Ich muß mich zurechtmachen«, erklärte ich Hassan.

Hastig eilte ich zur Küche hinaus, um in mein Schlafzimmer hinaufzulaufen, und sah erst, als es zu spät war, die stille Gestalt, die im Korridor saß. Wieder war ich wie gelähmt, als ich dort stand – unfähig, mich zu bewegen, unfähig, ein Wort zu äußern.

Langsam wandte er den Kopf und sah mich an. Mir war natürlich klar, daß ich die Augen niederschlagen mußte, daß ich diesen Mann – wie jeden Mann – nicht so dreist anstarren durfte, aber ich hatte vorübergehend die Kontrolle über mich verloren. Es war dunkel im Korridor, doch seine Züge waren mir von all den Fotos, die ich gesehen hatte, so vertraut, daß es nicht anders war, als hätten alle Lichter gebrannt. Ernst und traurig ruhte sein Blick auf mir, und ich konnte den meinen nicht von ihm abwenden. Sein Gesicht, das sogar noch dunkler war, als es auf den Fotos wirkte, machte den Eindruck, als trage er die Last der ganzen Welt. Hier, im düsteren Korridor stehend, spürte ich die tiefe Erschöpfung, unter der er leiden mußte.

Wir blieben gefangen in diesem Augenblick, bis ich mich plötzlich an meine Manieren erinnerte. Ohne daran zu denken, wie klebrig meine Hand war, streckte ich sie ihm zum Willkommensgruß hin. Ruhig, gelassen ergriff er sie. Kein Wort wurde zwischen uns gewechselt. Und auf einmal mußte ich an eine Haselnuß denken, die ich in der Woche zuvor geknackt hatte. Der Kern hatte sich in zwei Vielliebchen geteilt. Die Linien der einen Hälfte schienen in graziösen arabischen Lettern ›Anwar‹ zu bilden, während ich auf der anderen deutlich das Wort ›Allah‹ erkannte. Ich hatte das als ein gutes Omen für den Ausgang seines Prozesses betrachtet, jetzt aber kam mir der Gedanke, daß es vielleicht ein Omen für mich sein mochte.

Während wir unseren Frühmorgenimbiß einnahmen, konnte ich meinen Blick nicht von ihm wenden. Wie gewohnt, scherzte die ganze Familie und erzählte lustige Geschichten, Anwar dagegen sagte kein einziges Wort. Genau wie ich, und das war allerdings ungewöhnlich. Innerlich platzte ich fast vor brennenden Fragen, die zu stellen viel zu aufdringlich gewesen wäre. Warum war er hier bei uns? Warum nicht bei seiner Frau und seinen Kindern, von denen ich in den Zeitungen gelesen hatte? Und warum verhielt er sich so schweigsam?

Er blieb zwei ganze Tage stumm. Am nächsten Morgen, als ich nach einer schlaflosen Nacht noch immer nicht richtig glauben konnte, daß er unter demselben Dach war wie ich, erbot sich Hassan, meine Tante zu einem Termin beim Zahnarzt nach Sues zu chauffieren. Sie selbst nahm mit mir hinten im Fond Platz, Anwar und Hassan saßen vorn. Noch immer hörten wir kein Wort von ihm.

»Abeh Hassan hat mir von Ihrem bewundernswerten Mut und Ihrem heldenhaften Patriotismus erzählt.« Ich mußte selbst meinen ganzen Mut zusammennehmen, um das zu sagen.

Er nickte mir zu, murmelte einen kurzen Dank und verstummte wieder.

Heute weiß ich, daß er nachdachte, daß er schweigend überlegte, was er tun, welche Entscheidungen er für die Zukunft treffen sollte. So meditierte er in unserer Ehe häufig, saß stundenlang stumm im Sessel auf der Terrasse, starrte auf den Nil und paffte seine Pfeife. Er hatte sich den Rat seiner Minister angehört und Berge von Dokumenten, Statistiken, Voraussagen gelesen. Um dann jedoch Entscheidungen zu treffen, mußte er ganz allein sein, und es waren auch stets ganz allein seine Entscheidungen. Jetzt aber, im Fond des Wagens auf der Fahrt nach Sues, fand ich, sein Schweigen mache ihn nur noch geheimnisvoller.

»Papa, darf ich noch etwas länger bei Tante Zouzou bleiben?« fragte ich am nächsten Tag, als ich mit Kairo telefonierte. »Zu Hause ist es bestimmt furchtbar heiß und hier können wir wenigstens baden gehen.«

Den wahren Grund für meine Bitte wagte ich ihm nicht zu erklären, denn sonst hätte er mir bestimmt befohlen, auf der Stelle nach Hause zu kommen. Zum Glück erteilte er mir die Erlaubnis, meinen Aufenthalt länger auszudehnen, ohne weitere Fragen zu stellen.

Ich hätte meinen Vater nicht belügen können, dazu liebte und achtete ich ihn zu sehr. Aber ich hätte ihm auch nicht den wahren Grund nennen können. Er wäre sofort mißtrauisch geworden hinsichtlich meiner Gefühle für Anwar, und zwar mit Recht. Ich war eben erst fünfzehn geworden, doch in Ägypten geschah es nicht selten, daß junge Mädchen der Mittelschicht mit siebzehn Jahren heirateten. Auch jetzt schon wurde in der Familie erörtert, wer wohl als Ehemann für mich in Frage käme. Hassan Izzats Bruder Ali hatte seine Absichten deutlich gemacht, indem er meine Familie und mich häufig in Kairo besuchen kam. Ich aber war nicht sehr begeistert von ihm. Ali war ein netter junger Mann mit einem hochbezahlten Job und besaß sogar ein Auto. Als Mensch dagegen war er langweilig und hatte überhaupt keinen Esprit. Außerdem vermutete ich, daß er alles andere als tapfer war.

Ein anderer Bewerber war mein Cousin Ahmed Abu Zaid. Ahmed war Offizier der Militärpolizei, sehr wohlhabend und sehr geachtet. Ironischerweise war er einer der Offiziere gewesen, die Anwar und die übrigen Angeklagten bei dem Prozeß in Kairo bewachen mußten. Das machte ich Ahmed nicht zum Vorwurf, denn er tat ja nur seine Pflicht, aber im Gegensatz zu Tante Batta, seiner Mutter, die sehr für diese Ehe war, hielt ich überhaupt nichts von dieser Idee. Ich mochte Ahmed als Cousin, nicht aber als Ehemann.

Auch der Sohn eines unserer Nachbarn hatte um meine Hand angehalten, doch das behagte mir ebenfalls nicht. Er war ganz und gar nicht der Mann meiner Träume, obwohl diese Heirat gewisse Vorteile mit sich gebracht hätte. Er war reich, sah gut aus, war nur fünf Jahre älter als ich, und ich kannte ihn gut. Anders als in westlichen Ländern, wo die Jugendlichen miteinander befreundet sein und sich vor der Hochzeit kennenlernen dürfen, wurde den Jungen und Mädchen in Ägypten meiner Kindheit eingeschärft, jeder Versuchung aus dem Weg zu gehen; daher durften sie nie miteinander allein bleiben.

Weder ich selbst noch meine Familie wäre jemals auf den Gedanken gekommen, daß ich nicht heiraten würde. Wir gehörten zur Mittelschicht und verfügten über Grundbesitz. Was sich meine Familie für mich wünschte – was sich alle Ägypter für ihre Töchter wünschten –, war, daß ich mich glücklich und gut verheiratete. Je wohlhabender mein zukünftiger Ehemann, desto höher mein Lebensstandard. Je höher sein Stand, desto höher der meine. Seine Identität würde in jeder Hinsicht die meine werden.

Von Hassan erfuhr ich, daß Anwars Familie ebenso arm war wie er selbst. Sein Vater Mohammed war Angestellter des Militärlazaretts in Kubba, seine Mutter Sitt el-Barrein Tochter eines sudanesischen Fellachen.

Anwar wurde am 25. Dezember 1918 als dritter Sohn der zweiten Frau seines Vaters in einem Dorf im Nildelta geboren. Dieses Dorf, Mit Abul-Kum, verfügte weder über Elektrizität noch über eine Kanalisation. Wie fast alle Menschen in den ländlichen Gebieten hatte Anwars Familie nur sehr wenig Geld zur Verfügung. In der Koranschule, in der Anwar und die anderen Dorfjungen die 114 Suren des Korans auswendig lernten, bestand die einzige Mahlzeit für ihn aus Brotkrusten und trockenen Käsestückchen, die er sich zu Hause in die Tasche seiner Galabiya, des weiten Gewandes der einfachen Leute, stopfte.

Wenn er nicht in der Schule war, brachte Anwar die Kühe und Wasserbüffel zur Tränke an den Dorfkanal, trieb die Ochsen an, die die Dreschmaschine durch die Weizenfelder zogen, und half bei der Ernte von Datteln und Baumwolle. Abends lag er, wie er mir später gern erzählte, oben auf dem hohen Familien-*furn*, einem primitiven Ofen mit einer Bank aus getrocknetem Lehm, aß die Zwiebel, die er den ganzen Tag darin hatte garen lassen, und hörte zu, wie seine Mutter und Großmutter Gutenachtgeschichten von modernen ägyptischen Helden erzählten, die sich gegen die Engländer auflehnten. So sehr liebte er diese gemütliche Stunde des Tages, daß er auch später, als er unser Haus in Mit Abul-Kum erbaute, noch darauf bestand, außer unserem modernen Gasherd einen traditionellen Lehm-*furn* zu installieren.

Als Anwar sieben Jahre alt war, zog er mit seiner Familie nach Kairo um. Dort lebte er mit seinen Eltern, seiner Großmutter, seinen Brüdern Talaat und Esmat sowie seiner Schwester Nefisa in einer Vierzimmerwohnung, in der es später noch enger wurde, als sein Vater sich noch eine Ehefrau aus dem Dorf holte. Amina gebar ihm weitere neun Kinder, und auch sie wohnten alle mit in den vier Zimmern.

Mit seinem schmalen Gehalt mußte Anwars Vater die Mäuler aller dreizehn Kinder stopfen. Anwar wäre vermutlich zu einem Leben in Armut und Unauffälligkeit verurteilt gewesen, hätte der anglo-ägyptische Vertrag von 1936 der ägyptischen Armee nicht eine Erhöhung der Truppenstärke gestattet und diese daraufhin zum erstenmal auch Angehörige der unteren Schichten in die Reihen des bis dahin elitären Offizierkorps aufgenommen. Anwar gehörte zu den ersten Kadetten der Unterschicht, die 1938 die Königliche Militärakademie als Leutnant abschlossen. Unter den Absolventen der Akademie befanden sich auch Gamal Abdel Nasser, der vierzehn Jahre später den Staatsstreich organisierte, durch den König Faruk gestürzt wurde, und die anderen jungen Offiziere, die zusammen mit ihm den Revolutionsrat bildeten.

Anwars Zukunft in der Armee des Königs hätte gesichert sein und er selbst durch seinen militärischen Rang in der Gesellschaft immer höher steigen können, hätte er sich nicht entschlossen, alles für die Befreiung Ägyptens zu opfern. Nach seiner ersten Verhaftung aufgrund der Zusammenarbeit mit den Deutschen gegen die Briten war er 1942 aus der Armee entlassen worden. Solange er politisch aktiv blieb, gab es, wie mir Hassan erklärte, kaum eine Chance, daß er jemals wieder in die Armee aufgenommen wurde, und eine abermalige Verhaftung war wahrscheinlich.

Aber erst das, was Hassan mir zuletzt mitteilte, lieferte mir die Erklärung für Anwars Schweigen in Sues. Anwar sei zu uns gekommen, statt nach Hause zurückzukehren, weil er sich von seiner Frau scheiden lasse, erzählte Hassan. Sie lebe mit ihren kleinen Töchtern bei seinem Vater in Kairo. Anwar habe kein Heim, in das er zurückkehren könne, und nach fast drei Jahren Gefängnis auch kein Geld. Den größten Teil des Geldes, das er in Zukunft vielleicht verdienen würde, werde er für seine Kinder bezahlen müssen, denn so verlange es nicht nur das Gesetz, sondern ebenso seine moralische Pflicht. Deswegen zerbreche er sich jetzt den Kopf über die Gestaltung der Zukunft.

Nüchtern betrachtet hätte das, was Hassan mir über Anwar el-Sadat erzählte, meine sich immer romantischer gestaltenden Gefühle ersticken müssen.

Doch welche Fünfzehnjährige denkt schon nüchtern? Statt dessen betrachtete ich seine Haut – wesentlich dunkler als die meine und in den Augen vieler Ägypter weniger anziehend – und fand ihn gut aussehend. Ich betrachtete sein einziges, zerknittertes weißes Jackett und seine einzige Hose und fand ihn makellos gekleidet. Ich betrachtete sein von seinem Alter gezeichnetes Gesicht – fünfzehn Jahre älter als das meine – und entdeckte das Idealbild der Jugend. Ich lauschte seinem Schweigen und vernahm eine starke Persönlichkeit, zu der ich bewundernd aufblicken konnte. Er war der Inbegriff des Helden meiner Träume. Was er von mir hielt, vermochte ich nicht zu sagen.

»Ich habe Ihnen eine Feige mitgebracht«, sagte ich zu ihm und reichte ihm die Frucht, die ich im Garten von einem tiefhängenden Zweig gepflückt hatte.

Jetzt sah er mich zum erstenmal richtig an und lächelte. »Sie haben vor kurzem Geburtstag gehabt, nicht wahr?« entgegnete er.

»Ja«, antwortete ich und hielt den Atem an, so inbrünstig hoffte ich, daß er uns auf dem Tagesausflug zum Strand von Ismailia begleiten würde.

»Ich kann mir leider kein Geschenk für Sie leisten«, erklärte er mir entschuldigend. Mir war das gleichgültig. »Kommen Sie mit uns an den Strand?« stieß ich hervor. Als er daraufhin zögerte, fürchtete ich schon, er werde nein sagen und den Tag lieber schweigend in unserem Garten verbringen. »Ich komme mit«, entschied er schließlich.

Dieser Tag war von Anfang an wie verzaubert. Ich

sang auf dem ganzen Weg nach Ismailia, der langen Straße, die bis ans Ende des Sueskanals führt, mit der Wüste auf der einen, dem Roten Meer auf der anderen Seite. »Ich kann Ihnen zwar kein Geburtstagsgeschenk machen«, sagte Anwar im Wagen plötzlich zu mir, »aber ich werde Ihnen ein Lied singen.« Die Veränderung, die mit ihm vorging, als er mir ein Liebeslied von Farid el-Atrasch vortrug – und zwar mit einer sehr schönen Stimme –, war einfach unglaublich. Statt wie gewohnt vor sich hin in die Ferne zu starren, drehte er sich auf dem Vordersitz um und sah mir direkt in die Augen. Mein Glücksgefühl stieg und blieb auch bestehen, als wir uns zum Picknick am Roten Meer niederließen.

Sämtliche Fragen, die ich aus Achtung vor seiner Einsamkeit zurückgehalten hatte, sprudelten mir nun über die Lippen. Und er beantwortete sie mit zunehmender Lebhaftigkeit. »Was haben Sie im Gefängnis gemacht?« wollte ich wissen. Zunächst, 1942 im ›Gefängnis der Ausländer‹, berichtete er mir daraufhin, sei es nicht allzu schlimm gewesen. Dort habe es ein Bett, Decken, einen Stuhl ein Tischchen und selbst Zigaretten gegeben, die ihm allerdings der Wärter anzünden mußte, da den Gefangenen Streichhölzer nicht gestattet waren. Er durfte sogar Zeitungen und Bücher lesen und nutzte die Zeit, um mit Hilfe einschlägiger Literatur seine Englischkenntnisse zu verbessern. Zweimal am Tag durfte er für eine Viertelstunde im Hof spazierengehen.

Zweimal hatte man ihn in andere Gefängnisse verlegt, zunächst für fast ein Jahr in die Haftanstalt für politische Gefangene, einen luxuriösen Palast in Oberägypten, wo er die deutsche Ausgabe eines Romans von Edgar Wallace benutzte, um Deutsch zu lernen. Das folgende Jahr verbrachte er in einer Haftanstalt in Zaitun bei Kairo, wo er und seine Mitgefangenen zum Zeitvertreib Kaninchen züchteten. Doch Anwar war zu ungeduldig, um untätig im Gefängnis zu sitzen. Im Krieg stand Deutschland kurz vor der Niederlage. Die Engländer hielten Ägypten noch immer besetzt. Er *mußte* fliehen. Und das tat er – nicht ein-, sondern zweimal.

»Wie haben Sie es schafft, aus dem Gefängnis zu fliehen?« erkundigte ich mich bei ihm, als wir nach dem Picknick in Ismailia gemeinsam am Strand entlangwanderten.

Bei der Erinnerung daran lachte er. »Beim erstenmal schlugen wir zu sechst, darunter auch Hassan Izzat, ein Loch ins Dach, kletterten mit einer Trittleiter aufs Dach und von dort auf die Straße hinunter. Daß wir verschwunden waren, wurde erst am nächsten Morgen bemerkt.«

»Und warum sind Sie zurückgekehrt?« fragte ich ihn, während ich mir die Schuhe auszog und im seichten Wasser dahinplatschte.

Er lachte abermals. »Ich wollte nur die Regierung demütigen, und das ist mir gelungen«, erklärte er. »Wir marschierten geradenwegs in den Abdin-Palast und trugen uns, wie's manche tun, um sich für eine ›königliche Gefälligkeit‹ zu bedanken oder sich zu verabschieden, ins Goldene Buch des Königs ein. Dann verkündeten wir dem Sekretär, wir seien vorübergehend aus Zaitun geflohen, um dem König die Bitte zu übermitteln, er möge den Engländern nur ja nicht nachgeben.«

Ich muß wohl genauso große Augen gemacht haben über diese Kühnheit wie damals der Sekretär im Abdin-Palast.

»Und was haben Sie dann gemacht?« forschte ich weiter.

»Wir haben ein Taxi nach Zaitun genommen und uns zurückgemeldet«, antwortete er.

Neun Monate später saß er noch immer in Zaitun, obwohl die Alliierten sich seit Oktober des Sieges sicher waren und zahlreiche politische Gefangene freigelassen worden waren. Nur Anwar und seine Gruppe blieben auf Anordnung der Briten im Gefängnis. Inzwischen hatte er die Nase gründlich voll und beschloß, endgültig auszubrechen.

»Ich bin in den Hungerstreik getreten und habe sie dadurch gezwungen, mich ins Krankenhaus zu bringen, wie es den Vorschriften entsprach.« Jetzt zog er ebenfalls die Schuhe aus und ging barfuß weiter. »Während es in der Mittagszeit im Krankenhaus von Menschen wimmelte, bin ich meinem Wärter entwischt und habe mich rausgeschlichen zu Hassan, der vor der Tür in einem Auto mit laufendem Motor wartete. Das nächste Jahr habe ich als Flüchtling gelebt.«

Wir wanderten und plauderten jetzt schon seit einer Stunde, und die Zeit flog nur so dahin. Mir war klar, daß wir zu meiner Cousine und Hassan Izzat zurückkehren mußten, aber ich war so fasziniert von

Anwars Erzählungen, daß ich mir dieses unbedachte Verhalten gestattete und mich nicht mal deswegen schämte. Zwischen uns beiden war eine immer stärker werdende Sympathie entstanden, ein gegenseitiges Verständnis, wie ich es noch niemals zuvor erlebt hatte. Als wir schließlich nach einer weiteren Stunde zu unserem Picknickplatz zurückkehrten, fragte Anwar meine Cousine immer wieder nach meinem Alter, weil er einfach nicht glauben konnte, daß ich erst fünfzehn war. Es war ein so besonderer Tag für uns, daß wir in späteren Jahren noch oft darüber sprachen, sogar am Tag vor seinem Tod.

Genau wie ich meine Fragen, hatte Anwar seine Gefühle unterdrückt und war nun ebenso erleichtert, reden zu können, wie ich begierig war, ihm zuhören zu dürfen, obwohl er mich immer wieder ein wenig verwirrt anstarrte, wenn er sich plötzlich bewußt wurde, daß er seine Gedanken einem sehr jungen Schulmädchen anvertraute. Aber nur wenig blieb ungesagt an diesem ersten gemeinsamen Nachmittag am Strand von Ismailia und an den folgenden Sommernachmittagen, an denen wir in der Umgebung von Sues spazierengingen. Meine Achtung und Bewunderung für ihn wuchsen, und aus meiner anfänglichen Schulmädchenschwärmerei entstand allmählich Liebe.

Er selbst war sehr beunruhigt – nicht wegen des großen Altersunterschieds zwischen uns, sondern wegen seines politischen Engagements und der Verpflichtungen seiner ersten Familie gegenüber, denn seine finanzielle Lage war katastrophal. Für ihn kam damals eine zweite Ehe nicht in Frage. Während seiner Gefängnisjahre hatte er seine Angehörigen mit keinem Piaster unterstützen können; sein Vater hatte ihnen zwar geholfen, so gut er konnte, aber es hatte nie ganz gereicht.

»Ja, aber wie hat Ihre Familie dann leben können?« erkundigte ich mich.

»Nur dank der Hilfe der Moslembrüder. Die haben meiner Frau und den Kindern jeden Monat zehn Pfund geschickt, und dafür werde ich ihnen ewig dankbar sein.«

Ich lächelte. »Vielleicht hab' ich ja auch etwas dazu beigetragen«, meinte ich und erzählte ihm, wie ich, als ich noch jünger war, Geld für die Moslembrüder gesammelt hatte.

Anwar machte sich große Sorgen um seine Frau Ekbal Madi und ihre gemeinsamen Töchter. Wie es der Brauch in den Dörfern war, hatte Anwar sehr jung geheiratet: mit zweiundzwanzig Jahren als frischgebackener Leutnant. Seine Frau war eine entfernte Verwandte aus demselben Dorf. Derartige Ehen innerhalb der Familie waren auf dem Land üblich und sind es noch, denn sie stärken die Stellung der Familie und vergrößern den Grundbesitz. Für Anwar, einen Dorfjungen, war es also eine gute Partie, denn Ekbals Vater war der *umda*, der Dorfvorsteher. Sie war sieben Jahre älter als Anwar, eine gute und rechtschaffene Frau. Aber sie war eine Frau vom Land ohne jede Ausbildung. Nicht einmal in Kairo war sie gewesen. »Ich wünschte mir so sehr, mein Leben und meine Träume mit meiner Frau teilen zu können«, berichtete Anwar, als wir am Strand von Ismailia spazierengingen, »doch sie begriff das einfach nicht. Das war natürlich nicht ihre Schuld.«

Erst während seiner zweiten Haftstrafe, die er 1946 wegen der Ermordung Amin Osmans verbüßte, wurde Anwar klar, welch große Bedeutung die Liebe – oder der Mangel daran – in seinem Leben besaß. Anders als in den ersten Gefängnissen, in denen die Lebensbedingungen zumindest erträglich gewesen waren, wurde die Strafe, diesmal im Zentralgefängnis von Kairo, fast unerträglich. Dreißig Monate lang wurde er in Einzelhaft in einer winzigen Zelle unter menschenunwürdigen Bedingungen gehalten, die eine lebenslange Beeinträchtigung seiner Gesundheit zur Folge hatten. Allein mit seinen endlosen Gedanken, rang er mit der Leere seiner Ehe. »Wie kann ich meine Frau mit einer Scheidung bestrafen, wenn sie jahrein, jahraus nichts weiter getan hat, als auf mich zu warten?« fragte er sich immer wieder. Nur wenige Männer in Ägypten nahmen die Verantwortung für ihre Frauen so ernst, verschwendeten überhaupt einen Gedanken an die Gefühle der Frauen. Natürlich bestand auch die Möglichkeit, daß sie noch einmal heiratete, mit den drei Kindern war diese Chance jedoch sehr gering.

Anderthalb Jahre lang litt er unter dem Dilemma seiner Ehe, lag bei Nacht mit pochenden Schläfen auf seiner Matte, erwachte am Morgen mit Kopfschmerzen. »Unter den erlaubten Dingen ist es die Scheidung, die Gott am meisten haßt«, warnt der Koran. Doch Anwar sah keine andere Möglichkeit und ließ seiner Frau schließlich mitteilen, sie möge ihn nicht mehr im Gefängnis besuchen. Bei seiner Entlassung erklärte er ihr dann auch noch persönlich, daß ein weiteres Zusammenleben unmöglich sei. Wenn er das Bedürfnis hatte, Liebe zu schenken, so war es besser, diese Liebe auf Ägypten, auf alle Lebewesen und auf Allah zu richten, das hatte er in seiner Zelle erkannt.

In all den Jahren, die wir verheiratet waren, brachte Anwar mir gegenüber kein einziges Mal das Wort ›Liebe‹ über die Lippen. Immer wieder neckte ich ihn, versuchte ihm das Geständnis zu entlocken, daß er mich liebte, bat ich um die Bestätigung, die jede Frau braucht. »Sei nicht so dumm, Jehan«, schalt er mich liebevoll. »Du weißt genau, was ich für dich empfinde, wieviel Achtung ich vor dir habe. Alles, was ich habe, ist nur für dich.« Hartnäckig drängte ich ihn dann: »Ich möchte es von dir selber hören! Sonst werde ich eifersüchtig auf jede Frau, die dich ansieht.« Aber er gab meinen Wünschen niemals nach. Möglicherweise war er zu schüchtern.

Damals in Sues merkten meine Tante und meine Cousine schon lange, bevor es mir selbst klar wurde, was sich zwischen uns beiden anbahnte. Das brachte sie in eine äußerst unangenehme Lage, denn es gehörte sich nun einmal nicht, daß ein junges Mädchen so häufig mit einem Mann allein war.

Hassan, der älteste männliche Verwandte, der anwesend war, hätte mir nicht erlauben dürfen, allein mit Anwar spazierenzugehen. Seine Lage wurde sogar noch unangenehmer, weil er genau wußte, daß sein Bruder mich heiraten wollte. Im Grunde hätte er die Partei seines Verwandten ergreifen müssen statt die eines Außenstehenden, doch Anwar war eben nicht nur irgendein Außenstehender, er war ein Nationalheld.

»Was soll ich tun?« fragte ich meine Cousine, als wir auf der Terrasse des Hotels Beau Rivage saßen. Sie, Hassan, Anwar und ich waren nach Alexandria gefahren, um das dreitägige Fest Aid el-Sachir am Ende des Ramadan zu begehen. »Ich beginne mich in diesen Mann zu verlieben.«

»Sei vorsichtig«, riet sie mir sofort. »Geh vormittags nicht mehr mit ihm allein spazieren.« Aber ich liebte diese Strand-Spaziergänge mit Anwar, obwohl ich eines Tages sehr erschrak, als wir plötzlich Freunden meiner Eltern aus Kairo begegneten. Weil ich nicht wollte, daß es aussah, als verstecke ich mich, aber auch jede besondere Aufmerksamkeit zu vermeiden trachtete, nickte ich ihnen im Vorbeigehen zu. Innerlich kam ich jedoch fast um vor Angst, sie könnten meinen Eltern in Kairo davon erzählen. Aber zum Glück verrieten sie nichts.

Das Risiko wurde jedoch allmählich zu groß. »Ich werde mich zu euch beiden setzen, damit ihr wenigstens zusammensein könnt«, versprach meine Cousine, nachdem Ehemann Hassan ihr die Erlaubnis dazu erteilt hatte. Anwar und ich hatten eine Romanze, eine Liebesaffäre miteinander, etwas, das zu jener Zeit in Ägypten unvorstellbar war.

Aber es war stärker als wir. Wir konnten unsere

Gefühle nicht mehr im Zaum halten. Wir *mußten* zusammensein, zusammenbleiben, koste es, was es wolle.

Weder der Altersunterschied noch die Tatsache, daß er seine Familie unterstützen mußte, noch seine Armut, nichts von dem, was Anwar beunruhigte, konnte mich abhalten.

Nun mußten wir mit meinen Eltern sprechen und ihre Zustimmung zu unseren Heiratsplänen einholen. Unter den gegebenen Umständen würde Hassan Izzat als mein Verwandter und Anwars Vertreter die Aufgabe übernehmen müssen, meinen Eltern Anwars Heiratsantrag zu unterbreiten. Die Chancen standen gar nicht gut.

»Wir sagen deinem Vater nicht die Wahrheit«, schlug Hassan Izzat uns bei einer Krisensitzung vor. »Ich werde behaupten, Anwar sei ein reicher Mann mit Grundbesitz und Obstplantagen, die ihm ein beträchtliches Einkommen sichern. Sie werden mir glauben, denn die Zeitungen haben zwar viele Berichte über Anwar gebracht, aber die handelten ausschließlich von seinen politischen Aktivitäten, nicht von seinem Privatleben.«

Anwar weigerte sich. »Unmöglich!« erklärte er energisch. »Ich werde nicht zulassen, daß dein Vater getäuscht wird.«

Zum erstenmal war ich es, der realistischer dachte. Ich kannte meinen Vater und wußte daher, daß er niemals mit einem mittellosen Ehemann für seine Tochter einverstanden sein würde; eine winzige Lüge würde uns wenigstens helfen, Zeit zu gewinnen. Wenn mein Vater Anwar erst einmal kennenlernte, würde er ihn mit Sicherheit ebensosehr achten und lieben lernen wie ich und nichts mehr gegen unsere Heirat einzuwenden haben.

Hassans erstes Gespräch mit meinen Eltern bei unserer Rückkehr nach Kairo verlief trotz seines Märchens von Anwars großem Vermögen in einer recht stürmischen Atmosphäre. Ich sei zu jung, behauptete meine Mutter immer wieder. Anwar stamme aus einer weitaus bescheideneren Familie als ich. Kein Mädchen unserer Familie habe sich jemals mit einem geschiedenen Mann verheiratet. Und außerdem sei Anwars Hautfarbe sehr dunkel, eine Tatsache, die ihr von den Pressefotos bekannt war.

Hassans Mission war fehlgeschlagen. Nun war es an mir, mich für mein Lebensglück einzusetzen, denn ohne die Zustimmung meiner Eltern hätte ich weder Anwar noch einen anderen Mann heiraten können. Wie alle Kinder in Ägypten hatte ich zu großen Respekt vor meinen Eltern, um mich ihren Wünschen zu widersetzen, und außerdem verbot mir das die Religion. Der Gehorsam den Eltern gegenüber gilt im Koran als ebenso wichtig wie der Gehorsam Allah gegenüber. Ich wäre nie auf die Idee gekommen, die Wünsche meiner Eltern nicht zu respektieren, vor allem wenn es um etwas so Wichtiges wie eine Eheschließung ging. Ihre Zustimmung war unabdingbar.

Aber meine Mutter blieb eisern. »Fünfzehn Jahre Altersunterschied sind zuviel. Du würdest es später bitter bereuen.« Immer neue Gründe brachte sie gegen ihn vor. »Er war verheiratet und hat Kinder. Das wird dein ganzes Leben beeinflussen.«

»Aber wieso denn, Mama?« fragte ich sie.

»Weil du dich um sie kümmern mußt und eifersüchtig sein wirst«, erklärte sie. »Weil er sein ganzes Geld für sie ausgeben und dein Leben kaputtmachen wird.«

»Aber ich liebe ihn«, protestierte ich. Ohne Erfolg.

»Denkst du denn immer nur an Liebe?« fragte sie mich mit erhobener Stimme. »Deine Liebe wird nicht lange halten, wenn es so viele andere Dinge zu berücksichtigen gibt.«

»Willst du ihn nicht wenigstens kennenlernen?« fragte ich flehend.

»Nein«, lautete ihre entschiedene Antwort.

Mein Vater war ein bißchen mitfühlender, aber mitnichten nachgiebiger. Als Student in Assiut war er auch einmal verhaftet worden, weil er gegen die Engländer demonstrierte. Diese kurze Inhaftierung hatte einen unauslöschlichen Eindruck bei ihm hinterlassen: Niemals wieder wollte er sich mit Politik befassen. Und diesen Entschluß übertrug er auch auf mich.

»Anwar el-Sadat ist bereits mehrmals in Gefängnissen und Internierungslagern gewesen«, erläuterte er, als ich niedergeschlagen vor ihm stand. »Wer garantiert mir, daß er in Zukunft nicht noch einmal eingesperrt wird, wenn er sich weiter in die Politik einmischt?«

Diese Möglichkeit konnte ich natürlich nicht ausschließen, obwohl ich sie als Pluspunkt für Anwar wertete. Ich wollte unbedingt die Ehefrau eines Patrioten sein und ihm bei der Verteidigung unserer gemeinsamen Ideale zur Seite stehen. Und genau das war es, was mein Vater fürchtete.

Ich konnte weder essen noch schlafen. Nun, da ich wieder zu Hause war, konnte ich mich nicht einmal mehr mit Anwar treffen, der sich in der Innenstadt ein Pensionszimmer genommen hatte. Statt dessen telefonierte ich mit ihm. Mein Vater machte sich immer größere Sorgen um mich, denn sonst war ich immer der Spaß- und Singvogel der Familie gewesen, jetzt aber wurde ich blaß und stumm.

Noch einmal kam Hassan, um ein gutes Wort für Anwar einzulegen. Ich spürte sofort, daß mein Vater allmählich weich wurde, daß er von meinen Gefühlen überzeugt war und begriff, wie schwierig meine Lage in dieser Situation war. Auch er hatte schließlich aus Liebe geheiratet und seinen Eltern die Stirn geboten.

»Ich werde meine Zustimmung geben, wenn er meine Tochter standesgemäß versorgen kann«, erklärte mein Vater vorsichtig. »Ich will nicht, daß sie leidet, nur weil sie einen Mann heiratet, der von einem kleinen Gehalt und ohne eigenes Einkommen leben muß. Daran ist sie nicht gewöhnt.«

»Aber im Gegenteil!« versicherte Hassan eilfertig. »Der Mann ist wohlhabend!« Und abermals schilderte er die Felder und Obstplantagen, die Anwar angeblich besaß.

Ich fühlte mich hin und her gerissen, als ich neben den beiden saß. Warum belog ich meinen Vater? Sollte ich ihm nicht jetzt schon die Wahrheit sagen?

Doch eine andere Stimme in mir warnte: Laß die Wahrheit ruhen, Jehan! Nur so wirst du Anwar heiraten können. Mein innerer Kampf tobte weiter, bis sich mein Cousin verabschiedet hatte. Dann brach ich in Tränen aus.

»Ach, Vater, kein Wort von dem, was Hassan dir gesagt hat, ist wahr«, bekannte ich tränenüberströmt. »Anwar ist mittellos, aber wir wußten, daß du uns deine Zustimmung verweigern würdest, wenn wir dir die Wahrheit sagten.«

Mein Vater war keineswegs überrascht. Als mir das klar wurde, fühlte ich mich nur noch elender.

»Ich liebe ihn, Papa, ich liebe ihn!« schluchzte ich laut. »Geld bedeutet mir nichts. Ich will keine Dienstboten. Ich werde selbst kochen. Ich werde putzen. Ich werde alles tun. Selbst wenn er dreimal nichts verdient, wäre mir das noch immer genug. Ich bitte dich um deine Zustimmung!«

»Wenn das wirklich dein Wille ist, Jehan, werde ich sie dir geben«, sagte er schließlich.

»Aber sag Mama nicht, daß er kein Geld hat«, flehte ich ihn an. »Das wäre das Allerschlimmste für sie, und dann könnte ich jede Hoffnung aufgeben.«

Er nickte zustimmend. »Du hast recht, Jehan.« Er strich mir übers Haar. »Das muß unser Geheimnis bleiben.«

»Wirst du mir helfen, sie zu überzeugen?« fragte ich ihn.

Er lächelte. »Ich werd's versuchen, Jehan«, antwortete er. »Aber sie ist eine sehr eigenwillige englische Lady.«

Während der nächsten Wochen gab ich mir die größte Mühe, sie umzustimmen, doch selbst der Meinungswechsel meines Vaters konnte sie nicht überzeugen.

»Wir könnten uns doch wenigstens verloben, Mama; wenn ich ihn dann nach ein paar Monaten immer noch liebe, ist alles gut. Wenn nicht, hast du recht, und ich löse die Verlobung«, versicherte ich ihr.

Aber sie weigerte sich. Tag und Nacht bestürmte ich sie, und eines Tages warf ich mich schließlich vor ihr zu Boden und küßte ihre Hände, Füße und Knie. »Ich flehe dich an, Mama«, rief ich verzweifelt, »sieh ihn dir doch bitte wenigstens an! Wenn du ihn nicht passend für mich findest – nun gut, dann werde ich mich beugen.«

Ich spürte, daß sie ein wenig nachgab, und redete weiter auf sie ein. »Du weißt doch, daß ich kein törichtes junges Mädchen mehr bin, mit dummen, romantischen Flausen im Kopf!« Genau das war ich natürlich. »Ich liebe diesen Mann aufrichtig und schwöre dir, daß ich nicht ohne ihn leben kann.«

»Schon gut, schon gut, ich werde ihn mir ansehen«, erwiderte sie zögernd und versuchte sich aus meinen Armen zu befreien, mit denen ich ihre Beine umschlungen hielt. Die Begegnung wurde für die folgende Woche vorgesehen.

Nun bekam ich wirklich Angst. Hier war meine Mutter, eine Engländerin, die ihr Heimatland unendlich liebte; und da war Anwar, der Nationalist, einer der bekanntesten Gegner der Engländer in Ägypten.

Hier war meine Mutter, die das Heldentum der britischen Soldaten im Zweiten Weltkrieg pries, die Winston Churchill für einen der größten Männer aller Zeiten hielt; und da war Anwar, der in demselben Krieg gegen die Engländer gearbeitet hatte und Winston Churchill noch mehr verabscheute als alle anderen.

Es war Churchill gewesen, der der ägyptischen Armee 1941 auf Verlangen unseres Parlaments befohlen hatte, sich aus Marsa Matruch in der Wüste im Westen Ägyptens zurückzuziehen, und sie zur Strafe anschließend demütigte, indem er die Beschlagnahme ihrer Waffen anordnete. Anwar, damals Fernmeldeoffizier der Artillerie in Marsa Matruch, hatte sich gegen diesen Befehl aufgelehnt und sich geweigert, seine Waffen abzuliefern. Doch noch ein zweites Mal war Churchill in Anwars Leben getreten, und zwar noch unmittelbarer: als sich der britische Premierminister im Jahre 1942 heimlich nach El-Alamein begab, um die Moral der Achten Armee zu stärken, die jüngst von Rommel überrannt worden war. Mit seinem damaligen Entschluß, Montgomery das Oberkommando zu übertragen, hatte er den Verlauf des Krieges verändert. Zugleich aber hatte Churchill bei diesem Besuch auch den Verlauf von Anwars Leben verändert: Er hatte den gefangenen deutschen Spionen versprochen, ihr Leben zu verschonen, wenn sie ihre ägyptischen ›Kontakte‹ verrieten. Auf deren Geständnis hin war Anwar für die folgenden zwei Jahre ins Gefängnis gesteckt worden.

Was würde geschehen, wenn Anwar und meine

Eltern sich kennenlernten? Ich war wie erstarrt vor Angst. An dem Tag, an dem Anwar, meine Eltern und ich zusammen Tee trinken sollten, betete ich inbrünstig darum, daß es nicht unsere letzte Begegnung sein möge. Was meinen Vater betraf, so war ich sicher, daß er Anwar lieben würde, wenn die beiden nur lange genug Zeit hatten, sich zu unterhalten. Doch meine Mutter? Daß sie sich mit Anwar streiten, daß sie ihn anfangs strikt ablehnen würde, davon war ich ebenso fest überzeugt. Ich hörte sie schon jetzt zu mir sagen: »Nein, Jean. Diese Heirat kommt nicht in Frage.«

Beim Tee nahm ich zwischen meiner Mutter und Anwar Platz. Keinen von beiden wagte ich anzusehen, sondern konzentrierte mich auf das Muster unseres Teppichs, das ich seither noch immer vor Augen habe. Das sich anbahnende Gespräch glich allerdings weniger einer höflichen Konversation als einem strengen, unerbittlichen Examen. Ich sprach kein Wort und hörte mir nur die Fragen an, die sie ihm stellte.

»Wir lesen ziemlich viel in der Zeitung über Sie, Herr Sadat«, sagte sie auf arabisch. »Sind Sie noch immer gegen die britische Okkupation?« Mir blieb beinah das Herz stehen.

»Ja, ich bin gegen diese Okkupation«, gab er zurück. »Als Ägypter kann ich nicht dulden, daß wir uns von einem anderen Land vorschreiben lassen, wie wir leben sollen. Genau wie Sie das in England auch nicht dulden würden.« Gut, dachte ich. Das kann sie verstehen.

»Wünschen Sie sich, daß alle Engländer Ägypten verlassen?« fragte sie weiter. Wieder blieb mir fast das Herz stehen.

Aber Anwar war großartig. »Natürlich nicht«, antwortete er. »Ich habe nichts gegen das englische Volk. Wir sind schließlich alle Menschen, haben dieselben Träume und Hoffnungen. Es ist die Regierung, gegen die ich mich wehre, die Regierung, die mein Land besetzt hält.«

Verstohlen beobachtete ich die beiden, während sie fragte und er antwortete, und versuchte in ihren Mienen zu lesen. Aber da gab es nichts zu lesen. Ängstlich sah ich zu meinem Vater hinüber, doch dessen Miene war ebenfalls ausdruckslos. Er sprach kein Wort; er wußte, daß dieses strenge Examen nur zwischen meiner Mutter und Anwar stattfand, ohne ihn.

Dann kam die Frage, vor der ich mich besonders fürchtete: »Was halten Sie von Winston Churchill?« wollte meine Mutter von Anwar wissen.

Das ist das Ende, dachte ich verzweifelt. Ich versuchte Anwars Aufmerksamkeit zu erregen, ihn mit den Blicken anzuflehen, er solle wenigstens behutsam sein. Aber er sah meiner Mutter offen und klar in die Augen.

»Winston Churchill ist ein Dieb«, erklärte er fest. »Seit 1923 ist Ägypten ein souveräner Staat, doch er raubt unserem Land noch immer den Stolz und die Unabhängigkeit. Seine Politik ist die schlimmstmögliche, denn er verfolgt die Interessen seines Landes, indem er das meine demütigt. Für die Engländer mag er ein großer Mann sein, für uns ist er ein verhaßter Feind. Bei allem Respekt für Sie, Madame, empfinde ich für Mr. Churchill nichts als Verachtung.«

Über den Rand ihrer englischen Teetasse hinweg starrte ihn meine Mutter schweigend an.

»Sie müssen uns wieder einmal besuchen, Herr Sadat«, sagte mein Vater schließlich, um die peinliche Pause zu beenden. »Es war ein sehr interessantes Gespräch.« Damit begleitete er ihn zur Tür.

Ich blieb wie gelähmt neben meiner Mutter sitzen. Ihre nächsten Worte würden bestimmend für mein Schicksal sein. Wie würde das Urteil lauten?

»Ich bin, was Winston Churchill und die englische Politik betrifft, ganz anderer Meinung als dein Herr Sadat«, sagte meine Mutter schließlich. Mir wurde das Herz schwer. »Aber es ehrt ihn, daß er sich mir gegenüber so aufrichtig und offen geäußert hat«, fuhr sie fort. »Er hat nicht versucht, sich bei mir einzuschmeicheln. Das ist bewundernswert.«

Mein Herz hüpfte vor Freude. »Dann dürfen wir uns also verloben?« fragte ich meine Mutter voll Glück.

»Ich weiß noch nicht recht«, gab sie zurück. »Ich finde dich immer noch zu jung für eine Verlobung. Ich werde noch seinen nächsten Besuch abwarten und es dann anschließend mit deinem Vater besprechen.«

Im Laufe der nun folgenden Wochen war ich abwechselnd himmelhochjauchzend und zu Tode betrübt. Tante Batta, die verärgert war, weil die Ehe zwischen mir und ihrem Sohn nun möglicherweise doch nicht zustande kam, redete ständig auf meine

Mutter ein und goß Öl ins Feuer ihrer Vorbehalte gegen Anwar. »Die Hölle eines Verwandten ist besser als der Himmel eines Fremden«, warnte sie eindringlich meine Mutter. »Es ist immer besser, innerhalb der Familie zu heiraten.«

Meine Mutter ließ sich überzeugen. »Warum wartest du nicht noch ein paar Jahre, Jean?« schlug sie mir vor. »Wenn ihr euch wirklich aufrichtig liebt, wird eure Liebe so lange halten.« Ein paar Jahre? Das war eine Ewigkeit!

Der Sohn unseres Nachbarn, der ebenfalls um meine Hand angehalten hatte, war auch keine Hilfe. »Anwar el-Sadat hat keine Zukunft«, erklärte er meinem Vater. »Wie kann er für Jehan sorgen, wenn er als politischer Häftling im Gefängnis sitzt?«

Meinem Vater kamen Zweifel, die er auch aussprach. Ich war todunglücklich.

»Laßt uns noch einmal mit Anwar sprechen«, bat ich meine Mutter, denn bei all diesen Einwänden sah ich meine Zukunft mit ihm schon wieder schwinden. Die Vorbehalte, die von allen Seiten geäußert wurden, trafen unbestreitbar zu. Doch wenn meine Eltern, vor allem aber meine Mutter, ihn selbst, seine Persönlichkeit kennenlernten, würden sie ihre Meinung vielleicht ändern. »Sprich mit ihr über Bücher«, flüsterte ich Anwar durchs Telefon zu. »Lesen ist ihre Leidenschaft.«

»Einer meiner Lieblingsautoren ist Charles Dickens«, erzählte Anwar meiner Mutter bei unserem nächsten Tee.

Sie war verblüfft. »Sie haben Dickens gelesen?« fragte sie ungläubig und sprach zum ersten Mal englisch mit ihm.

»Aber ja«, erwiderte Anwar. Und dann diskutierten sie auf englisch über *Große Erwartungen* und *Oliver Twist*, Bücher, die Anwar besonders liebte, weil sie von Waisenkindern und ihren heldenmütigen Opfern handelten. Waisen sind ein Thema, das sich bei den Moslems besonderer Beliebtheit erfreut; als Waise gilt ein Kind bei uns schon, wenn nur ein Elternteil verstorben ist. Der Prophet Mohammed selbst war im Alter von sechs Jahren zur Waise geworden, und unsere Heilige Schrift ermahnt uns, alle Waisen gerecht und liebevoll zu behandeln.

Ich lauschte ihrem Gespräch voll Hoffnung und mit zunehmendem Interesse, denn Dickens gehörte auch zu meinen Lieblingsautoren. Wenigstens sprachen meine Mutter und Anwar nicht mehr über Politik. An ihren Gesichtern erkannte ich, daß sie Freude an der Unterhaltung über Themen hatten, für die sie selbst sich sehr interessierten, über die sie jedoch mit anderen kaum sprechen konnten. Meine Mutter wurde immer lebhafter, als sie ihre geliebten englischen Schriftsteller in ihrer Muttersprache mit einem gebildeten Ägypter diskutierte, dessen Akzent zwar ein wenig ungeschliffen sein mochte, dessen Vokabular jedoch umfangreich und präzise war.

»Na schön, Jean. Na schön«, sagte sie zu mir, als Anwar gegangen war. »Jetzt verstehe ich deine Gefühle für diesen Mann. Er ist intelligent. Er hat Charakter. Er wird gut für dich sorgen.« Anschließend machte sie dann noch eine Überlegung, auf die eine ägyptische Mutter niemals gekommen wäre: »Und du wirst dich nie mit ihm langweilen.«

Ich umarmte sie, bis meine Arme schmerzten. Unsere Verlobungsfeier wurde auf die folgende Woche festgesetzt. Ich war aufgeregt und ein bißchen nervös, denn ich kannte Anwars Familie noch nicht, obwohl ich wußte, daß sie ganz anders sein würde als meine Verwandten.

Einer nach dem anderen trafen Anwars zahlreiche Verwandte im Haus meiner Eltern ein, um unsere Verlobung zu feiern. Sie kamen mir mit jener Offenheit und jenem Humor entgegen, die ich später bei anderen ägyptischen Familien vom Land ebenfalls antraf, und sie verliehen mir das Gefühl, auf Anhieb bei ihnen willkommen zu sein.

Anwar war anders als alle seine Verwandten – und meine. Er hatte eine Mission. Und an unserem Verlobungstag bekam ich einen Vorgeschmack der Spannungen und Gefahren, die diese Mission in unsere Ehe bringen sollte. Denn Anwar hatte aus Trotz seine Militäruniform angezogen, obwohl er wußte, daß er sich damit, nachdem er von den Engländern aus der Armee entlassen worden war, strafbar machte. Der Nachbarssohn – jener, der mich heiraten wollte und selbst Armeeoffizier war – hatte gesehen, daß Anwar in seiner Uniform kam, und ihn in einem Anfall von Eifersucht bei der Polizei angezeigt. Die Tochter des Portiers kam zu uns herauf, um mich zu warnen, zum Glück aber ließ sich dann doch kein Polizist blicken.

Doch mein Vater zog eine Lehre aus diesem gefährlichen Moment. »Anwar«, sagte er und nahm ihn beiseite, »ich liebe Sie wie einen Sohn und habe große Achtung für Sie, aber ich kann Ihnen nicht erlauben, meine Tochter zu heiraten, wenn Sie mir nicht fest versprechen, sich nie wieder in die Politik einzumischen. So etwas ist sehr gefährlich, und ich werde nicht zulassen, daß meine Tochter derartigen Gefahren ausgesetzt wird. Sie haben die Wahl. Jetzt liegt es an Ihnen.«

Es war ein grausames Dilemma, vor das mein Vater Anwar da stellte. Gab er meinem Vater das verlangte Versprechen, würde er alles aufgeben müssen, wofür er gearbeitet und Opfer gebracht hatte. Andererseits würde er bei einem so gefährlichen Leben niemals für meine und die Sicherheit seiner ersten Familie garantieren können.

»Ich verspreche es«, sagte er widerstrebend zu meinem Vater. Und genauso widerstrebend akzeptierte er Hassan Izzats Angebot, als Partner in seine Baufirma einzutreten. Ich war selig, sah die Zukunft in den rosigsten Farben. Am 29. Mai 1949 sollte ich Jehan el-Sadat werden. Aber ich konnte nicht ahnen, daß die acht Monate meiner Verlobungszeit eine der gewalttätigsten, turbulentesten Phasen der ägyptischen Geschichte sein würden.

Die allgemeine Stimmung war von Wut und Frustration gekennzeichnet. Unsere demütigende Niederlage im Palästinakrieg hatte die ohnehin schon schwache Wirtschaft noch mehr geschädigt. Die Preise für

Lebensmittel, Bekleidung, Wohnungen schnellten in die Höhe, während eine massive Arbeitslosigkeit das Pro-Kopf-Einkommen drückte. Außer der herrschenden Elite bekam praktisch jedermann die Krise zu spüren. Die Rationierung, mit der wir alle während des Krieges hatten leben müssen, wurde jetzt auch auf die Grundnahrungsmittel wie Zucker und Mehl sowie das Kerosin ausgedehnt, das viele Familien in den ägyptischen Städten zum Kochen und Wassererhitzen brauchten.

Die Regierung jedoch zeigte sich wenig beeindruckt von dieser Notlage. Die meisten Parlamentsmitglieder waren wohlhabend und stimmten immer wieder gegen eine Anhebung der Steuern auf große Vermögen. Sie hielten es keineswegs für ungerecht, daß sich 65 Prozent von Ägyptens Reichtum in den Händen von nur 5 Prozent unserer Bevölkerung befanden, denn diese 5 Prozent waren sie selbst. Und es kam ihnen überhaupt nicht unfair vor, daß eine winzige Elite von nur 2 Prozent über die Hälfte des urbaren Bodens in unserem Land besaß. Die meisten hohen Regierungsbeamten waren selbst reiche Großgrundbesitzer, die immer reicher wurden, während die Fellachen, die für sie arbeiteten, nur noch tiefer in Armut versanken. Immer häufiger demonstrierten die Armen und Arbeitslosen gegen diese Ungerechtigkeiten, aber die Antwort der Regierung bestand in der Verhaftung der Demonstranten, die überdies oft äußerst brutal behandelt wurden.

Die Bemühungen, mit Hilfe von eilends errichteten Nildämmen und -kanälen der Wüste neues

Agrarland abzuringen, vermochten mit dem Bevölkerungswachstum von nahezu 16 Millionen im Jahre 1930 auf 22 Millionen 1948 nicht Schritt zu halten. Mit bis zu zehntausend Personen in einem einzigen Häuserblock wurde die Übervölkerung in Kairo unerträglich. Die Kriminalität, bisher sehr gering in Ägypten, begann zu steigen. Tausende von Fellachen, die während des Zweiten Weltkriegs in die Großstädte abgewandert waren, um dort zu arbeiten, waren nun arbeitslos. Und weitere Tausende kamen in Kairo noch immer täglich hinzu, obwohl König Faruk den Fellachen strengstens verboten hatte, ihre Dörfer zu verlassen.

In dem Maß, in dem sich die Lage verschlimmerte, wurde die Moslembruderschaft mächtiger. Gegen Ende 1948 hatten sich zweihunderttausend Ägypter dieser Organisation angeschlossen und folgten den Lehren des Obersten Chefs Hassan el-Banna. Im Sinai kämpften die Fedajin weiterhin für ihre Moslembrüder und -schwestern. Und während zahlreiche Ägypter in den Großstädten über die Korruption in der Regierung und die demütigende Besatzung durch die Engländer schimpften, trugen die Moslembrüder ihren Religionskrieg auf die Straße.

Es kam zu Gewalttätigkeiten gegen die Regierung, die Engländer, ja sogar die Ausländer in Ägypten, mit denen wir sonst immer friedlich zusammengelebt hatten. Während unsere Truppen erfolglos in Palästina kämpften, waren auf ausländische und jüdische Geschäfte und Einrichtungen in Kairo Bombenattentate verübt worden.

Auch mit der Regierung sympathisierende Ägypter wurden zu Bombenzielen. Im Dezember 1948, drei Monate nach meiner Verlobung mit Anwar, wurde der Chef der Kairoer Polizei von Studenten ermordet. Premierminister Nukraschi, der die Moslembruderschaft verdächtigte, gab den Befehl, die religiöse Organisation aufzulösen und ihren Besitz zu beschlagnahmen.

Die Polizei fand wahrhaft Erschreckendes: riesige Mengen Gewehre, Automatikwaffen und Munition. Ein Teil der Moslembrüder hatte sich zu einer paramilitärischen Geheimabteilung der Bruderschaft zusammengeschlossen, deren Ziel es war, wie die Polizei erklärte, die Regierung zu stürzen. Und der deutlichste Beweis für die zunehmende Macht der Bruderschaft war die Entdeckung ihrer geheimen paramilitärischen Ausbildungslager in ganz Ägypten, die einen immer größeren Zustrom von Freiwilligen verzeichneten.

Die politischen Morde und Bombenanschläge auf unschuldige Menschen weckten ein tiefes Unbehagen in uns Ägyptern. Wir hatten uns einer kurzen Zeit politischer Redefreiheit erfreuen dürfen, und auch unser Kulturleben florierte. Viele Ägypter waren der Ansicht, die Brüder seien zu streng in ihrer Einstellung gegenüber allem, was nicht aus dem Islam kam. Sollten die Brüder die Macht übernehmen, könnte sich die Regierung nicht auf die Demokratie und Freiheit zubewegen, die viele Ägypter sich erhofften, sondern auf ein totalitäres Regime.

Dennoch war ich mißtrauisch, als die Regierung

die Bruderschaft auflöste. Denn tief im Herzen wußte ich, daß die Probleme, von denen Ägypten zerrissen wurde, nicht von der Regierung bewältigt werden konnten, daß die Moslembrüder ihren Kampf nicht einstellen würden. Und was ich befürchtet hatte, traf tatsächlich ein: Die Brüder gingen in den Untergrund, die Gewalttätigkeiten dauerten an und eskalierten in der Ermordung Premierminister Nukraschis und kurz darauf Hassan el-Bannas, des Gründers der Moslembruderschaft. Ein Racheakt folgte auf den anderen. Neue, noch militantere Splittergruppen trennten sich von der Bruderschaft. Dreiunddreißig Jahre später sollten dann diese Zusammenstöße zwischen den religiösen Extremisten und der Regierung im Tod meines Mannes gipfeln.

Am Hochzeitsmorgen erwachte ich schon bei Sonnenaufgang und genoß den einzigen stillen Moment, den es an diesem Tag für mich geben würde. ›Ruhm sei Ihm, der Seine Geschöpfe männlich und weiblich schuf: die Pflanzen der Erde, die Menschen selbst und alle lebenden Dinge, von denen sie nichts wissen‹, las ich aus der Sure ›Ya Sin‹ des Korans, während ich zusah, wie die Sonne den Dunst über dem Nil rosig färbte. Ich konnte mich nicht erinnern, jemals so glücklich gewesen zu sein. Wie gut ich es doch hatte, einen Mann heiraten zu dürfen, den ich liebte, während so vielen meiner Freundinnen diese Möglichkeit nicht gewährt worden war!

Ich hob die Hand, um wieder einmal die beiden Goldringe zu bewundern, die Anwar mir zur Verlobung geschenkt hatte. In Ägypten will es die Tradition, daß der Bräutigam seiner Verlobten nicht nur einen Verlobungsring, sondern dazu ein weiteres Schmuckstück schenkt, eine Brosche, Ohrringe – irgend etwas. Doch Anwar konnte sich nichts davon leisten.

»Was soll er tun?« hatte ich meinen Vater gefragt. Ich wußte, er war viel zu stolz, um einzugestehen, daß er nicht Geld genug besaß, um dieser Tradition zu folgen, und ich wußte auch, daß meine Mutter und meine Tanten sich ganz genau vergewissern würden, ob er mich gut behandelte oder nicht.

»Am besten, er kommt mit mir, und wir gehen gemeinsam einen Ring für dich kaufen«, lautete der Vorschlag meines Vaters.

Anwar jedoch hatte gezögert. »Könnten wir nicht warten, bis ich dir selbst etwas kaufen kann?« fragte er mich. Damals arbeitete er bei dem Verlag, der seine Gefängnis-Tagebücher veröffentlicht hatte, und behielt von seinem Gehalt, nachdem er den größten Teil davon seiner ersten Familie geschickt hatte, nur noch sehr wenig übrig. Trotz allem war es aber sehr wichtig für mich, einen Beweis seiner Liebe vorzeigen zu können, denn meine Mutter wußte noch nicht, wie mittellos Anwar wirklich war.

»Bitte, Anwar, geh mit Vater und wähle etwas sehr Preiswertes«, flehte ich. »Du kannst es ihm ja später zurückzahlen.«

Daraufhin gingen die beiden gemeinsam zum Juwelier und erstanden meine beiden Ringe.

In Ägypten bringt die Braut eine Aussteuer mit in

die Ehe – Möbel, Hausrat, Bettwäsche. Doch der Koran verlangt vom Bräutigam, daß er der Braut ebenfalls ein Hochzeitsgeschenk mitbringt. »Gebt den Frauen ihre Mitgift freiwillig«, heißt es in ›Frauen‹, der Vierten Sure des Korans. Die Höhe der Mitgift wird von einem Vertreter der Braut, gewöhnlich ihrem Vater, und dem Bräutigam ausgehandelt und vor der Eheschließung in den Ehevertrag aufgenommen. Zwei Drittel der Summe werden sofort bezahlt, das übrige Drittel wird für die Frau als Reserve im Falle der Scheidung verwahrt. Die Höhe der Mitgift richtet sich nach dem Status der Braut und des Bräutigams; die Mindestsumme, die auch der Ärmste zahlen kann, ist fünfundzwanzig Piaster, während die Obergrenze sich nach dem Reichtum des Bräutigams richtet und zuweilen Tausende von ägyptischen Pfund betragen kann.

Doch Anwar konnte sich keinen einzigen unserer traditionellen Hochzeitsbräuche leisten. Er verpflichtete sich, 150 ägyptische Pfund für mich aufzubringen, brauchte später aber selbst die nicht zu bezahlen. »Du hast mich umsonst gekriegt«, protestierte ich während unserer Ehe zuweilen in gespieltem Zorn. »Was für ein törichtes Kind ich doch war!«

Mein Vater sagte meiner Mutter nichts von dem Geld – kein Wort. Statt dessen traf er unendlich großzügige Arrangements für meine Hochzeit und akzeptierte sogar ein vorteilhaftes Kaufangebot für den Grundbesitz seiner Familie, damit genügend Geld für die Vorbereitungen und die Feier selbst zur Verfügung stand. Er ging mit mir und meiner Mutter zur

Schneiderin, um die Stoffe für die Aussteuer auszuwählen, die ich entworfen hatte, wie ich es in der Schule gelernt hatte: Bettlaken und Tischtücher, handgestickte Nachthemden aus Seide und Crêpe de Chine, Kleider und Mäntel. Und auch zum Silbermarkt ging er mit uns, wo wir zwei verschiedene Bestecke aussuchten: versilbert für täglich, Sterlingsilber für Gäste. Darüber hinaus kauften wir zweimal Geschirr – ein einfaches und eins aus erstklassigem Porzellan für Besucher –, sowie Gläser für jeden Tag und für besondere Gelegenheiten kostbares Kristall.

Gemeinsam suchten wir in unserem Viertel auf Roda nach einer passenden Wohnung. Auf dem Land holt ein junger Mann die Braut gewöhnlich ins Haus seines Vaters. In Kairo und den anderen großen Städten lebt das junge Paar fast immer allein, jedoch meist in der Nähe des Elternhauses. Zu meiner Freude fanden wir nur wenige Minuten vom Haus meiner Eltern entfernt in einem neuerbauten Mietshaus eine sehr hübsche Wohnung. Sie bestand aus zwei Schlafzimmern, Wohnzimmer, Eßzimmer, Küche und drei Balkons.

Von einem dieser Balkons hatten wir einen Blick auf beide Nilarme, die rechts und links an unserer Insel vorbeiströmten. Vom Balkon der anderen Wohnungsseite aus sahen wir die Wüste und die drei Pyramiden des Cheops, des Chefren und des Menkaru. Oft beobachteten wir bei Tagesanbruch, wie die Sonne die Pyramiden rot färbte, und in der Abenddämmerung, wie sie hinter ihnen unterging. Manchmal sah ich in der Ferne Karawanen aus dem Sudan quer durch die Sahara nach Kairo ziehen und immer wieder viele Reiter. Anwar saß stundenlang auf den Balkons – nicht nur, um die schöne Aussicht zu genießen, sondern weil er durch seine Gefängnisjahre an einer gewissen Klaustrophobie litt und es ihm unmöglich war, längere Zeit im Haus zu bleiben. Selbst in der glühendsten Sommerhitze hielt Anwar sich oft draußen im Freien auf.

Was nun die Gefühle meines Vaters zu Anwar betraf, so sollte ich tatsächlich recht behalten. Während unserer achtmonatigen Verlobungszeit, in der es Anwar und mir verboten war, allein zu bleiben, verbrachte Anwar viele Abende bei uns zu Hause, wo meine Familie als Tugendwächter fungierte. Als mein Vater und Anwar einander dann besser kennenlernten und nach dem Abendessen häufig Backgammon spielten, wußten sie einander allmählich immer mehr zu schätzen und zu achten, und als Anwar meinem Vater später das Geld für die Ringe bezahlen wollte, die er für mich gekauft hatte, für die Möbel, sogar für meine Aussteuer, wollte mein Vater keinen Piaster von ihm annehmen. »Ich verkaufe meine Tochter nicht«, erklärte er Anwar. »Ich habe einen Sohn gewonnen.«

Diese Großzügigkeit meines Vaters vergaß Anwar nie. Als sich mein Vater später zur Ruhe setzte und Anwar Parlamentspräsident war, bestand er darauf, daß meine Eltern ihre Wohnung uns gegenüber an der Pyramidenstraße aufgaben und zu uns zogen.

»Jean«, rief meine Mutter nun, am Hochzeitstag, zu mir herauf, »wir müssen anfangen!« Da ich wahrhaftig keine ängstliche Braut war, freute ich mich schon sehr auf Schamia, mein Kindermädchen, die zu uns ins Haus kam, um die erste Zeremonie des Tages zu vollziehen, die *halawa* – das Entfernen der Haare an Armen und Beinen –, die seit Jahrhunderten in Ägypten und im gesamten Mittleren Osten Brauch ist. Dabei benutzt man nicht etwa Wachs wie beim Peeling in Europa, sondern Schamia vermischte über einer kleinen Flamme Zitronensaft mit Zucker, strich die süße Paste auf meine Haut und schälte sie, nachdem sie getrocknet war, behutsam ab. Wie sauber ich mir vorkam und wie süß ich duftete, als ich mich ankleidete und auf Anwar wartete, der mit mir zur Schneiderin gehen sollte!

»Du siehst zu jung aus«, behauptete die Schneiderin, die mich kritisch in dem langen, wunderschönen, von mir selbst für die Hochzeit entworfenen Kleid und dem Schleier musterte. »Sollten wir dich nicht ein bißchen schminken?« Ich hatte mich noch nie geschminkt und sah aufgeregt und begeistert zu, wie sie mir das Gesicht mit Lippenstift und Rouge bemalte.

Nervös begab ich mich mit Anwar zum Fotografen, der das Hochzeitsfoto machen sollte. Nervös nicht etwa wegen des Fotos, sondern wegen Anwar, der wieder einmal voll Stolz, aber verbotenerweise die Militäruniform angezogen hatte. Nur die scherzhaften Bemerkungen des Fotografen lenkten mich von der Tatsache ab, daß Anwar jeden Moment verhaftet werden konnte.

»Sie haben Glück«, sagte der Fotograf zu Anwar, als wir für das offizielle Hochzeitsfoto posierten. »Sie heiraten eine der schönsten Bräute, die ich jemals gesehen habe.« Vermutlich sagte er das zu jedem Bräutigam, aber ich war natürlich selig darüber.

»Na, du Glückspilz«, neckte ich Anwar, der ernst und feierlich neben mir stand. »Hast du gehört, was der Mann sagt? Ich bin eine der schönsten Bräute, die er jemals gesehen hat!«

Anwar gab sich die größte Mühe, meine Neckerei zu ignorieren – genau wie viele Jahre später auch, wenn wir bei einem offiziellen Empfang wieder einmal vor einer endlosen Reihe von Gästen standen. Bei anderen Gelegenheiten wiederum ärgerte er sich über die ironischen Spitzen, die ich ihm zuflüsterte. »Halt endlich den Mund!« schalt er mich leise. »Das können hier offenbar alle, nur du nicht.«

An meinem Hochzeitstag jedoch, dem bis auf die Geburt der Kinder wichtigsten Tag im Leben jeder Ägypterin, vermochte ich den Mund nicht zu halten. Die Gäste – nur engste Verwandte – versammelten sich bereits bei uns zu Hause auf Roda, wo die Trauzeremonie stattfinden sollte, bevor es dann weiterging zum großen Empfang im Garten von Tante Zouzous neuem Haus in der Nähe der Pyramiden. Glücklich nahm ich mit meiner Familie zusammen Platz und kontrollierte, ob mein Schleier glatt herunterhing, mein weißes Kleid nicht zerknittert, mein Bukett aus Rosen, Jasmin und Iris sicher in meinen Händen war. In Anbetracht meiner Jugend durfte ich nicht selbst Auge in Auge mit dem Bräutigam vor dem Scheich sitzen, der die moslemische Trauung vornahm, sondern mein Vater mußte mich vertreten und Anwar an meiner Stelle die Hand reichen.

Aber wenigstens saß ich im selben Raum. Denn wenn die Braut bei ägyptischen Trauungen noch nicht einundzwanzig ist – dann erst darf eine Frau einen Vertrag unterzeichnen –, sitzt sie mit ihren Brautjungfern zumeist in einem Nebenzimmer, bis irgend jemand, gewöhnlich die Dienerin, die den Männern im Hochzeitszimmer kalte Getränke serviert, freudig in das *zachrit* ausbricht. Sobald sie diesen Triller vernehmen, stimmen die Braut und die anderen Frauen vor Freude darüber, daß aus dem jungen Mädchen eine junge Frau geworden ist, ebenfalls in das *zachrit* ein.

Bei meiner Hochzeit würde das lauteste *zachrit* aus meiner eigenen Kehle kommen. Ich konnte mich kaum noch beherrschen, als der Scheich zunächst meinen Vater fragte, ob ich Anwar als Ehemann akzeptierte. Im Islam hat jede Frau das Recht, eine unwillkommene Eheschließung abzulehnen, selbst wenn sie zuvor arrangiert worden ist, und obwohl das fast ausschließlich in Filmen geschieht, folgt dieser Frage unweigerlich ein winziger Augenblick der Spannung. Als der Scheich ihn nun fragte, ob ich mit der Heirat einverstanden sei, blickte mein Vater augenzwinkernd zu mir herüber.

»Ja!« Ich nickte so nachdrücklich, daß ich fast den Schleier verlor.

»Sie ist einverstanden«, versicherte mein Vater dem Scheich.

Mein Vater und Anwar saßen einander auf den Stühlen gegenüber und reichten sich jeweils die rechte Hand, wobei sie die Daumen gegeneinanderpreßten. Der Scheich legte ein weißes Taschentuch auf die miteinander verbundenen Hände, als seien die beiden Männer das Brautpaar, und begann mit der kurzen Zeremonie.

»Anwar, ich vermähle dir meine Tochter, die Jungfrau Jehan, gegen eine Mitgift von einhundertfünfzig Pfund«, sprach mein Vater die traditionellen Gelöbnisworte.

»Ich akzeptiere die, die du mir anvertraust. Ich werde für sie sorgen und verpflichte mich, sie zu beschützen. Ihr, die ihr hier anwesend seid, könnt dies bezeugen«, antwortete Anwar dreimal.

Dann las der Scheich aus dem Koran, um unseren Ehebund zu segnen. Und während das Thrillern des *zachrit* schließlich bis auf die Straße hinausdrang, wurden wir beide Mann und Frau.

Unser Hochzeitsfest im Haus meiner Tante dauerte die ganze Nacht bis zum Morgengrauen. Anwar und ich saßen auf zwei blumengeschmückten Thronen. Wir aßen enorme Mengen kaltes Fleisch, Salate und Desserts und tranken den speziellen Festtags-*scharbat*, einen süßen roten Erdbeersorbet. Die Bauchtänzerinnen tanzten die ganze Nacht, die Musikanten spielten, die Sängerinnen sangen von Liebe, und der Komödiant erzählte pikante Witze.

»Wir werden dich bis morgen früh hierbehalten«, warnte er mich augenzwinkernd.

»Das könnt ihr ruhig tun«, gab ich lachend zurück,

denn ich wußte, daß ich in dieser Nacht noch nicht mit Anwar heimgehen konnte. Unsere Wohnung lag in einem neuen Gebäude, das noch nicht fertig war. Anwar mußte in unserer Hochzeitsnacht in sein Pensionszimmer zurückkehren und ich nach Hause zu meinen Eltern.

Als sich die Gäste endlich alle verabschiedet hatten und Anwar und ich allein waren, nahm er mich bei der Hand, führte mich zum Wagen und fuhr mit mir das kurze Stück zu den Pyramiden hinaus.

Nach dem Lärm des fröhlichen Festes war die Stille der Wüste überwältigend. Gemeinsam wanderten wir über den Sand zum Fuß der großen Cheopspyramide und blickten an ihr empor bis zur Spitze, fast einhundertfünfzig Meter über dem Erdboden. Nahezu fünftausend Jahre stand die riesige Pyramide nun schon dort, erbaut aus so perfekt behauenen Steinen, daß nicht mal eine Rasierklinge dazwischen paßte. Wie oft hatte ich die Pyramiden und die nur wenige hundert Meter entfernte Sphinx schon gesehen, doch als ich jetzt mit meinem frisch angetrauten Ehemann dastand und beobachtete, wie die Sonne mit ihren ersten Strahlen die kalte Wüste berührte, sah ich das alles mit ganz anderen Augen.

Noch nie war ich so von Hoffnung erfüllt gewesen – Hoffnung für meinen Mann, für mein Land, für alle die Reichtümer und Wunder aus Ägyptens Vergangenheit, für all die Verheißungen, die vor uns lagen.

Die Sonne stand schon hoch am Himmel, als Anwar mich schließlich zu meinen Eltern nach Hause brachte und allein in seine Pension zurückkehrte.

Oft noch habe ich über jenen Morgen in der Wüste nachgedacht. Bestimmt war es damals Allahs Wille, der uns dort hinausgeschickt hat, um in uns beiden den Gedanken an die eigene und die Zukunft unseres Landes neu zu festigen. Vom Beginn dieser Ehe an war unsere Liebe zueinander eng mit der Liebe zu Ägypten verknüpft. Von jenem Augenblick in der Wüste an sollte Ägypten Teil aller Prüfungen sein, die uns auferlegt wurden, aller Herausforderungen, die uns unüberwindlich erschienen, aller Opfer, die uns abverlangt wurden.

Allah hatte diesen Weg für uns vorgesehen. Alles, was geschah, Gutes wie Schlechtes, würde ausschließlich von ihm kommen. *Masir*. Schicksal.

4 Die Befreiung Ägyptens

»Meine Frau hatte heute so schlechte Laune, daß sie sich weigerte, mir das Mittagessen zu kochen. Kannst du dir das überhaupt vorstellen? Kein Mittagessen? Wenn das noch einmal passiert, werde ich mich wirklich bald von ihr scheiden lassen.«

»Bei mir zu Hause ist es furchtbar: ewig Zank und Streit. Meine Frau hat eine Ehe zwischen unserem Sohn und ihrer Nichte arrangiert, aber er will unbedingt die Tochter der Nachbarn heiraten. Den ganzen Tag schreien sich meine Frau und mein Sohn an. Ich mag kaum noch nach Hause gehen, denn Frieden gibt es da nicht mehr.«

»Ich weiß nicht, was ich machen soll. Ich hab' im Haus meines Cousins ein wunderschönes junges Mädchen gesehen und träume davon, es zu heiraten. Aber ich muß an meine erste Frau soviel bezahlen, und meine zweite Frau ist schon wieder schwanger. Wenn ich mich jetzt von ihr scheiden lasse und sie dann einen Sohn zur Welt bringt, werde ich meine neue Frau aufgeben müssen.«

Tag um Tag saß ich in unseren Flitterwochen in Zagazig, wo Anwar arbeitete, auf dem Balkon vor unserem Hotelzimmer und lauschte den Gesprächen der Männer unten im Freiluftcafé vor unserem Haus. Wie die meisten ägyptischen Männer sprachen sie sehr laut, während sie ihren dickflüssigen türkischen Kaffee oder den süßen Minztee tranken, ihre Wasserpfeifen rauchten und über dem Backgammonbrett Klatsch austauschten. An die Lautstärke ihrer Stimmen war ich gewöhnt, nicht aber an die Art, wie sie über ihre Frauen sprachen. Zu Hause hatte ich kein einziges Mal gehört, daß sich meine Eltern stritten, kein einziges Mal gehört, daß mein Vater die Stimme gegen Mutter erhob. Nicht einmal über Politik diskutierten sie, wie es die meisten Ägypter ununterbrochen und mit großer Leidenschaft tun. Doch diese Männer kamen jeden Tag im Café zusammen, um sich in aller Öffentlichkeit über die Zustände in ihrem eigenen Haus zu beklagen.

Eine schöne Erziehung, die ich da in Zagazig bekam, einer Kleinstadt am Delta halbwegs zwischen Kairo und Alexandria! Anwar war von Hassan Izzat dorthin geschickt worden, damit er sich um den Bau von Trinkwasserleitungen für zweiundfünfzig Dörfer kümmerte, und da Anwar sechzehn Stunden am Tag arbeitete, hatte ich in diesem Monat, den ich dort verbrachte, kaum etwas zu tun. Zum erstenmal lernte ich die Einsamkeit kennen – die Einsamkeit einer sechzehnjährigen Ägypterin allein und ohne ihre Familie. Alle zwei bis drei Tage telefonierte ich mit meiner Schwester und meinen Eltern, doch die Verbindung nach Kairo war sehr schlecht und verstärkte in mir nur das Gefühl, von allem Vertrauten weit entfernt zu sein. Freundschaften zu schließen war mir in Zagazig praktisch unmöglich. Die jungen Mädchen in meinem Alter waren alle noch in der Schule, und die verheirateten Frauen hatten mit der Versorgung des Haushalts und ihrer Kinder zu tun. Außerdem war ich viel zu schüchtern, um mich mit Menschen anzufreunden, mit denen ich nicht aufgewachsen war.

So bestand also meine Welt aus dem Hotel und unserem Balkon. Es schickte sich nicht, daß ich das Hotel allein verließ, und außer dem Markt gab es ohnehin nichts, wohin ich hätte gehen können. Es schickte sich nicht für mich, allein ins Kino zu gehen, und die Cafés wurden ausschließlich von Männern besucht. Vom frühen Morgen bis zur Abenddämmerung war ich allein, denn dann erst kehrte Anwar zurück und ging mit mir spazieren oder fuhr mit mir in einer Kutsche zum Abendessen in ein Restaurant. An den Vormittagen las ich. Und während der Nachmittagsstunden wurden die Männer im Café unten zu meinem Theater, während ich oben auf meinem Balkon das unsichtbare, doch aufmerksame Publikum bildete.

»Heute kam das Mittagessen wieder zu spät und schlecht gekocht auf den Tisch. Jetzt hab' ich genug. Jetzt laß ich mich scheiden.«

»Das junge Mädchen, das ich im Haus meines Cousins kennengelernt habe, hat ja gesagt. Ich habe beschlossen, mich für den Fall, daß meine Frau einen Sohn bekommt, vorerst noch nicht von ihr scheiden zu lassen, doch heute abend werde ich ihr mitteilen, daß meine neue Frau zu uns ins Haus ziehen wird.«

»Diese Männer sind nicht so gebildet wie die, mit denen du in der Stadt zu tun gehabt hast, Jehan«, erklärte mir Anwar am Abend, wenn ich ihm die verschiedenen Dramen des Tages schilderte. »Sie reden brutal, doch viele von ihnen sind wirklich anständig. Hör lieber auf die Stimmen jener, die gut zu ihren Frauen und Kindern sind.« Ich befolgte seinen Rat und lauschte aufmerksam. Aber ich hörte nur einen einzigen heraus, einen Mann, der es eines Nachmittags ablehnte, um Geld Backgammon zu spielen, weil er das Geld für seine Familie brauche.

Innerlich kochte ich vor Empörung über die anmaßende Art, wie diese Männer ihre Frauen behandelten. Ich fand es unfair, daß eine Scheidung für sie so unkompliziert zu sein schien wie ein Schluck Wasser. Diese Männer redeten von ihrer Ehe, als handle es sich um einen Urlaubsort. »Gefällt es mir hier?« schienen sie sich zu fragen. »Wenn ja, werde ich eine Zeitlang bleiben. Aber sobald ich mich langweile, werde ich's anderswo versuchen.« Ich hatte großes Mitgefühl mit den Frauen, deren Sicherheit von den Launen ihrer Ehemänner abhing. Diese belauschten Gespräche von Zagazig hinterließen einen tiefen Eindruck bei mir.

»Ich fühle mich miserabel, Jehan«, sagte Anwar zu mir, als wir nach Kairo zurückkehrten. »Mir ist jetzt klar, daß ich kein Geschäftsmann bin und nicht nur für Geld arbeiten kann. Es hieße, all das zu verleugnen, worauf ich mein Leben aufgebaut habe. Es tut mir leid.«

Anwar hatte wohl gedacht, sein Geständnis werde mich unglücklich machen, aber statt dessen war ich selig. Ich haßte Anwars Arbeitszeiten, die ihn zwangen, so viele Stunden von mir fern zu bleiben.

Ich war an jene Zeiteinteilung gewöhnt, nach der meine und viele andere ägyptische Familien lebten, an den Arbeitstag, der um zwei Uhr nachmittags endete.

Nachdem Anwar seine Arbeit bei Hassan aufgegeben hatte, waren wir eine Zeitlang mittellos. Während dieser sieben Monate drehte ich jeden Piaster des von mir aufgestellten Budgets dreimal um, damit ich nach den Ausgaben von 12 Pfund für unsere Wohnung auf Roda, 2 Pfund für Strom und Wasser sowie 10 Pfund für Anwars erste Familie möglichst noch etwas übrigbehielt. Es gab kein Geld für Mahlzeiten in Restaurants, ja häufig sogar nicht einmal für Obst. Zum erstenmal in meinem Leben litt ich Hunger. Um uns ein wenig abzulenken, machten Anwar und ich jeden Abend lange Spaziergänge am Nilufer. Als besonderen Leckerbissen teilten wir uns einen runden Laib Brot mit Sesam und Oregano, der uns nur einen Piaster kostete.

Während meine Freundinnen zur Schule gingen, wusch ich die Wäsche, fegte die Böden, wusch und bügelte die Anzüge und Hemden meines Mannes von Hand. Es gab viel Hausarbeit. Der Wind trug ständig Sand von der Wüste herein, und kaum hatte ich den Boden gefegt, bildete sich schon wieder eine neue Staubschicht. Selbst das bißchen Einkaufen, das ich mir leisten konnte, stellte ein Problem dar, denn der Lift in unserem Haus war noch nicht fertig, und so mußte ich jedesmal mit meinen Einkaufstüten neun Etagen bis zu unserer Wohnung hinaufklettern.

Ich wäre gern wieder zur Schule gegangen wie meine Freundinnen, zu jener Zeit durften verheiratete Frauen aber noch nicht die Schule besuchen. Statt dessen versuchte ich zu Hause zu lernen, doch bei den Sorgen um unsere Finanzen war das ziemlich schwierig. Da Anwar nicht wollte, daß ich von meiner Familie Geld annahm, tat ich das natürlich auch nicht.

»Geht es dir gut, meine Tochter?« fragte mein Vater mich jeden Tag, wenn er mich nach der Arbeit besuchte. »Brauchst du etwas?«

»Ich habe alles, was ich brauche«, antwortete ich dann und verschlang das Obst, das Gemüse und das Fleisch – all die Dinge, die er mir vorsorglich mitbrachte – schon jetzt mit den Blicken. Wir wußten beide, daß sich seine schlimmsten Befürchtungen für mich bewahrheitet hatten, doch aus Respekt vor Anwar sprachen wir das niemals aus. Wenn meine Ehe mir Opfer und Entbehrungen abverlangte, war ich mit Freuden dazu bereit.

»Iß du nur schon. Ich werde später frühstücken«, forderte ich Anwar jeden Morgen auf, wenn ich ihm seinen Teller Favabohnen mit Eiern vorsetzte. Manchmal machte ich mir ein Glas Tee und setzte mich zu ihm, bis er entweder zum Armeehauptquartier aufbrach, wo er versuchte, sich wieder als Offizier aufnehmen zu lassen, oder zum Büro der Zeitungsredaktion, bei der er sich ebenfalls um eine Anstellung bewarb. Obwohl ich jedesmal behauptete, so früh am Morgen keinen Appetit zu haben und meine Mahlzeit später einzunehmen, aß ich bis zu seiner Rückkehr am Abend keinen Bissen. Wir konnten es uns einfach nicht leisten.

Ich erzählte keinem Menschen – weder meinen Freundinnen noch meiner Familie –, wie verzweifelt unsere Lage war. Unsere Probleme gingen niemanden etwas an, also gab ich überall vor, daß es uns gutging. Und in so mancher Hinsicht traf das auch zu.

Im Januar saßen wir dann plötzlich ganz ohne Geld da. Dabei war am nächsten Tag nicht nur die Miete fällig, sondern auch die Schulden, die wir beim Lebensmittelhändler gemacht hatten. Wir waren beide sehr nervös. Anwar hatte sich zwar um die Wiederaufnahme in die Armee beworben, bezweifelte jedoch, daß das Militär seinem Antrag stattgeben würde. Sein Ruf als ägyptischer Patriot war hervorragend, in den Augen der Engländer war er jedoch ein Aufrührer. Was sollten wir tun? Mit dieser Frage beschäftigten wir uns auch eines Tages, als wir unseren gewohnten Abendspaziergang über die Abbas-Brücke zwischen Giseh und Roda begannen.

Vor dem Freiluftcafé am Fuß der Brücke wurden wir von einem Wahrsager angesprochen. Interessiert kramte ich in meiner Tasche nach einem meiner letzten Piaster. Wenn der Zigeuner uns etwas Gutes zu sagen hatte, würde sich Anwars deprimierte Stimmung vielleicht ein wenig bessern. Und wenn er etwas Schlechtes sagte – was machte das schon? Viel schlechter konnte unser Situation ohnehin nicht mehr werden.

Der Wahrsager ergriff meine Hand und studierte sie aufmerksam. Dann sah er mir offen in die Augen und erklärte: »Sie werden einmal die First Lady Ägyptens sein.«

»Die First Lady Ägyptens?« Diesen Titel gab es bei uns nicht. »Wie meinen Sie das?« fragte ich den Zigeuner, obwohl ich von diesen Dingen eigentlich nicht viel hielt. Zwar glaubten viele Ägypterinnen an Magie und ließen sich ihre Zukunft immer wieder aus dem Kaffeesatz oder den Meeresmuscheln voraussagen, aber ich dachte da realistischer. Wenn diese Wahrsager so viel wußten – warum regierten sie dann nicht unsere Welt? Niemand konnte die Zukunft kennen oder voraussagen außer Allah.

»Sie werden die Königin von Ägypten sein«, erklärte mir der Wahrsager.

Ich lachte laut auf. Die Königin Ägyptens? Alles, was ich wollte, war genügend Geld für die Miete. Aber der Wahrsager war noch nicht fertig.

»Sie werden vier Kinder bekommen«, fuhr er fort, »aber nur einen Sohn. Und Sie werden die ganze Welt bereisen.«

Ich hörte kaum zu, denn in meinen Augen hatte die Magie bereits gewirkt: Zum erstenmal seit Tagen lächelte Anwar.

Am nächsten Morgen klingelte das Telefon. Es war Anwars alter Freund Yusef Raschad, inzwischen zum Leibarzt König Faruks ernannt. Wir konnten unser Glück kaum fassen: Yusef hatte dafür gesorgt, daß Anwar wieder in die Armee aufgenommen wurde. Nachdem ihm Anwar acht Jahre zuvor einen Freundschaftsdienst erwiesen hatte, zeigte sich Raschad nun erkenntlich.

Am 15. Januar 1950 wurde Anwar wieder in seinem alten Rang als Hauptmann eingesetzt. Anfangs bekam Anwar nur einen relativ geringen Sold, nicht mehr als 34 ägyptische Pfund pro Monat, also mußten wir den Gürtel weiterhin eng schnallen. Doch wieder lächelte uns das Glück, als Anwar nach zwei kurzen Dienstreisen nach Ismailia und El-Kantara am Sueskanal in El-Arisch und Rafia im Sinai stationiert wurde. Da der Sinai als Gefahrenposten eingestuft war, wurde Anwars Sold verdoppelt. Von nun an brauchten wir uns weder mit Mietzahlungen herumzuschlagen noch mit Stromrechnungen, ja nicht einmal mit den Kosten der Lebensmittel, denn das alles übernahm die Armee für uns. Wir konnten sogar ein bißchen sparen. Zur Feier unseres neuen Wohlstands leisteten wir uns jetzt ein Auto, das wir zur Hälfte mit einem Kredit bezahlten.

Als Anwar seinen Posten im Sinai antrat, zog ich wieder zu meinen Eltern, denn selbst als verheiratete Frau gehörte es sich nicht für mich, allein in unserer Wohnung zu bleiben. Ich wollte unbedingt meine Ausbildung am Lyzeum beenden, und da ich nicht zur Schule gehen durfte, lernte ich mit Privatlehrern zu Hause. Ich arbeitete angestrengt, um die verlorene Zeit aufzuholen. Zum Zeitpunkt meiner Eheschließung hatte ich drei von vier Schuljahren absolviert; im Schlußexamen würde jedoch nicht nur das letzte, sondern alle vier Schuljahre behandelt werden. Darüber hinaus erweiterte ich meinen alten Lehrplan der Hauswirtschaft durch Geometrie, Naturwissenschaft und Algebra, damit ich anschließend die Universität besuchen konnte. Den ganzen Tag lang saß ich über den Büchern. Nachts sehnte ich mich nach Anwar und las immer wieder seine Briefe, in denen er mich ermutigte weiterzulernen. Einen Monat vor dem Examen besuchte ich Anwar zum erstenmal in dem kleinen Haus, das er in Rafia für uns gemietet hatte.

Es war sehr hübsch und lag für sich allein in der Wüste. Da Anwar kein geselliger Mensch war, hatte er um Erlaubnis gebeten, außerhalb des Kasernengeländes wohnen zu dürfen, in dem die übrigen Offiziere lebten. Und ich, die ich mit meinen siebzehn Jahren noch immer sehr scheu war, freute mich über die Abgeschiedenheit. Wir machten lange Abendspaziergänge in der Wüste, zogen freitags mit einem Picknickkorb an den Strand und unterhielten uns über Geschichte und Politik. Doch Anwar ging auch häufig allein in die Wüste hinaus, um zu beten, denn dort, wo es so still und einsam war, fühlte er sich Allah enger verbunden.

Wir kamen einander immer näher, jeder schenkte dem anderen Kraft. Anwar neigte dazu, sich in Gedanken zu verlieren. Ich dagegen war lebenslustiger, aufgeschlossener. Oft vermochte ich ihn mit einem Scherz aus seiner düsteren Stimmung zu lösen, manchmal gelang mir das aber auch nicht. »Jehan, ich muß nachdenken«, sagte er dann liebevoll. Ich respektierte seinen Wunsch nach Einsamkeit natürlich und zog mich sofort zurück.

Für eine Woche in jedem Monat, aber auch für den ganzen Winter, der in der Wüste eisig kalt war, kehrte ich nach Kairo in mein Elternhaus zurück. Nach dem einfachen Leben, das wir im nördlichen Sinai führten, schien mir Kairo von Luxus überzuquellen. Wenn Anwar Urlaub hatte, gingen wir immer wieder in eines der vielen Freiluftkinos der Innenstadt, sahen von drei bis sechs Uhr nachmittags einen Film und anschließend von sechs bis neun einen zweiten. In unserem militärischen Außenposten gab es keine Restaurants, daher konnte ich während meines Aufenthalts zu Hause gar nicht oft genug zum Essen ausgehen. Als Köchin hatte ich mich in Rafia unsterblich blamiert und eine ungenießbare Mahlzeit nach der anderen auf den Tisch gebracht, bis Anwar schließlich eine Köchin einstellte. Zum Glück legte er keinen besonderen Wert auf gutes Essen und war daher nie böse über meine mißglückten Kochversuche.

Wenn ich bei Anwar im Sinai war, erschrak ich jedesmal über die Bilder, die ich dort sah. Der Krieg hatte überall seine Spuren hinterlassen. Überall sah ich Palästinenser, die durch die Schaffung des Staates Israel 1948 und die anschließenden Kämpfe aus ihrer Heimat vertrieben worden waren. An den Straßenrändern, in den Ortschaften, rund um den Marktplatz von Rafia, El-Arisch und Gaza hockten schwarzgekleidete Mütter mit ihren Kindern. Über eine Million Araber waren mit einem Schlag obdachlos geworden und ganz auf Unterstützung durch die Hilfsorganisationen der Vereinten Nationen angewiesen.

Flüchtlingslager säumten die Straßen – Camps, in denen die Zelte so dicht standen, daß sie wie eine Segeltuchstadt wirkten. Ich war besorgt wegen der vielen Kochfeuer: Sobald auch nur ein einziges Zelt in Brand geriet, würde alles in Flammen aufgehen.

»Geht es deiner Familie gut?« fragte ich unsere Köchin, eine Palästinenserin aus einem dieser Flüchtlingslager.

Sie senkte den Blick. »Es ist nicht wie früher«, antwortete sie leise.

»Erzähl mir alles«, bat ich sie, während ich ihre hohe Stirn und die weitstehenden Augen bewunderte, die so viele Palästinenser auszeichnen.

»Vom Lager aus können wir die Wipfel der Zitronen- und Orangenbäume auf unserem alten Bauernhof sehen«, berichtete sie langsam, als erinnere sie sich nicht gern daran. »Auf unserem Land war es immer grün und warm, doch hier in der Wüste ist es sehr kalt. Bei Nacht schlafen wir in unserem Zelt jetzt immer dicht aneinandergedrängt, damit es ein bißchen wärmer wird.«

Ich erschauerte, weil ich an den Regen denken mußte, der in manchen Nächten so grausam auf das Aluminiumdach unseres Hauses trommelte, daß ich kaum schlafen konnte, und an die bitterkalten Winternächte in der Wüste. Auch an die Skorpione in der Wüste dachte ich. Einer hatte meine Schwester gestochen, als sie Anwar und mich besuchen kam, und nachdem wir sie zur Behandlung ins Militärlazarett gebracht hatten, stellten wir in der nächsten Zeit die Beine unserer Betten vorsichtshalber in Gefäße mit Wasser. Die Palästinenser dagegen hatten überhaupt keine Betten, nur wenige Decken und kein Krankenhaus, in dem sie behandelt werden konnten, wenn sie erkrankten.

»Erzähl mir von deinem Mann«, drängte ich sie. »Was arbeitet er?«

Die Frau senkte den Kopf noch tiefer. »Bei uns zu Hause war er Bauer. Hier in der Wüste gibt es für ihn nichts zu tun. Er spielt den ganzen Tag mit den anderen Männern im Sand *siga.*«

»Dann arbeitest also nur du?« fragte ich sie verblüfft.

»Ja«, antwortete sie flüsternd.

An jenem Abend gab ich ihr eine zusätzliche Wolldecke von uns mit sowie ein Dutzend Eier, die ich einer Beduinenfrau abgekauft hatte, die jeden Tag aus der Wüste hereinkam, um ihre Produkte in den Militärlagern feilzubieten.

Meine Handarbeits- und Kochversuche kamen mir auf einmal lächerlich vor. Ich konnte den Blick nicht von den Leiden dieser Menschen wenden, deren Religion ich teilte, deren Sprache ich teilte, deren Geschichte ich teilte. Ich sah die Frauen an, erschöpft vom Lebenskampf für ihre Familien, und sah mich selbst. Ich sah die Kinder, so mager und teilnahmslos, und sah die Kinder, die ich einmal haben würde. Ich sah diese Menschen aus einer Region, die sie nicht mehr als Heimat bezeichnen konnten, und wußte, daß ich trotz aller Probleme in diesem Land niemals ohne Ägypten leben konnte. Es war, als beginne sich das Gefüge der mir vertrauten Welt um mich herum aufzulösen.

Während ich in Kairo für mein Examen lernte und Anfang 1951 zwischen Kairo und Rafia hin und her pendelte, war Anwar von Gamal Abdel Nasser heimlich wieder in die Organisation der ›Freien Offiziere‹ aufgenommen worden, eine Gruppe von Offizieren, die gegen die Regierung und den korrupten König, dessen Exzesse das Volk zunehmend empörten, konspirierten. Anwar sagte mir nichts davon, denn er hatte nicht vergessen, daß er meinem Vater versprochen hatte, sich nicht wieder der Politik zuzuwenden.

Im November 1951 spitzten sich die Reibereien zwischen den Engländern und der Regierung zu. Dem steigenden Druck der Nationalisten nachgebend, annullierte Premierminister El-Nahhas den angloägyptischen Vertrag von 1936, jenen Vertrag, der es Anwar und seinen Mitrevolutionären überhaupt erst ermöglicht hatte, Offiziere zu werden. Für viele bedeutete die Annullierung des Vertrags, daß die Engländer nun nicht mehr das Recht hatten, Militärlager in Ägypten zu unterhalten.

In der Kanalzone, in Sues, Ismailia und Port Said kam es zu Angriffen auf die britischen Garnisonen. Die ägyptische Armee konnte sich daran zwar nicht offiziell beteiligen, doch Anwar und einige andere Offiziere versorgten die Fedajin, die den Kleinkrieg gegen die Briten führten, nicht nur mit Waffen, sondern bildeten sie auch aus. Nach dreimonatigem Kampf kappten die Briten jegliche Kommunikation zwischen Sues und dem übrigen Land und sperrten die gesamte Kanalzone.

Im Januar 1952 rächten die Briten sich für die Attakken der Fedajin, indem sie Ismailia zu erobern versuchten. Britische Truppen mit Maschinengewehren befahlen der ägyptischen Polizei, die Waffen niederzulegen und die Stadt zu verlassen. Diese dagegen erhielt von der Regierung den Befehl, die Stellung zu halten, obwohl sie nur mit einigen primitiven Gewehren bewaffnet war. Die Engländer töteten fünfzig Polizisten und verwundeten zahlreiche weitere. Am nächsten Morgen, dem 26. Januar, ging Kairo in Flammen auf.

Aus dem Rundfunk erfuhren wir, daß sich eine Studentendemonstration gegen die Regierung und den König zu einem Aufruhr entwickelt hatte. Horden von Ägyptern zogen durch die Innenstadt von Kairo, plünderten und brannten Gebäude nieder. Jedes Geschäft, das irgendwie mit Ausländern zu tun hatte, ging in Flammen auf. Am Abend zählte man über vierzig Tote und viele Hunderte Verletzte. Der Aufruhr war bis auf tausend Meter an den Königspalast herangetragen worden. Schließlich verhängte die Regierung ein Ausgehverbot und sandte Truppen aus, um das Morden, Brennen und Zerstören auf den Straßen zu beenden.

Am nächsten Morgen erfuhren wir, daß der Tumult nicht der Auftakt zu einem Staatsstreich gewesen war, denn es war nicht versucht worden, die Regierung zu stürzen. Immerhin aber war der Brand von Kario zu gut organisiert gewesen, um völlig spontan entstanden zu sein. Wer die Menge aufgehetzt hatte, wurde nie so richtig klar. Manche verdächtigten die ›Kommunisten‹, eine Bezeichnung, die wir Ägypter für Marxisten, russische Sympathisanten und Angehörige von antiwestlich eingestellten Gruppen verwenden. Andere verdächtigten die Moslembrüder. Einige verdächtigten sogar den König selbst. Doch als die letzten dunklen Rauchwolken über Kairo hingen, herrschte die bedrückende Gewißheit, daß Faruks Zeit zu Ende ging. Nun lautete die Frage, die sich die Ägypter stellten, nicht mehr, *ob* die Regierung gestürzt werden würde, sondern nur noch *wann*.

Der Tag des Großen Brandes von Kairo, der später als Schwarzer Samstag bezeichnet wurde, prägte sich ins Gedächtnis der Ägypter ein und änderte den Lauf der Geschichte. Die Unzufriedenheit mit der Regierung war offen zutage getreten und hatte den Thron erschüttert. Ohne zu ahnen, daß Anwar Mitglied einer antiroyalistischen Verschwörung war, vertraute Yusef Raschad ihm an, der König sei so sehr verängstigt, daß er Vorbereitungen zur Landesflucht treffe. Daraufhin zogen die Freien Offiziere ihre Pläne für die Revolution, ursprünglich für 1955 vorgesehen, auf den November 1953 vor, also auf einen Termin in nicht ganz zwei Jahren.

Yusef Raschad war damals für Anwar von eminenter Bedeutung, wovon ich natürlich nie etwas ahnte. Faruk hatte Yusef kurz zuvor zum Chef des Königlichen Geheimdienstes ernannt und dadurch Anwar einen indirekten Draht in den Palast verschafft. Fest entschlossen, dafür zu sorgen, daß der Plan der Verschwörer nicht fehlschlagen konnte, benutzte Anwar Yusef dazu, dem König falsche Informationen zu übermitteln. Nach dem Brand von Kairo wurde überall von einer bevorstehenden Revolution gemunkelt. Einige behaupteten, die Moslembrüder würden den Coup führen. Andere meinten, die Armee werde die Macht ergreifen. Faruk versuchte all diesen Gerüchten auf den Grund zu kommen, und das brachte Anwar und seine Offiziersfreunde in Gefahr. Da sie wußten, daß er und seine Kameraden jederzeit wegen Verschwörung verhaftet werden konnten, begann Anwar im Mai und Juni 1952 häufiger nach Alexandria zu reisen, wo Yusef mit dem König den Sommer verbrachte. Von seinen Armeeoffizieren habe der König nichts zu befürchten, versicherte Anwar seinem Freund Yusef immer wieder. Die Gerüchte seien völlig aus der Luft gegriffen.

Als ich Anfang Juli mit Anwar in Alexandria war, traf er sich gerade wieder einmal mit Yusef. Wir hatten einen wunderschönen Tag am Strand hinter uns, daher war ich zufrieden, im Wagen zu warten, als Anwar mir erklärte, er müsse im Automobile Club, einem der elegantesten Clubs von Alexandria, noch kurz mit Yusef sprechen. Als Yusef hörte, daß ich draußen im Wagen saß, bestand er darauf, Anwar und mich zum Essen einzuladen. Ich war begeistert, denn nach einem ganzen Tag an der frischen Luft hatte ich einen richtigen Heißhunger und träumte von den riesigen gegrillten Garnelen, die im Mittelmeer gefangen werden.

Kurz nachdem wir an unserem Tisch Platz genommen hatten, ließ sich eine andere Gesellschaft am Nachbartisch nieder. Sofort spürte ich, daß mich jemand fixierte. Als ich aufblickte, sah ich direkt in das Gesicht von König Faruk.

Ich wurde von panischer Angst gepackt. Faruk war von einem Ende Ägyptens bis zum anderen dafür berüchtigt, daß er, wann immer er eine Frau sah, die er begehrte, sie einfach zu sich bringen ließ. Vor kurzem hatte ganz Ägypten von einem Mann gemunkelt, der getötet worden war, nachdem der König sich seine Frau genommen hatte. Es war nicht ganz klar, ob der König den Ehemann erschossen hatte oder der Ehemann sich selbst. In diesem Moment im Automobile Club jedoch spielten die Einzelheiten keine Rolle, denn auf einmal saß ich da, Auge in Auge mit dem berüchtigt zügellosen König. Daß ich nicht häßlich war, wußte ich. Und darüber hinaus war ich gerade achtzehn Jahre, also genau in dem Alter, das der König bei Frauen bevorzugte.

»Dr. Raschad, Seine Majestät bittet Sie, sich zu ihm zu setzen«, sagte einer von Faruks Begleitern, der an unseren Tisch gekommen war, zu Yusef.

Ich erstarrte. Wahrscheinlich erkundigt er sich, wer ich bin, dachte ich mir. Ich hätte Anwar gern angesehen, ihn gebeten, den Club sofort mit mir zu verlassen, aber ich wagte nicht einmal, den Kopf zu heben. Denn jedesmal, wenn ich es versuchte, sah ich den Blick des Königs auf mir ruhen. »Ich muß zum Waschraum«, flüsterte ich Anwar zu und verließ den Tisch. Als ich zurückkam, setzte ich mich auf Yusefs Stuhl, damit ich Faruk den Rücken zukehrte.

»Der König wollte wissen, wer meine Begleiter sind«, berichtete Yusef unbekümmert, als er sich wieder zu uns setzte. »Ich sagte ihm, daß ihr meine Freunde seid.«

Ich glaubte fast, in Ohnmacht zu fallen, und starrte angestrengt auf die Krebse hinab, auf die ich auf einmal keinen Appetit mehr hatte.

»Dr. Raschad, der König möchte mit Ihnen sprechen.« Wieder wurde Raschad zum Tisch des Königs zitiert. Und dann noch einmal.

Mit jedem Mal wurde Anwar unruhiger. Ich dachte, er sei meinetwegen besorgt, doch später wurde mir klar, daß er befürchtete, der König könnte ihn mit den angeblichen Verschwörern unter den Armeeoffizieren identifizieren. Wie Anwar wußte, existierten Berichte nicht nur über die Freien Offiziere im allgemeinen, sondern über ihn selbst im besonderen, und das letzte, was er in diesem Augenblick wollte, war, die Aufmerksamkeit des Königs zu erregen. Das letzte, was *ich* wollte, war ebenfalls, die Aufmerksamkeit des Königs zu erregen. Aus unterschiedlichen Gründen waren wir beide kurz davor, in Panik zu geraten.

»Schnell, Jehan, iß!« fuhr er mich an. »Wir müssen gehen.«

Aber ich konnte nicht essen. Ich konnte mich nicht mal rühren, so stark hämmerte mein Herz. Morgen wird mich der König holen lassen, sagte ich mir. Was soll ich tun? Ich werde natürlich nicht gehorchen. Aber dann wird er mich umbringen, oder er bringt Anwar um. Meine Fantasie ging mit mir durch; ich war zwar eine verheiratete Frau, im Herzen aber immer noch ein Kind. Ich werde mich häßlich machen, beschloß ich bei mir. Ich werde einen Korken anbrennen und mir das Gesicht schwärzen. Aber nein, das ist doch albern, schalt ich mich selbst. Ich werde die Tür verbarrikadieren und nicht aufmachen, wenn es klingelt.

Unmittelbar nach dem Essen brachen Anwar und ich auf und fuhren nach Kairo zurück. Anwar sprach nur wenig; er war mit seinen Befürchtungen beschäftigt. Ich sagte ihm nichts von meinen Ängsten, weil ich ihn nicht aufregen wollte, wo er doch ohnehin schon so erregt wirkte. Zu Hause in unserer Wohnung lag ich die ganze Nacht hindurch wach, weil ich mich vor dem nächsten Tag fürchtete. Ich bringe mich um, beschloß ich dann und war hundertprozentig sicher, daß bald jemand aus dem Palast vor der Tür stehen werde. Als Anwar am Morgen zu Nasser ging, um ihm Bericht zu erstatten, verriegelte ich die Tür. Wenn es klingelt, werde ich erst durch den Spion schauen, um nachzusehen, wer draußen ist, sagte ich mir. Aber es kam niemand.

An jenem Abend kehrte Anwar nach Rafia und ich – voller Erleichterung – ins Haus meiner Eltern zurück.

Faruk hatte wahrhaftig andere Probleme im Kopf. Wieder einmal trieb seine Regierung auf einen Zusammenbruch zu. Am 20. Juli trat das Kabinett des Königs zum wiederholten Mal zurück, diesmal schon drei Wochen nach seiner Einsetzung. Wie es hieß, sollte dem Kabinett, das Faruk nunmehr bildete, auch ›Oberst‹ Ismail Schirin angehören, sein Schwager, der zwar eine Offiziersuniform trug, doch niemals die Militärakademie besucht hatte. Der Gedanke, daß Schirin tatsächlich zum Minister ernannt werden könnte, war eine Beleidigung für die Armee, die das Militär nicht hinnehmen würde.

»Ich komme auf Urlaub nach Hause, Jehan«, teilte mir Anwar zwei Tage später, am 2. Juli, mit, als er mich von Rafia aus anrief. Urlaub? Er hatte doch gerade erst Urlaub gehabt! »Meine Mutter ist krank«, erklärte er mir. Ich hatte Sitt el-Barrein am selben Tag zu Hause besucht und sie bei bester Gesundheit angetroffen. Was sollte das alles nur bedeuten?

Ich holte ihn am Bahnhof ab. »Komm, wir fahren ein Stück die Pyramidenstraße entlang«, schlug er mir vor, sobald er eintraf.

»Erinnerst du dich an das Versprechen, das ich deinem Vater gegeben habe, Jehan? Daß ich mich nie mehr mit Politik beschäftigen werde?« erkundigte sich Anwar auf der Fahrt durch die Wüste.

»Selbstverständlich«, antwortete ich mit einem neugierigen Blick auf meinen Mann, der sich eine Zigarette nach der anderen ansteckte.

»Nun, ich beschäftige mich zwar nicht direkt mit Politik, aber zuweilen sitze ich mit meinen Freunden zusammen und diskutiere mit ihnen über Politik, und dann hab' ich ein schlechtes Gewissen«, erklärte er und fügte hastig hinzu: »Du verstehst doch, was ich meine, nicht wahr? Ich befasse mich nicht mit Politik, ich teile meinen Freunden nur meine Gedanken mit.«

Ich war keineswegs überrascht. Im Gegenteil, ich war erleichtert. »Wenn du mit deinen Freunden nicht über Politik sprechen würdest, wärst du nicht der, den ich geheiratet habe«, gab ich zurück, obwohl ich überzeugt war, daß Anwar mir nicht die ganze Wahrheit sagte. »Du warst immer ein glühender Patriot. Wie könntest du das auf einmal nicht mehr sein?«

»Aber ich habe deinem Vater ein Versprechen gegeben, das ich nicht mehr so ganz richtig halte.« Anwar richtete den Blick starr auf die Straße vor sich.

Ich legte ihm die Hand auf den Arm. »Anwar – mein Vater hat dir dieses Versprechen nur meinetwegen abgenommen, und du hast es ihm nur meinetwegen gegeben. Beide Seiten dieses Versprechens betrafen mich. Und doch hat niemand mich gefragt, was ich davon halte.«

»Nun gut, was hältst du davon?« fragte Anwar.

Ich zögerte nicht mit meiner Antwort, denn ich wußte, wie wichtig sie für ihn war. Ein Versprechen zwischen Verwandten – und das waren Anwar und mein Vater ja nun – konnte bei uns nicht so einfach gebrochen werden. »Die meisten Frauen würden nicht wollen, daß ihr Ehemann gefährlich lebt, daß ihre eigene Sicherheit gefährdet wird, wenn sie zulassen, daß der Ehemann Gefängnisstrafen riskiert«, sagte ich. »Aber du bist nun mal kein normaler Ehemann. Und ich will gar nicht, daß du das bist. Der Anwar, der meinem Vater dieses Versprechen gegeben hat, war nicht der Anwar, den ich geheiratet habe, nicht der Anwar, mit dem ich jetzt spreche. Was mein Vater tat, war seine Pflicht mir als seiner

Tochter gegenüber. Jetzt aber bin ich deine Frau. Verschwende bitte keinen Gedanken an dieses Versprechen.«

Sofort war Anwar völlig entspannt. »Komm, wir gehen heute abend mit deinen Eltern ins Kino«, schlug er mir vor. Es war erstaunlich, daß nur ein paar kurze Worte ihm eine so schwere Last von den Schultern genommen zu haben schienen. Aber ich wußte noch immer nicht, warum er nach Kairo gekommen war.

»Möchtest du ein Eis, Jehan?«
»Möchtest du Pralinen, Jehan?«
»Komm, Jehan. Hier ist noch ein Eis.«
»Aber Anwar, ich habe wirklich genug. Gleich werde ich platzen.«
»Nein, nein! Ich möchte, daß du heute alles bekommst, was du willst!«

Auch während der Film lief, verhielt er sich mir gegenüber außergewöhnlich liebevoll und legte mir seinen Arm um die Schultern. Ich vermochte mir nicht vorzustellen, warum er so zärtlich war, obwohl ich das natürlich genoß. Selbst als das Licht des Projektors während der Vorstellung zweimal ausging und jedesmal eine lange Pause eintrat, wurde er weder ärgerlich noch ungeduldig. Was ich nicht wußte, war, daß Anwar mir auf diese Art Lebewohl sagte.

Er hatte in Rafia eine Nachricht von Nasser bekommen, in der es hieß, die Revolution werde irgendwann zwischen dem 22. Juli und dem 15. August stattfinden, also solle er sich unverzüglich in Kairo melden. Wieder einmal war der Termin des Staatsstreichs vorverlegt worden, diesmal wegen der Gerüchte, dem neuen Kabinett des Königs werde nicht nur Ismail Schirin, sondern auch noch Hussein Sirri Amer angehören, ein Mann, der sieben Freie Offiziere persönlich kannte und ihre Pläne dem König zu verraten drohte. »Wir werden Amer zum Mittagessen verspeisen müssen, bevor er uns zum Abendessen verspeist«, hatte Nasser mit einem gebräuchlichen ägyptischen Ausdruck erklärt.

Plötzlich rannten die Freien Offiziere mit der Zeit um die Wette. Wenn sie verraten wurden, würde die Revolution mißlingen, bevor sie überhaupt begonnen hatte, und ihre Träger würden mit dem Tode bestraft werden. Wenn andererseits der Staatsstreich fehlschlug, drohte ihnen ebenfalls der sichere Tod. Während ich also glücklich mein Eis löffelte, war Anwar klar, daß dies unser letztes Beisammensein sein konnte. Im Bewußtsein der sehr realen Gefahren, die vor ihm lagen, wollte Anwar mir einen besonders schönen letzten Abend bereiten, den ich stets in Erinnerung behalten sollte.

»Wo ist Ihr Mann?« fragte mich der Portier, als wir gegen Mitternacht zum Haus meiner Eltern zurückkehrten.

»Er parkt den Wagen in der Garage«, erklärte ich.

Der Portier reichte mit einen Zettel. »Da war ein Mann hier, zweimal schon. Er suchte Ihren Mann und hat ihm schließlich diese Nachricht hinterlassen.«

Während wir die Treppe hinaufstiegen, um unsere

Sachen zu holen und in unsere eigene Wohnung hinüberzugehen, gab ich Anwar den Zettel mit der Nachricht. Er erbleichte.

»Ich muß sofort aufbrechen«, sagte er und hastete an mir vorbei ins Haus.

Ich lief hinter ihm her in unser Schlafzimmer, wo er seine Sommersachen auszog und sich hastig in die Uniform warf.

»Wohin willst du denn noch, so spät am Abend?« wollte ich wissen.

»Einer meiner Freunde ist schwer krank. Ich muß zu ihm.«

»In Uniform?«

Er hielt einen kurzen Augenblick inne. »Falls ich ihn um diese späte Zeit noch ins Krankenhaus bringen oder ihm Medikamente besorgen muß, wird die Uniform mir alles erleichtern«, stieß er hervor. Dann drückte er mir einen Kuß auf die Wange und hastete auf die Treppe zu.

»Wenn du ins Gefängnis kommst, Anwar, werde ich dich nicht besuchen!« rief ich ihm nach.

Anwar erstarrte auf halbem Weg die Treppe hinab. »Was sagst du da, Jehan?« fragte er heftig, und seine dunklen Augen funkelten.

Ich lachte, weil mir nicht klar war, was ich gesagt hatte. Irgend etwas an ihm ließ mir jedoch das Lachen im Hals steckenbleiben. Ich verstand ihn sehr gut. Es gab Momente, da konnte ich mit ihm lachen und scherzen, und es gab andere Momente, da mußte ich schweigen. Dies war ein Moment des Schweigens. Ich spürte es in seinen Augen, deren

Am 29. Mai 1949 heirateten Jehan und Anwar el-Sadat.

Anwar el-Sadat verliest die vorläufige Konstitution (links im Hintergrund Präsident Abdel Nasser).

Jehan el-Sadat besucht die Soldaten an der Front am Sueskanal.

Jehan el-Sadat während einer Rede ihres Mannes an die Vereinten Nationen im November 1975.

Die Sultan-Hasan- und Er-Rifâi-Moschee in Kairo.

Straßenszenen im Chan-el-Chalili-Basar in Kairo.

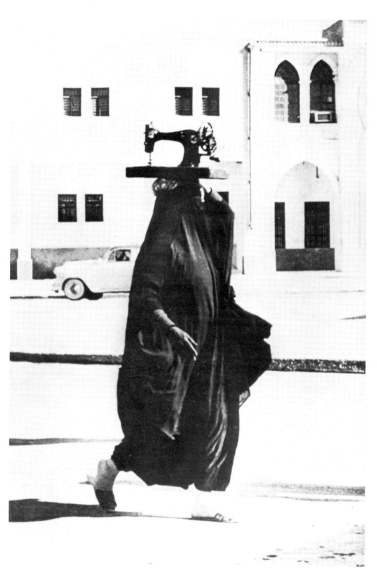

Eine arabische Näherin auf dem Weg zu ihrer Kundin.

Auf den ausgelegten Gebetsteppichen halten die Gläubigen Zwiesprache mit Allah, oder sie legen einfach eine kleine Ruhepause ein.

Beim Schleier scheiden sich die Geister: fundamentalistische (oben) und emanzipierte Ägypterinnen (unten).

Fundamentalisten demonstrieren mit dem Koran in den Händen.

Blicke sich in mich bohrten, hörte es in seiner ruhigen, tiefen Stimme.

»Gott schütze dich, Anwar«, sagte ich leise. Dann war er fort.

Die ganze Nacht wartete ich auf Anwars Rückkehr oder wenigstens auf seinen Anruf. Als das Telefon schließlich klingelte, war es 6.45 Uhr morgens. Die Erleichterung, die ich verspürte, als ich Anwars Stimme vernahm, verwandelte sich sehr schnell in Zorn auf ihn, weil er mich so lange hatte warten lassen. »Wo bist du? Wo warst du die ganze Nacht?« sprudelte ich wütend heraus.

»Schaltet das Radio ein, Jehan, dann werdet ihr alles erfahren«, gab er zurück. Und wieder lag etwas in seiner Stimme, das mächtiger war als mein Argwohn, mächtiger sogar als meine Angst.

»Ist alles in Ordnung mit dir?« fragte ich ihn.

»Absolut«, versicherte er.

Schnell schaltete ich das Radio ein, hörte aber nur eine ganz normale Sendung, in der ein Scheich aus dem Koran vorlas. Was ging da vor? Und dann, um 7.30 Uhr morgens, hörte ich – hörte ganz Ägypten – Anwars Stimme, als er eine Erklärung der Freien Offiziere verlas:

»Ägypten hat eine schwere Phase seiner jüngsten Geschichte hinter sich, die gekennzeichnet war von Bestechung, Vetternwirtschaft und Korruption. Die korrupten Elemente waren für unsere Niederlage im Palästinakrieg verantwortlich. Deswegen haben wir eine Säuberung durchgeführt. Die Armee befindet sich jetzt in den Händen von Männern, auf deren Können, Integrität und Vaterlandsliebe Sie alle sich vollkommen verlassen können.«

Er sagte weder ein Wort von einem Staatsstreich, noch erwähnte er König Faruk. Zu Beginn der Revolution war keine Rede von einer Absetzung des Königs, war keine Rede von Veränderungen im Land.

Auf Roda war am Morgen des 23. Juli alles ruhig, gab es keine Anzeichen für einen Umsturz. Auch in den nächsten drei Tagen wußte niemand, was eigentlich vorging. Überall in Kairo versammelten sich die Menschen in den Geschäften, in den Cafés und in ihren Häusern um die Radios und warteten auf neue Berichte. Die Straßen, sonst immer voller Autoverkehr, waren ungewohnt leer. In der Sommerhitze schien selbst die Luft vor Spannung zu vibrieren.

Gerüchte schwirrten umher; einige stellten sich schließlich auch als zutreffend heraus. Um zu verhindern, daß König Faruk von einem Palast zum anderen floh, hatten die der Revolution ergebenen Truppen am dritten Tag der Revolution, dem 25. Juli, den Ras-el-Tin-Palast in Alexandria morgens um sieben Uhr umzingelt. Es war zu einem Schußwechsel zwischen der Königlichen Leibwache und den Revolutionstruppen gekommen, aber der König hatte seinen Männern befohlen, das Feuer einzustellen und die Palasttore zu schließen. Aus Angst, von seiner eigenen Leibwache ermordet zu werden, hatte Faruk den amerikanischen Botschafter um Schutz gebeten. Der Botschafter aber, der auf keinen Fall die Revolutionstruppen gegen sich aufbringen wollte, der aber natürlich auch wußte, wie unbeliebt Faruk bei seinen Untertanen geworden war, hatte ihm nur seinen Privatsekretär geschickt.

Am Morgen des 26. Juli stellte Anwar mit zwei weiteren Revolutionären dem König in Alexandria ein Ultimatum: Wenn Faruk das Land nicht bis sechs Uhr abends verlassen habe, würden die Freien Offiziere für nichts mehr garantieren. Faruk brauchte nur fünf Minuten; dann akzeptierte er das Ultimatum. Er hatte sogar so große Angst um sein Leben, daß seine Hand bei der Unterzeichnung der Abdankungsurkunde zitterte und er seinen eigenen Namen nicht richtig schrieb. Deswegen mußte er zweimal unterzeichnen. Für viele Ägypter nahm dieser Irrtum eine nationalistische Bedeutung an: Für sie vermochte Faruk, der nie Arabisch sprach, nicht einmal seinen eigenen Namen auf arabisch zu schreiben, ein sicherer Beweis dafür, daß er durch und durch Ausländer war.

Pünktlich um sechs Uhr nachmittags setzte die königliche Jacht Segel, um König Faruk, seine neue Königin Nariman und den Säugling Prinz Ahmed Fuad ins Exil zu bringen. Die Revolution war erfolgreich beendet.

Wir in Kairo hatten keine Ahnung von den Geschehnissen in Alexandria. Als der Rundfunk von Faruks Abreise berichtete, war ich gerade auf dem Weg zum Zahnarzt.

»Kommen Sie gleich herein, Frau Sadat«, forderte mich der Zahnarzt, ebenfalls ein Offizier, freundlich auf, als ich am Abend des 26. Juli in seiner Praxis erschien.

Ich musterte die vielen anderen Patienten, die lange vor mir dagewesen waren. »Muß ich nicht warten, bis ich an der Reihe bin?« fragte ich den Zahnarzt verwundert.

»Haben Sie's denn noch nicht gehört, Frau Sadat?« fragte mich der Zahnarzt. »Die Armee hat den König vertrieben. Es ist endlich alles vorbei. Ihr Mann gehört jetzt zu den Führern Ägyptens.«

Ich war wie vor den Kopf geschlagen. Es hatte tatsächlich eine Revolution stattgefunden!

Aufgeregt lief ich auf die Straße hinaus und sah sofort, daß sich die Atmosphäre völlig verändert hatte. Die leeren Straßen hatten sich mit Menschen gefüllt, die fröhlich tanzten und jubelten. Die Cafés, in denen sich bis vor kurzem alle ängstlich um die Radios gedrängt hatten, waren voller lärmender Menschen.

Zu Hause setzte ich mich zu meiner Familie, die unser einziges Radio belagerte. Meine Erregung wuchs genauso wie meine Angst – nicht nur um Anwar, sondern auch vor dem Zorn meines Vaters. »Bitte, Papa, sei Anwar nicht böse, daß er das Versprechen gebrochen hat, das er dir gab«, flehte ich ihn an. Aber mein Vater interessierte sich viel zu sehr für die Nachrichten, um auch nur einen Gedanken daran zu verschwenden.

Als Anwar am folgenden Tag – zutiefst erschöpft, aber begeistert – unerwartet zu Hause auftauchte, konnte ich die Tränen nicht mehr zurückhalten.

»Schnell«, verlangte er von mir, »ich brauche ein heißes Bad, was Warmes zu essen und eine frische Uniform!«

Ich lief los, um alles für ihn herzurichten, und bombardierte ihn dabei mit Fragen. »Wo warst du? Was ist eigentlich los?«

»Später, Jehan. Später«, wehrte er ab. Erst beim Abendessen erzählte er mir und meiner ganzen Familie, was die Unruhen bedeuteten.

»Ägypten wird von nun an ein Land für alle Menschen sein, nicht nur für die reiche Minderheit«, erklärte Anwar, bevor er wieder zu einer Sitzung mit Nasser aufbrechen mußte.

»Nie wieder werden Könige Zwangsarbeiter benutzen, um Kanäle und Paläste zu bauen, oder das Geld ihrer Untertanen für Dinge verschwenden, die nur ihrem eigenen Wohl dienen. Das Land wird an jene verteilt werden, die seit vielen Jahrzehnten den Boden anderer beackert haben. Und die Engländer werden uns endlich die Selbständigkeit zugestehen müssen.«

Ich konnte meinen Blick nicht von Anwar wenden, nicht genug von seinen Worten hören. Endlich hatte sich sein Traum für Ägypten erfüllt! Endlich hatte sich *mein* Traum für Ägypten erfüllt.

Als wir da zusammen am Tisch saßen, wurde mir allmählich klar, daß Ägypten seit der Invasion der Perser im Jahre 522 v. Chr. zum erstenmal von Ägyptern regiert werden würde. Und Anwar el-Sadat, mein Ehemann, würde einer von ihnen sein. Als seine Frau würde es meine Pflicht sein, an seiner

Seite zu stehen. Ich dachte an die Prophezeiung des Wahrsagers und wünschte mir, auf die große Verantwortung, die auf mich wartete, besser vorbereitet zu sein. In zwei Tagen würde ich meinen Geburtstag feiern: Dann wurde ich neunzehn.

5 Die Zeit Gamal Abdel Nassers

»Wird der gesamte private Grundbesitz verstaatlicht?«

»Ist unser Staat auf dem Weg zum Kommunismus?«

»Trifft es zu, daß man die Ausländer zwingt, das Land zu verlassen?«

Wo wir nach der Revolution gingen und standen, wurde Anwar von unseren Freunden – Ingenieuren, Ärzten, Anwälten, Universitätsprofessoren, kleinen Grundbesitzern – mit Fragen darüber bestürmt, was die neuen, vom Revolutionsrat erlassenen Gesetze zu bedeuten hätten.

All diese Fragen waren durchaus berechtigt, denn Ägypten befand sich in einer Phase drastischen sozialen Wandels. Im Verlauf der folgenden zwanzig Jahre sollte es mehr Veränderungen im Leben der Ägypter geben als in den vierzehn Jahrhunderten zuvor. Und diese Veränderungen hatten bereits begonnen. Zwei Monate nach der Revolution wurde das Agrarreformgesetz erlassen und die riesigen Feudalbesitzungen überall in Ägypten unter den Fellachen aufgeteilt. Von nun an durfte niemand mehr als zweihundert Feddan oder achtzig Hektar besitzen, ein Maximum, das neun Jahre später sogar auf einhundert Feddan oder vierzig Hektar reduziert wurde. Vor der Revolution hatten acht Millionen Fellachen überhaupt kein Land besessen; nun wurde das enteignete Land, für das die Großgrundbesitzer Schuldverschreibungen erhielten, zu je fünf Feddan (zwei Hektar) an die Fellachen verteilt. Die 250000 Hektar der königlichen Familie, ein Zehntel der gesamten Anbaufläche Ägyptens, wurden ohne Entschädigung enteignet.

Da mein Vater und seine Verwandten ihr Land vier Jahre vor der Revolution verkauft hatten, waren sie von dieser Maßnahme nicht betroffen. Außerdem hatte ihr Grundbesitz die durch das erste Reformgesetz vorgeschriebene Größe nicht überschritten. Doch die Feudalherren sahen sich zur großen Freude der Fellachen von heute auf morgen auf magere achtzig Hektar beschränkt. In den ganzen dreißig Jahren parlamentarischer Regierungsform war keine einzige Maßnahme zugunsten der Bauern getroffen worden. Viele von ihnen hatten pro Monat nur fünf ägyptische Pfund verdient, während die Großgrundbesitzer, für die sie arbeiteten, noch reicher wurden, weil sie den größten Teil der Ernte – zuweilen bis zu achtzig Prozent – für sich beanspruchten. Die tiefgreifende Agrarreform lag nicht nur den Fellachen, sondern auch den Offizieren des Revolutionsrates besonders am Herzen, denn viele Revolutionäre stammten selbst aus kleinen Dörfern und hatten die Ungerechtigkeiten des Feudalsystems in unserem auf die Landwirtschaft angewiesenen Land am eigenen Leib erfahren. Die Mitglieder des Revolutionsrates waren entschlossen, die ›alte Ordnung‹, unter der Ägypten so lange gelitten hatte, endgültig zu beseitigen.

Zahlreiche weitere Reformen folgten sehr schnell. In den ländlichen Gebieten wurden staatliche Kooperativen gegründet, die den Bauern Darlehen gewährten; Mindestlöhne wurden garantiert, die Arbeitszeit sowohl für Bauern als auch für Fabrikarbeiter reduziert und Pachtzinsen festgelegt. In den Dörfern wurden staatlich subventionierte Krankenhäuser eingerichtet. In einem einzigen Jahr wurden mehr Schulen gebaut als in den letzten zwei Jahrzehnten sowie für alle Kinder, Jungen wie Mädchen, die allgemeine Schulpflicht eingeführt. Die Universitäten, früher eine Domäne der Privilegierten, waren nun jedem Ägypter zugänglich, und jedem Absolventen wurde ein staatlicher Posten zugesichert. Die diesem neuen egalitären Geist entsprechende Abschaffung der alten türkischen Titel Pascha, Bei und Effendi löste einen Freudenausbruch bei den Menschen aus, die unter der strengen Hierarchie gelitten hatten. Die Begeisterung, mit der die Ägypter die Geschicke ihres Landes selbst in die Hand nahmen und fast sofort das Ancien régime abschafften, ließ für die Zukunft das Beste hoffen.

Die Erregung wuchs, als sich bei einer Inspektion von Faruks vier Palästen herausstellte, daß das Ausmaß seines persönlichen, auf Kosten armer Ägypter erworbenen Reichtums auch unsere größten Erwartungen noch überstieg. Obwohl der Exkönig bei seiner Abreise aus Alexandria Hunderte von Koffern mitgenommen hatte, blieben in den vierhundert Räumen des Kubba-Palastes so viele kostbare Gegenstände zurück, daß ausländische Experten von Sotheby, Londons berühmtem Auktionshaus, nach Ägypten kommen mußten, um ihren Wert zu schätzen, bevor sie versteigert wurden. Allein Faruks Sammlung von Goldmünzen und -medaillen bestand aus über achtzigtausend Stücken. Seine Sammlung reichverzierter Briefbeschwerer, viele davon mit Edelsteinen besetzt, war die größte der Welt. In einem Zimmer nach dem anderen fand man Unmengen von Kunstgegenständen aus Gold, darunter einen goldenen Ständer für Coca-Cola-Flaschen und eine Arbeit von Fabergé, dem berühmten russischen Juwelier.

Im Westflügel, wo Faruks Wohnräume lagen, bestanden die versenkten Badewannen aus grünem Alabaster. In seinen riesigen Garderobenschränken hingen über einhundert Anzüge und Krawatten. Man begann von gewissen Marotten des Königs zu munkeln. An einem Brett in den Privaträumen des Königs hingen, so hieß es, die Schlüssel von fünfzig Wohnungen in Kairo, jeder mit dem Namen einer anderen jungen Frau. Und überall stieß man auf Erotika.

Es war schmerzlich für die Ägypter, erkennen zu müssen, wie lasterhaft und habgierig ihr König gewesen war. Der Verkauf der königlichen Besitztümer ergab schließlich eine Gesamtsumme von siebzig Millionen ägyptische Pfund, mit denen die Regierung in kürzester Zeit Ärztezentren, Krankenhäuser und Schulen in den Dörfern baute.

Die neue Revolutionsregierung verhandelte auch mit den Engländern über einen Termin für ihren Abzug. Das war es, wofür Anwar sein Leben lang gekämpft hatte, und diese Tage hätten für ihn die glücklichsten seit Jahren sein müssen. Statt dessen machte er sich jedoch immer mehr Sorgen über die zunehmenden internen Machtkämpfe des Revolutionsrates, vor allem die Feindseligkeit des Ratsvorsitzenden General Mohammed Nagib.

Da die Freien Offiziere alle noch sehr jung waren, hatten sie es zu ihrer eigenen und zur Beruhigung der Öffentlichkeit für richtig gehalten, den älteren Nagib zu ihrem Vorsitzenden und kurz darauf zum ersten Präsidenten der Republik Ägyptens zu ernennen. Aus irgendeinem Grund jedoch gab es von Anfang an Spannungen zwischen Nagib und Anwar. Auch Nagibs Verhältnis zu Gamal Abdel Nasser wurde immer schlechter, Anwar gegenüber verhielt er sich jedoch besonders eifersüchtig und argwöhnisch. Er verbreitete sogar das Gerücht, mein Mann wolle selbst Präsident von Ägypten werden. Anfangs war Anwar verärgert gewesen, doch dann wurde er immer niedergeschlagener, weil sich die Mitglieder des Revolutionsrats, statt sich auf die Einführung einer neuen Wirtschaftspolitik, die Umgestaltung der internationalen Beziehungen und die Sozialreformen im Inland zu konzentrieren, ständig untereinander stritten. Während der ersten Monate der Reform fand ich ihn häufig allein auf einem unserer Balkons im Sessel, aber er las nicht, er schrieb nicht, er tat überhaupt nichts, er dachte nur nach. Wenn ich seine in dieser Zeit oft so bedrückte Miene sah, wurde ich genauso traurig. Immer wieder setzte ich mich schweigend eine Stunde oder so neben ihn – nur für den Fall, daß er seine Sorgen mit mir teilen wollte. »Was hast du, Anwar?« fragte ich ihn dann schließlich. Manchmal antwortete er mir. Manchmal aber auch nicht.

Dieses Schweigen hatte nur selten etwas mit mir zu tun. Wir stritten uns natürlich auch, wie es wohl alle Ehepaare tun, aber nicht oft. Und selbst dann wurde keines von uns, wie wir gleich zu Beginn unserer Ehe feststellten, dem anderen gegenüber beleidigend. Aus diesem Grund vermochten wir uns in vielen Punkten zu einigen. Wir hegten großen Respekt füreinander, und ich verstand ihn selbst in den Augenblicken tiefsten Schmerzes.

Da er journalistische Erfahrungen hatte, gründete Anwar neben seinen Regierungsgeschäften eine Tageszeitung, *el-Gumhuriya* genannt oder *Die Republik*, um darin das Programm des neuen Regimes vorzustellen. Ich bekam ihn nur noch selten zu sehen; am frühen Morgen verließ er nun das Haus und kam nur noch zum Schlafen zurück. Ich respektierte zwar seine Arbeit für unser Land, war aber selber zu wenig ausgefüllt, um wirklich zufrieden zu sein. Nicht einmal schelten konnte ich ihn, wie es die anderen ägyptischen Ehefrauen taten, die ihren Männern ständig mit der Frage in den Ohren lagen, warum sie so spät nach Hause kamen. Denn schließlich wußte ich ja, wo Anwar sich aufhielt und warum.

Da verheiratete Frauen jetzt endlich die Schule besuchen durften, schrieb ich mich ein, um mein letztes

Schuljahr zu beenden. Aber es klappte nicht. Anwar hatte unendlich viel zu tun; zuweilen kam er nur nach Hause, um sich schnell umzuziehen oder etwas zu essen. Einen Terminplan gab es nicht. Als seine Frau war es jedoch meine Pflicht, zu Hause zu sein, wann immer er dort auftauchte. Das erwartete er genauso von mir wie jeder andere ägyptische Ehemann, und ich stellte das auch nie in Frage. »Tut mir leid«, sagte ich zu meinen Lehrern, nachdem ich einen Kurs nach dem anderen versäumen mußte, »ich muß vorerst wohl mit der Schule aufhören.«

Ich begann, auf meine äußere Erscheinung zu achten, denn ich wollte einen würdigen Eindruck machen. Daher trug ich niemals ein Kleid mit kurzen Ärmeln, niemals ein Kleid, das nicht hoch geschlossen war. Die Ägypter sind sehr konservativ, und ich wollte vermeiden, daß man meinen Mann kritisierte, weil ich es ihm gegenüber an Respekt fehlen ließ. Außerdem kleidete ich mich möglichst schlicht und praktisch, um mich so wenig wie möglich von den vielen Armen unseres Landes zu unterscheiden. Denn es war ja genau dieser krasse Unterschied zwischen den arroganten Reichen und den vielen Millionen Armen, der die Revolution ausgelöst hatte. Nun waren alle Ägypter gleich, auch ihre Führer.

Trotz der Revolution mit ihrer Gleichheitsmaxime bestanden die Menschen in unserem Viertel jedoch zu meinem Unbehagen darauf, mich wie eine Prominente zu behandeln. Vor dem Kino durfte ich nicht mehr Schlange stehen, im Krankenhaus nicht mehr warten, bis ich an der Reihe war, sondern wurde sofort an den Kopf der Schlange geführt oder als erste hereingebeten. »Werden Sie Ihr Fleisch jetzt auch weiter bei mir kaufen?« erkundigte sich ein Schlachter besorgt. Und zu meinem größten Erstaunen waren der Apotheker, der Gemüseverkäufer, ja sogar der Schreibwarenhändler, bei dem ich Papier und Schreibzeug kaufte, nicht weniger besorgt als er. »Aber natürlich«, versicherte ich ihnen beruhigend. »Unsere Stellung mag sich verändert haben, aber wir sind noch immer dieselben Menschen.« In den Schaufenstern tauchten Schilder auf: »Hier kauft Frau Sadat.«

In dem Geschäft, in dem ich für Anwar einzukaufen pflegte, war die Kehrtwendung besonders spektakulär. Als ich kurz vor der Revolution dort etwas besorgte, kam ein Minister der alten Regierung, eine dicke Zigarre zwischen den Lippen, mit seinem gesamten Gefolge herein. Sofort eilte die Verkäuferin, die mich bediente, hinüber, um sich ihm zu widmen, während ich schweigend den Laden verließ, weil ich wußte, daß sich nun lange Zeit niemand mehr um mich kümmern würde. Als ich nach der Revolution wieder dorthinkam und mein Mann schon Parlamentspräsident war, ließen dieselben Verkäufer alles andere stehen und liegen, um mich bevorzugt zu bedienen. Großer Gott, es hat sich nicht das geringste verändert, dachte ich und wies die Verkäuferin kurzerhand an, erst die Kunden zu bedienen, die vor mir da waren.

Außerhalb des Hauses hatten Anwar und ich überhaupt kein Privatleben mehr. Überall, wo wir auftauchten, wurden wir von den Menschen erkannt und freudig begrüßt. Ob wir ins Kino gingen oder in einem Restaurant aßen, ständig wurden wir von Menschen umlagert, die Anwar unbedingt die Hand schütteln wollten. »Allah segne Sie, Herr Sadat«, sagten sie dabei immer wieder. Manchmal sehnte ich mich danach, endlich wieder einmal mit ihm allein zu sein, ich empfand die Aufmerksamkeit, die man ihm schenkte, aber durchaus nicht als aufdringlich. Im Gegenteil, ich freute mich, von den Menschen als seine Frau anerkannt zu werden.

Auf viele meiner neuen Pflichten war ich jedoch überhaupt nicht gefaßt. Kaum hatte zum Beispiel Faruk das Land verlassen, da meldeten sich Hunderte von Frauen bei mir, die Gefälligkeiten von mir erbaten.

»Bitte, helfen Sie mir, Frau Sadat«, flehte eine, die vor unserer Wohnung auf mich gewartet hatte. »Mein Mann hat seine Arbeit verloren. Könnten Sie seinem Chef nicht sagen, daß er ihn wieder einstellen soll?«

»Madame! Madame!« flüsterte mir eines Tages eine Frau beim Einkaufen zu. »Mein Sohn ist nicht in die medizinische Fakultät der Universität von Kairo aufgenommen worden. Würden Sie sich für mich vielleicht mit dem Dekan in Verbindung setzen und ihm erklären, daß sie ihn aufnehmen *müssen*?«

Jeden Tag, wenn ich nach Hause kam, fand ich dort vier bis fünf Frauen vor, die mit Bittschriften auf eine Audienz warteten. Und am Freitag, unserem wöchentlichen Feiertag, drängten sich sogar noch mehr vor meiner Tür.

Auch mit der Post kamen auf einmal Petitionen von Menschen, die sich für alle möglichen Probleme meines Einflusses bedienen wollten, von der Hilfe bei der Beschaffung einer Wohnung bis zur Intervention bei einem Personalchef wegen einer nicht erfolgten Beförderung. Hunderte von Briefen trafen ein, als sei ich eine Königin und könne königliche Gunst gewähren. Dabei wollten mir weder die Worte des Wahrsagers auf Roda aus dem Kopf gehen noch meine eigenen Kindheitsahnungen, daß ich eines Tages in der Lage sein würde, anderen Menschen zu helfen. Jetzt war es wirklich über Nacht wahr geworden, und es war recht beängstigend. Mit meinen neunzehn Jahren sah ich mich immer noch eher als Schulmädchen.

Ich beantwortete jeden Brief, den ich erhielt, und widmete mich jeden Nachmittag den Bittstellerinnen vor meiner Tür. Während ich mir ihre Probleme anhörte, lernte ich geduldig sein – geduldiger, als es im Grunde meiner Natur entsprach.

Ich wies keine Hilfesuchende zurück und tat alles, was in meiner Kraft stand, um ihren Wünschen gerecht zu werden. Um Wohnungen zu beschaffen, telefonierte ich mit Hausbesitzern. Um Arbeit zu beschaffen, telefonierte ich mit Geschäftsleuten. Ich tat, was ich konnte, um bei der Lösung der mir vorgetragenen Probleme zu helfen. So war es seit Jahrhunderten Brauch in Ägypten: Die weniger Glücklichen erreichten nichts, wenn sie nicht die Gunst der Mächtigen, der Beis und Paschas, erbaten. Auch Anwar selbst hatte seine Militärlaufbahn dieser Tradition zu verdanken: Sein Vater hatte die Hilfe eines Generalmajors erbeten, damit sein Sohn in die Königliche Militärakademie aufgenommen wurde. Die Revolution hatte die traditionellen türkischen Titel abgeschafft, die den Mächtigen verliehen wurden, die Machtlosen waren jedoch noch immer darauf angewiesen, daß andere ihnen die Türen öffneten, die sie nicht selbst zu öffnen vermochten. Es war ein demütigendes System, in dem die ärmeren Menschen von der Willkür anderer abhängig waren, die nach Lust und Laune entschieden, ob sie ihnen helfen wollten oder nicht.

Diese Günstlingswirtschaft war wenig geeignet, die Selbständigkeit der Menschen zu fördern, und widersprach den Zielen der Revolution. Aber sie war tief in der ägyptischen Gesellschaft verwurzelt. Als Anwar Präsident wurde, war er bemüht, dieser erniedrigenden Tradition ein Ende zu setzen, indem er Institutionen und Gesetze schuf, durch die alle Menschen gerecht und gleich behandelt wurden. Selbst Gamal, unser eigener Sohn, wurde nicht in die medizinische, sondern in die technische Fakultät der Universität von Kairo aufgenommen, weil ihm der nötige Befähigungsnachweis fehlte. Zu Nassers Zeiten kamen und gingen die Bittsteller jedoch in einem endlosen Strom, und ich half ihnen, soweit ich konnte.

Ich überwand meine Schüchternheit. Das mußte ich, weil ich jetzt mit so vielen Menschen zusammentraf. Und die vielen Briefe von Frauen, die ich las, bewegten und beunruhigten mich immer mehr. Ich kannte diese Frauen nicht, und dennoch schütteten sie mir auf dem Papier ihr Herz aus. »Meine Kinder und ich müssen hungern, weil mein Mann uns verlassen hat. Er hat mir versprochen, Alimente zu zahlen, aber er ist spurlos verschwunden«, schrieb eine Frau. Und eine andere: »Mein Mann hat eine zweite Ehefrau zu uns ins Haus geholt. Ich weiß nicht, was ich machen soll.« So viele, sehr persönliche Briefe, die von zerstörtem Leben berichteten! Doch all diese Frauen klammerten sich an die Hoffnung, daß ich etwas für sie tun könnte. »Wenn ihr einen Bruch zwischen einem Mann und seiner Frau befürchtet, ernennt einen Schiedsmann aus seiner Familie und einen zweiten aus der ihren«, lehrt uns der Koran. »Wenn sie sich versöhnen wollen, wird Allah sie wieder zusammenführen.« Nun hielt man mich für so einen ›Schiedsmann‹.

»Ich habe einen Brief von Ihrer Frau erhalten«, teilte ich einem Arzt telefonisch mit. »Sie möchte, daß Sie zu ihr zurückkehren. Bitte, glauben Sie nicht, daß ich mich in Ihr Privatleben einmischen will. Ich rufe Sie nur als Schwester an, um zu hören, ob ich Ihnen und Ihrer Frau helfen kann, sich zu versöhnen. Würden Sie mich vielleicht einmal aufsuchen?«

Als er kam, stand er nervös in meinem Wohnzimmer. »Wenn Sie möchten, daß ich zu meiner Frau zurückkehre, werde ich es tun, Frau Sadat«, erklärte er. »Doch wenn Sie wüßten, wie sehr ich unter ihr gelitten habe, würden Sie mich verstehen.« Und dann erzählte er mir, seine Frau sei so eifersüchtig geworden, daß sie ihm überallhin folgte, sogar ins Krankenhaus, wenn er dort seine Patienten behandelte.

Ich stimmte ihm zu, das sei in der Tat eine unerträgliche Situation für einen Mann. »Ich hatte gehofft, Ihnen helfen zu können, doch wie ich sehe, ist das nicht möglich«, mußte ich zugeben.

»Aber das können Sie doch«, erwiderte er. »Ich schicke ihr jeden Monat Alimente, doch sie behauptet, die Unterhaltszahlungen nicht erhalten zu haben. Könnte jemand aus Ihrem Haus ihr vielleicht das Geld überbringen, damit Sie sehen, daß sie es auch wirklich bekommt?«

»Selbstverständlich«, antwortete ich. Von nun an sorgte ich jeden Monat dafür, daß seine Zahlungen sie erreichten.

Aber die Eifersucht dieser Frau und der Argwohn so vieler anderer Frauen, von denen ich hörte, beunruhigten mich sehr. Sie lebten ständig in der Angst, den Ehemann zu verlieren, und trieben ihn dadurch erst recht aus dem Haus. Die Tatsache, daß sie in so vielen Dingen von ihrem Mann abhängig waren – Geld, Obdach, ja sogar hinsichtlich der eigenen Identität –, machte sie zu Gefangenen ihrer Ehe statt zu Ehepartnerinnen. Um frei und ausgefüllt leben zu können, mußten die Frauen lernen, selbständig zu werden.

Ich rief die Frau des Arztes an und bat sie, mich aufzusuchen. »Ihre Ehe ist zerbrochen«, erklärte ich ihr. »Sie müssen sich jetzt Ihr eigenes Leben aufbauen. Warum suchen Sie sich nicht eine Arbeit?«

»Eine Arbeit?« rief sie entsetzt.

»Ja«, gab ich zurück. »Ich werde Ihnen helfen, eine Anstellung zu finden.« Das tat ich auch, und ihr Leben veränderte sich grundlegend. Inzwischen ist sie wieder verheiratet, ist noch immer berufstätig und sehr glücklich.

Andere Probleme waren einfacher. Einige Ehepaare versöhnte ich, indem ich sie durch mich miteinander sprechen ließ. Manche Frauen schufen sich ihre Probleme selbst. »Sie müssen Ihren Ehemann besser behandeln, sonst werden Sie ihn verlieren«, riet ich einer von ihnen, nachdem ich mir ihre ungerechtfertigten Klagen angehört hatte. »Verdienen Sie Ihr eigenes Geld, statt ihm ständig mit der Forderung in den Ohren zu liegen, er soll Ihnen mehr geben.«

Am Abend erzählte ich Anwar von den Problemen, die mir tagsüber vorgetragen worden waren, und von meinen Bemühungen, sie zu lösen.

»Warum engagierst du dich so sehr?« fragte er mich. »Das Privatleben dieser Leute geht dich nichts an.«

»Aber warum kommen sie dann zu mir, als ob ich Wunder wirken könnte?« entgegnete ich. »Würdest du sie einfach wegschicken?« Und ich half weiter, wo immer es ging.

Natürlich waren nicht alle mit den neuen Führern des Landes einverstanden. So wurde schon sechs Monate nach der Revolution ein Komplott mehrerer Parteiführer sowie gewisser Offiziere aufgedeckt, die das neue Regime stürzen wollten. Der Revolutionsrat löste sofort sämtliche alten politischen Parteien auf, ließ die Politiker verhaften und stellte die Offiziere vors Kriegsgericht. Ein Jahr später, am 12. Januar 1954, versuchte auch die Moslembruderschaft die Macht an sich zu reißen. Ihrer alten Taktik getreu, wiegelten sie die Studenten der Universität von Kairo zu regierungsfeindlichen Demonstrationen auf und provozierten sie bei einer Gedenkfeier für die Männer, die bei den Kämpfen gegen die Briten in der Kanalzone ihr Leben gelassen hatten, zu Krawallen.

Der Revolutionsrat reagierte umgehend, verhaftete die Anführer der Moslembrüder und erließ ein Verbot gegen ihre Organisation. Wieder gingen die Fundamentalisten in den Untergrund. Im März marschierten die Mitglieder der verbotenen Bruderschaft, trotzig blutverschmierte Kleider schwenkend und mit lauten Sprechchören gegen die Revolution protestierend, zum ehemaligen Abdin-Palast und heutigen Palast der Republik. Es genügte ihnen nicht, daß die neue Regierung die ausländische Einmischung in ägyptische Angelegenheiten allmählich abbaute und den gottlosen König abgesetzt hatte; sie wollten die absolute Macht und würden vor nichts zurückschrecken, um sie zu erringen.

Es war eine extrem unruhige Zeit. Wieder war Anwar kaum zu Hause und konferierte häufig bis spät in die Nacht mit den anderen Revolutionären. Wieder war ich fast immer allein. Doch diesmal machte mir das kaum etwas aus, denn ich war mit einem eigenen Projekt beschäftigt: Ich war schwanger.

Kurz nach Beginn der Revolution hatte ich eine Fehlgeburt gehabt – vermutlich, weil ich nach Erhalt der freudigen Nachricht stundenlang herumgelaufen war, um mir Umstandskleider zu besorgen und

Babysachen einzukaufen. Jetzt, im Sommer 1954, wollte ich kein Risiko mehr eingehen und legte mich ins Bett. »Kommen Sie endlich aus dem Bett, und gehen Sie ein bißchen spazieren! Sie müssen Ihre Muskeln trainieren«, predigte mir der Arzt immer wieder, aber ich weigerte mich energisch. Mit meinen zwanzig Jahren ahnte ich nicht, wie albern das war, sondern war fest überzeugt, das Kind zu verlieren, sobald ich aufstand. Selbst an die Vorstellung, Mutter zu werden, wagte ich nicht zu denken, sondern blieb im Bett liegen, las Bücher, lernte Stricken, Häkeln und Petit-point-Stickerei. Manchmal leisteten mir mein Vater, meine Mutter oder meine Schwester Gesellschaft. Ich war zufrieden und fabrizierte so viele bestickte Tischläufer, Lampenschirme und Schonerdeckchen, daß sie genügt hätten, um mehrere Häuser damit auszustatten.

Trotz all dieser Vorsichtsmaßnahmen kam ich vorzeitig in die Wehen: im siebten Monat. Am 7. September 1954 saß Anwar die ganze Nacht bei mir in der Klinik, während die Ärzte immer besorgtere Mienen zogen.

»Was ist los?« fragte ich sie immer wieder. »Stimmt etwas nicht mit meinem Baby?«

So groß waren die Schmerzen, daß Anwars Gesicht vor meinen Augen mit den Gesichtern meiner Eltern und meiner Geschwister verschwamm. »Psst! Entspann dich!« ermahnten mich diese Gesichter ständig.

»Wir haben ein süßes kleines Mädchen, Jehan«, erzählte Anwar mir, als ich aus der Narkose erwachte.

»Ich traute meinen Augen nicht, als ich es sah. Die Kleine ist wunderschön, hat blaue Augen und eine sehr helle Haut.«

Ich wollte nur noch mein Kind in den Armen halten.

Liebevoll bewegte ich Lubnas winzige Finger und Zehen. Aber mein Glück löste sich schon bald in Tränen auf: Einer von Lubnas Füßen zog sich zusammen, wenn ich ihn kitzelte, der andere nicht.

»Da ist etwas nicht in Ordnung!« klagte ich weinend meinem Arzt.

Während der schwierigen Entbindung, erklärte er mir, seien die Nerven in Lubnas rechtem Fuß fast durchtrennt worden. Ihr Fuß sei taub, doch er versicherte mir, das sei nur vorübergehend. Am selben Nachmittag noch fixierte er ihren Fuß mit einem Lederapparat, damit er sich richtig entwickeln konnte.

Ich hielt mich überhaupt nicht für abergläubisch, legte aber sofort eine blaue Perle in Lubnas Wiege, um ›das Unheil des Neiders, wenn er neidet‹, abzuwenden, wie es in der Sure ›Tagesanbruch‹ im Koran heißt. Wir Ägypter glauben nämlich, daß die Farbe Blau den bösen Blick des Neiders bannt.

Am siebten Tag nach der Geburt unserer Tochter feierten wir Lubnas *sebua* oder Geburtsfest. In Ägypten wird kein Kind – reich oder arm – geboren, für das nicht eine *sebua* gefeiert wird, denn ein Kind ist das wertvollste Geschenk, das es im Leben geben kann.

Wie es bei uns üblich ist, lag ich während der *sebua* im Bett, während sich meine weiblichen Verwandten, Freundinnen und Nachbarinnen hereindrängten, um Lubna in ihrer Wiege zu bewundern. Vorsichtshalber hatte ich mir ein paar blaue Perlen ans Bettjäckchen gesteckt, denn eine junge Mutter galt unmittelbar nach der Geburt nicht nur als besonders schön, sondern wurde unter Umständen auch um ihr Baby beneidet. Deswegen trug ich, wie so viele andere junge Mütter, zu meinem Schutz blaue Perlen, damit meine Milch nicht über Nacht versiegte.

Neben meinem Bett stand Lubnas *kolla*, der irdene Wasserkrug, den meine Verwandten am Abend zuvor mit den traditionellen Bändern, Spitzentüchern und sogar winzigen Ohrringen geschmückt hatten, um die Geburt eines Mädchens anzuzeigen. Nun tranken meine Tanten, Cousinen und Freundinnen jeweils einen Schluck Wasser aus der *kolla* – entweder, um Lubna Glück zu wünschen, oder als Symbol der Fruchtbarkeit, das vermochte ich nie zu unterscheiden. Und anschließend begann die *sebua*.

Behutsam legte Tante Zouzou Lubna in einen *chorbal*, ein geflochtenes Ledersieb aus unserer Küche, damit eventuelle böse oder neidische Geister des bösen Blicks während der Zeremonie von ihrem Körper abfließen konnten. Dann schlug Cousine Aida mit einem Stößel auf den dazugehörigen Messingmörser wie auf eine Trommel. »Gehorche deiner Mutter. Gehorche deinem Vater«, sangen die dichtgedrängten Frauen in meinem Zimmer: Dann zündeten sie alle Kerzen an. Und während Tante Zouzou Lubna genauso in dem *chorbal* trug wie einst auch mich, formierten sie sich zum traditionellen Zug durch unsere Wohnung.

Angeführt von meiner Schwester Dalia mit Mörser und Stößel, zogen die Frauen, jede mit einer Kerze in der Hand, hinter ihr her. Ich selbst lag glücklich in meinem Bett und lauschte dem fröhlichen Trillern des *zachrit*, dem jubelnden Gesang. In jedem Zimmer verstreuten die Frauen Getreidekörner als Symbole des Wohlstands für das Kind und Salzkörner als Warnung. »Das Salz soll im Auge dessen brennen, der nicht den Propheten segnet«, sangen sie. »Das unreine Salz brenne im Auge des Neiders.« Darüber hinaus ermahnten sie Lubna in jedem Zimmer, ihren Eltern zu gehorchen und Achtung vor den Älteren zu haben, eine traditionelle Botschaft an die Neugeborenen. Selbst heute noch heißt es, daß ungehorsame Söhne und Töchter vermutlich am siebten Tag nicht in das Sieb gelegt worden seien.

Zufrieden lauschte ich im Bett, wie das Trillern des *zachrit* Lubna durch unsere Wohnung folgte. Bis auf die Sorge um ihren Fuß war mein Glück perfekt.

Während der nächsten drei Monate ging ich mit Lubna täglich zur Therapie in die Arztpraxis. Zu Hause massierte ich ihren Fuß und bewegte ihn, um die Muskeln zu stärken, genauso, wie der Arzt es mir gezeigt hatte. Ich wich nicht von Lubnas Seite, nicht einmal freitags. »Wir wollen lieber mit dem Baby zu Hause bleiben«, sagte ich zu Anwar, wenn er eine Autofahrt machen wollte. Und da er meine Sorge um das Kind verstand, blieb er mit uns zusammen daheim.

Damit Anwar nicht im Schlaf gestört wurde, zog ich zu Lubna ins Kinderzimmer und wachte vierundzwanzig Stunden am Tag über sie. Als ich das Haus ein einziges Mal ohne sie verließ, fühlte ich mich entsetzlich elend. Seit Lubnas Geburt hatte ich meine äußere Erscheinung vernachlässigt, deswegen ließ ich sie in der Obhut meiner Mutter und Schwester zurück und ging zum Friseur. Doch während ich unter der Trockenhaube saß, strömten mir die Tränen über die Wangen. Ging es Lubna gut? Hatte sie Hunger? Weinte sie vielleicht sogar? Immer noch mit Tränen in den Augen, hastete ich nach Hause zurück. »Es geht ihr gut«, beruhigte mich meine Mutter. »Es geht ihr gut.« Und auf einmal ging es ihr wirklich gut, denn kurz darauf konnte sie ihren Zeh bewegen. Mein Kind würde gesund und kräftig heranwachsen und den Fuß normal gebrauchen können.

»In Alexandria wurde ein Attentat auf Gamal Abdel Nasser verübt«, meldete der Rundfunk am 26. Oktober in seiner Nachrichtensendung. »Acht Schüsse fielen, Nasser scheint jedoch nicht verletzt zu sein.«
Ich war allein mit Lubna zu Hause, als ich von dem schrecklichen Ereignis hörte. Erst eine Woche zuvor war der Anglo-Ägyptische Evakuierungsvertrag unterzeichnet worden, der fünfundsiebzig Jahre britische Besatzung in Ägypten beendete. Zur Feier dieses Erfolges hatte Nasser, Delegationschef der Ägypter bei den Verhandlungen mit den Engländern, an einer Versammlung auf dem El-Manschiya-Platz von Alexandria teilnehmen wollen. Und dort hatte ein junger Klempner aus Kairo plötzlich eine Pistole gezogen, geschossen und Nasser beinah getötet. Wie

man vermutete, hatte der Attentäter Verbindungen zu den Moslembrüdern.

Tausende wurden zu Verhören geholt, Hunderte verhaftet, als die polizeilichen Ermittlungen ein umfassend geplantes Komplott zum Sturz der Regierung aufdeckten. In Kairo schienen wir von Verschwörern umgeben zu sein. Zwei meiner Cousins zweiten Grades, sehr religiöse Männer, verließen das Land, weil sie als Mitglieder der Bruderschaft eine Verhaftung befürchteten, ebenso ein Freund und Kollege Anwars, der angeblich Anführer einer mit der Bruderschaft sympathisierenden Armeegruppe sein sollte. Sogar Nagib persönlich unterhielt, wie sich herausstellte, Kontakte zu der Bruderschaft. Er wurde prompt als Präsident der Republik abgesetzt und unter Hausarrest gestellt.

Im November 1954 wurde ein ›Volksgerichtshof‹ gebildet, der die Verräter am neuen Regime aburteilen sollte. Anwar, wenige Tage vor der Geburt unserer Tochter erst Staatsminister geworden, wurde von Nasser, Nagibs Nachfolger, zu einem der drei Richter ernannt. Der Volksgerichtshof und die Militärgerichte sollten gegenüber eintausend Hochverrätern verhandeln und sechs Mitglieder der Moslembruderschaft zum Tode verurteilen. Daraufhin begannen die anonymen Anrufe.

»Ist dort der Anschluß Sadat?«
»Ja. Wer spricht, bitte?«
»Ist er da?«
»Nein. Im Augenblick nicht.«
»Und wer sind Sie?«

»Seine Frau.«

»Dann hören Sie gut zu. Wir werden Ihren Mann töten.«

»Wer sind Sie?«

»Unwichtig. Merken Sie sich nur, daß wir Sadat für das, was er den Moslembrüdern angetan hat, töten werden.« Damit wurde aufgelegt.

Manchmal kamen Drohbriefe, dann wieder warnte uns der Geheimdienst. Jedesmal, wenn es klingelte, begann mein Herz vor Angst zu rasen. »Leg einfach auf«, riet mir Anwar. »Oder geh erst gar nicht dran.« Aber das brachte ich meist nicht fertig. Immer lauschte ich aufmerksam, weil ich dabei vielleicht etwas hörte, irgendeinen Hinweis bekam, irgendeine Möglichkeit fand, meinen Ehemann zu beschützen.

Ich gab mir die größte Mühe, meine Befürchtungen vor Anwar zu verbergen. Er mußte seine Pflicht beim Gerichtshof erfüllen, ohne sich von Sorgen um mich ablenken zu lassen. Doch am Abend, nachdem ich immer wieder solche Anrufe beantworten mußte, kamen mir dann die Tränen.

»Keine Sorge«, suchte Anwar mich zu beruhigen. »Jene, die tatsächlich töten, rufen niemals vorher an. Diese Drohanrufe sollen dich nur nervös machen und aus dem Gleichgewicht bringen.«

Ich klammerte mich an seine Worte, zwang mich angestrengt, ihm zu glauben. Doch dann kam schon wieder der nächste Anruf.

Zu unserem Schutz wurden uns Leibwächter zugeteilt: Der eine hatte seinen Posten unmittelbar vor unserer Wohnungstür, die anderen auf der Straße vor dem Haus. Einerseits war mir ihre Nähe willkommen, andererseits mahnte mich eben die Tatsache, daß wir sie benötigten, ständig an die Gefahr, in der Anwar schwebte. Ich war überzeugt, daß man ihn eines Tages ermorden würde.

Schüsse. Mitten in der Nacht höre ich Schüsse. Ich springe aus dem Bett, laufe auf den Balkon hinaus und spähe auf die Straße hinab, suche mit den Augen das Pflaster nach seinem Leichnam ab. Aber vom neunten Stock aus kann ich nichts sehen. Rasch ziehe ich mich an, damit ich die Treppe hinunterlaufen, seinen Leichnam suchen und ihn ins Krankenhaus schaffen lassen kann. Aber was werden die Leibwächter denken, die Soldaten, die rings um das Haus postiert sind? Ich muß Würde und Haltung bewahren und abwarten. Ich kehre auf den Balkon zurück, um auf weitere Schüsse zu lauschen, und gehe wieder zur Tür – unentschlossen, wofür ich mich entscheiden soll.

Eine Viertelstunde später dreht sich der Schlüssel in der Wohnungstür, und Anwar steht mit seinem strahlenden Lächeln vor mir. »Was hast du, Jehan?« will er wissen, als ich mich schluchzend in seine Arme werfe.

»Ich dachte, sie hätten dich umgebracht«, antworte ich und erzähle ihm von den Schüssen.

Er lacht, dieses schöne, tiefe Lachen, das ich so liebe. »Jetzt paß mal auf, Jehan«, sagt er und hebt mein Kinn, damit ich ihm auch wirklich zuhöre. »Wenn meine Stunde kommt, werden weder du noch ich, noch irgend jemand anders meinen Tod verhindern können. Denk an die Worte des Korans: ›Wo immer du sein magst, wird dich der Tod überkommen, selbst wenn du dich in einer Festung verbirgst.‹ Wenn meine Zeit gekommen ist, spielt es keine Rolle mehr, ob du mich ins Krankenhaus bringst oder nicht. Also beruhige dich, beherrsche dich. Du kannst tun, was du willst, aber mein Leben kannst du nicht verlängern – nicht um einen Tag, ja nicht einmal um eine Sekunde.«

Ich wußte natürlich, daß er recht hatte. *Masir*. Niemand auf der ganzen Welt kann etwas an dem Schicksal ändern, das Allah für uns vorbestimmt hat. Mein ganzes Leben lang sollte ich mich an die Worte erinnern, die Anwar mir damals, an jenem Abend sagte. Und er hatte recht. An dem Tag, an dem er starb, konnte ich wirklich nichts mehr für ihn tun. Es kam genauso, wie er es vorausgesagt hatte.

Dennoch dachte ich während der Jahre unseres gemeinsamen Lebens immer wieder daran, daß es mir vielleicht bestimmt sei, Anwar zu retten, seinen Tod zu verhindern oder wenigstens hinauszuschieben. Daß ich in hilfloser Untätigkeit verweilen, nicht in der Lage sein sollte, ihn zu beschützen, konnte ich einfach nicht akzeptieren. Ein Mann, der unseren Propheten über das Wesen des Schicksals befragte, wollte wissen, ob er, wenn er zum Beten gehe, sein Kamel anbinden oder sich darauf verlassen sollte, daß Allah es für ihn hüte. »Binde dein Kamel an«, antwortete der Prophet, »*und* vertraue auf Gott.« Ich konnte Anwar natürlich nicht anbinden, aber vielleicht gab es doch etwas, womit ich ihm beistehen konnte. Ich befand mich in einem ständigen Konflikt: Würde ich den Moment erkennen, da ich meine Bestimmung erfüllen und ihn retten mußte? Oder waren mir die Hände gebunden?

In dieser Zeit der ersten Bedrohungen durch die Moslembrüder bekam ich immer wieder schreckliche Kopfschmerzen; diese Migräne quälte mich bis zu Anwars Tod und tut es sogar heute noch. Der Schmerz beginnt im Hinterkopf und zieht sich dann allmählich weiter empor, bis ich das Gefühl habe, daß mir der Kopf platzt. Ich kann nichts im Magen behalten, ich sehe nur verschwommen, und jeder Lichtstrahl trifft meine Augen wie eine glühende Messerklinge. Nichts von dem, was mir die Ärzte hier in Ägypten oder auf unseren Auslandsreisen verschrieben haben, hat geholfen – weder Tabletten noch Spritzen.

»Die Kopfschmerzen beruhen auf nervöser Spannung«, erklären mir die Ärzte jedesmal, wenn sie mich untersucht und festgestellt haben, daß mir physisch nichts fehlt.

»Was tun Sie, wenn Sie diese Schmerzen haben?« fragte mich ein Arzt in Paris. »Schreien oder weinen Sie?«

»Nein, niemals«, antwortete ich.

»Ja, aber was tun Sie dann?« beharrte er.

»Im schlimmsten Fall entschuldige ich mich dort, wo ich gerade bin, schließe mich im Bad ein und lasse die Tränen laufen,«, erklärte ich ihm. »Anschließend wasche ich mir das Gesicht, damit es niemand merkt.« Auf diese Weise habe ich die Schmerzen mein Leben lang für mich behalten und meine Umgebung stets glauben lassen, daß ich mich sicher fühle und glücklich bin. Diese äußerliche Ruhe und Heiterkeit zu bewahren, war meine Pflicht Ägypten und vor allem meinem Mann gegenüber. Meine Migräne war der Preis für unsere Liebe.

»Bring mir das Autofahren bei, Anwar«, bat ich meinen Mann an einem Freitag, dem einzigen Wochentag, den er jeweils mit mir verbrachte. Die meisten jungen Ehefrauen aus meinem Bekanntenkreis wollten Auto fahren lernen, damit sie auch in anderen Stadtvierteln einkaufen oder mit den Kindern aufs Land hinausfahren konnten. Ich hatte allerdings einen anderen Grund: Wenn wir allein mit dem Auto fuhren und ein Fanatiker meinen Mann angriff – was sollte ich dann tun? Einfach völlig hilflos dasitzen, während er verblutete? Wenn ich fahren konnte, wäre es mir wenigstens möglich, ihn auf den Beifahrersitz zu schieben und ins nächste Krankenhaus zu bringen. Also lernte ich Auto fahren.

Auch Schießen wollte ich lernen, aber nachdem ich entdeckt hatte, wie kurzsichtig und schreckhaft ich war, gab ich es auf. Anwar schien darüber erleichtert zu sein.

Mein Mann war häufig mit Nasser zusammen. Oft aß Anwar bei Nasser oder Nasser bei uns zu Abend. Gelegentlich ging ich auch mit meinem Mann zusammen Nasser und seine Frau Tahia besuchen. Das Verhältnis der beiden zueinander wirkte sehr formell und altmodisch auf mich. Tahia nannte ihren Mann niemals beim Namen, sondern sagte immer *el-rais*, der Präsident – sogar wenn außer uns niemand anwesend war. Genauso machten es ihre fünf Kinder. Tahia, eine sehr scheue, bescheidene Frau, sprach bei unseren gemeinsamen Mahlzeiten kaum ein Wort und schien sich in der Gegenwart von Männern sogar recht unbehaglich zu fühlen. Vor allem in die Gespräche über Politik, ein ständiges Thema für uns bei Tisch, mischte sie sich niemals ein.

Anwar liebte und achtete Abdel Nasser ebensosehr, wie ich, doch manchmal konnte Nasser recht schwierig sein. Er war überaus argwöhnisch, ein Wesenszug, der bei den hitzigen und eifersüchtigen Oberägyptern häufig ist. Zuweilen empfand ich Mitleid mit Nasser, weil ich wußte, wie sehr ihn die Zweifel an der Loyalität seiner Umgebung quälten. Doch ich hatte Verständnis für ihn.

Der Erfolg der Revolution hatte sein angeborenes Mißtrauen verstärkt. Die Tatsache, daß die Freien Offiziere ihre Organisation in einem Land, in dem jeder die Geheimnisse des anderen kennt, zehn Jahre lang erfolgreich geheimzuhalten vermochten, hatte ihn in dem Verdacht bestärkt daß eine solche Verschwörung sich auch gegen ihn richten konnte.

Zu Anwar hatte Nasser größeres Vertrauen als zu den meisten anderen Männern seiner Umgebung, denn er wußte, daß mein Mann weniger an Macht für sich selbst als am Erfolg der Revolution interessiert war. Im Hinblick auf die Loyalität und die Intentionen aller übrigen war er jedoch fast paranoid. Seine

Gefolgsleute, die das wußten, fuhren fort, sich immer mehr Macht zu sichern, indem sie all ihre Gegner als Feinde der Revolution denunzierten und sich ihrer auf diese Weise entledigten. Die Reihe der Verhaftungen nahm kein Ende. Aus Angst, verhaftet oder mindestens verhört zu werden, wagte niemand offen und frei zu sprechen. In dieser Zeit kursierte ein beliebter Witz von einem Mann, der zu seinem Freund sagte: »Puh, ist es heute heiß!« Worauf der andere hastig zurückgab: »Hatten wir uns nicht vorgenommen, nie über Politik zu sprechen?«

Diese Unsicherheit in ganz Ägypten machte Anwar sehr zu schaffen. »Es liegt ihm im Blut«, erklärte ich meinem Mann, »Nasser kann einfach nicht anders.«

Das schienen die meisten so zu sehen, denn Nasser war beim Volk sehr beliebt. Im Gegensatz zu den förmlichen Politikern aus König Faruks Zeiten sprach Nasser nicht in klassischem Arabisch zum Volk, sondern in der Alltagssprache. Die Menschen sahen in Nasser, dem Sohn eines Briefträgers, einen der Ihren. Er war durch und durch Ägypter.

Er gab den Ägyptern Stolz und Würde zurück. Gewiß, viele unserer Landsleute waren noch immer sehr arm, doch wenigstens waren wir Herr im eigenen Haus. Die Ägypter der Oberschicht unterhielten sich nicht mehr auf französisch, sondern auf arabisch. Ägypten wurde nicht mehr von der britischen Botschaft aus regiert, sondern von ägyptischen Ministerien. Nach Jahrtausenden der Fremdherrschaft besannen wir uns wieder auf unsere Wurzeln.

Unter Nasser begann Ägypten die Verbindungen nach Europa zu kappen und sich den arabischen und anderen moslemischen Ländern zuzuwenden. Im Jahre 1955 ernannte Nasser meinen Mann zum Generalsekretär des neu gebildeten Islamischen Kongresses, und so besuchte Anwar im Laufe der nun folgenden Jahre immer wieder König Hussein von Jordanien, Präsident Chamoun in Beirut und König Mohammed V. von Marokko. Darüber hinaus reiste er nach Malaysia, Indonesien, Pakistan, in nahezu alle moslemischen Länder und knüpfte enge Verbindungen mit den herrschenden Familien der Golfstaaten sowie der königlichen Familie in Saudi-Arabien.

Nasser hatte jedoch einen gefährlichen Weg eingeschlagen. Ägypten war von innen wie auch von außen her bedroht. Im Januar 1955 wurde Nasser von Premierminister Anthony Eden von Großbritannien gedrängt, sich mit der Türkei, dem Irak und Pakistan zum Bagdad-Pakt zusammenzuschließen, einem bilateralen Verteidigungsbündnis unter britischer Kontrolle. Nasser weigerte sich natürlich, denn schließlich hatte er eben erst das Ende der britischen Militärpräsenz in Ägypten herbeigeführt. Sofort begann Israel, von England und den Vereinigten Staaten unterstützt, eine Reihe blutiger Überfälle auf unsere ägyptischen Militärlager in der entmilitarisierten Zone des Sinai, auf Gaza, Kuntilla und Sabha. Diese Überfälle am letzten Februartag 1955 sollten den Verlauf der Revolution, der Karriere Nassers und der Geschichte des gesamten Mittleren Ostens verändern.

Auf einmal waren Waffen das wichtigste Thema in

den Köpfen von Nasser, Anwar und den anderen Revolutionären. Bis zu diesem Augenblick hatte die Revolutionsregierung niemals die Möglichkeit eines Krieges mit Israel erwogen. Nasser hatte in der Öffentlichkeit und privat immer nur von einer Reform der ägyptischen Gesellschaft gesprochen, von der Notwendigkeit, mit Regierungsgeldern den Kampf gegen die drei traditionellen Feinde Ägyptens aufzunehmen: Armut, Analphabetentum und Krankheit. Jetzt wurde nur noch von Waffenkauf gesprochen. Unsere Armee war erschreckend schlecht ausgerüstet – mit überholten und defekten Waffen, die noch von Faruk angeschafft worden waren, den Waffen, die unsere Soldaten im Palästinakrieg so übel im Stich gelassen hatten.

Zunächst wandte sich Nasser an die Vereinigten Staaten und Großbritannien, aber der US-Außenminister John Foster Dulles und der britische Premierminister Eden stellen ihm inakzeptable Bedingungen. Anfangs wollte Eden den Ägyptern erst dann Waffen verkaufen, wenn die neue Regierung zu einer Einigung über den Status des Sueskanals gekommen sei, dieses für die westlichen Länder so lukrativen Wasserwegs nach Indien und in den Fernen Osten. Dann schraubte Eden seine Forderungen noch höher: Falls Ägypten nicht einen neuen anglo-ägyptischen Verteidigungspakt unterzeichne, erklärte er, werde England uns überhaupt keine Waffen verkaufen. Nasser weigerte sich natürlich.

Der Vorschlag des amerikanischen Außenministers Dulles war noch paternalistischer: Ägypten sollte nur US-Waffen bekommen, wenn es sich mit einer Kontrolle durch amerikanische Militärberater einverstanden erklärte. Nasser lehnte auch diese Forderung ab und weigert sich, Ägyptens eben erst gewonnene Unabhängigkeit zu opfern, um eine militärische Marionette der Vereinigten Staaten zu werden.

Nassers Haltung verärgerte die beiden westlichen Politiker, aber er war fest entschlossen, sich niemals ihren Bedingungen zu beugen. Ägyptens Tradition als neutraler Staat war schon sehr alt und erst in jüngster Zeit wieder durch die Wafd-Regierung unter König Faruk und Präsident Nagib bestätigt worden. Im April 1955 erhob Nasser die Neutralität zum offiziellen politischen Prinzip. Nach seiner Teilnahme an der ersten Afro-Asiatischen Konferenz Blockfreier Nationen in Bandung, Indonesien, verkündete Nasser, Ägypten werde sich der Gruppe Blockfreier Drittweltländer anschließen. Damit war ein für allemal jedes Gespräch Ägyptens mit den Vereinigten Staaten und Großbritannien über Waffenkäufe beendet, und Nasser mußte sich an den Osten wenden. Im September 1955 unterzeichnete er einen Waffenlieferungsvertrag mit der Tschechoslowakei und der Sowjetunion.

Nun trat die ägyptische Revolution in ihre zweite Phase. Im Januar 1956 wurde eine neue Verfassung verkündet, durch die Ägypten eine neue Regierungsform mit einem gewählten Präsidenten erhielt. Als im Juni die ersten Präsidentschaftswahlen stattfanden, wunderte sich niemand über Nassers überwältigenden Sieg. Ich selbst stimmte voll freudiger Erregung für ihn – nicht nur, weil ich ihn für einen großen Staatsmann hielt, sondern weil den Frauen zum erstenmal das Wahlrecht zugestanden worden war. Strahlend lag die Zukunft vor uns. Als kurz nach der Wahl endlich der letzte britische Soldat ägyptischen Boden verlassen und Nasser auf dem Gelände des ehemaligen britischen Militärstützpunkts in der Kanalzone persönlich unsere Fahne gehißt hatte, tanzten die Ägypter auf den Straßen.

Auf den Schock aber, der nur einen Monat später folgte, war niemand von uns gefaßt. Zur Strafe für Ägyptens Impertinenz und seine Waffenkäufe in Ostblockländern widerriefen Großbritannien und die Vereinigten Staaten ihre Zusage, bei der Finanzierung eines der größten aller ägyptischen Projekte zu helfen: des großen Staudamms von Assuan in Oberägypten.

Eine ausschließlich auf die Landwirtschaft gestützte Ökonomie konnte sich Ägypten nicht mehr leisten. Der Assuandamm hätte jene Tausende von Kilowatt zur Verfügung gestellt, die notwendig waren, um den lebenswichtigen Industrialisierungsprozeß in Gang zu setzen. Auch die Nahrungsversorgung unserer explodierenden Bevölkerung hätte der Assuanstaudamm gesichert, denn durch ihn wäre es möglich gewesen, eine Million Feddan Land zu bewässern, das nun ausgedörrt in der Wüste lag, und die Fellachen hätten statt einer drei Ernten im Jahr einbringen können. Darüber hinaus hätte der Damm den Millionen von Dorfbewohnern, die seit Jahrhunderten beim Licht von Öllampen lebten und arbeiteten, den dringend benötigten Strom geliefert. Dieses Projekt war keine eitle Laune. Der Staudamm war Kernstück aller Revolutionsträume für Ägypten gewesen, und nun hatten England und die Vereinigten Staaten die Erfüllung dieser Träume verhindert.

Wieder einmal suchte Nasser Hilfe im Osten, und die Sowjetunion erbot sich sofort, den Assuandamm zu finanzieren. Das Hauptprojekt war damit gerettet. Doch niemand wußte, wie sehr sich Nasser vom Westen verraten fühlte, bis er am 26. Juli 1956 in Alexandria eine Ansprache zur Feier des vierten Jahrestages von Faruks Abzug ins Ausland hielt. Er hatte Anwar gebeten, ihn nach Alexandria zu begleiten, in letzter Minute erlitt Anwar jedoch einen Anfall von Gastroenteritis und konnte nicht mitkommen.

»Es tut mir leid, daß du nicht dabeisein kannst«, sagte Nasser zu Anwar und sprach sodann eine Bitte aus, die Anwar etwas merkwürdig vorkam. »Hör dir meine Rede aber wenigstens im Radio an.«

Während Anwar in Kairo Nassers Rede lauschte, hörte ich sie in Port Said, wo ich mich mit meiner Familie aufhielt. Millionen von Ägyptern hörten sie in ihren Dörfern von Assuan in Oberägypten bis nach Alexandria. Und keiner traute seinen Ohren. Denn was wir vernahmen, übertraf noch unsere kühnsten Träume.

»Wir werden die Vergangenheit nicht wiederholen, wir werden die Vergangenheit auslöschen«, erklärte Nasser. »Wir werden die Vergangenheit auslöschen, indem wir uns die Rechte am Sueskanal zurückholen... Der Kanal gehört Ägypten!« In Port Said starrten wir einander fassungslos an. »Während ich jetzt zu Ihnen spreche«, fuhr er fort, »machen sich einige Ihrer ägyptischen Brüder bereit, die Kanalgesellschaft zu übernehmen. In diesem Moment übernehmen sie die Leitung der Kanalgesellschaft – der ägyptischen Kanalgesellschaft, nicht der ausländischen Kanalgesellschaft! Von nun an gestalten wir unsere Zukunft mit Würde!«

In ganz Ägypten kam es zu spontanen Demonstrationen. Auf den Straßen von Port Said hakten sich die Männer unter und begannen zu tanzen, während die Frauen vor Freude klatschten und das *zachrit* trillerten. Ich selbst versuchte mich nicht zu sehr aufzuregen, weil ich im zweiten Monat schwanger war, doch Nassers Worte hatten uns alle verwandelt.

Mit äußerstem Mut hatte er sich den Mächten entgegengestellt, die Ägypten so lange beherrscht hatten, und unserem Land den Stolz zurückgegeben. Mit einem einzigen Satz hatte Nasser den wertvollsten Besitz des Westens – den Sueskanal – verstaatlicht. Von diesem Augenblick an, so hatte Nasser erklärt, würden die Einnahmen aus dem Kanal – 35 Millionen Dollar pro Jahr – nicht mehr in die Kassen der anglo-französischen Kanalgesellschaft fließen, sondern in die seines rechtmäßigen Besitzers Ägypten. Mit diesem Geld konnten wir nun, wenn wir wollten, den Assuandamm bauen, und das Opfer der 120 000 Ägypter, die beim Bau des Kanals gestorben waren, wäre nicht umsonst gewesen.

Ich lief zum Telefon und meldete ein Gespräch mit

Anwar in Kairo an. »Anwar«, schrie ich aufgeregt in den Hörer, »hast du das Radio angestellt? Hast du gehört, was Nasser gesagt hat? Der Kanal gehört wieder uns!« Seine Antwort verstand ich nicht, so laut war der Jubel der Menschen, die sich in unserem Haus versammelt hatten. »Wie bitte? Was hast du gesagt, Anwar?« schrie ich ins Telefon und lauschte angestrengt auf Anwars Antwort.

Seine Worte dämpften meine Erregung. »Ich bin ebenso glücklich wir ihr, aber ich mache mir Sorgen wegen der Reaktionen«, hörte ich ihn schließlich sagen. »Der Westen kann sich den Verlust des Kanals nicht leisten. Und wir sind noch nicht bereit für einen Krieg.«

Nasser gab nicht nach, auch nicht, als Großbritannien, Frankreich und die Vereinigten Staaten sämtliche ägyptischen Guthaben in ihren Ländern einfroren, um ihn für die Verstaatlichung des Sueskanals zu bestrafen. Und nun geschah etwas Unglaubliches: Israel marschierte am 29. Oktober 1956 in den Sinai ein, während britische und französische Flugzeuge zur selben Zeit Kairo bombardierten.

Unsere eigenen neuen Flugzeuge, vor kurzem erst von der Sowjetunion geliefert, waren zerstört worden, bevor die Piloten Zeit gehabt hatten, sie fliegen zu lernen. Nicht nur die wunderschöne Stadt Port Said wurde in Schutt und Asche gelegt, sondern auch die Kanalstädte Sues und Ismailia. Wir waren wehrlos, aber die Angriffe gingen weiter. Nasser hatte den größten Teil unserer Truppen von der Sinaihalbinsel abgezogen, um das ägyptische Festland besser gegen die erwartete Invasion verteidigen zu können. Innerhalb von zwei Tagen waren die Israelis über den Sinai vorgedrungen und standen nun am Sueskanal.

Drei Tage nach dem Beginn der Fliegerangriffe schlugen die Vereinten Nationen einen Waffenstillstand vor, den Ägypten sofort akzeptierte, gegen den England und Frankreich jedoch ihr Veto einlegten. Fünf Tage später wurde ein zweiter Waffenstillstand vorgeschlagen, den alle beteiligten Länder akzeptierten. Und dennoch gingen die Kämpfe in der Kanalzone weiter. Kairo selbst hatte nicht viel materiellen Schaden erlitten, denn die Angriffe hatten sich auf und um den Flughafen konzentriert. Doch die Bevölkerung stand gleichsam unter Schock. Auch ich.

Ich litt Qualen in Buheira, auf dem Hof meines Schwagers, zwei Stunden von Kairo entfernt, wohin ich nach den ersten Fliegerangriffen auf Anwars Drängen mit Lubna, meiner Schwester und dem Ungeborenen in mir geflüchtet war. Wie sah die Lage in Kairo aus? Würden mein Mann und alle anderen Revolutionäre umkommen? Zeigen durfte ich meine Angst natürlich nicht, denn dort, auf dem Land, blickten alle auf mich als Frau eines Revolutionärs. Den ganzen Tag scherzte und lachte ich mit der Familie meines Schwagers, während ich aufmerksam die Nachrichten verfolgte. Innerlich war ich jedoch verrückt vor Angst. In seinen Rundfunkreden übte Nasser scharfe Kritik an unseren Feinden, während er die Tapferkeit der Ägypter lobte. Nasser wirkte so zuversichtlich, so selbstsicher, daß ich mich, wie alle Ägypter, an jedes Wort klammerte, das er sprach. In der Nacht aber verlor ich manchmal den Mut.

Am 12. November, zwei Wochen nach den ersten Fliegerangriffen auf Kairo, setzten bei mir die Wehen ein. »Nein!« rief ich erschrocken. »Es ist zu früh!« Aber die Wehen ließen nicht nach. »O bitte, nein!« weinte ich abermals. »Ich bin doch erst im siebten Monat! Das Kind wird sterben. Bitte, nein!« Aber die Aufregungen des Krieges und der Luftangriffe waren zuviel für mich gewesen. Immer stärker wurden die Schmerzen.

»Wir müssen Anwar anrufen«, sagte meine Schwester morgens.

Ich schüttelte den Kopf. »Ich will ihn nicht noch mehr belasten«, erklärte ich ihr. »Ich werde dies allein durchstehen, wie jede Bäuerin und jede andere Frau auch.«

Gegen Abend steigerte sich meine Angst in Hysterie. Das Kind kam so frühzeitig zur Welt, daß es ohne Spezialbehandlung nicht lebensfähig sein würde, aber wir konnten nicht ins Krankenhaus fahren. In dieser Gegend gab es keine Privatkliniken, die staatlichen Krankenhäuser waren mit Verwundeten überfüllt, und selbst die Spitäler mußten sich bei Nacht an die Verdunkelungspflicht halten.

Ich mußte durchhalten! Ich *mußte!* Zur Abendbrotzeit war ich vor Schmerz und Sorge fast wahnsinnig. Bitte, laß die Wehen aufhören, betete ich zu Allah. Bitte, laß mich mein Baby nur noch ein bißchen länger behalten. Aber die Wehen kamen noch stärker und häufiger. Mein Schwager rief aus Kairo an, um zu hören, wie es uns allen ging. »Jehan ist viel zu früh in die Wehen gekommen«, berichtete ihm meine Schwester. Sie sah mich an. »Soll er es Anwar sagen?« Ich nickte. Ich hatte keine Kraft mehr, um jetzt noch allein durchhalten zu können.

In der Benommenheit meiner Schmerzen sah ich den Arzt kaum, der am 13. November um drei Uhr nachts eintraf. Erst später erfuhr ich, daß Anwar sofort einen Wagen zu Dr. Mohammed Magdi Ibrahim geschickt hatte, dem Arzt, der Faruks Sohn zur Welt gebracht hatte. Dr. Magdi hatte Sauerstoff, Narkosemittel und chirurgische Instrumente besorgt und war mit einer Hebammenschwester nach Buheira geeilt.

Sobald ich Dr. Magdis vertrautes Gesicht sah, entspannte ich mich. »Jetzt kann ich mein Kind bekommen«, sagte ich zu ihm, bevor er mir die Narkosemaske aufs Gesicht stülpte. Und auf einmal brachen die ganzen Sorgen, die ich während der letzten zwei Wochen verdrängt hatte, aus mir hervor.

»Allah wird unser Land retten!« rief ich dem verblüfften Arzt immer wieder zu. »Allah wird Gamal Abdel Nasser retten!« In der Narkose schwang sich mein hektisch erregter Patriotismus zu ganz neuen Höhen auf. »Warum zerstören die Engländer unser Land?« rief ich. »Hoch Ägypten! Hoch unser Präsident!«

Als ich wieder zu Bewußtsein kam, hatte ich einen winzigen Sohn geboren, der nur etwas über ein Kilo wog.

Meine patriotische Entbindung war nicht unbemerkt geblieben. »Das war meine erste politische Geburt«, erzählte der Arzt den anderen später lachend.

Mein Sohn war klein, viel zu klein. Da die Novembernacht recht kalt war, wurden er und ich eilig in warme Decken gepackt und nach Kairo in Dr. Magdis Klinik gebracht. Die Schwester hielt dem Kleinen eine Sauerstoffmaske auf das winzige Gesichtchen, doch da er immer wieder unnatürliche Atemgeräusche machte – so ähnlich wie ein leises Piepen, erkannte ich, daß mit seinen Lungen etwas nicht stimmte. Immer wieder wurden wir von Straßensperren aufgehalten.

Ich war noch völlig benommen von der Narkose. Während der Fahrt war ich fest überzeugt, daß wir die Szene aus *Vom Winde verweht* spielten, in der Scarlet Melanies Baby mitten im Bürgerkrieg und ohne die nötigen Instrumente und Medikamente zur Welt bringt. Als wir in der Klinik eintrafen, verweigerte ich den Rollstuhl, nach zwei Schritten aber begann ich schon zu bluten und mußte hineingefahren werden. Das Kind wurde schnellstens in ein Sauerstoffzelt gelegt, weil seine Lungen noch nicht so weit entwickelt waren, daß es selbständig atmen konnte.

Auch im Krankenzimmer schwirrte mir noch der Kopf, während ich mich ins Bewußtsein zurückmühte. Einmal kam Anwars Vater herein und warf sich, ohne ein Wort mit mir zu sprechen, immer wieder betend zu Boden. »Allah sei Dank, mein Sohn hat einen Sohn«, wiederholte er ständig. Auch Sitt el-Barrein, Anwars Mutter, kam herein – ganz in

Schwarz. Mein Blick verschwamm, als sie im Zimmer herumwirbelte, völlig hysterisch drauflostanzte und nur innehielt, um mich zu küssen. Durch den Narkoseschleier sah ich meinen Vater und meine Geschwister im Zimmer sitzen, Sitt el-Barrein pausenlos herumspringen, meinen Schwiegervater immer wieder aufstehen, sich niederwerfen und dabei ständig Allah danken. So muß es sein, wenn man betrunken ist, dachte ich noch. Dann schloß ich die Augen.

»Den Jungen brauchst du dir gar nicht erst anzusehen«, sagte Anwar am nächsten Vormittag zu mir, als er ebenfalls in die Klinik kam. »Wie ein Äffchen sieht er aus. Unsere Tochter ist viel hübscher.«

Ich wußte nicht, daß Anwar bereits mit dem Arzt gesprochen und von ihm erfahren hatte, daß die Überlebenschancen unseres Kindes zu jenem Zeitpunkt nicht einmal fünfzig Prozent betrugen. Ich wußte nur, daß ich unendliches Mitleid mit Anwar hatte, denn mir war natürlich klar, was er mir eigentlich sagen wollte: ›Ich versuche dich auf den Tod unseres Sohnes vorzubereiten. Was auch geschieht – kümmere dich nicht um diesen Jungen, und kümmere dich nicht um mich. Ich bin sehr glücklich mit dir und Lubna.‹ Aber ich weigerte mich, ihm zu glauben.

Wir hatten geplant, einen Sohn nach meinem Vater Safwat zu nennen. Doch Nasser zu Ehren beschlossen wir, ihm den Namen Gamal zu geben. Der kleine Gamal *mußte* am Leben bleiben! »Du bist ein Kämpfer, genau wie dein großer Namensvetter«, flüsterte ich dem Winzling zu.

Anfangs vermochte Gamal weder zu schlucken noch zu saugen. Ich tauchte einen Wattebausch in Milch und hielt ihn an die winzigen Lippen, aber er war zu schwach, um etwas davon aufzunehmen.

»Geben Sie mir eine Pipette«, bat ich die Schwester.

Das schien zu klappen. Doch da ich durch die Aufregungen des Krieges und Gamals Geburt zu wenig Milch hatte, gingen die Schwestern zu allen jungen Müttern in der Klinik und sammelten bei ihnen Milch für mein Kind. »Zu schade, daß unsere Kinder später nicht heiraten dürfen«, scherzte die Mutter eines kleinen Mädchens später und spielte damit auf das Eheverbot des Korans für jene an, die von derselben Brust gestillt worden sind. »Die beiden sind wahrhaft Bruder und Schwester.«

Während des folgenden Monats, in dem Gamal noch im Inkubator der Klinik lag, tropfte ich ihm rund um die Uhr stündlich ein bißchen Milch in den Mund. Nachts, wenn er schlief, saß ich auf der Säuglingsstation.

»Du bist erschöpft, Jehan«, sagte Anwar zu mir. »Überlaß ihn doch für eine Weile den Schwestern zur Pflege.«

Aber ich weigerte mich. Ich *wollte*, daß dieses Kind am Leben blieb.

Welch eine Freude hätte uns die Geburt von Anwars erstem Sohn nach unserem Mädchen und seinen drei Töchtern aus erster Ehe bereiten müssen! Doch ich vermochte keine Freude zu empfinden. Anwar kam, sooft er konnte, aber leider war das nicht sehr oft. Um mich ein wenig abzulenken, holte mich Anwar zuweilen ab und machte einen Autoausflug mit mir, aber es nützte alles nichts. Ich verlor mein gewohntes Gleichgewicht. Da Lubna nicht bei mir im Krankenhaus bleiben konnte, hatte meine Schwester sie mitgenommen. Anwar konnte auch nicht bei mir sein, wie es sich für einen normalen Ehemann gehörte. Mein Vaterland war vom Feind besetzt. Mein kleiner Sohn mußte um sein Leben kämpfen. Ich hatte das Gefühl, zwischen allen Fronten zu stehen, und war sogar zornig auf meine Mutter.

Denn sie war zwar meine Mutter, aber sie war auch Engländerin, und die Engländer bombardierten mein Land. Und dennoch liebte ich sie. Meine widerstreitenden Gefühle rissen mich hin und her. »Mama, warum hat dein Land mein Land besetzt? Warum?« fragte ich sie im Krankenhaus immer wieder.

»Aber das bin doch nicht ich, mein Liebling! Das bin doch nicht ich«, versuchte sie mich zu beruhigen.

»Das weiß ich, Mama. Aber warum kämpfen die Engländer gegen uns?« wollte ich wissen. »Es war unser gutes Recht, unseren eigenen Kanal zu verstaatlichen.«

»Ruhig, Jehan«, sagte sie dann und strich mir liebevoll übers Haar. »Die Engländer waren im Unrecht. Sie waren wahrhaftig im Unrecht.«

Ganz allmählich wurde Gamal kräftiger, begann die Lippen um die Pipette zu schließen und daran zu saugen. Als er endlich kräftig genug war, um nach Hause gebracht zu werden, hätte ich mich als Krankenschwester für Frühgeburten bewerben können. Von da an informierte ich mich in jedem Land, das ich besuchte, sofort über die neuesten Methoden zur Behandlung von Frühgeburten und sorgte dafür, daß wir die nötige Ausrüstung nach Ägypten mitnehmen konnten.

Wegen des Krieges bekam Gamal keine *sebua*, kein Geburtsfest; dafür waren wir alle viel zu beunruhigt. Es gab keine Zeit und keine Gelegenheit für Feste oder Vergnügungen.

Durch den syrischen Präsidenten hatte Nasser die Sowjetunion gebeten, ihren Einfluß geltend zu machen und Ägypten von der Besatzung durch Franzosen und Engländer zu befreien, doch Chruschtschow und Bulganin hatten sich geweigert. Anschließend hatte sich Nasser an die Amerikaner gewandt, und da Präsident Eisenhower wütend war über die Engländer und Franzosen, die ihm verschwiegen hatten, daß sie Ägypten überfallen wollten, übte er beträchtlichen Druck auf Großbritannien, Frankreich und Israel aus. Die Engländer und Franzosen zogen sich schließlich einen Monat nach ihren ersten Angriffen aus Ägypten zurück. Israel folgte drei Monate später, im März 1957, mit einer Strategie der verbrannten Erde, indem sie beim Rückzug all unsere Straßen, Bahnlinien und militärischen Einrichtungen zerstörten. Die Vereinten Nationen schickten eine Friedenstruppe in den Sinai, die bis 1967 dort bleiben sollte.

Der Krieg hatte einen furchtbaren Blutzoll gefordert. In ganz Ägypten erreichte die antijüdische Gesinnung, die 1948 nach dem Palästinakrieg eingesetzt hatte, einen Höhepunkt. Tausende und aber Tausende von ägyptischen Juden, mit denen wir stets friedlich zusammengelebt hatten, wurden entweder ausgewiesen oder sie flohen.

Menschlich gesehen war das ein großer Verlust für unser Land, denn die Juden hatten von jeher eine wichtige Rolle in der ägyptischen Kultur gespielt und waren in unserer Gesellschaft rückhaltlos akzeptiert worden. Als die Nazis während des Zweiten Weltkriegs bis auf einhundert Kilometer an Alexandria herangekommen waren, hatten Mohammedaner wie Christen der Stadt jüdische Familien in den Kellern und Dachböden ihrer Häuser versteckt. In Kairo hatten die Juden seit Generationen friedlich leben können. Nicht selten waren Moslems am Samstag, dem jüdischen Sabbath, zu den frömmsten Juden gegangen, um für sie das Licht anzuschalten und andere kleine Arbeiten zu verrichten, die den Juden am Ruhetag verboten waren. Doch die Entstehung des Staates Israel und die Sueskrise hatten dieses harmonische Miteinander jählings zerstört. In ganzen Scharen verließen ägyptische Juden das Land und emigrierten als letzte Verbeugung vor ihrer Heimat nicht nach Israel, sondern nach Europa, in die Vereinigten Staaten und nach Südamerika. Nur ihre Namen – Cicurel, David Ades, Ben Zion, Schallon und Gabriel – blieben den Geschäften, die in meiner Kindheit die vornehmsten von ganz Kairo gewesen waren, erhalten.

Sogar jene Westeuropäer, die seit Jahren in Ägypten lebten betrachtete man nun mit Argwohn und

Haß. Meine eigene Mutter versteckte sich zwei Wochen lang in ihrem Haus in Kairo, weil sie sich fürchtete, den Fuß vor die Tür zu setzen. Als Vergeltung für die Sueskrise begann Nasser damit, die großen Banken und Versicherungen der Briten und Franzosen zu ›ägyptisieren‹, und hatte bis Ende 1956 über fünfzehntausend unter seine Kontrolle gebracht. Aus Angst, daß ihre Firmen als nächste drankommen würden, verließen nun sogar die Griechen, Türken und Armenier, die ihr ganzes Leben in Ägypten verbracht hatten, das Land und kehrten in ihre ›Heimat‹ zurück, die sie nie zuvor gesehen hatten, oder suchten sich eine neue Heimat in Europa, Amerika oder Australien. Als ich später die ganze Welt bereiste, fand ich überall Menschen mit europäischen Namen, die ägyptisches Arabisch sprachen und begierig auf Nachrichten aus Kairo warteten.

Nasser beendete den Prozeß der Verstaatlichung im Jahre 1961, indem er Gesetze zur Verstaatlichung sämtlicher Industriebetriebe, Banken, Handelsfirmen und Versicherungsgesellschaften erließ und den gesamten Grundbesitz von Ausländern enteignete. Während er sich durch diese Politik immer weiter von England und den Vereinigten Staaten entfernte, eröffnete sie eine ganz neue Ära der Zusammenarbeit Ägyptens mit den Ostblockstaaten. Berater aus der Tschechoslowakei brachten nicht nur neue Waffen mit, sondern auch neue Produktions- und Konstruktionsmittel. Ostdeutschland erklärte sich bereit, eine neue Brücke über den Nil zwischen Roda und Giseh zu bauen, während die Russen unseren Wissenschaftlern halfen, ein erstes Kernlaboratorium einzurichten. In den Theatern von Kairo traten osteuropäische Sänger, Tänzer und Artisten auf, in unseren Buchhandlungen gab es Bücher aus Rumänien, Bulgarien und Ungarn. Die Geschäfte der Innenstadt führten schon bald auch russische Waren. Sogar in unseren Kinos wurden für die wachsende Zahl der Osteuropäer, die zu uns nach Ägypten kamen, russische Filme gezeigt.

Als ich mit Gamal im Dezember 1956 in unsere Wohnung auf Roda zurückkehrte, war unsere Familie zu groß für die paar Räume geworden, und wir mußten umziehen. Ich liebte zwar diese Wohnung mit dem herrlichen Blick auf den Nil, aber es würde nicht gut für unsere Kinder sein, wenn sie ohne einen Garten zum Spielen aufwachsen müßten. Außerdem bekam ich eines Tages einen gehörigen Schreck, als ich Lubna dabei erwischte, wie sie, um ins Freie zu gelangen, im neunten Stock aus dem Fenster klettern wollte.

»An der Pyramidenstraße habe ich eine Villa gesehen, die zu vermieten ist«, berichtete mir Anwar eines Morgens. »Willst du sie dir nicht auch mal ansehen?«

Ich weinte, als ich das Haus zum erstenmal sah. Zwar gab es an der Pyramidenstraße zahlreiche wunderschöne Häuser, die der Khedive Ismail bauen ließ, um die ausländischen Gäste zur Eröffnung des Sueskanals von Kairo zu den Pyramiden zu fahren, dieses aber gehörte nicht dazu. Es war riesig und düster. Die Farbe blätterte von den Wänden, und tiefe Löcher klafften im Putz. Der Garten war zwar sehr schön und groß, aber vollkommen verwildert.

»In diesem Haus kann ich nicht leben!« erklärte ich Anwar, als wir in dem heruntergekommenen, düsteren Vestibül standen.

Er dagegen fand es faszinierend. »Du darfst es nicht so sehen, wie es jetzt ist«, riet er mir. »Stell es dir doch einfach vor, wie es aussieht, wenn es renoviert worden ist.«

Und er hatte natürlich recht. Diese Villa gefiel mir schließlich so gut, daß wir die nächsten fünfzehn Jahre darin wohnten. Ich richtete sie mit Gebrauchtmöbeln und Antiquitäten ein, die ich bei Auktionen oder auf dem Attarine, einem alten Markt von Alexandria, aufstöberte. Die vielen Ausländer, die Ägypten nach dem Krieg verlassen wollten, suchten den größten Teil ihres Hausrats zu verkaufen, und so konnte ich französische antike Möbel, Kronleuchter, Gallégläser und zahlreiche weitere herrliche Stücke für ein Zehntel ihres Wertes erwerben. Darüber hinaus erstand ich, um unserem Heim ein bißchen Lokalkolorit zu verleihen, Nachbildungen ägyptischer Antiquitäten. Alles, was ich nicht gleich gebrauchen konnte, verstaute ich in dem riesigen Kellergeschoß für die Aussteuern meiner Kinder.

Ganz allmählich brachten wir den Garten in Schuß, pflanzten viele Sträucher und Bäume. Vom Balkon meines Schlafzimmers im zweiten Stock aus konnte ich nicht nur Trauben von dem Weinspalier pflükken, das von der Terrasse unten heraufrankte, sondern auch Datteln von unserer eigenen Palme. Bald darauf bezogen meine Eltern eine Wohnung im Haus gegenüber, während meine Schwester Dalia mit ihrem Ehemann Mahmud und ihren vier Kindern ins Nachbarhaus zog. Die Tore zwischen unseren Gärten blieben ständig weit geöffnet, damit die Kinder stets von einem Familienmitglied beaufsichtigt werden konnten.

Im Dezember 1958 gründete Nasser mit Syrien zusammen die Vereinigte Arabische Republik und gab dafür den Namen Ägypten auf. Ich werde dieses Datum niemals vergessen, denn 1958 bekam ich meine zweite Tochter – und mit Anwar einen heftigen Streit um ihren Namen. Anwar war auf dem Rückflug von Syrien gewesen, als das Baby geboren wurde. »*Mabruk*. Sie haben eine Tochter. Herzlichen Glückwunsch«, teilte man ihm in der Maschine mit. Als er im Krankenhaus eintraf, erklärte er mir, er wolle unsere zweite Tochter Zenubiya nennen.

»Zenubiya?« fragte ich ungläubig.

»Ja«, bestätigte er. »Zenubiya hieß eine frühere Königin von Palmyra, die Ägypten ebenfalls mit Syrien vereinte. Unsere Tochter wurde geboren, während ich heimkehrte, nachdem ich an einer ganz ähnlichen Union beider Länder gearbeitet hatte. Ich könnte mir keinen passenderen Namen vorstellen.«

»Zenubiya kommt nicht in Frage – niemals!« erklärte ich ihm energisch.

»O doch, du wirst schon sehen«, gab er genauso energisch zurück und ging davon, um Nasser über seine Reise Bericht zu erstatten.

Ich war wütend, und als mich kurz nach Anwar Frau Nasser im Krankenhaus besuchte, erzählte ich ihr, welchen Namen sich Anwar ausgedacht hatte. »Ich sehe unser armes kleines Mädchen jetzt schon, wie sie in die Schule von allen Kindern gehänselt wird, wenn die Lehrerin ihren Namen aufruft«, klagte ich Tahia. »Anwar meint, wir könnten sie ja Zizette rufen, aber die Lehrerin würde das bestimmt nicht tun. Es wird ganz furchtbar für sie werden!«

Als Tahia nach Hause kam und Anwar noch bei ihrem Mann antraf, erzählte sie den beiden Männern, wie unglücklich ich war.

»Anwar, warum bestehst du auf einem so unmöglichen Namen?« fragte Abdel Nasser meinen Mann tadelnd. »Wer hat dieses Kind neun Monate lang getragen? Wer hat die Schmerzen der Geburt erleiden müssen?«

»Jehan, natürlich«, mußte Anwar zugeben.

»Na also! Dann laß Jehan auch den Namen für das Kind auswählen«, sagte Nasser.

Ich gab unserer Tochter den Namen Noha, aber das hieß nicht etwa, wie es die Zeitungen wissen wollten, ›Einigkeit‹, sondern ›intelligent‹, und das war sie – ist es heute noch. Über den Namen unseres letzten, 1961 geborenen Kindes waren wir uns dann von vornherein einig: Es sollte nach mir Jehan heißen, wurde allgemein aber nur Nana gerufen.

Im Gegensatz zu den meisten anderen Frauen von Regierungsmitgliedern hatte ich niemals ein Kindermädchen für meine Kinder. Solange sie klein waren, gehörte mein ganzes Leben ihnen, las ich ihnen vor, fütterte sie, spielte mit ihnen, badete sie alle zusammen in der Wanne, flocht ihnen die Haare, sorgte dafür, daß sie ihre Vitamine bekamen, Milch für den Knochenbau und Möhrensaft für Haut und Augen tranken. Wenn sie im Garten spielten, überwachte ich sie entweder vom Balkon aus oder setzte mich ebenfalls in den Garten. Wenn ich manchmal einen kleinen Mittagsschlaf hielt, holte ich sie zu mir ins Schlafzimmer und verschloß die Tür, damit keins von ihnen hinausschlüpfen und irgendwie zu Schaden kommen konnte.

Ich betrachtete meine Kinder fast so, als seien sie Pflanzen. Wer einer Pflanze ausreichend Wasser gibt und Aufmerksamkeit schenkt, dem wird sie später ihre Früchte schenken. In den ersten Kinderjahren verwöhnte ich sie, sobald sie aber etwa fünf Jahre alt waren, versuchte ich ihnen klar und deutlich meine Grundsätze und Wertmaßstäbe sowie ein Gefühl für Respekt zu vermitteln. So kreuzten sie zum Beispiel niemals die Beine, wenn sie Erwachsenen gegenübersaßen, denn das wäre respektlos gewesen. Ihren Vater sprachen sie ebenso mit *hadritak* (Herr) an, wie sie mich *hadritik* (Madame) nannten. Sobald eines von uns beiden ein Zimmer betrat, standen die Kinder auf und boten uns ihre Stühle an. Waren sie unhöflich, schimpfte ich mit ihnen, und gaben sie mir Widerworte, zögerte ich keine Sekunde, ihnen mit einem weichen Slipper eins überzuziehen. »Zeige deinen Eltern gegenüber nie Ungeduld und widersprich ihnen nie«, zitierte ich ihnen aus dem Koran.

Oft beteten wir alle zusammen in unserem Wohnzimmer, und Anwar übernahm die Rolle des Vorbeters. Obwohl Gamal erst fünf oder sechs war, als er zu beten begann, stand er unmittelbar hinter dem Vater, während ich mit meinen Töchtern im Hintergrund stand. Das schien uns allen ganz natürlich und absolut richtig zu sein, denn zu Hause ebenso wie in der Moschee beteten die Frauen, wie es Brauch war, im Hintergrund. Wenn Anwar mit Gamal zum Freitagsgebet in die Moschee ging, betete ich zu Hause mit meinen Töchtern und führte sie als Vorbeterin durch das Ritual.

Es war Anwars wie auch mein innigster Wunsch, daß unsere Kinder in der Religion denselben Frieden und dieselbe Erkenntnis fanden, die wir selbst daraus gewannen. Schon sehr früh machte ich die Kinder mit der Heiligen Schrift bekannt, lehrte sie beten und auch fasten. Sie waren noch zu jung, um den ganzen Monat Ramadan hindurch zu fasten, also ermunterte ich sie zunächst, es wenigstens einen Tag lang zu versuchen, damit sie keine Aversion dagegen entwickelten. »Wenn ihr den ersten Tag durchhaltet, werde ich zwanzig Pfund für euch auf die Bank bringen.« Das war ein starker Anreiz für sie, denn bisher waren sie höchstens ein paar Piaster gewöhnt. Meine älteste Tochter, damals zehn, schaffte es, doch Gamal mit seinen acht Jahren brach verzweifelt in Tränen aus. »Ich will kein Geld, Mama«, weinte er. »Ich will keine Spielsachen. Ich will nur ein kleines bißchen zu essen.« Im Alter von elf bis zwölf Jahren hatten sie es jedoch alle so weit gebracht, daß sie den ganzen Monat fasteten.

Ich machte sie auch mit den Lehren der Moslems über den Tod bekannt und erklärte ihnen, daß der Geist weiterlebt, wenn der Körper gestorben ist. Mehrmals im Jahr – an zwei religiösen Festtagen und an den Geburtstagen verstorbener Verwandter – besuchten wir alle die Stadt der Toten, den riesigen Friedhof östlich von Kairo. An den Festtagen war die Straße zum Friedhof völlig von Autos und Eselkarren mit Bergen von Blumen und Lebensmitteln verstopft. Genau wie viele andere Familien beschenkten auch wir die Bedürftigen, die sich dort versammelten, mit Lebensmitteln und Geld und lasen Verse aus dem Koran, um selbst in die finstersten Gruften Licht und den Seelen jener, die nicht mehr auf Erden weilten, Trost zu bringen.

Leider war es knapp ein Jahr nach unserem Umzug in das Haus an der Pyramidenstraße das Grab meines Vaters, das wir besuchten. Als wir eines Abends bei Fawzi Abdel Hafez, dem Sekretär meines Mannes, das Fasten brachen, rief uns unser Koch und getreuer Freund Osman an und teilte uns mit, mein Vater fühle sich nicht wohl. Wir eilten natürlich sofort nach Hause, doch als ich ins Haus kam und Osman weinend im Wohnzimmer fand, wußte ich, daß etwas Schreckliches geschehen war. Mein Vater habe auf einmal sehr schwach gewirkt, berichtete uns Osman. Er hatte sofort den Arzt gerufen und meinen Vater spontan gebeten, die Schahada zu sprechen, das mohammedanische Glaubensbekenntnis. Und im Vertrauen auf diesen Mann, der unserer Familie schon vor meiner Geburt gedient hatte, gehorchte er.

»Es gibt keinen Gott außer Allah, und Mohammed ist Sein Prophet«, flüsterte er. Sekunden später erlag er einem Herzschlag.

Nach der Beisetzung meines Vaters am folgenden Tag nahmen Anwar, meine beiden Brüder und mein Schwager in einem gemieteten Zelt vor einer Moschee in der Innenstadt die Beileidsbezeigungen der Männer entgegen. Meiner Mutter, meiner Schwester und mir kondolierten die Frauen bei uns zu Hause. »Möge der Rest seiner Jahre den deinen hinzugezählt werden«, sagten die Ehefrauen der Freunde meines Vaters zu einer jeden von uns. Da wir im Ramadan waren, konnten wir den Kondolenzbesuchern weder die traditionelle Tasse schwarzen Kaffee noch Zigaretten anbieten, aber sie kamen dennoch alle, denn mein Vater war sehr beliebt gewesen. Sein Tod traf mich hart; ich war zutiefst erschüttert. Um mir darüber hinwegzuhelfen, schmückte ich sein Grab wochenlang täglich mit frischen Blumen und las viele Bücher über die Seele und ihren Aufstieg zum Himmel.

Als sie alt genug waren, um sich nicht mehr vor dem Friedhof zu fürchten, nahm ich meine Kinder oft mit zum Grab meines Vaters, in dessen Nähe auch Tante Zouzou, Tante Batta und mein Onkel Mustafa ruhten. Um etwas über das Leben zu lernen, erklärte ich ihnen, müßten wir erst etwas über den Tod erfahren. »Wir kommen vom Staub, und zum Staub kehren wir zurück«, sagte ich, wenn wir an den Gräbern standen. »Es ist nicht gut, sich an materielle Dinge zu klammern. Ins Grab kann keiner von uns etwas mitnehmen.«

Meine Kinder hielten mich für äußerst streng, und möglicherweise war ich das auch. Wenn sie aus der Schule kamen, setzte ich mich zu ihnen, während sie ihre Hausaufgaben machten. »Welche Wörter müßt ihr lernen?« fragte ich sie und ließ mir diese Wörter vorbuchstabieren. Wenn sie etwas lesen mußten, spielte ich ebenfalls die Lehrerin und ließ mir den Text laut vorlesen. Nur selten ließ ich sie allein. Abends saß ich im Flur vor ihren Zimmern auf einer Couch, um mich zu vergewissern, daß sie brav zu Bett gingen. »Achtung! Da kommt der Löwe!« riefen sie, wenn ich ihre Zimmer betrat.

Außerdem verhinderte ich, daß sie mit Kindern verkehrten, deren Familien ich nicht kannte. »Warum läßt du sie nicht zu dieser Geburtstagsfeier gehen, Jehan?« erkundigte sich Anwar oft, denn er war ihnen gegenüber viel nachgiebiger als ich. »Du bist zu streng.«

»Aber ich kenne die Familie nicht«, antwortete ich ihm.

Anwar schüttelte den Kopf. »Trotzdem, Jehan – sie sollten Gelegenheit haben, mit ihren Freunden zusammenzusein.«

Nun war ich es, die den Kopf schüttelte. »Bitte, Anwar, es sind meine Kinder. Laß mich meine Mutterpflichten erfüllen.«

Manchmal jedoch handelte er über meinen Kopf hinweg und ließ die Kinder tun, was sie wollten. Das machte mich wütend, aber wir stritten nie in ihrer Gegenwart. Und meistens waren wir ja einer Meinung.

Häufig erzählte Anwar den Kindern Gutenachtgeschichten, die ihnen viel besser gefielen als meine. Die Geschichten ihres Vaters, erklärten mir die Kinder, seien immer andere, mir dagegen warfen sie vor, mich ständig zu wiederholen. Nach dem Abendessen fand ich Anwar oft nachdenklich auf dem Balkon, wo er sich eine Geschichte für den Abend ausdachte, die natürlich immer eine Moral hatte. Am Freitagnachmittag spielte er im Garten mit den Kindern Fußball oder Verstecken. Stundenlang rannten und lachten sie zusammen.

Im Jahre 1959 kamen zwei von Anwars Töchtern aus der ersten Ehe, Rawia, damals dreizehn, und Kamelia – elf – zu uns ins Haus, um bei uns zu wohnen. Rokaya, die ältere Schwester, war schon verheiratet und lebte mit ihrem Mann zusammen. Die Mädchen waren wirklich reizend, und ich war glücklich, sie bei uns zu haben. Seit Jahren hatte ich Anwar gebeten, sie in unser Haus zu holen, doch immer hatte er sich geweigert. Anfangs, als wir verheiratet waren, hatte er nicht einmal gewollt, daß ich sie überhaupt kennenlernte. »Du bist zu jung«, hatte er mir erklärt. »Es hat noch Zeit.«

Erst als Anwar mich zu einem Besuch bei Rawia mitnahm, die mit Blinddarmentzündung im Krankenhaus lag, hatte ich eins seiner ersten Kinder sowie Ekbal, seine erste Frau, kennengelernt. Im Krankenzimmer wurden wir einander nicht vorgestellt, doch ich erkannte instinktiv, wer sie war. Zur größten Freude meiner Kinder sollten Rawia und Kamelia zwei ganze Jahre bei uns an der Pyramidenstraße wohnen. Meine Kinder liebten ihre ›neuen‹ Schwestern und blickten zu ihnen auf, weil sie älter und klüger waren.

Aber natürlich sind Kinder niemals perfekt, auch meine nicht. Die waren zuweilen sogar recht ungezogen. Einmal erwischte ich sie beim Rauchen von Zigarettenkippen, die sie sich aus den Aschenbechern gefischt hatten. Rasch versuchten sie sie zu verstekken, doch ich befahl ihnen: »Haucht mich mal an!« Und versetzte ihnen ein paar kräftige Ohrfeigen. Einmal mußte ich Lubna auch ohrfeigen, als ich sie bat, mir etwas zu holen, und sie einen tiefen Seufzer ausstieß. »Zeige deinen Eltern gegenüber niemals Ungeduld«, rief ich ihr den Koran in Erinnerung, obwohl sie ihn schon sehr gut kannte. Lubna tat mir zwar ein bißchen leid, aber als Älteste mußte sie den anderen mit gutem Beispiel vorangehen.

Manchmal verbündeten sie sich auch gegen mich. In Alexandria, als Gamal ungefähr dreizehn war, sah ich eines Tages, daß er sich unbedingt die Haare schneiden lassen mußte. »Geh zum Friseur«, befahl ich ihm, aber am nächsten Tag war er trotzdem nicht hingegangen. Auch nicht am übernächsten. Eine Woche darauf setzte ich ihn auf einen Stuhl und schnitt ihm höchstpersönlich die Haare, und zwar absichtlich ohne besondere Sorgfalt darauf zu verwenden. »Vielleicht wirst du jetzt zum Friseur gehen, damit er sie dir besser in Form bringt«, sagte ich. Er weinte die ganze Zeit, während ich ihm die Haare schnitt, so wütend war er. Genauso wütend aber war, wie sich herausstellte, seine jüngere Schwester Nana.

Damals hielten wir im Garten ein zahmes Äffchen, Bani, das ich, wie die Kinder wußten, sehr liebte; ich fütterte es mit Obst und gab ihm manchmal auch Ginger-ale aus der Flasche zu trinken. »Komm, Gamal«, schlug Nana ihrem Bruder vor, »wir wollen dem Affen die Haare schneiden. Mal sehen, was Mama dann sagt.« Ich traute meinen Augen nicht, als ich den Affen anschließend entdeckte. Sein Kopf sah einfach unmöglich aus, viel schlimmer noch als Gamals Haarschnitt. Ich ahnte sofort, daß Nana die Rädelsführerin gewesen sein mußte, denn sie war ein richtiger kleiner Teufel. Aber ich wußte auch, daß sie es getan hatte, um ihren Bruder ein bißchen zu trösten, deswegen wurde keines von beiden bestraft.

Im Jahre 1960 bat Nasser Anwar, für das Amt des Präsidenten der Nationalversammlung zu kandidieren. Anwar gehorchte und wurde gewählt. Er mußte nun noch länger arbeiten und noch öfter verreisen. Die Kinder und ich bekamen ihn kaum noch zu sehen, denn wenn er nicht auf Reisen war, hatte er Besprechungen mit Nasser in Kairo oder Alexandria, wohin der Präsident alle führenden Mitglieder seiner Regierung für den ganzen Sommer mitnahm.

Ich liebte das Haus, das die Regierung uns in Maamura, ganz in der Nähe von Alexandria, zur Verfügung stellte. Es lag abgeschieden in einem stillen Winkel mit Blick auf den Strand, vor dem wir sogar eine eigene Insel mitsamt einer Badekabine zur Verfügung hatten. An diesem Privatstrand konnte ich mit meinen Töchtern schwimmen und das blaue

Meer genießen, denn vor allem meine Kinder gingen gern schnorcheln und Muscheln suchen. Der Garten war wunderschön, und es gab auch einen Tennisplatz. Die Kinder fühlten sich dort ebenso wohl wie ich. Die Atmosphäre in Alexandria war entspannt, und die Nassers, die im Nachbarhaus wohnten, kamen oft zu uns auf Besuch. Während Anwar mit dem Präsidenten Backgammon spielte, machte ich mit Tahia lange Spaziergänge im Garten.

In Alexandria herrschte, genau wie in Kairo, ein ständiges Kommen und Gehen ausländischer Delegierter aus Europa und der arabischen Welt. Immer wieder wurden die Ehefrauen der Regierungsspitzen gebeten, die Frauen dieser Staatsgäste zu sich zu bitten, und so verbrachte ich endlose Stunden beim Mittagessen mit anderen Ehefrauen, deren Gespräche sich fast ausschließlich um Mode und Kindererziehung drehten. Nachdem ich mich auch als verheiratete Frau vor allem mit Büchern über Geschichte, Politik und den Biographien von mir bewunderter Frauen beschäftigt hatte, sah ich in diesen Veranstaltungen nichts weiter als eine ärgerliche Zeitverschwendung. Meine reguläre Schulbildung hatte ich zwar noch immer nicht abschließen können, doch was ich mir als Autodidaktin angeeignet hatte, befriedigte mich. Die Damenessen dagegen nicht. Außerdem waren die dabei gereichten Mahlzeiten so üppig, und wir pflegten so lange bei Tisch zu sitzen, daß ich allmählich immer mehr zunahm.

»Tun wir doch lieber etwas Nützliches bei unseren Zusammenkünften, statt immer nur unsere Zeit zu verschwenden«, schlug ich einer verdutzten Gruppe von Kolleginnen bei einem dieser Essen vor. »Wir könnten uns zum Beispiel mit einem einzigen Gang begnügen und Gäste einladen, die uns Vorträge über die verschiedensten Themen halten. Die Ehefrauen der arabischen Botschafter zum Beispiel hätten sicher Interessantes aus Kuwait oder Saudi-Arabien zu erzählen. Was wissen wir denn schon über diese Länder, ihre Volkswirtschaft, ihre politische Lage, den Status der Frauen?« Die Politikerfrauen starrten mich verwundert an. »Zum nächsten Essen bei mir zu Hause werde ich eine Vortragsrednerin einladen«, versprach ich ihnen.

Mein Vorschlag wurde akzeptiert, und im Verlauf des folgenden Jahres erwarben wir immer neue Kenntnisse. Bei einer Zusammenkunft schilderte uns Amina el-Said, die erste Verlegerin Ägyptens und eine unserer ersten Journalistinnen, wie sie ihre Laufbahn als Assistentin unserer berühmtesten Feministin, Huda Shaarawi, begonnen hatte. Amina mußte anfangs ihre Artikel unter einem männlichen Namen veröffentlichen, weil keine Zeitung etwas drucken wollte, das unter der Verfasserzeile einer Frau erschien. Auf einem anderen Treffen zeigte uns Somaya, die Ehefrau des palästinensischen Botschafters bei der Arabischen Liga, einen Film über die israelisch besetzten Gebiete Palästinas und berichtete uns von den Leiden der palästinensischen Flüchtlinge, die jetzt keinen Paß, keine Heimat und keine Zuflucht mehr hatten.

Zum erstenmal gingen unsere Gespräche und unsere Interessen über die Themen Kinder, Küche, Dienstboten hinaus. Wenn sich unsere Ehemänner mit in- und ausländischen Fragen befaßten, war es dann nicht unsere Pflicht, uns ebenfalls über diese Themen zu informieren? Als ich Anwar von diesen Plänen berichtete, war er verwundert. Er meinte, die Damen würden viel lieber über ihre Familien plaudern statt über soziale und politische Fragen. Auf einige von ihnen traf das bestimmt zu. Aber wenn ausländische Diplomaten bei uns zu Gast waren, hatte ich für meinen Teil keine Lust, stumm und unwissend neben meinem Mann zu sitzen, sondern wollte an den Gesprächen teilnehmen. Es gab so vieles zu lernen! Jedesmal, wenn ich in andere Häuser eingeladen wurde, fragte ich zunächst: »Wen werden wir hören?« Und wenn die Gastgeberin mich bat, ihr bei der Organisation zu helfen, tat ich das jedesmal mit Freuden. So erwiesen sich die Zusammenkünfte letztlich nicht nur als eine Bildungsquelle für uns alle, sondern auch als wertvolle Vorbereitung für mich.

Zum erstenmal mußte ich mich vor eine Gruppe Zuhörerinnen stellen und zu ihnen sagen: »Meine lieben Freundinnen, heute werden wir unsere Zeit nutzbringend anwenden. Wir werden unserem Gast Dr. Soundso zuhören, der uns über die Stellung der Frauen vor und nach der Einführung des Islam aufklärt.« Anfangs war ich sehr nervös. Denn wie die meisten Ägypterinnen hatte ich über das Aufsagen von Gedichten in der Schule hinaus keinerlei Übung im Vortragen von Reden. Ja, man hatte meiner Generation stets eingeschärft, möglichst zu schweigen, vor allem in Gegenwart von Männern. Zum Glück waren bei diesen ersten Zusammenkünften keine Männer anwesend, so daß ich nur gegen meine Nervosität ankämpfen mußte und nicht zugleich auch gegen die Tradition.

Diese Zusammenkünfte weckten etwas in mir, von dessen Existenz ich nichts geahnt hatte. Die Frauen, die bei uns Vorträge hielten, waren hoch intelligent und sehr gebildet. Unsere Damen lauschten ihnen interessiert, machten sich Notizen und stellten Fragen. Warum war das nicht auch in unserem Alltagsleben möglich? Wir besaßen doch auch Verstand, dachten nach und bildeten uns eigene Meinungen. Warum hinderte der Brauch uns daran, diese offen auszusprechen? Ich fühlte mich immer eingeengter.

»Jehan, heute abend haben wir den indischen Philosophen Narayan zu Gast«, informierte mich Anwar eines Morgens.

»Es wird mir eine Freude sein, ihn bei uns zu begrüßen«, antwortete ich.

Als wir uns zum Essen setzten, drehte sich das Gespräch schon sehr bald um Israel. Narayan sprach sich für eine Beilegung der Differenzen zwischen Ägypten und Israel aus und begriff nicht, warum unsere beiden Länder Feinde waren. »Die ganze Erde gehört Gott, nicht den Menschen«, erklärte er. »Also gibt es keinen Grund, warum ein Land gegen das andere Krieg führen sollte um eine Sache, die keinem von beiden wirklich gehört.«

Ich erstarrte auf meinem Stuhl, denn ich dachte an all das, was Israel uns schon gekostet hatte. Anwar warf mir einen beunruhigten Blick zu, doch ich wollte nicht länger schweigen. »Die Israelis haben versucht, sich Land im Sinai zu nehmen, das ihnen nicht gehört«, sagte ich. »Wenn sie versucht hätten, sich Ihr Land in Indien zu nehmen, hätten Sie dann auch gesagt, daß alles Land Gott gehört? Hätten Sie das?« Der Mann schwieg. »Wir hassen die Israelis nicht«, fuhr ich fort, »aber das ist unser Land, und wir geben es nicht her.«

Der Mann schwieg immer noch. Aus den Augenwinkeln sah ich, daß Anwar zwar ein wenig nervös wurde, nun aber auch stolz auf meine Schlagfertigkeit war. Ich war nicht unhöflich gewesen, sondern hatte diesen Mann nur berichtigt. Und er hatte nichts darauf zu entgegnen.

»Du wirst mir Ungelegenheiten bereiten, Jehan«, warnte Anwar mich später. »Es war natürlich richtig von dir, auszusprechen, was du zu ihm gesagt hast, doch andere werden sich nur schwer an deine Art gewöhnen.«

»Dann tut es mir leid, Anwar«, erklärte ich, »aber ich werde mich nicht damit begnügen, den Mund zu halten oder über das Wetter zu plaudern, wenn mir viel wichtigere Dinge im Kopf herumgehen.«

Im Frühling 1960 arbeitete Anwar praktisch rund um die Uhr. Ägyptens Zusammenschluß mit Syrien verlief nicht so reibungslos wie geplant. Es kam zu Spannungen zwischen den alten Mitgliedern des Revolutionsrates. Gerüchte über Anwars angebliche politische Ambitionen tauchten auf und bewirkten, daß sich der ohnehin schon mißtrauische Nasser vorübergehend von seinem alten Freund abwandte. Deswegen war Anwar erleichtert, als er Ägypten im Mai 1960 verlassen konnte, um den Vorsitz einer Konferenz in Conakry, Westafrika, zu übernehmen.

Als wir uns am 15. Mai, wenige Tage nach seiner Rückkehr, in Kairo zum Mittagessen setzten, sah er ziemlich abgespannt aus. Nach außen hin wirkte er zwar nach wie vor, als sei er gelassen und stehe weit über den kleinlichen Streitereien opportunistischer Politiker, doch innerlich nagten Enttäuschung und Zorn an ihm. An diesem Tag machte er sich darüber hinaus auch noch Sorgen um Nassers Gesundheit, weil man ihm eben erst mitgeteilt hatte, der Präsident sei zuckerkrank. Die Kraft, die es kostete, Ägypten durch die Revolution zu führen, begann allmählich ihren Tribut zu fordern.

Anwar hatte die ganze Nacht an einer Rede gearbeitet. Nach einer kurzen Ruhezeit von nur zwei Stunden war er in sein Büro gegangen, um dann zum Mittagessen nach Hause zurückzukehren. Er wirkte unnatürlich bleich. »Ich glaube, ich werde mich hinlegen«, erklärte er mir kurz nach dem Essen.

»Gute Idee«, gab ich zurück und versuchte meine Besorgnis zu verbergen. »Ich sorge dafür, daß sich die Kinder still verhalten.«

Anstatt zu schlafen, mußte sich Anwar jedoch immer stärker erbrechen. Dann setzte der Schmerz ein - zuerst in der Brust und anschließend im ganzen linken Arm.

Ich rief den Arzt, der sofort mit dem EKG-Gerät

kam. »Er muß drei Wochen im Bett bleiben und darf sich überhaupt nicht bewegen«, sagte der Arzt, nachdem er sich den Ausdruck von Anwars Herzrhythmus angesehen hatte. »Er darf von niemandem gestört werden und nicht telefonieren. Nicht mal aufstehen und ins Bad gehen.«

»Was fehlt ihm denn, Herr Doktor? Was ist es?« erkundigte ich mich angstvoll, während mein eigenes Herz ebenfalls wie rasend klopfte.

Ganz leise antwortete mir der Arzt: »Er hatte einen Herzanfall.«

Einen Herzanfall? Anwar war doch ein junger Mann, erst zweiundvierzig! »Muß er sterben?« wollte ich wissen.

Der Arzt musterte mich mitfühlend. »Nein«, gab er zurück. »Aber Sie müssen ihn sehr, sehr gut pflegen.«

»Weiß er, daß er einen Herzanfall gehabt hat?«

Er schüttelte den Kopf. »Das würde ihn nur noch stärker belasten.«

Während der nun folgenden drei Wochen wachte ich über Anwar, und zwar zuweilen sogar sehr streng. Der Arzt hatte ein Bett aus dem Krankenhaus kommen lassen, dessen Kopfteil sich hochstellen ließ, so daß mir die Mühe erspart blieb, ihn eigenhändig aufzurichten. Ich wich keine Minute von seiner Seite. Ich las ihm vor, unterhielt ihn mit Geschichten über die Kinder und nahm ihm die Zigaretten weg, weil der Arzt gesagt hatte, er dürfe unter gar keinen Umständen rauchen. Ich ließ keinen Menschen zu ihm ins Zimmer, nicht einmal seine Schwester, die sich sehr darüber ärgerte.

Ich bekam Alpträume, in denen ich Anwar sah, er aber mich nicht. Ich rief nach ihm, versuchte ihn zu berühren, aber er hörte mich nicht, noch spürte er mich. Auch meine Kinder kamen in meinen Träumen vor. Was sollte aus diesen doch noch so kleinen Kindern werden? Es war schrecklich, daran zu denken, daß ich vielleicht zur Witwe wurde. Auch tagsüber, wenn ich bei ihm saß, kamen all meine Ängste zu mir zurück, deswegen ging ich oft ins Bad und weinte mich aus. Doch wenn ich mir das Gesicht gewaschen hatte, kam ich mit strahlendem Lächeln zurück.

Er war ein schwieriger Patient und bestand darauf, ins Bad zu gehen, statt die Bettschüssel zu benutzen. »Ich kann ihn nicht zurückhalten«, beklagte ich mich bei seinem Arzt.

»Dann müssen wir ihm sagen, daß es ein Herzanfall war«, meinte der Arzt. Als Anwar erfuhr, was mit ihm los war, blieb er gehorsam im Bett liegen.

Dieser Herzanfall in so jungen Jahren veränderte sein Leben und leitete es in Bahnen, die er bis zuletzt nicht mehr verließ. Er rauchte nie wieder Zigaretten, sondern gewöhnte sich an die Pfeife, obwohl der Arzt in Bad Nauheim, wohin wir uns für zwei weitere Wochen der Rekonvaleszenz begaben, erklärte, er dürfe zwar rauchen, aber nur, wenn das Verlangen danach seine Nerven zu sehr strapaziere. Man riet ihm auch, täglich ein Stück spazierenzugehen. Nachdem er zu Hause drei Wochen im Bett gelegen hatte, begann er mit seinen Spaziergängen in unserem Garten: anfangs fünf Minuten lang, dann zehn. In Deutschland verbrachten wir jeden Vormittag im Sanatorium und gingen nachmittags im Ort spazieren. Bis an sein Lebensende ging Anwar von da an täglich mindestens eine Stunde spazieren, manchmal allein, manchmal mit mir, manchmal mit Gamal oder seinem Freund, dem Schwiegervater unserer Tochter Jehan. War es ihm unmöglich, spazierenzugehen, benutzte er einen Heimtrainer.

Er lernte auch Entspannungsübungen. Nachmittags legte er sich mit einem Tuch über den Augen eine halbe Stunde lang auf den Boden des Schlafzimmers. Die Kinder liebten das natürlich und turnten auf ihm herum, als sei er eine Eisenbahn oder ein Pferd. Wenn ich sie verscheuchen wollte, hinderte mich Anwar daran. Er hatte das gern. Trotzdem fuhr er fort, viel zu angestrengt zu arbeiten, daher bekam er 1969, als Nasser in Rußland weilte, um seinen Diabetes behandeln zu lassen, und Anwar als stellvertretender Präsident amtierte, einen zweiten, wenn auch leichteren Herzanfall. Wieder begann es zur Mittagszeit – ohne Erbrechen, doch mit genauso großen Schmerzen. Der Anfall sei eine Warnung, erklärte ihm der Arzt, er strenge sein Herz zu sehr an, er solle besser auf sich achten.

Von da an trat er, was seine Arbeitszeit betraf, wesentlich kürzer, auch als er Präsident von Ägypten wurde. Er merkte, daß ein Mann, der achtzehn Stunden am Tag arbeitet, nicht viel mehr erreicht als ein Mann, der acht Stunden intensiv arbeitet und sich dann ausruht. Zu dem klaren Geist und dem konzentrierten Denken, die man braucht, um richtige Entscheidungen zu treffen, findet man am besten vor sechs Uhr nachmittags, stellte er fest. Und er weigerte sich von nun an, abends und nachts zu arbeiten, solange keine nationale Krise eintrat. Er saß und las Berichte, beantwortete wohl auch Anrufe seiner Minister, falls sie wirklich wichtig waren, doch an den meisten Abenden sah er sich im Souterrain, wo wir einen Projektor und ein paar alte, bequeme Couches und Sessel aufgestellt hatten, amerikanische Westernfilme an. Besonders sorgfältig achtete er darauf, daß er genügend Ruhe bekam. Während ich schon um fünf Uhr morgens aufstand, schlief Anwar manchmal bis acht.

Es hatte zu zwei Herzanfällen kommen müssen, bis Anwar endlich lernte, selber auf seine Gesundheit zu achten. Aber ich war zutiefst erleichtert, daß er es nach und nach tatsächlich schaffte. So oft er konnte, hielt er sich in Mit Abul-Kum auf, dem Dorf, in dem er aufgewachsen war. Denn nur dort, in der Einfachheit des Landlebens, wo alle Menschen Arbeit, Freude und Schmerz teilten, konnte er sich wirklich entspannen. Dort waren seine Wurzeln. Dort war sein Herz. Und dort war immer häufiger auch ich.

6 Leben auf dem Dorf

»Umm Gamal, geht es deinem Sohn auch gut?«

»Umm Gamal, du tust mir so leid! Du solltest mehr Kinder haben.«

Für die Frauen aus Anwars Heimatdorf Mit Abul-Kum war es nebensächlich, daß ich nicht nur einen Sohn, sondern auch drei hübsche Töchter hatte. O nein! Für sie war ich nur Umm Gamal, die Mutter von Gamal. Ich konnte protestieren, soviel ich wollte – im Dorf zählten Töchter nun mal nicht. »Du hast nur ein Kind«, warfen mir die Frauen auch noch vor, als 1961 meine jüngste Tochter Jehan geboren wurde.

»Ich habe vier«, widersprach ich heftig.

»Aber du hast nur einen Sohn. Du mußt noch einen zweiten bekommen, damit er nicht allein bleiben muß.«

»Er ist nicht allein. Er hat drei Schwestern und drei Halbschwestern«, antwortete ich.

Aber die Frauen tauschten nur vielsagende Blicke und schüttelten den Kopf. »Du solltest mehr Kinder bekommen«, rieten sie mir mit ernster Miene. »Sonst wirst du noch deinen Mann verlieren.«

Ich begleitete Anwar gern zu seinem Dorf im Nildelta. Die zweistündige Autofahrt von Kairo aus war wunderschön, die Straße von Maulbeerfeigen- und Eukalyptusbäumen gesäumt, verlief kilometerlang durch Baumwollfelder, die im Winter leuchtend grün waren, im Sommer von blaßgelben Blüten wogten.

Sobald wir Mit Abul-Kum erreichten, wurde mein Mann ein anderer Mensch. Er stieg aus seinem Straßenanzug, legte die von allen Männern im Dorf getragene Galabiya an und machte lange Spaziergänge mit mir und den Kindern, die sich ausgelassen im Klee wälzten wie junge Hunde. Oft sang Anwar mit seiner überlauten Stimme die melancholischen Lieder der sich auf den Feldern abmühenden Bauern, während ich jeden Moment erwartete, daß sich die Nachbarn beschweren kamen, aber das war niemals der Fall. Zu Hause brachte ich den Kindern bei, Brot zu backen, wie ich es als Kind so geliebt hatte: mit einem Ei, das man über dem Teig zerbricht, bevor er in den Backofen kommt. Sie übten fleißig, bis sie diese schwierige Kunst beherrschten.

Als Anwar mich zum erstenmal in sein Heimatdorf mitnahm, hatte er starke Vorbehalte gehabt. »Du darfst den ganzen Tag das Haus nicht verlassen. Du mußt bis zum Abend drinnen bleiben«, hatte er mir erklärt.

»Aber warum?« wollte ich wissen.

»Weil die Menschen in meinem Dorf dich nicht verstehen würden«, antwortete er.

»Warum nicht, Anwar?« fragte ich neugierig.

Er fühlte sich unbehaglich. »Weil du an die Lebensart in der Stadt gewöhnt bist«, sagte er. »Die Menschen in meinem Dorf sind sehr konservativ. Sie werden keine Achtung vor dir haben, wenn sie dich in deinen Stadtkleidern sehen, mit nackten Armen und Beinen und unbedecktem Kopf. Eine solche Bekleidung der Frauen widerspricht unserer Tradition.«

Warum aber durfte ich mich dann abends sehen lassen?

»Weil das eine besondere Zeit ist, in der die Grundbesitzer und Regierungsangestellten in den Dörfern ausgehen«, erklärte mir Anwar. »Diese Menschen sind mit anderen Lebensgewohnheiten vertraut und akzeptieren sie.«

Am folgenden Tag ging ich nach Tanta und kaufte Stoff für ein langes Kleid, wie es die Fellachenfrauen trugen, sowie ein buntes Kopftuch, das ich wie sie mit einem Blumenkranz auf dem Kopf befestigte. Und als wir das nächstemal ins Dorf zurückkehrten, ging ich aus.

Zunächst wirkte Mit Abul-Kum so fremdartig auf mich, als befänden wir uns nicht nur in einem anderen Land, sondern auch in einem anderen Jahrhundert. Der Staub der ungepflasterten Straßen hüllte alle Fußgänger in kleine Wolken ein. Die Häuser aus gebackenem Lehm besaßen nur wenige Fenster; der Rauch zog durch Öffnungen in dem mit Palmblättern gedeckten Dach ab. Auf den meisten Dächern trockneten Stapel von Fladen aus Tierdung und Stroh in der Sonne, die als Brennmaterial verwendet wurden. Zahlreiche der äußerst abergläubischen Dorfbewohner strichen ihre Haustüren blau, um die Dschinn abzuhalten, die bösen Geister, von denen im Koran die Rede ist. Zum weiteren Schutz gegen den bösen Blick und die Flüche der Neider tauchten die Dorfbewohner die Hände in blaue Farbe und verzierten die Außenwände mit ihren Handabdrücken, um an das schützende Symbol Fatimas zu erinnern, der Tochter des Propheten. Hufeisen und Keramikhände mit blauen Perlen hingen außerdem über den Haustüren, am Geschirr der Arbeitstiere und sogar über den Betten der Bauern.

Die paar Glücklichen im Dorf, die auf Pilgerfahrt in Mekka gewesen waren, hatten die Außenwände ihrer Häuser überdies mit der Geschichte der frommen Reise bemalt. Hatten sie das Rote Meer mit dem Boot überquert, prangte ein dahinsegelndes Schiff auf der Wand. Waren sie per Luft gereist, war es ein Flugzeug. Manche hatten einen Teil der Reise auch im Bus oder Auto zurückgelegt, das alles erkannte man an den leuchtend bunten Bildern auf den Hauswänden, unter denen auch eine Abbildung der Kaaba nicht fehlen durfte, jenes schwarzen, kastenartigen Gebäudes in der Großen Moschee von Mekka, des größten Heiligtums des Islam.

Vor dem Bau des Assuanstaudamms im Jahre 1968 gab es in den Lehmhäusern von Mit Abul-Kum weder Elektrizität noch fließendes Wasser. Die Dorfbewohner standen mit der Sonne auf und gingen mit dem Mond zu Bett. Die meisten Häuser bestanden aus zwei Räumen: In einem kochten, schliefen und beteten die Menschen, im anderen waren die Wasserbüffel, Esel, Kühe, hier und da sogar ein Kamel zusammen mit ein paar Gänsen, Enten und Hühnern untergebracht. Zwischen den Räumen gab es gewöhnlich einen offenen Platz, wo die Frauen ihre *hasiras* aufhängten – Bambusmatten voll gesalzenem Joghurt, den man abtropfen ließ, bis er zu Käse wurde.

In der Dorfmitte stand ein hoher Turm, ein Taubenschlag, in dem ein unaufhörlicher Lärm herrschte. Die schönen, schneeweißen Vögel waren für die Fellachen nicht nur lebensnotwendige Nahrung, sondern auch ein Produkt, das sich auf dem Markt verkaufen ließ. Das einzige Gebäude, das den Taubenturm noch überragte, war die kurz nach der Revolution erbaute Dorfmoschee. Für die Baukosten hatte Anwar seinen ersten Scheck von der *el-Gumhuriya* gespendet, damit die alte, kleine Lehmmoschee von Mit Abul-Kum durch eine schöne, große, aus roten Backsteinen ersetzt und durch ein hohes Minarett ergänzt werden konnte.

Anfangs deprimierte mich der Anblick der Dorfbewohnerinnen. Die älteren Frauen über vierzig waren von Kopf bis Fuß in Schwarz gehüllt, und die Frauen aller Altersstufen arbeiteten schwerer als die Männer. Bei Tagesanbruch erhoben sich die Frauen zur Stimme des Muezzins, der die Gläubigen zum Morgengebet rief, und bereiteten aus weißem Käse und sehr süßem schwarzem Tee das Frühstück für die Familie. Anschließend mußten der Lehmboden des Hauses gefegt, die Tiere gefüttert, der Teig für frisches Brot geknetet und Wasser geholt werden, das die Frauen mit der Hand am Dorfbrunnen pumpten und in Krügen auf dem Kopf nach Hause trugen. Dann brachten sie ihren Männern das Mittagessen aufs Feld, wo sie nach der gemeinsamen Mahlzeit mit ihnen zusammen weiterarbeiteten, jäteten, hackten und Baumwolle, Mais, Klee und Weizen ernteten.

Jeden Tag im Morgengrauen zogen die Männer kolonnenweise in ihren Galabiyas auf die Felder; hinter ihnen führten die Kinder Wasserbüffel und Kühe auf die Weide und zur Tränke. Scharen von weißen Silberreihern folgten den Menschen, um die Felder am frühen Morgen nach Würmern abzusuchen, die in der Nacht an die Erdoberfläche gekommen waren. Für mich verwandelten die Reiher die Felder in grüne Teppiche mit zahllosen weißen Tupfen. Am späten Vormittag setzten die Reiher sich auf die Rinder, denen sie eifrig die Parasiten vom Rücken pickten.

Gegen Abend, wenn alles von den Feldern zurückkehrte, hoben sich nicht nur die Tiere und die Männer in den Galabiyas vor dem flachen Horizont ab, sondern auch die Frauen in ihren langen Gewändern, die ganz am Schluß kamen und schwere Erntelasten auf dem Rücken trugen. Die Reiher folgten dem Zug ins Dorf und ließen sich zum Schlafen auf den Bäumen nieder, deren Äste dadurch blütenweiß wirkten.

Obwohl diese ländliche Szenerie von großer Schönheit war, erschreckte sie mich doch, als ich sie zum erstenmal sah. Die Frauen schienen mir nichts weiter zu sein als Lasttiere – oder sogar weniger, denn für ihre Kühe sorgten die Männer besser als für die Frauen. Die Kuh war die Existenzgrundlage des Mannes; sie gab Milch, Käse und Butter zum Essen und zum Verkaufen. Wenn seine Frau starb, würde er natürlich trauern. Doch wenn seine Kuh einging, würde es ihm das Herz brechen, denn mit ihr verlor er sein gesamtes Kapital sowie seine wirtschaftliche Zukunft. Und schließlich war es für einen Mann billiger, sich eine weitere Frau zu nehmen, als sich eine neue Kuh zu kaufen.

Die Frauen wurden von den Männern unaufhörlich auf ihren Platz verwiesen. »Töte deine Katze in der Hochzeitsnacht«, pflegten die Männer zueinander zu sagen, wenn sie geheiratet hatten, und meinten damit, daß sie in der Ehe unbedingt die Oberhand behalten mußten. Die Geburt einer Tochter war Grund zur Freude, denn die Ägypter lieben alle Kinder; die Geburt eines Sohnes dagegen war die pure Seligkeit. »Was unter einem Schleier steckt, bringt keine Freude«, lautete ein beliebtes Sprichwort im Dorf. Auch nannten die Männer ihre Frauen kaum jemals beim Namen, sondern riefen zumeist nur: »*Ya sitt!*« – »He, Frau!« Keine Frau durfte ihren Mann unterbrechen, wenn er mit seinen Freunden sprach, und auf dem Weg zum Markt hatte sie sich stets hinter ihm zu halten. Wie elend das Leben dieser Frauen sein muß, dachte ich im stillen. Aber ich täuschte mich.

»Warum bist du so vergnügt Amina?« fragte eine Frau am Wasserrad, bei dem sich die Frauen zu Mittag versammelten, um noch ein wenig zu plaudern und zu tratschen, bevor sie ihren Ehemännern das Essen aufs Feld brachten.

»Gestern hab' ich auf dem Markt drei Hühner und vierzehn Eier verkauft«, erwiderte Amina. »Nun kann ich genug Zucker und Tee für den Rest des Winters kaufen.«

Eine andere Frau lächelte ebenfalls. »Unsere Kuh gibt so viel Milch, daß ich zehn Kilo Käse verkaufen konnte. Die Hochzeit meiner Tochter wird die schönste vom ganzen Dorf werden.«

Auch ich gesellte mich täglich zu den Frauen beim Wasserrad und lauschte ihren Gesprächen. Und täglich, wenn der eingespannte Esel oder Wasserbüffel das Wasser heraufholte, indem er unermüdlich im Kreis um den Brunnen ging – mit verbundenen Augen, damit ihm nicht schwindlig wurde und er etwa stehenblieb –, erfuhr ich Dinge, die mein Bild von diesen Frauen veränderten. Nach modernen Maßstäben waren sie zwar unterprivilegiert, zum größten Teil sogar Analphabetinnen. Im Vergleich zu vielen Frauen des ägyptischen Mittelstands in den fünfziger, ja noch in den sechziger Jahren waren die Frauen hier im Dorf jedoch viel freier und unabhängiger.

Welche Wahl blieb denn den Mittelstandsfrauen, wenn sie nicht gerade in Kairo oder Alexandria lebten? Die Frauen in den kleineren Städten waren kaum gebildet, mit Sicherheit nicht genug, um eine gute Anstellung zu bekommen. Ihre Ehemänner klammerten sich an die uralten Traditionen und erwarteten von ihren Frauen, daß sie zu Hause blieben und sich ausschließlich um sie und ihre Kinder kümmerten. Diese Mittelstandsfrauen lebten in sozialer Isolation, hatten keinen Anteil am Leben ihrer Männer und kannten außerhalb ihrer vier Wände kein eigenes Leben.

In den ländlichen Gebieten arbeiteten die Frauen dagegen Hand in Hand mit ihren Männern und teilten alle Aspekte des Alltagslebens mit ihnen. Gemeinsam bewässerten sie die Felder, jäteten Unkraut, brachten die Ernte ein und besorgten die Aussaat. Wenn eine Kuh kalbte, half die Frau ihrem

Mann freudig das Kalb auf die Welt holen, denn die Geburt eines Kalbes war für jedes Haus ein Segen, weil die Familie dann nämlich nicht nur Milch zu trinken hatte, sondern sogar zu Wohlstand gelangte, denn sie konnte die überschüssige Milch und den Käse verkaufen. Sie hielten eigene Hühner und Gänse, sammelten die Eier, machten selbst Käse und verkauften, was sie entbehren konnten, auf dem Markt. Das waren zwar nur kleine Freiheiten, doch viele kleine Dinge ergeben ein Ganzes. Irgendwie beneidete ich sie sogar, denn sie nahmen wahrhaftig mehr an den Aktivitäten der Außenwelt teil als ich in der Zeit, da meine Kinder noch klein waren.

Obwohl die Männer es keinesfalls zugaben, waren es die Frauen im Dorf, von denen das Geschick der Familie bestimmt wurde, die entschieden, wann ein zusätzlicher Raum ans Haus angebaut oder ein neues Tier zum Großziehen und Verkaufen angeschafft werden sollte. »Der Mann ist ein Fluß, die Frau ist ein Deich«, lautete ein weiteres beliebtes Sprichwort in den Dörfern. In Mit Abul-Kum hatten die Frauen sogar eine Finanz-Kooperation gebildet. Jede Frau zahlte monatlich einen geringen Geldbetrag in einen Fonds, und jeden Monat wurde der gesamte Betrag einer anderen Frau zugesprochen. So konnte selbst eine sehr arme Frau über genügend Geld verfügen, um den Brautpreis für ihren Sohn zu bezahlen, um ein neues Sofa, Bastmatten fürs Haus oder ein neues Kleid zu kaufen, das sie uns dann sofort beim Wasserrad vorführte.

Die Frauen halfen einander auf vielerlei Art. Die älteren kümmerten sich um die kleinen Kinder, während deren Mütter bei der Feldarbeit waren. Wenn eine Frau krank wurde oder ein Kind bekam, verköstigten die anderen ihre Familie und putzten ihr Haus. Starb ein Ehemann oder ein Kind, brachten die Frauen der Witwe oder Mutter abwechselnd etwas zu essen, denn sie wußten, daß die Ärmste vermutlich nur sehr wenig Geld besaß und wohl auch vor Kummer nicht kochen konnte.

Als ich noch nicht lange im Dorf war, verlor Umm Mohammed durch einen Militärunfall ihren Sohn. Den Weg zu ihrem Haus, wo ich ihr kondolieren wollte, brauchte ich nicht lange zu suchen, ich folgte einfach den durchdringenden Klagelauten. In Umm Mohammeds Haus fand ich mindestens sechzig Frauen in schwarzen Gewändern, die die verzweifelte Mutter umringten und weinten, als sei ihr eigener Sohn gestorben.

»Ich erinnere mich gut an ihn, wie er ein kleiner Junge war. Und noch heute sehe ich ihn, wie er in seiner Uniform wie ein Prinz mit seinem Jeep ins Dorf gefahren kam«, rief eine Frau gerade weinend, als ich zur Tür hereinkam. Und sofort brachen die anderen ebenfalls in lautes Jammern aus, schlugen sich an die Brust und zerrissen ihre Kleider.

Als sich das Klagen ein wenig legte, begann eine andere Frau zu weinen. »Ich weiß noch, wie ich vor fünf Jahren bei seiner Hochzeit war«, rief sie aus. »Er war so schön, in seiner weißen Galabiya und dem Seidentuch. Er sah wirklich aus wie ein Engel.« Und wieder schrillten die Klageschreie.

Die Traueratmosphäre wirkte ansteckend. Auch ich begann Tränen zu vergießen, den Schmerz der Mutter zu spüren und ihn zu teilen.

Drei Tage lang kamen die Frauen, um mit Umm Mohammed zu weinen – von den ersten Strahlen des Sonnenaufgangs bis zum Abend, wenn sie ihre eigene Familie versorgen mußten. Keine Minute ließen sie ihre trauernde Schwester allein. Am ersten Tag brachte ein Drittel der Frauen das Mittagessen für alle mit, am nächsten das zweite Drittel, am dritten das letzte. Aber sie brachten nur einfache Speisen und boten, wenn sie für Kondolenzbesucher Tee oder Kaffee ausschenkten, auch keinen Zucker an, denn dies war keine Zeit zum Genießen. Nur die Speisen und Getränke, die Umm Mohammed angeboten wurden, waren gesüßt, weil sie sich weigerte, etwas zu essen.

»Probier doch nur dieses kleine Täubchen und trink nur einen Schluck Limonade«, drängten sie Umm Mohammed.

»Laßt mich sterben«, rief diese jedoch immer wieder. »Kann es für mich denn noch ein glückliches Leben geben, wenn ich meinen Sohn nie wiedersehen werde?« Und schon begannen die Frauen wieder zu jammern.

Als Umm Mohammeds Enkelkinder, die tagsüber in ein anderes Haus geschickt wurden, am Abend zurückkehrten, erreichten die Klagen einen erneuten Höhepunkt. »Seht doch, wie klein sie noch sind«, weinten die Frauen jetzt. »Viel zu früh sind diese Ärmsten verwaist!«

Nach drei Tagen waren alle, auch Umm Mohammed, erschöpft. Indem sie der unendlichen Trauer über den Tod des jungen Mannes Ausdruck verliehen, hatten die Frauen Umm Mohammed geholfen, sich den Schmerz von der Seele zu weinen, so daß kein unbewältigter Kummer zurückblieb. Aber auch nach den ersten drei Tagen wurde sie noch nicht allein gelassen, die engsten Freundinnen und Nachbarinnen blieben bei ihr. Und bis zur Zeremonie des vierzigsten Tages besuchten die Frauen sie jeden Donnerstagnachmittag, um – allerdings ein wenig ruhiger – weiterzuklagen, bis Umm Mohammeds Trauer nachließ. Bei uns in Kairo wurde der Tod nicht so rückhaltlos an die Öffentlichkeit getragen; wir behielten unsere Trauer mehr für uns. Im Dorf dagegen wurde sie mit allen geteilt.

Jeder einzelne hatte seine klar definierte Rolle, auch die Kinder, die während der Mais-, Baumwoll- und Obsternte den ganzen Tag mit ihren Eltern zusammen arbeiteten. »O ihr, die ihr Orangen gepflanzt habt, die ihr gepflanzt und gelitten habt«, tönte das Erntelied durch die frühe Morgenluft, »nun endlich kommt die Zeit der Ernte.« Vor der Revolution hatten sogar fünf- bis sechsjährige Kinder endlose, glühheiße Stunden auf dem Feld arbeiten müssen, während die Aufseher der reichen Grundbesitzer mit langen Stöcken zwischen ihnen umhergingen und jeden schlugen, der faul war oder ein wenig scherzte. Den ganzen Tag jäteten die Kinder zwischen den Baumwollsträuchern das Unkraut und achteten dabei besonders auf die Eier der schwarzen, häßlichen Baumwollwürmer, die sie von den Pflanzen entfernten und in ihre Galabiyas steckten. Ich hatte entsetzliche Angst vor diesen Würmern, wußte aber nicht, warum, und kann auch heute noch Würmer jeglicher Art nicht ertragen. Ich spüre, ob eine Frucht einen Wurm hat, noch ehe ich sie aufschneide, und wenn ich auch nur mißtrauisch bin, rühre ich sie nicht an. Ich würde lieber einem Löwen begegnen als einem winzig kleinen Wurm.

Jetzt gingen die Dorfkinder zur Schule, mußten aber immer noch die alltäglichen Aufgaben verrichten, zum Beispiel auf dem Feld helfen oder die Wasserbüffel und Kühe auf die Weide oder zum Abkühlen in den Nil bringen.

»Mama, wir haben heute unsere Kuh mit den anderen Kindern zusammen zum Baden gebracht«, berichteten meine Kinder freudig erregt, denn auch sie wollten Anteil an den gemeinsamen Pflichten nehmen, und Anwar fand es durchaus richtig, daß sie diese Pflichten kennenlernten.

»Wenn ganz Ägypten wie ein einziges Dorf leben könnte«, pflegte er immer wieder zu sagen, »könnten wir gemeinsam alles erreichen.«

Jedes Jahr fuhr unsere ganze Familie während der Frühjahrsferien, im Sommer, bevor es nach Alexandria weiterging, mindestens für zwei Wochen und zu Anwars Geburtstag am 25. Dezember ins Dorf. »Die Kinder müssen ihre Wurzeln kennenlernen«, beharrte Anwar auch noch, als die Kinder Teenager waren und das feinere Leben in Alexandria vorzogen.

Für Anwar verkörperte Mit Abul-Kum alles, was

gut und beständig im Leben war – bis auf die erschreckende Armut, natürlich. Und die suchte er zu lindern, indem er nicht nur die gesamten Einnahmen aus seinen Büchern, sondern auch das Geld des Friedensnobelpreises, den er sich mit Menachem Begin von Israel teilte, für Mit Abul-Kum stiftete. So fest war das Band zwischen meinem Mann und seinem Heimatdorf gewesen, daß meine Kinder und ich noch immer jedes Jahr zu Ehren seines Geburtstages nach Mit Abul-Kum zurückkehren.

Als wir zum erstenmal nach Mit Abul-Kum kamen, wohnten Anwar und ich im Haus seines Vaters, einer winzigen Lehmhütte, nicht anders als die übrigen Häuser im Dorf. Später kaufte Anwar ein paar Feddan Land und baute ein kleines Backsteinhaus, an das wir immer mal wieder einen Raum anfügten. Anfangs lebten wir dort sehr einfach, sogar ohne den Butangas-Wasserboiler, den wir in Kairo benutzten. Für ein heißes Bad erhitzten wir auf einem Primuskocher riesige Töpfe Wasser, das wir dann in die Wanne schütteten. Als Beleuchtung dienten uns Kerosinlampen. Im Winter wärmten wir uns an einem Kupferbecken, das mit glühender Kohle gefüllt war. Als Brennstoff für den Lehmofen sammelten wir Holzstücke und getrocknete Maisstengel. Später installierten wir einen Wassererhitzer und sogar eine Waschmaschine. Anwar jedoch bestand darauf, daß wir den Lehmofen aus seiner Kindheit wenigstens zum Backen behielten.

Im Garten pflanzten wir alle möglichen Sorten Obstbäume – Orangen, Mandarinen, Pfirsiche,

Pflaumen, Mangos und Guajaven – und zogen sogar eigene Trauben. So fruchtbar war der Boden bei uns, daß wir nur einen Schößling in den Boden zu setzen brauchten, um eine Dattelpalme ziehen zu können. Auch unser Gemüse bauten wir selbst an: Gurken, Kopfsalat, Kürbisse und Tomaten, die wir mit Koriander, Basilikum und Petersilie aus dem eigenen Kräutergarten würzten. An Tieren hielten wir einen Esel für die Kinder zum Reiten und eine Kuh für die Milch. Wenn wir nicht da waren, kümmerte sich ein Mann aus dem Dorf um Haus und Garten und tut es auch jetzt, fünfundzwanzig Jahre später, noch immer.

Ich liebte das einfache Essen im Dorf. Sobald wir aus Kairo eintrafen, schickte ich die Kinder Brennstoff sammeln, damit wir aus Milch und Reis einen köstlichen Bauernpudding kochen konnten. Außerdem lernte ich aus der Milch unserer Kuh Weißkäse herstellen und machte Butter, indem ich mit einem Holzlöffel Sahne mit Salz verschlug. Melken dagegen lernte ich nie. Ich glaube, es muß eine gewisse Beziehung zwischen einer Kuh und einem Menschen bestehen, damit die Milch fließt und dazu hat es bei mir nie gereicht.

Anwar staunte, wie schnell ich mich den Gewohnheiten des Dorfes anpaßte und wie schnell die Frauen mich akzeptierten.

»Wo warst du?« fragte mich Anwar eines Abends, als ich um acht Uhr nach Hause kam.

»Ich habe bei einer der Dorffrauen gegessen«, antwortete ich.

Anwar zog ein besorgtes Gesicht. »Und was gab es?« wollte er wissen.

»Ein köstliches Gericht: mit Reis gefüllte Kürbisse, die sie aus einer Holztruhe holte. Als noch zwei weitere Frauen vorbeikamen, hat sie die beiden auch zum Mitessen eingeladen.«

»Und fühlst du dich wohl?« erkundigte er sich.

»Ausgezeichnet«, versicherte ich.

Seine Miene hellte sich auf. »Dann brauche ich mir nie wieder Sorgen um dich zu machen«, erklärte er. »Jetzt bist du gegen alles immun.«

Anwar hatte natürlich recht, wenn er vor Krankheiten Angst hatte. In seiner Kindheit betrug die Lebenserwartung in den Dörfern nur dreiunddreißig Jahre. Vor allem Augenkrankheiten gehörten schon seit Jahrhunderten zu Ägyptens größten gesundheitlichen Problemen, und auch in unserem Dorf lebten mehrere Blinde. Bevor das Krankenhaus in Mit Abul-Kum gebaut wurde, versuchten die Dorfbewohner die Augen der Säuglinge zu schützen, indem sie die Lider mit Kohl umrandeten, dem schwarzen, desinfizierenden Pulver, das die Ägypterinnen schon vor Kleopatras Zeit für ihr Augen-Make-up benutzten.

Auch Malaria gab es im Dorf, und zwei- bis dreimal trat sogar Cholera auf, die von Pilgern aus Mekka eingeschleppt worden war. Darüber hinaus mußten wir uns auch vor Kinderlähmung, Masern und, da die sanitären Bedingungen nicht immer ideal waren, vielen anderen ansteckenden Krankheiten und Infektionen hüten.

Die schlimmste Geißel von Mit Abul-Kum und allen anderen Dörfern war jedoch die Bilharzie, ein Wurmparasit der Schnecken, die im stehenden Wasser der Bewässerungsgräben und -kanäle abseits des Nils leben. Vor der Revolution und dem Bau der Kliniken in den Dörfern litten siebzig Prozent der Dorfbewohner an Bilharziose, denn alle kamen tagtäglich mit dem Wasser in Berührung: Die Frauen wuschen die Wäsche und das Geschirr der Familie darin, die Kinder stellten sich ins Wasser, um die Tiere zu waschen und sich in der heißen ägyptischen Sonne abzukühlen, und die Männer wateten darin herum, wenn sie die Bewässerungsgräben reinigten.

Die mikroskopisch kleinen Parasiten gelangten durch die Haut in den Blutkreislauf und setzten sich in Leber und Milz fest, wo sie schließlich krebserregend wirkten. Die ersten Symptome, von den Befallenen oft ignoriert, waren Gelenkschmerzen, leichtes Fieber und Müdigkeit. Daß sie infiziert waren, erkannten sie häufig erst, wenn sie Blut in ihrem Urin entdeckten, doch dann war ihnen kaum noch zu helfen.

Heute läßt sich die Bilharziose diagnostizieren und mit Injektionen, die bewirken, daß die Parasiten absterben, mühelos heilen. Zum Glück, denn der Assuanstaudamm hat den Bauern ironischerweise nicht nur immense Vorteile gebracht, sondern auch zu einer ungeheuren Vermehrung der Bilharzien beigetragen, weil er verhindert, daß das Wasser des Nils ansteigt und sein Bett auf natürliche Weise reinigt.

Trotz der vielen neuen Kliniken, die nach der Revolution in den ländlichen Gebieten entstanden, hielten es zahlreiche Fellachen mehr mit der Heilkraft des Glaubens – und des Aberglaubens – als mit der medizinischen Wissenschaft. In vielen Dörfern gab es einen Scheich oder eine Scheicha, einen Mann oder eine Frau, die als Heiler, Exorzist, Zauberer oder Glücksbringer praktizierten. In Mit Abul-Kum übte Scheich Hassan diese Kunst aus, einer der wenigen Dorfbewohner, die lesen und schreiben konnten, und der einzige, den man für fähig hielt, wirksame *hegab* herzustellen, winzige Zettel, auf die bestimmte Koranverse geschrieben waren. Wünschte etwa eine eifersüchtige Ehefrau, ihr Mann möge das Interesse an seiner zweiten Frau verlieren, oder wünschte sich eine Mutter mit vielen Töchtern endlich einen Sohn – in jedem Fall verfaßte der Scheich gegen ein geringes Entgelt von zehn Piastern einen *hegab* und erklärte sodann, wo der Zettel am besten angebracht werden sollte: in der Unterkleidung, in einer um den Hals gehängten Tasche, vielleicht sogar in den Zipfel eines Bettlakens eingenäht.

Der Scheich verschrieb auch gewisse Riten, um die Macht der Heiligen Schrift zu ergänzen: gegen Unfruchtbarkeit vielleicht die Opferung einer schwarzen Ente; gegen Fieber eine Diät aus ausschließlich weißem Hühnerfleisch oder ein grünes Blatt, das genau zum Zeitpunkt des Sonnenuntergangs verzehrt werden mußte. Obwohl ich nicht an Zauberei glaubte, hielt ich doch viel von den natürlichen Kräutern, die viele Ägypter damals wie heute, vor allem auf dem Land, zum Heilen von Krankheiten benutzten.

Auch Tricks gehörten zum Dorfleben, wie ich von

den Frauen am Wasserrad erfuhr, vor allem, wenn es um eine gute Partie für eine Tochter ging. Eine der Frauen hatte die Eltern eines jungen Mannes zu einem Ehevertrag mit ihrer häßlichen Tochter gebracht, indem sie ihnen die jüngere und hübschere Schwester zeigte; nachdem der Handel abgeschlossen war, wurde geschickt die ältere untergeschoben. Eine andere umging das für die Ehe vorgeschriebene Mindestalter von sechzehn Jahren, indem sie eine ältere Tochter zum Arzt schickte, um sich ein Alterszeugnis ausstellen zu lassen, und sie dann bei der Hochzeit gegen die vierzehnjährige austauschte. Dennoch hatten die Dorfmädchen nur selten etwas gegen die Ehe einzuwenden. Sobald die kleinen Dorfmädchen ihre Milchzähne verloren, warfen sie sie in die Luft und sangen dabei: »Nimm die Zähne des Büffels und gib mir die Zähne der Braut!«

Heirat schien, nach den Gesprächen am Wasserrad zu urteilen, das Wichtigste im Leben einer jeden Frau zu sein. Für die Mütter von Söhnen bedeutete die Heirat Ausruhen und lebenslanges Gesichertsein, denn ihre Schwiegertöchter zogen nicht nur zu ihnen ins Haus, sondern nahmen ihnen auch die Arbeit des Kochens und Putzens ab. Für die Mütter von Töchtern bedeutete die Heirat das Ende der finanziellen Unterstützung und die erfolgreiche Erfüllung aller Träume, die sie für ihre Mädchen gehegt hatten. Es gab keine Alternative für die Dorffrauen, und eine Tochter, die zur alten Jungfer wurde, war für die ganze Familie peinlich. Da war eine Heirat, gleichgültig zu welchem Preis, bei weitem besser.

»Seht nur, was mir mein Mann gestern angetan hat!« stöhnte eine Frau eines Abends, als wir rings um das Wasserrad saßen. Angeblich suchte sie bei den anderen Trost für ihre geschwollene Wange, in Wirklichkeit aber war sie stolz darauf, von ihrem Mann so sehr geliebt zu werden, daß er sie schlug. Nun versuchten die Frauen einander zu übertrumpfen und sprachen dabei weit freimütiger über das Intimleben mit ihren Ehemännern als Stadtfrauen. Vielleicht war diese Prahlerei ganz natürlich und begreiflich in einer Gesellschaft, in der das Schlimmste für die Frauen die Angst vor einer Scheidung war, doch ich wurde jedesmal rot vor Verlegenheit. Niemals könnte ich einem Menschen derartige Intimitäten anvertrauen, nicht einmal meiner eigenen Mutter, der ich sehr eng verbunden war. Doch hier, auf dem Land, war jede Ehe eine öffentliche Angelegenheit, und die fröhlichsten Feste waren die Hochzeiten.

Ich selbst war wohl auf Hunderten von Hochzeiten in Mit Abul-Kum. Und immer waren die Rituale die gleichen. Mit allen Frauen des Dorfes zusammen ging ich am Morgen des Hochzeitstages ins Elternhaus der Braut, um ihr meine Glückwünsche zu überbringen. Jede Braut ist an diesem Tag besonders hübsch, denn in der Nacht zuvor sind alle ihre Freundinnen gekommen, um sie zu baden, ihre Kleider und ihren Schmuck bereitzulegen sowie ihre Handflächen und Fußsohlen mit Henna zu färben. Henna wird seit den Zeiten der alten Ägypter als ein Kosmetikum benutzt, denn seine Farbe gilt nicht nur als schön, sondern auch als Zeichen der Reinheit.

Zwar durften nur Frauen die Braut vor der Hochzeit sehen, doch alle Männer versammelten sich kurz vor Sonnenuntergang, um den Umzug der Braut in ihr neues Heim zu feiern. »Jede Frau zieht nur zweimal in ihrem Leben um«, lautet ein altes Sprichwort der Bauern. »Einmal vom Haus ihres Vaters ins Haus ihres Ehemanns, das zweitemal vom Haus ihres Ehemanns ins Grab.«

Je länger sich der Brautzug durch die Gassen von Mit Abul-Kum wand, desto ausgelassener wurde die Stimmung. Zuerst kamen alle jungen Mädchen des Dorfes, auch meine Töchter, die den Hochzeitstag mit Trommeln, Händeklatschen und Singen feierten. Dann wurde die gesamte Aussteuer der Braut – blitzblanke Kupfertöpfe, eine leuchtend bunt bemalte Holztruhe, die Schlafzimmereinrichtung, bestehend aus einer neuen Matratze, einer Bettstelle, einem neuen Schrank und einem Sofa – auf einen offenen Wagen oder auf Eselkarren verladen und den Neugierigen zur Schau gestellt. Während die Wagen durch die Straßen rollten, riefen wir alle Glückwünsche und riefen noch lauter, wenn die Familie der Braut in feierlichem Zug riesige Platten mit Enten, Gänsen, Gemüsen, Reis, Bohnen, Brot und Süßigkeiten herbeitrug, die beim Hochzeitsmahl verspeist werden sollten. Am lautesten ertönten die Rufe jedoch, wenn Braut und Bräutigam endlich selbst kamen.

An der Spitze des Zuges fuhr die Braut mit einigen ihrer weiblichen Verwandten in einem offenen, mit Blumen geschmückten Wagen oder einem von einem blumengeschmückten Esel gezogenen Karren. Nicht selten gaben die Männer Freudenschüsse ab, wenn die Braut mit ihrem Gefolge vorbeifuhr, während die Frauen das *zachrit* anstimmten und Salz in die Luft warfen, um den bösen Blick zu bannen. Dem Zug der Braut folgte der Bräutigam. Auch er war von seinen Freunden gebadet, auch ihm waren Hände und Füße mit Henna gefärbt worden. Sie hatten ihn mit einem Turban und einer Galabiya aus feinster Baumwolle bekleidet und ihm einen Degen in die Hand gedrückt. Nun umringten ihn seine Freunde mit Kerzen und Fackeln in der Hand und begleiteten ihn zum Haus seiner Familie, vor dem ihn seine Braut erwartete. Während der Scheich den Heiratsvertrag zwischen dem Brautvater und dem Bräutigam aufsetzte, vollführte die Braut mit ihren Freundinnen dann noch ein letztes Ritual.

In der Mitte ihrer Freundinnen nahm die Braut auf einem Sessel Platz, auf dem Schoß hielt sie als gutes Omen dafür, daß Allah sie beschützen werde, einen Koran. Um ihr zukünftigen Wohlstand zu sichern, stellte die Braut ihre Füße in eine große Kupferwanne voll Wasser – im Winter erwärmt, im Sommer gekühlt –, während ihr die Freundinnen den Kopf mit einem Kranz aus grünen Blättern schmückten und weitere Blätter ins Wasser warfen. Damit ihr neues Leben süß begann, reichten sie ihr außerdem Zucker, den sie in den Mund nehmen mußte. Wenn der Ehevertrag unterschrieben war, feierte das ganze Dorf die Nacht hindurch bis zum Morgengrauen.

Auch die Geburt eines Kindes wurde nicht weniger freudig gefeiert. Die stolzen Eltern verkündeten das Ereignis oft, indem sie ihr Haus mit Lichtern schmückten oder Lichterketten an Bäume und Sträucher hängten. Anläßlich der *sebua* am siebten Tag brachten alle Dorfbewohner der Familie ein Geschenk: eine Ente, eine Gans, manchmal sogar ein Schaf, Brotlaibe oder *fetir meschaltet,* ein sehr nahrhaftes, mit Sahne gebackenes Brot, das mit Honig gegessen wird. Einige brachten auch Geldgeschenke, die dann als Schuld betrachtet und dem Geber in derselben Höhe zurückgezahlt wurden, sobald diesem ein Kind geboren wurde.

Doch weil das Geschenk eines Kindes das größte von allen war, fürchteten die Eltern sich oft vor Neidern. Daher waren Geschenke, die den bösen Blick bannten, auch am beliebtesten – die Hand der Fatima, der Prophetentochter, sowie auch Goldmedaillons oder Armbänder, in die Worte aus der Sure ›Ya Sin‹ eingraviert waren. Um sich aber noch wirksamer zu schützen, flochten die jungen Eltern im Dorf dem Kind blaue Perlen in die Stirnhaare, damit jedem, der das Baby bewunderte, zuerst die Farbe Blau ins Auge fiel.

Es gab in den Dörfern aber auch junge Eltern, die als weitere Vorsichtsmaßnahme ihr Glück möglichst herunterzuspielen suchten. Einige trafen überhaupt keine Vorbereitungen für die Geburt und stellten weder Wiege noch Babykleidung bereit, bis das Kind heil und gesund geboren war. Und selbst nach der Geburt kauften einige Eltern nichts für den Säugling ein, weil sie meinten, je hübscher gekleidet und wohlhabender das Kind wirke, desto größer werde der böse Neid.

Ein solcher Aberglaube wird verständlicher, wenn man bedenkt, daß die Säuglingssterblichkeit in Ägypten fünfzig Prozent betrug. Einige der abergläubischen Riten blieben jedoch sogar noch erhalten, als die Revolution medizinische Versorgung für alle garantierte. Auf daß niemand ihnen ihr Glück neide, kleideten besorgte Mütter ihre Neugeborenen auch weiterhin in Lumpen und vernachlässigten sie sogar bis zum Alter von drei oder vier Jahren. Und weil Söhne wertvoller und somit dem bösen Blick eher ausgesetzt waren als Töchter, zogen manche Eltern ihren männlichen Sprößlingen im ersten Lebensjahr Mädchenkleider an.

Diese abergläubischen Bräuche und Rituale beschränkten sich jedoch keineswegs auf Hochzeiten und Geburten. Es gab fast für alles ein Ritual: zur Behandlung einer Kuh, die keine Milch mehr gab, bis zur Herbeiführung der Geburt eines Sohnes. Frauen, die nicht empfangen konnten, aßen oft eine Handvoll Nilschlamm, um endlich fruchtbar zu werden. Frauen, deren Kinder tot zur Welt gekommen waren, vergruben die Nachgeburt unter der Türschwelle oder in einer Wand, weil sie glaubten, dadurch würden ihre nächsten Kinder lebend geboren.

Auch waren die Dörfler ständig darauf bedacht, die Dschinn zu überlisten, weil sie überzeugt waren, daß diese teuflischen Geister ihr ganzes Leben zu ruinieren vermochten. Abgeschnittene Fingernägel und Haare mußten vergraben werden, damit die Dschinn sie nicht benutzen konnten, um ihnen zu schaden, ja von ihrem Körper Besitz zu ergreifen. Die ängstlichsten unter ihnen legten abends, wenn sie sich auszogen, ihre Kleider sorgfältig zusammen, denn die Dschinn vermochten in jedes Kleidungsstück zu schlüpfen, das mit der Innenseite nach außen herumlag.

Einige Aspekte dieses Aberglaubens fand ich jedoch zum Verzweifeln, denn sie hinderten vor allem die Frauen daran, ein freieres Leben zu führen. Nie werde ich die zufällige Begegnung mit einer jungen Frau vergessen, die ich eines Morgens auf der Straße von Mit Abul-Kum nach Alexandria kennenlernte. Mein Wagen war mit zwei platten Reifen stehengeblieben, und der Chauffeur hatte sich auf die Suche nach neuen Reifen gemacht. Als der Mann, dem die Felder zu beiden Seiten der Straße gehörten, den Wagen sah, kam er herbeigelaufen und fragte, ob er mir vielleicht behilflich sein könne.

»Möchten Sie vielleicht lieber im Haus bei meiner Frau warten?« erkundigte er sich höflich, als er mich erkannte.

»Nein, vielen Dank. Es ist ein wunderschöner Tag«, gab ich zurück. »Ich werde einfach hier sitzen bleiben.«

Aber er ließ sich nicht an seiner guten Absicht hindern. »Dann werde ich Ihnen jemanden schicken, der Ihnen Gesellschaft leistet«, erklärte er mir.

Sie war mager, knochendürr sogar. Während sie, im Gehen die dünnen Haare unter ihr Kopftuch stopfend, über die Felder auf mich zukam, sah ich erschrocken, wie blaß und zart sie war. Als wir uns dann zu unterhalten begannen, erkannte ich an ihren eingefallenen Wangen und den weißen Flecken auf ihrer Haut, daß sie ernsthaft krank sein mußte.

Obwohl es ihr ganz eindeutig schlechtging, war sie keineswegs scheu. In der direkten Art der meisten Landfrauen erkundigte sie sich sogleich nach meinem Namen, ob ich verheiratet sei und ob ich Kinder habe. Ich erklärte ihr, daß ich Jehan heiße, doch als ich ihr von meinem Sohn erzählte, nannte sie mich nur noch Umm Gamal.

»Du bist gesegnet, Umm Gamal, daß du einen Sohn geboren hast«, sagte sie traurig. »Ich habe keinen Sohn, und nun hat mein Mann vor kurzem eine zweite Frau ins Haus geholt, die jung und gesund ist.« Das allein hätte schon eine Erklärung dafür sein können, daß sie so mager war, denn es geschah nicht selten, daß Ehefrauen aus Angst vor einer zweiten Frau oder der noch schlimmeren Scheidung erkrankten. Diese junge Frau sah aus, als stehe sie mit einem Fuß im Grab.

»Tun Sie etwas für Ihre Gesundheit?« fragte ich sie behutsam. »Was hat Ihnen der Doktor verschrieben?«

»Doktor?« Sie schüttelte den Kopf. »Mir kann kein Doktor helfen, Umm Gamal. Ich bin von einem bösen Geist besessen, der mich krank macht und verhindert, daß ich einen Sohn zur Welt bringe.« Und dann erzählte sie mir, wie alles gekommen war. Vier Jahre zuvor waren eines Morgens zwei große schwarze Vögel vor ihr hergeflogen, die sich auf einmal umdrehten und sie anstarrten. »In der Sekunde, als ihr Blick dem meinen begegnete, spürte ich, wie der Dschinn aus dem Gras hervorsprang und sich in mir festsetzte«, behauptete sie. »Ich wußte sofort, was geschehen war, und ging noch am selben Abend zum Zauberer. Doch keins von den *hegab*, die er für mich schrieb, hat gewirkt, und jetzt hab' ich kein Geld mehr für ihn. Bald werde ich so schwach sein, daß ich nicht mehr arbeiten kann, und mein Mann wird sich von mir scheiden lassen.«

Ich musterte sie mitfühlend; aber ich war überzeugt, daß sie geheilt werden konnte, denn die Symptome deuteten auf eine Blutarmut hin.

»Bitte«, drängte ich sie, »kommen Sie jetzt gleich mit mir zu einem Arzt.«

Aber sie weigerte sich, behauptete hartnäckig, ihr Leiden sei nicht körperlicher Natur, sondern komme von den bösen Geistern. Ich sah schon, daß der Fahrer zurückkehrte, und wußte, daß mir nicht mehr sehr viel Zeit blieb. Wenn ich die junge Frau nicht überreden konnte, sich sofort behandeln zu lassen, würde sie tot sein, wenn ich das nächstemal hier vorbeikam.

»Nun«, sagte ich rasch zu ihr, »wenn Sie nicht zum Doktor mitkommen wollen, versuchen Sie's doch mal mit meinem Zauberer. Er ist überall in Kairo berühmt und macht seine *hegab* sehr, sehr klein. Er rollt sie zu winzigen, bunten Kugeln zusammen, die man aber nicht um den Hals trägt oder in die Kleider einnäht, sondern verschluckt damit sie unmittelbar im Körper sind, wo sich der Dschinn festgesetzt hat.

Nur wenige Geister sind stark genug, um den *hegab* aus dieser Nähe zu widerstehen, und nahezu alle werden vertrieben.«

Da dieser Vorschlag sie zu interessieren schien, hoffte ich sie zu überzeugen, indem ich ihr weitere Details schilderte. »Der Zauberer ist reich und kleidet sich ganz in Weiß«, erzählte ich ihr. »Die Räume, in denen er praktiziert, sind riesig, und dennoch müssen die Menschen Schlange stehen, wenn sie ihn sprechen wollen. Ein bißchen von seiner Magie hat er auch andere gelehrt, und diese, ebenfalls ganz in Weiß gekleidet, gehen ihm zur Hand.«

Sie starrte mich so gebannt an, als sei ich selbst ein Teil der Magie, die ich beschrieb. »Ich werde zu deinem Zauberer mitkommen«, sagte sie.

In der Woche darauf holte ich sie auf dem Heimweg nach Kairo ab und ging mit ihr zu meinem Arzt, dem ich ihr Problem leise schilderte. Sie nahm die *hegab*, die er ihr verschrieb, und jedesmal, wenn ich sie während der nächsten Monate abholte, um sie nach Kairo mitzunehmen, hatte sie ein bißchen mehr Farbe bekommen, waren die weißen Flecken blasser geworden. Bei unserer letzten Heimfahrt erzählte sie mir, der Zauberer habe sie für gesund erklärt. Ich sah sie nie wieder, obwohl ich jedesmal nach ihr Ausschau hielt, wenn ich an den Feldern vorbeikam, auf denen sie arbeitete. In Gedanken sehe ich sie zufrieden zu Hause, ihren Sohn umsorgend.

Die Armut in vielen Dörfern bedrückte mich ebenso sehr wie die Hilflosigkeit mancher Frauen. Meine

Ohren dröhnten von all den Bitten um Hilfe, die mir vor allem von den Frauen in Mit Abul-Kum und den umliegenden Dörfern vorgetragen wurden.

»Madame, hätten Sie ein bißchen Geld für mich? Mein Mann ist schon seit drei Monaten krank; er liegt zu Bett und kann nicht arbeiten.«

»Madame, Gott schütze Sie, zehn Pfund nur – bitte! Ich habe drei Töchter und keinen Sohn. Und nun hat mich mein Mann wegen einer anderen verlassen.«

»Madame, was soll ich tun? Mein Mann hat all sein Geld verspielt und schlägt mich. Ich möchte meine Kinder nehmen und ihm davonlaufen, doch in der letzten Woche hat er meine Nähmaschine verkauft, und nun kann ich meine Familie nicht mehr ernähren. Können Sie mir helfen?«

»Wie heißen Sie?« fragte ich die Frau, deren Ehemann die Nähmaschine verkauft hatte.

»Nawwal«, antwortete sie mit niedergeschlagenem Blick.

Wie fast alle anderen Frauen, die mich darum baten, gab ich auch ihr zehn Pfund, doch so konnte es unmöglich weitergehen. Mein Mann war Parlamentspräsident, kein Nabob. Und die Bitten der Frauen um Geld waren so kontraproduktiv. Was erreichte man denn mit einem Geschenk von zehn oder auch zwanzig Pfund? Auf dem Land würde das Geld vielleicht zwei Wochen lang reichen, dann aber mußten sie wieder betteln.

Es mußte doch eine Möglichkeit geben für diese Frauen, genügend Geld zu verdienen, um ihre Familien zu ernähren und nicht total auf ihre zuweilen tyrannischen Ehemänner angewiesen zu sein. Wenn die Frauen im Dorf zusammenhalten konnten, sobald eine von ihnen krank oder schwanger war oder die Hochzeit für ein Kind auszurichten hatte, warum konnten sich dann nicht alle Frauen zusammentun und einander helfen, Geld zu verdienen und unabhängig zu sein? Ägypten hatte nach der Besatzung durch Ausländer die Unabhängigkeit gewonnen, doch die Ägypterinnen in den Dörfern hatten sie noch immer nicht erlangt. Es war allmählich Zeit, daß sie ihre eigene Revolution begannen.

Immer wieder gingen mir die Geldbitten der Frauen durch den Kopf. Sie beunruhigten mich so sehr, daß ich kaum schlafen konnte. Seit Anwar zum Parlamentspräsidenten gewählt worden war, besaß ich als seine Frau einen gewissen Einfluß oder wenigstens Zugang zu einflußreichen Personen. Nawwals Geschichte von der Nähmaschine, die sie verloren hatte, weil ihr Ehemann das ganze Geld verspielte, ließ mir keine Ruhe. Mit dieser Maschine hatte sie ein Werkzeug besessen, mit dem sie sich ein bißchen Geld verdienen konnte. Und ausgerechnet diese Maschine mußte sie durch ihn verlieren! Eine Nähmaschine... eine Nähmaschine!

»Ich möchte bitte den Gouverneur sprechen.«

»Ja, Frau Sadat! Freut mich, Sie zu sehen. Was kann ich für Sie tun?«

»Ich suche ein Haus.«

»Ein Haus?«

»Ja. Ich möchte ein Schulungszentrum für Frauen

einrichten. Und außerdem brauche ich Nähmaschinen.«

»Nähmaschinen?«

»Ja. Ich möchte eine Näh-Kooperative gründen, damit sich die Frauen in Ihrer Provinz selbständig Geld verdienen können.«

Der Gouverneur der Provinz Munufiya, in der Mit Abul-Kum lag, starrte mich entgeistert an. »Das Delta ist überfüllt, Madame, das wissen Sie doch. Und alle Herrenhäuser der ehemaligen Großgrundbesitzer sind längst von staatlichen Institutionen übernommen worden.«

Damit hatte ich gerechnet. »Irgendwo muß es doch ein Haus geben«, behauptete ich. »Wir brauchen keinen Palast, nur irgend etwas mit vier Wänden, in denen man vor Fliegen und Staub sicher ist.«

Der Gouverneur überlegte einen Moment. »Es gibt da ein altes, leerstehendes Polizeirevier in Talla«, sagte er schließlich. »Die Mauern haben Risse, und es wird nicht lange dauern, bis das ganze Gebäude einstürzt. Aber es dürfte noch bewohnbar sein.«

»Das nehme ich«, erklärte ich ihm energisch. »Und die Nähmaschinen?«

»Vielleicht gibt es noch einige in unseren Depots. Wenn ich mich recht erinnere, stammen sie von einem Projekt das nie ganz zu Ende geführt wurde...«

Der Gouverneur erinnerte sich recht. Das Polizeirevier von Talla, einer etwas größeren Ortschaft als Mit Abul-Kum, war allerdings wirklich kein Palast, aber es existierte. Nun würde sich herausstellen, ob es Frauen gab, die tatsächlich für Geld arbeiten wollten, nachdem sie jahrhundertelang gezwungen gewesen waren, um Geld zu bitten.

»An alle Frauen, die arbeiten wollen! Kommt morgen abend zum verlassenen Polizeirevier!« Ich borgte mir einen Lautsprecher mit Mikrofon vom Gouverneur, befestigte den Lautsprecher auf meinem Wagen und bat den Chauffeur, mich langsam durch die schmalen, staubigen Straßen von Talla zu fahren. »Kommt alle, ob ihr ledig, verheiratet, verwitwet oder geschieden seid«, rief ich in den Lautsprecher. »Kommt alle, wenn ihr eine Handfertigkeit beherrscht oder eine erlernen wollt. Aber kommt nicht, wenn ihr faul und bequem seid. Kommt nur, wenn ihr bereit seid, schnell und fleißig zu arbeiten, um Geld für eure Familien zu verdienen. Kommt morgen abend zur Besuchsstunde ins Polizeirevier!«

Den ganzen Tag hatte ich Herzklopfen. Ich hatte Anwar gefragt, was er von meinem Einfall hielt, aber er hatte mir weder zu- noch abgeraten, weil er nicht daran glaubte, daß ich den Plan wirklich ausführen würde. Jetzt stand die Versammlung im Polizeirevier unmittelbar bevor, und ich war plötzlich meiner selbst nicht mehr sicher. Wie viele Frauen würden kommen? Würde überhaupt eine kommen? Als ich – sehr zeitig – in Talla eintraf, sah ich zu meiner größten Erleichterung, daß bereits zahlreiche Neugierige auf den Beginn der Besprechung warteten. Auf der einen Seite des Raumes saßen die Männer, die wissen wollten, wie Frauen Geld verdienen konnten, und neugierig auf die Frau waren, die von ihrem Wagen aus zur Versammlung gerufen hatte. Auf der anderen Seite saßen die Frauen – gespannt, aber auch ein wenig ängstlich. Und dann kamen die Fragen.

»Womit sollen wir die Nähmaschinen bezahlen?«

»Das gesamte Material wird zunächst vom Staat zur Verfügung gestellt«, erklärte ich. »Später werden wir die Kosten von unserem Gewinn zurückzahlen.«

»Und wer soll sich um die Kinder kümmern, während wir arbeiten?«

»Wir selbst«, antwortete ich. »Wir werden hier im Haus eine Krippe für eure und auch für die anderen Kinder aus dem Dorf einrichten. Und die Arbeitszeit wird nicht allzu lange sein, damit ihr in Ruhe für eure Familien kochen könnt.«

»An wen sollen wir denn die Kleider verkaufen? Hier im Dorf wird sich keiner so was leisten können.«

»Wir schaffen sie nach Kairo und verkaufen sie dort.«

Ein aufgeregtes Gemurmel entstand. Nur wenige waren schon in Kairo gewesen.

»Die Kleider müssen genauso gut gearbeitet sein wie die in der Stadt«, ermahnte ich sie. »Wenn ihr das schafft, kenne ich genügend Geschäfte, die bei uns kaufen werden.«

»Und wenn die Kleider nicht gut genug sind, um sie zu verkaufen?«

»Dann stellen wir eben Marmelade oder saure Gurken her – irgend etwas, womit wir Geld verdienen können«, erwiderte ich. »Heute in einer Woche fangen wir an. Wer von euch ein neues Leben beginnen will, soll kommen. Wer von euch Selbstachtung und den Respekt des Ehemannes gewinnen will, soll kommen. Bereitet jenen, die nicht glauben, daß ihre Frauen selbständig Geld verdienen können, doch mal eine Überraschung!«

Eine Woche darauf war Nawwal die erste vor dem Polizeirevier, und mit ihr warteten fünfundzwanzig weitere Frauen, die nähen und zuschneiden konnten. Anfangs stellten wir einfache Schürzen her, während die erfahreneren Schneiderinnen handgestickte Tücher und Schals anfertigten. Als alle Frauen gut eingearbeitet waren, machten wir uns an die Produktion von Arbeitskleidung für Männer – Buschhemden und Hosen – sowie von Kinderkleidung und bestickten Nachthemden für Frauen. Jeden Tag unternahm ich die zweistündige Autofahrt von Kairo nach Talla, um die Frauen zu beaufsichtigen und anzufeuern, und fuhr dann wieder nach Hause zurück.

»Diese Naht ist nicht gerade«, tadelte ich eine Frau. »Sehen Sie doch, wie schief der Saum hier ist«, kritisierte ich eine andere.

Bald waren die Kleidungsstücke fast perfekt. »Was ist los, Madame Jehan?« fragten die Frauen beunruhigt. »Sie sind so still. Mögen Sie uns nicht mehr?«

Kurz darauf erzählte mir eine Kairoer Freundin mit eigener Kleiderfabrik, sie habe Verträge mit der Armee und mehreren Direktoren großer Werke, für die sie Uniformen und Arbeitskleidung herstelle. »Warum siehst du nicht zu, ob du in Munufiya nicht Verträge für die Lieferung von Kleidungsstücken aus der Talla-Kooperative bekommst?« schlug sie mir vor. »Ich werde dir meinen Zuschneider leihen. Er ist hervorragend und kann das Maßnehmen und Zuschneiden erledigen. Dann brauchen die Frauen in Talla die Sachen nur noch zu nähen.«

Ich war ihr sehr dankbar für diesen Vorschlag. Irgendwann mußte die Talla-Kooperative genug Geld verdienen, um finanziell unabhängig zu sein. Also rief ich, als ich das nächstemal in Talla war, den Eigentümer einer einheimischen Tuchfabrik an. »Wir sind in der Lage, für Ihre Belegschaft preiswert und schnell erstklassige Arbeitskleidung herzustellen«, erklärte ich ihm. »Warum bestellen Sie nicht in der Region, wo doch die Frauen von Talla alles, was Sie brauchen, liefern können?«

Der Fabrikant rief seinen Werkmeister. »Brauchen wir Arbeitskleidung?« fragte er ihn.

»Ja«, antwortete der Werkmeister.

Wir bekamen den Auftrag.

Ich war begeistert. Meine Freundin in Kairo hielt ihr Versprechen und schickte uns ihren Zuschneider, der zuerst in die Tuchfabrik ging und bei allen Arbeitern Maß nahm und anschließend nach Talla zurückkehrte, um den Stoff zuzuschneiden. Im Handumdrehen hatten die Frauen die Uniformen fertiggestellt: nahezu fünftausend Hemden und Hosen. Stolz lieferte ich dem Fabrikbesitzer die Arbeitskleidung persönlich ab.

»Die Frauen von Talla sind ausgezeichnete Arbeiterinnen«, versicherte ich ihm, als ich ihm in seinem Büro gegenübersaß. »Sie werden über die Qualität ihrer Arbeit staunen.«

Es klopfte. »Möchten Sie die Arbeitskleidung sehen?« erkundigte sich der Werkmeister. Und schon betraten neun Männer das Büro. Bei den kleineren hingen die Ärmel bis weit über die Hände, bei den größeren endeten die Hosen kurz unter den Knien und wirkten wie Bermudashorts.

Ich merkte, wie ich rot wurde, und wäre am liebsten in den Boden versunken. »Das ist allein unsere Schuld«, brachte ich gerade noch heraus. »Ich werde sämtliche Anzüge wieder mitnehmen. Lassen Sie uns zwei Wochen Zeit, dann bekommen Sie die richtigen Größen.«

Ich war wütend auf den Zuschneider. »Sie haben alles zerstört, wofür wir gearbeitet haben!« warf ich ihm vor. Ich hätte ihn erwürgen können! »Sie wollen ein Fachmann sein? Sie haben versprochen, mit den Frauen zusammenzuarbeiten und dafür zu sorgen, daß keine Fehler vorkommen.«

Er wirkte gelassen. »Keine Sorge, Madame«, beruhigte er mich. »Geben Sie mir zehn Tage Zeit. Sie werden sehen. Wir verstehen unsere Arbeit.«

Todunglücklich fuhr ich nach Kairo zurück. Welchen Sinn hatte es, so fleißig mit den Frauen von Talla zu arbeiten, wenn so das Ergebnis dieser Mühen aussah? Ich hatte meiner Familie viel Zeit gestohlen. Es war wohl besser, wenn ich einfach zu Hause blieb und mich um meine Kinder kümmerte. So stark erregt war ich, daß ich nicht schlafen konnte und mich verzweifelt im Bett herumwarf. Wie war ich nur auf die Idee gekommen, etwas für die Frauen tun zu können? Gar nichts hatte ich erreicht, sondern sie nur in Verlegenheit gebracht.

Zehn Tage darauf fuhr ich wieder nach Munufiya

in die Fabrik. »Ist die Lieferung fertig?« fragte ich den Zuschneider.

»Ja, Madame«, versicherte er mir. »Sie werden sehen.«

Als ich dem Fabrikanten abermals gegenübersaß, war nichts mehr übriggeblieben von meiner Zuversicht und Begeisterung beim ersten Besuch. Und als es klopfte, wurde mir das Herz noch schwerer.

»Möchten Sie die Sachen sehen?« fragte der Werkmeister.

Ich nickte, obwohl ich nicht wußte, ob ich eine solche Demütigung ein zweites Mal ertragen konnte. Wieder kamen die Männer herein, einer nach dem anderen. Und dieses Mal in erstklassig geschneiderten, einwandfrei sitzenden neuen Arbeitsanzügen.

»Ausgezeichnet«, lobte der Fabrikbesitzer.

»Wie haben Sie das gemacht?« fragte ich den Zuschneider später. »Diese neuen Stücke sind großartig!«

»Sie sind nicht neu«, klärte er mich auf. »Ich habe nichts an ihnen verändert.«

Ich starrte ihn verständnislos an. »Aber sie müssen neu sein«, beharrte ich. »Beim letztenmal haben sie überhaupt nicht gepaßt.«

»Beim letztenmal habe ich vergessen, den Werkmeister zu bestechen«, erklärte mir der Zuschneider. »Er hatte die Männer absichtlich so angezogen – den kleinsten die größten Anzüge, den größten die kleinsten.«

Mir stockte der Atem. Es wäre mir nie in den Sinn gekommen, den Werkmeister zu bestechen.

Noch wochenlang schlug ich mich mit diesem Problem herum. Wie naiv ich doch gewesen war – eine kleine, idealistische Hausfrau! Ich hatte mein Bestes für die Frauen von Talla getan, aber das hatte nicht genügt. Wenn ich weitermachen wollte, mußte ich mich der Realität des Geschäftslebens anpassen. Nicht jeder war wohl so korrupt wie dieser Werkmeister, doch woran sollte ich das erkennen? Ich mußte also auf jeden Fall vorbereitet sein. Und tatsächlich, das gleiche geschah abermals, als ich Hunderte von Metern Spitze bestellte, die zum Säumen von Nachthemden auf die richtige Länge geschnitten werden mußten. Sämtliche Spitzenlängen fielen zu kurz aus, bis ich die Frau, die sie ausmaß, mit Parfüm und bestem Kaffee aus Jemen ›beschenkte‹. Plötzlich hatten alle Spitzenbänder die richtige Länge. So einfach war das. Wenn das die Art war, Geschäfte zu machen, würde ich mich fügen. Die Frauen von Talla brauchten das Geld und die Anerkennung in ihrem neuen Beruf.

Mein Enthusiasmus war so groß wie der ihre, und die Qualität der Arbeiten wurde zusehends besser. Ein Jahr nach dem Zwischenfall mit den Arbeitsanzügen waren die Frauen so weit, daß sie die ganze Palette ihrer Produkte vorzeigen konnten. Mit dreihundert Schachteln voll Kleidern und Handarbeiten reisten fünfundzwanzig Frauen mit mir in Minibussen nach Kairo zu einer Ausstellung, die von anderen Freiwilligen in der Halle des Hotels Sheraton organisiert worden war. Die Frauen von Talla, von denen viele noch nie in Kairo gewesen waren, trauten ihren

Augen nicht, als sie die hohen Gebäude sahen. Jedesmal, wenn ein Auto hupte, zuckten sie ängstlich zusammen und klammerten sich später, auf dem von zahlreichen Passanten belebten Bürgersteig vor dem Hotel, eingeschüchtert aneinander. Noch nie hatten sie so viele Menschen in so großer Eile gesehen, so viele Menschen, die sie nicht kannten. Was jedoch kurz darauf im Hotel geschah, raubte ihnen buchstäblich den Atem.

Außer unserer Ausstellung fand dort nämlich noch eine Modenschau der Haute Couture statt. Unter den ungläubigen Blicken der Frauen von Talla, die von Kopf bis Fuß in Schwarz gehüllt waren, stolzierten spärlich bekleidete Mannequins in den Garderobenräumen umher. Als ein Mannequin hinausging, um ein seidenes Nachthemd vorzuführen, bedeckten mehrere Frauen hastig ihre Augen. »Da ist ein Mann!« hörte ich eine von ihnen aufschreien. Und tatsächlich, der Designer war bei seinen Mannequins im Umkleideraum, während die jungen Mädchen sich bis auf die Unterwäsche auszogen, bevor sie das nächste Modell überstreiften. Für die Frauen aus dem Dorf war das unerhört. Nur mit Mühe und Not konnte ich sie überreden, endlich die Sachen aufzubauen, die wir aus Talla mitgebracht hatten.

Als die Busse an jenem Abend nach Talla zurückfuhren, war jedes einzelne mitgebrachte Stück verkauft worden. Die Hälfte der Einnahmen erhielten die Frauen, die andere Hälfte wurde in die Kooperative investiert.

Nach dem ersten großen Verkaufserfolg der Kooperative in Kairo begann ich noch intensiver zu arbeiten. Immer mehr Frauen schlossen sich unserer Organisation an, die bald Gesellschaft für Soziale Entwicklung genannt wurde. Aus unseren fünfundzwanzig Nähmaschinen wurden einhundertfünfundzwanzig. Kurz bevor das Polizeirevier ganz zusammenbrach, stellte uns das Sozialministerium ein neues Gebäude zur Verfügung, in dem wir zusätzlich eine Tischlerwerkstatt für Männer einrichteten. Unsere Produktionszahlen stiegen von sechzig Arbeitsanzügen pro Tag auf viertausend, als wir in Munufiya zwei weitere Werkstätten und überdies je eine in Beni Suef und Alexandria aufmachten.

Nawwal arbeitet noch immer in Talla. Als ich sie zum letztenmal sah, hatte sie, genau wie die anderen Frauen, eifrig die neueste Mode in Kairo studiert und trug nunmehr ein Kleid mit engen Ärmeln, die sich vom Ellbogen abwärts wie eine Blüte öffneten. Außerdem trug sie an beiden Handgelenken neue Goldarmbänder und sprühte vor Begeisterung. »Mein Mann spielt nicht mehr, und er schlägt mich auch nicht mehr«, berichtete sie mir glücklich. »Er hat jetzt großen Respekt vor mir.«

Ich konnte mit meinem ersten Projekt zufrieden sein.

»Was hältst du davon?« fragte ich Anwar an dem Tag, an dem in Mit Abul-Kum ein Zweigbetrieb der Werkstatt in Talla eröffnet wurde.

»Ganz ausgezeichnet! Ich hätte es nie für möglich gehalten«, antwortete er. »Aber nimm dich in acht, nicht alle Männer sehen es gern, daß die Frauen das

Haus verlassen und arbeiten gehen. Sie müssen auch jetzt noch an ihre Pflichten als Ehefrau denken. Genau wie du.«

Ich lachte. »Du wirst immer ein Dörfler bleiben, Anwar«, neckte ich ihn. »Aber du kannst keine Revolution ausschließlich für Männer machen. Ein bißchen davon muß auch für die Frauen abfallen.«

Er lächelte. »Nun gut, dann werde ich dir die Frauen Ägyptens anvertrauen«, erklärte er, »während ich mich um die Staatsgeschäfte kümmere.«

»Abgemacht!« gab ich zurück. »Du wirst schon sehen, wie stolz du auf mich sein kannst.«

7 Ägyptens Unglück

»Was da im Dorf Kamschisch passiert, Madame, ist einfach unmenschlich«, flüsterte mir ein Dorfälteste eines Tages im Sommer 1966 in Mit Abul-Kum zu. »Gestern hat die Militärpolizei den Vater der Familie El-Fikki aus dem Haus geholt und ihm einen Strick um den Hals gelegt. ›Runter auf alle viere wie ein Esel!‹ haben ihn die Militärpolizisten angeschrien. Dann zwangen sie ihn, auf den Dorfstraßen herumzukriechen, während die Fellachen ihn als Symbol des Feudalismus anspucken mußten.«

Ängstlich schlug der Dorfälteste die Augen nieder, denn ihm war klar, daß es gefährlich war, vor der Frau eines Parlamentspräsidenten und Revolutionärs die Regierung zu kritisieren. Aber das, was er gesehen hatte, brach ihm das Herz. »Wir lieben Ihren Mann, Frau Sadat, und wir lieben die Revolution«, versicherte er bedrückt, »doch wenn die Menschen so etwas sehen, werden sie die Revolution hassen. Mir war diese reiche Familie immer unsympathisch, doch wenn man sieht, daß ein Mann schlimmer behandelt wird als ein Tier, bringt man der Familie mehr Sympathie entgegen als der Revolution. So etwas ist einfach zu demütigend.«

Im Frühjahr 1966 hatte Nasser auf das Gerücht hin, daß mehrere hundert ›feudale‹ Familien in den ländlichen Gebieten weiterhin illegal riesige Flächen von Land besaßen und bewirtschafteten, beschlossen, diese Großgrundbesitzer zu enteignen. Um das Eigentum all jener zu registrieren und zu beschlagnahmen, die es gewagt hatten, die Vorschriften der Landreform zu mißachten, wurde das heftig umstrittene Komitee zur Liquidierung des Feudalismus gegründet. Damit begann ein wahres Terrorregime. Willkürliche Verhaftungen und Folterungen wurden zur Tagesordnung.

Im März 1967 verstärkte das Komitee seine tyrannische Kampagne zur Enteignung der Bourgeoisie, und die Methoden der Militärpolizei wurden noch grausamer. Oft genug wußten die jungen Soldaten nicht einmal, wonach sie suchten. »Zeigt uns, was ihr habt«, verlangten sie, nachdem sie in das Haus eines Mannes eingedrungen waren, den sie für reich hielten. Sie stürmten in die Schlafzimmer, wo die Frauen ängstlich zusammenhockten, zogen ihnen die Ringe von den Fingern, rissen ihnen die Armbänder und Ohrringe ab und steckten den Schmuck nicht selten sofort mit dem gesamten Bargeld, das sie fanden, in die eigene Tasche. Die Häuser so mancher großen Familie wurden beschlagnahmt und ganze Generationen buchstäblich auf die Straße gesetzt. Niemand wagte zu protestieren. Die Presse verlor kein Wort über die Greueltaten. Hätte eine Zeitung derartige Dinge gemeldet, sie wäre auf der Stelle verboten oder gebannt worden.

Die Bittsteller, die vor meiner Tür Schlange standen, waren jetzt weit häufiger ehemals Reiche und Mächtige als Arme und Hilflose. Manche baten mich um Hilfe, damit sie ihr Eigentum zurückbekamen.

Andere baten mich um Geld und eine Erhöhung der geringen Pensionen, die der Staat ihnen gewährte. Und da unsere Glaubenslehre von uns verlangt, allen Bedürftigen zu helfen, die uns darum bitten, ging ich mit jeder einzelnen Petition zu Anwar. Mehr aber konnte ich für diese Menschen nicht tun. Ich war hin und her gerissen. Ich glaubte fest an das Konzept des Komitees für die Liquidation des Feudalismus, das den Reichtum einiger weniger unter die vielen Armen aufzuteilen versuchte. Ich billige die Ziele der sozialistischen Regierung, doch ihre Methoden vermochte ich nicht gutzuheißen.

Es war, als nähmen die Soldaten, von denen viele aus armen Familien kamen, Rache an den Mitgliedern der großen, angesehenen Familien, deren Namen in ganz Ägypten bekannt waren. Mit einigen von ihnen war ich befreundet, und sogar Mitglieder meiner eigenen Familie waren betroffen. »Würdest du das hier für mich aufbewahren?« fragte mich Abu Wafia, der Schwiegervater meiner Schwester, und übergab mir ein Päckchen. Er war während des Krieges von 1956 sehr freundlich zu mir gewesen, denn auf seinem Hof hatte ich Gamal zu früh zur Welt gebracht.

»Aber natürlich«, antwortete ich. »Was ist da drin?«

»Nur etwas Schmuck von meiner Frau«, sagte er.

»Wieviel?« wollte ich wissen, damit ich sicher sein konnte, daß nichts fehlte, wenn er das Päckchen wieder abholte.

»Das möchte ich dir lieber nicht sagen«, wich er

aus. »Ich halte dieses Haus für sicher und brauche deine Hilfe.«

Ohne Anwar etwas davon zu sagen, versteckte ich das Päckchen in meinem Schlafzimmerschrank und verschloß die Tür. Aber ich machte mir so große Sorgen darum, daß ich für einige Zeit nicht einmal das Haus zu verlassen wagte. Wenn etwas aus dem Päckchen fehlte, würde Abu Wafia kein Wort davon sagen, und dieser Gedanke war mir furchtbar. So beunruhigt war ich, daß ich mich eines Morgens im Schlafzimmer einschloß und vor dem Schrank vor Nervosität auf und ab ging. Das ist doch lächerlich, sagte ich mir dann schließlich. Aber es sollten sechs lange Monate vergehen, bevor ich ihm das Päckchen zurückgeben konnte.

Es war eine schreckliche Zeit für mich. Die Reichen zu mißhandeln und sie aus dem Land zu vertreiben, war nicht der Zweck der Revolution gewesen. Die Militärpolizisten sollten den Besitz der Wohlhabenden registrieren, nicht aber sie bestehlen. Ihre Brutalität gegenüber jenen, die sie der Opposition gegen das Regime verdächtigten, verstieß gegen alles, woran ich glaubte. Niemand, ganz gleich, was er getan hat oder wessen man ihn verdächtigt, darf gefoltert oder gedemütigt werden. Hat er gemordet, verdient er die Hinrichtung. Diese Form der Todesstrafe finde ich richtig. Nicht aber die Folter.

Die gesamte Mittelschicht wandte sich gegen das Regime. Selbst die Fellachen verloren den Respekt vor dem Versuch, das Land vom Feudalismus zu befreien. Was ich zur Verteidigung der Revolution vorzubringen hatte, klang mit der Zeit sogar in meinen eigenen Ohren hohl. »Der Weg vom Kapitalismus zum Sozialismus verlangt Opfer«, predigte ich meinen Freunden und Bekannten immer wieder. »Man kann es nicht mit jedem Gesetz allen recht machen, aber die Mehrheit wird davon profitieren.«

In dieser kurzen Zeit wurden von der Militärpolizei mehrere hundert ›Feudalisten‹ verhaftet und sechzigtausend Feddan Land enteignet. Viele Besitzungen wurden so willkürlich beschlagnahmt, daß sie binnen kurzem schon ihren Eigentümern zurückgegeben werden mußten – zuerst von den Gerichten und später dann von meinem Mann, der dem Recht in Ägypten wieder Geltung verschaffte. Welch eine beschämende Zeit für unser Land! Es bedurfte einer erneuten Provokation durch Israel, um den teuflischen Aktivitäten des Komitees für die Liquidation des Feudalismus ein Ende zu setzen und die Aufmerksamkeit der Regierung vom Kampf gegen verdächtigte Staatsfeinde im Innern auf die Konfrontation mit unserem wahren Feind an Ägyptens Ostgrenze zu lenken.

Im Mal 1967 schien eine militärische Konfrontation mit Israel unmittelbar bevorzustehen. Seit sechs Monaten hatten sich die Spannungen ständig verstärkt. Im November hatte Israel das Dorf El-Samu, fünfzig Kilometer hinter der jordanischen Grenze, überfallen und dabei 125 Häuser, die Dorfklinik, die Schule und die Moschee zerstört. Unter dem Vorwand, das Dorf sei eine Basis der Palästinensischen Befreiungsorganisation, hatten die Israelis siebzehn Personen getötet, vierundfünfzig verwundet und mit Tanks und Panzerwagen die fünftausend Einwohner aus ihren Häusern vertrieben.

Nun sei es die Pflicht aller Araber, verkündete Syriens Präsident Nur el-Din Attasi im Februar öffentlich, »von der Defensive in die Offensive überzugehen und den Kampf um die Befreiung des usurpierten Landes aufzunehmen. Jedermann muß sich dieser Prüfung stellen und den Kampf bis zum Ende durchhalten.«

Als am 7. April bei Damaskus israelische und syrische Kampfflugzeuge aufeinandertrafen, schoß die israelische Luftwaffe sechs MIG-Maschinen ab.

Bei seinem Moskau-Besuch im April hatte Anwar von Kossygin erfahren, daß Israel an der syrischen Grenze Truppen zusammengezogen habe und für Mitte Mai einen Angriff plane. Am 15. Mai erteilte Nasser aufgrund des Gegenseitigen Verteidigungspakts mit Syrien dem Verteidigungsminister Amer den Befehl, ägyptische Soldaten über den Sinai an die israelische Grenze zu schicken.

Inzwischen arbeitete die israelische Propagandamaschine eifrig daran, die Welt davon zu überzeugen, daß Israel, ein winziges Land mit zwei Millionen Einwohnern, von hundert Millionen feindlicher Araber bedroht werde. Vor allem eine Erklärung des Palästinenserführers Ahmad el-Schukeiri schlachteten sie aus, die dieser nach der Gründung der PLO 1964 abgegeben hatte. Die Araber würden nicht ruhen, hatte er darin gesagt, bis sie Israel ins Meer getrieben hätten.

Dieser eine kleine Satz Ahmad el-Schukeiris sollte uns westliche Unterstützung im Wert von Millionen und aber Millionen Dollar kosten. Immer wieder benutzen die Israelis ihn im Laufe der Jahre, um dem Westen zu beweisen, daß die Araber einen neuen Holocaust planten. Wir in Ägypten sahen voll Zorn und Verzweiflung, wie Israel aufgrund seiner Propaganda zunehmend Sympathien und Unterstützung gewann. Wie hätten wir Israel ins Meer treiben können? Israel, hinter dem die Vereinigten Staaten standen, war mächtiger als sämtliche arabischen Streitkräfte zusammen.

Im Frühjahr 1967 richteten die Israelis ihre tendenziöse Propaganda direkt gegen die Araber. Die meisten von uns seien arm, ungebildet und schmutzig. »Wenn man alle Araber in einen *chorbal* wirft und ihn schüttelt, würden die meisten von ihnen durchfallen«, behauptete die israelische Außenministerin Golda Meir, womit sie andeuten wollte, daß wir zwar sehr zahlreich seien, es uns aber gerade deswegen an Qualität mangele. Später sollte sie dann sagen, daß die Araberinnen besonders frivol und leichtsinnig seien, weil sie sich lieber Make-up und schöne Kleider kauften, anstatt ihr Geld für Bildung und Selbstverwirklichung auszugeben. Es traf natürlich zu, daß manche Araber, im Vergleich zu den Israelis, rückständig lebten; doch kaum einer von ihnen hatte sich seine Armut selbst erwählt.

Am 14. und 15. Mai riefen Syrien, Ägypten und Israel den Ausnahmezustand aus und mobilisierten ihre Truppen. Am 18. Mai forderte Nasser auf den

Druck anderer arabischer Führer hin die Vereinten Nationen auf, ihre Friedenstruppen aus Ägypten abzuziehen. Weil er die Friedenstruppen in der Region belassen wollte, bat UNO-Generalsekretär U Thant Israel, die UNO-Truppen auf seinem Gebiet zu dulden, und wies darauf hin, daß der ursprüngliche Plan der Vereinten Nationen nach dem Krieg von 1956 vorgesehen hatte, Truppen auf beiden Seiten der ägyptisch-israelischen Grenze zu stationieren. Doch wie sich Israel schon nach der Sues-Krise geweigert hatte, die UNO-Truppen zu akzeptieren, weigerte es sich jetzt abermals. U Thant sah sich gezwungen, die Friedenstruppen ganz aus unserer Region abzuziehen.

Nasser wurde in der arabischen Welt zu einem noch größeren Helden, denn wieder waren ausländische Soldaten von ägyptischem Boden vertrieben worden. Doch wir in Ägypten wußten alle, daß der Abzug der UNO-Truppen nur eines bedeuten konnte: einen neuen Krieg. Denn nur die Gegenwart der Friedenstruppen hatte den Krieg zwischen Ägyptern und Israelis verhindern können. Die Lage wurde noch kritischer, als Nasser am 21. Mai ägyptische Truppen nach Scharm el-Scheich, der ägyptischen Stadt im Sinai, die Israels einziger Zugang zum Roten Meer war, schickte und zum erstenmal seit elf Jahren die Kontrolle über die Meerenge von Tiran zurückerlangte. Die Schließung der Meerenge ordnete Nasser vorläufig nicht an, weil er hoffte, die Drohung allein würde genügen, Israel an den Verhandlungstisch zu bringen.

Als Israel jedoch keine Verhandlungsbereitschaft zeigte, ließ Nasser die Straße von Tiran am 22. Mai schließen.

Nun stand Israels Prestige auf dem Spiel. Irgend etwas mußte geschehen, damit die Welt nicht glaubte, die Israelis ließen sich von den Arabern auf die Zehen treten. »Israel kann das Geschehene weder hinnehmen noch ihm gleichgültig gegenüberstehen«, hieß es in einem Artikel vom 26. Mai in *el-Ahram*. »Israel wird den ersten Schlag führen. Es wird ein hundertprozentiger K.-o.-Schlag sein.«

Zwei Tage später erklärte Nasser der ausländischen Presse, daß er keinen Krieg wolle, sondern nur die Ehre der Araber verteidigen werde, wenn Israel angreife. Schließlich gebe es außer ihm keinen anderen, der die Seite der Araber vertrete. Die Vereinigten Staaten seien, wie Nasser sagte, ›voreingenommen und hundertprozentig auf der Seite Israels‹. Die übrigen Westmächte redeten ausschließlich von den Rechten Israels und davon, daß man Israels Partei ergreifen müsse. »Doch wo bleiben die Rechte der Araber?« fragte er die Reporter der *New York Times*, der *London Times*, des *Le Monde* und anderer westlicher Zeitungen. »Kein einziger Mensch spricht von den Rechten der Araber oder den Rechten der Palästinenser in ihrem eigenen Land, auf ihrem eigenen Grund und Boden!«

Ganz Ägypten und der gesamte Mittlere Osten hörten voller Stolz, wie Nasser, der erste Volksführer, der sich gegen die Supermächte im Westen und in Europa und für die Araber einsetzte, seine Ansprache hielt. In Kairo bereiteten wir uns zuversichtlich auf die mit Sicherheit erfolgenden Gegenschläge der Israelis vor. »Wir kehren mit Waffengewalt zurück. Wir kehren zurück wie der Morgen nach dem Dunkel der Nacht«, sang Umm Kalthum in einem Lied, das für den bevorstehenden Krieg verfaßt worden war. »Arabische Heere, möge Allah euch beschützen... Die Tragödie Palästinas ruft euch zu den Grenzen. Wir alle sind bei euch im Feuer der Schlacht.«

Mit Konzerten in der gesamten arabischen Welt sammelte Umm Kalthum Geld für die Kriegführung. Andere Ägypter trugen zur Erleichterung der Kriegslasten bei, indem sie den für die Ausrüstung der Streitkräfte sammelnden Organisationen Geld und Sachspenden gaben. Wie viele andere Frauen auch, spendete ich meinen Trauring und meinen Verlobungsring. Meine drei Töchter, damals dreizehn, acht und sechs, spendeten ihre goldenen Armbänder.

Anwar hatte fast überhaupt keine Zeit mehr für seine Familie, sondern war ständig auf Sitzungen mit den anderen Regierungsmitgliedern. Also saß ich mit meinen Sorgen um die Sicherheit unserer vier Kinder und die Zukunft unseres Landes allein zu Hause. »Wird Israel uns angreifen?« fragte ich Anwar, wann immer ich ihn für einen Augenblick sah.

»In dieser Zeit ist alles möglich, Jehan«, antwortete er mir dann, während er sich in eine frische Uniform warf und wieder davoneilte.

Ich selbst war fest davon überzeugt, daß wir vor einem Krieg standen. Doch statt nur herumzusitzen und mir Gedanken zu machen, beschloß ich, meine Energie nutzbringender mit Vorbereitungen auf das Kommende zu verwenden. Ich ahnte nicht, daß dieser Entschluß mein Leben völlig verändern sollte.

Ich telefonierte mit allen Frauen, die regelmäßig zu unseren Mittagstreffen gekommen waren, den Leiterinnen der Frauenorganisationen, den Ehefrauen der arabischen Botschafter, mit jeder Frau im öffentlichen Dienst, die ich kannte. »Gehen wir gemeinsam zum staatlichen Kasr-el-Aini-Krankenhaus, um Blut zu spenden«, schlug ich ihnen vor. »Damit genügend Blutkonserven vorhanden sind, wenn die Verwundeten eintreffen.« Auch die Zeitungen benachrichtigte ich, denn wenn es Fotos von Frauen gab, die Blut spendeten, würden andere vielleicht ihrem Beispiel folgen. Und so war es.

Ich fuhr zur Zentrale des Roten Halbmonds, unserem Äquivalent des Roten Kreuzes, und schlug vor, alles für den Notfall vorzubereiten – von Verbandszeug bis zu Krankenkitteln.

Ich platze fast vor Energie. »Ruft eure Freundinnen an, eure Bekannten und Nachbarinnen«, forderte ich die Frauen auf, die zur ersten Versammlung des Roten Halbmonds kamen. »Sagt ihnen, die Helden Ägyptens werden ihre Hilfe benötigen.«

Eine Frau rief die andere an, bis eine ganze Armee von Frauen als Freiwillige beim Roten Halbmond arbeitete. Aus den Stoffen im Untergeschoß des Roten Halbmonds nähten wir Unterwäsche und Krankenhemden für die Verwundeten, und als das Material nicht ausreichte, kauften wir auf eigene Kosten noch mehr dazu. Wir stellten Krankensets zusammen, die ein Stück Seife, einen Waschlappen, ein Handtuch, ein Rasiermesser, eine Flasche Kölnisch Wasser, einen Pyjama, eine Galabiya sowie einen Koran für die Moslemsoldaten und eine Bibel für die Kopten enthielten. Und wir verteilten diese Sets an alle Krankenhäuser.

Manche Krankenhausverwalter baten um mehr Bettwäsche, anderen fehlten Geräte wie zum Beispiel elektrische Mixer, um für die Verwundeten, die nicht kauen konnten, das Essen zu zerkleinern. Wir brachten ihnen von unseren eigenen Sachen alles, was wir entbehren konnten, und baten dann um Spenden zur Anschaffung zusätzlicher Dinge. Ich war ein bißchen über mich selbst verwundert, weil ich Anwar nicht um Erlaubnis, ja nicht einmal um seinen Rat gebeten hatte, bevor ich mit diesem großen Projekt begann, aber es war keine Zeit dazu gewesen. Außerdem fühlte ich mich, wenn ich sah, wie die Begeisterung bei den freiwilligen Frauen wuchs, von denen viele kaum jemals etwas außerhalb ihrer Häuser unternommen hatten, immer selbstsicherer und entschlossener.

Auch die Tatsache, daß die Krankenhäuser unsere Hilfe so bereitwillig akzeptierten, war ermutigend, denn dies war das erste Mal, daß so viele verheiratete Frauen des ägyptischen Mittelstands so eifrig bereit waren, mit anzupacken. Ein ganz neuer Respekt vor den Frauen entwickelte sich, auf den ich sehr stolz war. Sollte es zum Krieg kommen, würden die Frauen Ägyptens im echten Geist der Revolution den ägyptischen Männern zur Seite stehen und an allem teilnehmen.

Inzwischen versuchten Diplomaten auf der ganzen Welt die Krise im Mittleren Osten auf friedlichem Weg zu lösen. Eine Vermittlung hatte Nasser sich natürlich schon lange gewünscht, und so war er verständlicherweise erleichtert, als ihm ein Beamter des amerikanischen Außenministeriums am 3. Juni versicherte, auch Israel wünsche eine diplomatische Lösung. Auf einer Pressekonferenz desselben Tages in Jerusalem weckte Israels Verteidigungsminister Mosche Dayan falsche Hoffnungen. Gefragt, ob mit diplomatischen Mitteln nicht zu viel Zeit verschwendet werde, antwortete Dayan: »[Es ist] zu spät für uns, militärisch zu reagieren... und zu früh, um Schlußfolgerungen hinsichtlich einer diplomatischen Beilegung der Krise zu ziehen.«

Dayan log. Als ich zwei Tage später, am 5. Juni 1967, gerade die Kinder zur Schule gebracht hatte und wieder nach Hause kam, explodierte plötzlich der Himmel. Düsenjäger schossen über Kairo dahin. Das Getöse auf der Pyramidenstraße war ohrenbetäubend, und unser Haus begann unter zahllosen, wuchtigen Bombeneinschlägen zu beben. Sämtliche Fenster klirrten in ihren Rahmen und drohten zu bersten. Unsere Luftwaffe schlägt die Angreifer anscheinend zurück, dachte ich und lief zu Anwar, der im Bett die Morgenzeitung las.

»Es ist soweit, Anwar, nicht wahr?« fragte ich ihn. »Wir haben Krieg.«

Er lächelte mir beruhigend zu, während er seine Uniform anzog. »Scheint so«, sagte er und setzte siegesgewiß hinzu: »Diesmal werden wir den Israelis eine Lektion erteilen, die sie so schnell nicht wieder vergessen werden.«

Die Kinder! Ich mußte zur Schule und sie nach Hause holen. »Keine Sorge, die sind dort sicher«, behauptete Anwar. Aber ich wollte meine Kinder zu Hause haben, wo sich meine Mutter und meine Schwester um sie kümmern konnten, während ich zum Roten Halbmond fuhr. Denn solange ich nicht ganz genau wußte, daß meine Kinder bei meiner Familie waren, würde ich mich nicht auf die Arbeit konzentrieren können, die vor mir lag.

Die Straße nach Zamalek war ein einziges Chaos, verstopft von zahlreichen Lastwagen und Bussen, Fußgängern und Radfahrern. Ein jeder strebte nach Hause oder in einen Luftschutzkeller. Zu dem schrecklichen Krachen der Bomben gesellte sich das Geheul der Luftschutzsirenen, und über der Wüste stiegen tiefschwarze Rauchwolken auf.

Ich schaltete das Autoradio ein und stellte es sehr laut, damit ich bei dem furchtbaren Lärm draußen wenigstens etwas verstehen konnte. »Die tapfere ägyptische Luftwaffe hat einhundertfünfzehn feindliche Flugzeuge abgeschossen!« jubelte der Ansager des von Kairo ausgestrahlten Rundfunkprogramms ›Stimme der Araber‹, der aufgeregt die Regierungsmeldungen verlas.

Ich setzte die Kinder bei meiner Schwester ab und fuhr sofort ins Krankenhaus, wo ich die Frauen in

Gruppen mit jeweils einer Leiterin einteilte und jede Gruppe einem bestimmten Krankenhaus zuwies, wo sie die Ankunft der Verwundeten erwarten sollte. Am Nachmittag brachte ich die Gruppen zu ihrem jeweiligen Lazarett und stellte die freiwilligen Helferinnen den Verwaltern vor. Wir hörten noch immer das Dröhnen der Jets und das Bellen der Flak, in Kairo schien es jedoch kaum Schäden zu geben. Als ich heimkehrte, war ich erschöpft, aber glücklich. Unsere Gruppen waren an Ort und Stelle und die Kriegsmeldungen im Rundfunk immer noch positiv.

»Wo ist euer Vater?« fragte ich die Kinder, weil ich den schönen Triumph dieses Tages möglichst schnell mit ihm teilen wollte.

»Der sitzt oben auf seinem Balkon«, antwortete Lubna.

Ich lief die Treppe hinauf. »Anwar«, rief ich, als ich auf den Balkon hinausstürzte, »ich habe wunderbare Nachrichten! Die Frauen stehen in allen Krankenhäusern bereit, um die Verwundeten in Empfang zu nehmen. Alles ist in die Wege geleitet.«

Er antwortete nicht, er sah mich nicht einmal an.

»Anwar«, fuhr ich aufgeregt fort, »kein einziger Augenblick wird vergeudet. Die Verwundeten werden gepflegt werden wie nie zuvor.«

Aber er saß noch immer da und starrte ins Leere.

»Was ist denn, Anwar?« fragte ich ihn besorgt, weil ich dachte, sein Herz mache ihm wieder zu schaffen. »Ist dir nicht gut?«

»Nein. Viel schlimmer«, antwortete er schließlich und wandte sich zu mir um. Noch nie hatte ich eine so tiefe Qual in seinem Gesicht gesehen. »Wir haben den Krieg verloren.«

»Du mußt dich irren, Anwar«, erwiderte ich ungläubig. »Gleich da draußen, auf der Straße vor unserem Haus, tanzen und jubeln ganze Scharen von Menschen. Sogar aus den Dörfern sind sie mit Lastwagen gekommen, um hier zu feiern!«

Sein Blick ließ mich nicht los. »Ich komme gerade von einer Besprechung mit Amer und Nasser, Jehan«, sagte er langsam, als könne er selbst nicht recht daran glauben. »All unsere Flugzeuge sind zerstört. Die israelische Infanterie hat schon El-Arisch erobert. Unsere Soldaten sind auf der Flucht. Es ist eine Katastrophe für Ägypten.«

Ich traute meinen Ohren nicht. Offenbar hatten wir in der Zeit, während ich meine Kinder von der Schule abholte und sie sicher zu Hause ablieferte, den Krieg verloren. Innerhalb von nur zwei Stunden hatten die israelischen Kampfflugzeuge einen verheerenden Angriff auf ägyptisches Gebiet geflogen. Da sich Verteidigungsminister Amer während des kritischen Zeitpunkts selbst in der Luft befand, um unsere Fliegerhorste zu besichtigen, war an die Flak der Befehl ergangen, nicht zu schießen, solange seine Maschine sich noch in der Luft befand. Als Amers Flugzeug dann endlich gelandet war, hatten die Israelis alle Flugplätze von Kairo bis nach Alexandria bombardiert. Unsere Luftwaffe war am Boden zerstört, und die Rollbahnen waren so schwer beschädigt worden, daß es Wochen dauern würde, bis wieder Maschinen starten konnten.

Gleichzeitig waren israelische Landstreitkräfte in Eilmärschen über die Grenze in den Sinai vorgestoßen. Da viele unserer Truppeneinheiten zu jenem Zeitpunkt noch in Jemen kämpften, hatten die im Sinai stationierten Bodentruppen keine Chance zur Gegenwehr. Und doch konnte ich sogar jetzt noch die Menschen draußen Siegesparolen skandieren hören.

Ich hatte das Gefühl, daß alle Kraft meinen Körper verließ. »Warum, Anwar?« brachte ich schließlich heraus. »Was ist fehlgeschlagen?«

Er saß immer noch reglos da. »Amers Kriegsplan hat nichts getaugt«, sagte er dann. »Die Israelis haben ihn überrumpelt und alles zerstört. Jetzt haben unsere Soldaten im Sinai überhaupt keine Luftdeckung mehr und werden hilflos niedergemetzelt werden.«

»Aber im Radio...« protestierte ich schwach.

»Alles nur Propaganda«, erklärte mir Anwar. »Nasser will die Menschen nicht demoralisieren, indem er ihnen die Wahrheit sagt. Und du darfst das auch nicht tun.«

Ich stand da, auf dem Balkon, starrte meinen Mann an und versuchte den Sinn seiner Worte zu begreifen.

Langsam wandte er den Blick von mir ab und sah auf unseren Garten hinaus. »Es ist aus«, sagte er mehr zu sich selbst als zu mir.

Als ich davonging, um das Abendessen für die Kinder vorzubereiten, wurde mir klar, daß die Explosionen, die ich am Morgen gehört hatte, nicht von unseren Flugzeugen gekommen waren, die auf die Israelis schossen, sondern von den Israelis, die den Flughafen Kairo-West bombardierten.

Vier Tage lang suchten die israelischen Flugzeuge Kairo heim, doch meist warfen sie keine Bomben. Ich schickte meine Kinder mit ihren Cousins und Cousinen, meiner Mutter und meiner Schwester nach Mit Abul-Kum. Dort waren sie sicher, und ich brauchte mir während der Arbeit in den Krankenhäusern keine Sorgen um sie zu machen.

Achtzig israelische Maschinen zerstört! Sechzig israelische Maschinen zerstört! »Ist es nicht wundervoll?« begrüßten mich die freiwilligen Helferinnen allmorgendlich in den Lazaretten. Ich nickte lächelnd, auch wenn mir das Herz wie ein Stein in der Brust lag. Während der nächsten beiden Tage ging ich zwischen den Reihen der ersten Verwundeten umher, während ich den Siegeslügen aus dem Radio lauschte, das in der Tasche meiner Uniform steckte. Noch immer behauptete die Regierung, der Sieg sei unser.

Als die Wahrheit allmählich über die ausländischen Sender, die Stimme Amerikas und die BBC, durchsickerte, fiel ganz Ägypten in einen Schockzustand.

Am 8. Juni, drei Tage nach dem ersten Angriff, heulten die Sirenen, während ich mich mit einer Freundin auf dem Heimweg vom Krankenhaus befand. Rasch stiegen wir in den Luftschutzkeller ihres Hauses hinab, wo wir die ganze Nacht verbrachten. Es war die schlimmste Nacht meines Lebens. Wir saßen im Stockdunkeln da, hörten über uns das Kreischen der Leuchtbomben und spürten unter uns den Boden beben. Einige hörte ich in der Finsternis weinen, andere schrien, wieder andere versuchten ihre Kinder zu trösten. Die ganze Atmosphäre war verzweifelt. Und noch immer behaupteten die Regierungsmeldungen in meinem Taschenradio, daß wir kurz davor seien, den Krieg zu gewinnen.

Es war zuviel. Nun konnte Nasser dem Volk die Wahrheit nicht länger verschweigen. Am nächsten Tag nachmittags verkündete Radio Kairo, die Kämpfe seien eingestellt worden und Nasser würde am Abend eine Ansprache halten. Am 9. Juni um sieben Uhr erklärte Nasser in Fernsehen und Rundfunk, Ägypten habe einen Rückschlag erlitten. Er übernehme die volle Verantwortung für diese Schande, sagte er mit Tränen in den Augen und unsicherer, belegter Stimme. Ich weinte ebenfalls, als ich ihn auf dem Bildschirm des Fernsehens im Krankenhaus sah. Ich konnte es nicht ertragen, unseren Präsidenten so zu sehen, diesen starken, mutigen Mann so gebrochen zu erleben. Er war immer so stolz, so würdevoll gewesen. Doch was er dann sagte, erschütterte mich noch mehr.

»Ich habe beschlossen, auf jeden offiziellen Posten und jede politische Rolle ab sofort und endgültig zu verzichten und in die Reihen des Volkes zurückzukehren, um dort meine Pflicht zu tun wie jeder andere Bürger auch.«

Ich war niedergeschmettert. Er war unser Führer, wir brauchten ihn jetzt mehr denn je. Gewiß, wir waren besiegt worden. Aber wir brauchten ihn, damit er uns aus der Niederlage zur Revanche führte. Ohne ihn würden wir es nicht schaffen. Er war alles für Ägypten. In mir stieg Panik auf. In allen anderen ebenfalls.

»Nasser!« – »Nur Nasser!« ertönte es auf den Straßen, bevor der Präsident geendet hatte. »Nasser! Nasser!«

Von den Lazarettfenstern aus sah ich Hunderte, Tausende – manche noch in ihrer Nachtkleidung – aus den Häusern kommen und zum Rundfunk- und Fernsehgebäude im Zentrum von Kairo strömen, als könnten sie den Präsidenten am Rücktritt hindern, wenn sie die Sendung unterbrachen.

»Nasser! Nasser!«

Ich lief zum Telefon, um meinen Mann im Büro anzurufen. »Laß nicht zu, daß er zurücktritt, Anwar«, flehte ich ihn an. »Wir brauchen ihn, um weitermachen zu können. Nur er kann uns aus dieser Niederlage heraushelfen und Vorbereitungen für einen Gegenschlag treffen. Bitte, sprich mit dem Parlament: Sie dürfen seinen Rücktritt nicht akzeptieren!«

»Nur ruhig, Jehan«, beschwichtigte er mich. »Das Parlament hat bereits beschlossen, seinen Rücktritt nicht anzunehmen.«

Während der nächsten siebzehn unglaublichen Stunden dauerten die Massendemonstrationen in Kairo an. Ohne Schuldvorwurf für unsere Niederlage fluteten die Menschen zu Zehntausenden durch die Straßen, um ihre Entscheidung für Nasser hinauszuschreien, während die Alarmsirenen heulten.

Die ganze Nacht hindurch drängten sich fast eine halbe Million Menschen um Nassers Haus, während ich mit den freiwilligen Krankenhaushelferinnen am Telefon saß. »Wir müssen zeigen, daß wir den Präsidenten unterstützen«, ermahnte ich eine nach der anderen. »Macht Transparente und schreibt darauf, daß er nicht zurücktreten darf. Ruft alle eure Freundinnen an, sie sollen morgen mit uns demonstrieren.«

Wir setzten bestimmte Treffpunkte fest, und am nächsten Morgen führte ich fünfhundert Frauen in weißen Krankenhausschürzen über die Galaa- und die Tahrir-Brücke zum Parlament. »Bleib, Nasser! Bleib!« rief ich, und die Frauen wiederholten den Ruf. Tausende von Menschen sammelten sich um uns, stießen, drängten, riefen ebenfalls nach Nasser.

Welch' eine Erleichterung, so unsere Gefühle hinauszuschreien zu können! Für ein paar kurze Stunden vermochten wir die Schrecken der Niederlage zu vergessen. Ich lachte laut auf, als meine Niedergeschlagenheit begeisterter Entschlossenheit wich.

Als wir die Kasr-el-Aini-Straße vor dem Hilton-Hotel erreichten, wurden wir dort von Polizisten mit Wasserwerfern empfangen. Es waren zu viele Menschen unterwegs, und es konnte jeden Augenblick Ausschreitungen geben. Die Wucht des Wasserstrahls riß mich von den Füßen und meiner Freundin unmittelbar neben mir die Perücke vom Kopf. Vor Lachen liefen uns bei der vergeblichen Suche nach ihrer Perücke die Tränen über die Wangen. Als ich nach Hause kam, war ich noch immer klatschnaß und setzte mich, ohne mich umzuziehen, in die Küche vors Radio. Es dauerte nicht lange, und ich hörte das, was ich inbrünstig erhofft hatte: die Meldung, daß Nasser beschlossen habe, das Präsidentenamt nicht aufzugeben. Es war Anwar selbst, der das Schreiben verlas, in dem Nasser dem Volk für seine Unterstützung dankte. Ich hörte, wie sich die Rufe der Menge draußen in Jubel verwandelten, die Sprechchöre in Freudenlieder.

Die Feststimmung hielt jedoch nicht lange an, als uns allmählich klar wurde, was wir verloren hatten. Jerusalem, die heiligste Stadt der Moslems nach Mekka und Medina, war nun ganz in israelischer Hand. Unser Land vom Sinai bis zum Sueskanal war ebenso von den Israelis besetzt wie das Westjordanland und die Golanhöhen in Syrien. In den sechs Tagen des Krieges hatte Israel ein mehr als dreimal so großes Territorium erobert, als es vor dem Beginn der Kämpfe besaß.

Über fünfzehntausend ägyptische Soldaten waren gefallen und viele mehr verwundet. Eine Million Palästinenser waren unter israelische Besatzung geraten und Hunderttausende, die zu Flüchtlingen wurden, aus ihrem Land vertrieben. Und trotzdem bestritt Israel, daß das Land der Palästinenser systematisch zerstört wurde, ja sogar, daß die Palästinenser überhaupt eine nationale Identität besaßen. »Ein palästinensisches Volk gibt es nicht«, behauptete Golda Meir, inzwischen Ministerpräsidentin von Israel, kurz nach dem Krieg. Die Israelis hatten eine Heimat gewonnen, indem sie anderen ihre Heimat wegnahmen. Wie die Europäer die Juden verfolgt hatten, verfolgten die Juden nun die Palästinenser.

Während der nun folgenden Wochen, in denen die Verwundeten in die Lazarette strömten, wurde ihr Schmerz zu meinem eigenen. Auch Anwar litt furchtbar. Obwohl er an keiner militärischen Entscheidung beteiligt gewesen war, fühlte er sich als einer unserer Staatsführer für die Niederlage verantwortlich. Ich selbst bekämpfte meine Niedergeschlagenheit, indem ich noch länger und schwerer in den Krankenhäusern arbeitete als zuvor. Anwar reagierte entgegengesetzt.

Ich kannte seine Gewohnheit, immer dann, wenn er sich mit Problemen herumschlug, mutterseelenallein dazusitzen und nachzudenken. Und ich wußte, wenn ich ihn so sah, daß ich nichts weiter tun konnte, als dafür zu sorgen, daß ihn wenigstens die Kinder nicht störten. Doch seine Depressionen nach dieser Niederlage gingen tiefer und waren weit beunruhigender als alle anderen bisher. Drei Wochen lang saß er reglos in seinem Sessel, ohne ein Telefongespräch zu beantworten, ohne mit einem einzigen Menschen zu sprechen.

»Warum gehst du nicht zum Generalstab, Anwar?« fragte ich ihn eines Abends.

»Wozu?« gab er mir einsilbig zurück.

An einem anderen Abend versuchte ich es mit einer anderen Taktik. »Jemand von den Militärführern sollte sich bei den Soldaten im Lazarett sehen lassen, Anwar. Würdest du mitkommen und sie besuchen?«

Er saß da und starrte in den Garten hinaus. Für einen Soldaten wie Sadat war Ägyptens demütigende Niederlage fast nicht zu ertragen. Auch Nasser schloß sich, von der Tragödie erschüttert, in seiner Präsidentenvilla ein.

Ein Lastwagen mit Verwundeten nach dem anderen traf aus dem Sinai ein – Beweise für die Hilflosigkeit der Truppen. Viele unserer Soldaten hatten durch die Napalmbomben, mit denen die Israelis sie beworfen hatten, als sie quer durch die Wüste ums Leben liefen, grauenhafte Verbrennungen erlitten. Viele hatten Arme und Beine verloren, andere waren erblindet. Unter den Überlebenden befanden sich Hunderte, die ernsthafte psychische Schäden davongetragen hatten. Kaum eine Familie in ganz Ägypten, die nicht einen Mann, einen Sohn, einen Neffen oder einen Enkel verloren hatte. Auch einige meiner und Anwars Cousins zählten zu den Schwerverwundeten.

Ich weiß nicht, woher ich meine Energie nahm und wie ich den Mut aufbrachte, so viele schrecklich verstümmelte Männer zu versorgen. Vielleicht nährte sich mein und der Durchhaltewillen der anderen freiwilligen Helferinnen aus unseren Erfahrungen als Mütter. Der Instinkt sagte uns, wie wir beruhigen, trösten und falls notwendig sogar ein wenig schelten mußten. »Umm el-Schuhada« nannten mich die Patienten, Mutter der Märtyrer. Und so fühlte ich mich auch.

»Mutter, ich kann nichts sehen«, rief mir ein Soldat eines Tages weinend zu. Ich sah den Arzt an, der mich auf meinen Runden begleitete. Er schüttelte den Kopf, denn auch dieser Soldat litt, wie viele andere, an einer traumatischen Blindheit, nicht einer physiologischen. Er konnte sehen; er wollte nur nicht. Zwei Stunden lang setzte ich mich zu ihm und plauderte mit ihm über die Familie, die auf ihn wartete, und über seine Tapferkeit. Ich wiederholte meine Besuche täglich, bis er eines Tages sagte: »Ich kann sehen, daß Sie Weiß tragen.«

Andere traumatisierte Soldaten hielten sich zum Beispiel für den Propheten, wieder andere schrien vor Angst vor dem Lärm der Bomben und Flugzeuge, den sie innerlich noch immer hörten. Manche starrten leer vor sich hin, während die Blicke anderer wild und erregt hin und her schossen.

Ich versuchte die richtigen Worte zu finden, um die Bitterkeit und das Gefühl der Sinnlosigkeit zu lindern, von denen so viele unserer Verwundeten gequält wurden. Oft machten sie die militärische Führung für ihre Qualen verantwortlich und machten es mir als Ehefrau eines der dazugehörigen Männer dadurch doppelt schwer.

»Ich habe meinen Fuß nicht durch die Israelis verloren, sondern durch unsere eigene unfähige Führung«, sagte mir ein junger Offizier voller Verachtung.

»Warum sind Sie dann auf die Militärakademie gegangen, statt Dichter zu werden oder Medizin oder Jura zu studieren?« entgegnete ich. »Daß Sie in den Krieg ziehen und Ihren Fuß verlieren mußten, war Ihr Schicksal und nicht die Schuld Ihrer Vorgesetzten. Wir sind nicht das erste Land, das eine Niederlage erleidet. Aber ich mache Ihnen einen Vorschlag: Schreiben Sie alles, was Ihnen an unserer militärischen Planung aufgefallen ist und was Sie für falsch halten, auf ein Blatt Papier und geben Sie es Ihrem Kommandeur, damit so etwas nie wieder geschieht und wir uns nie wieder besiegen lassen müssen.«

Ich tat Dinge, von denen ich niemals gedacht hätte, daß ich zu ihnen fähig sei. Als ich einmal mit dem Jungen sprach, der seinen Fuß verloren hatte, wurde ein anderer Offizier aus dem Operationssaal hereingerollt, der noch nicht ganz aus der Narkose erwacht war. Sein Kopf war so dick bandagiert, daß nur sein Mund freilag. Aus den Augenwinkeln sah ich, daß der Mann sich erbrechen mußte, doch weil die Krankenhäuser alle überbelegt waren und unter Personalmangel litten, war niemand da, den ich zu Hilfe rufen konnte. Rasch sah ich mich nach einer Schale um, fand aber keine. Also legte ich spontan die Hände zusammen und ließ ihn sich hineinerbrechen; anschließend wusch ich mir die Hände am Waschbecken des Zimmers und reinigte ihm den Mund. Als ich ihn am folgenden Tag besuchte, küßte er mir immer wieder die Hand. »Wenn Sie erlauben, werde ich die erste Tochter, die ich bekomme, nach Ihnen Jehan nennen«, sagte er.

»Es wird mir eine Ehre sein«, antwortete ich.

Noch immer vermochte nichts, was ich sagte, Anwars Depressionen zu durchbrechen, bis ich eines Tages im Maadi-Krankenhaus zufällig auch Generalmajor Kamal Hassan Ali besuchte, der später unser Premierminister wurde. »Frau Sadat, ich möchte mit

Ihnen unter vier Augen sprechen«, sagte der verwundete General. Und als die anderen hinausgebracht worden waren, fuhr er fort: »Ich muß unbedingt mit Ihrem Mann sprechen. Es gibt Fakten über den Krieg, die ich ihm dringend mitteilen muß.«

Als ich Anwar an diesem Abend die Worte des Generals ausrichtete, zeigte er zum erstenmal seit drei Wochen ein wenig Interesse. Am nächsten Tag ging Anwar Generalmajor Hassan Ali besuchen und begab sich von dort aus gleich zu Abdel Nasser, um ihm Meldung zu erstatten. Mir vertraute Anwar nicht an, was Hassan Ali ihm erzählt hatte, doch ich war froh, daß mein Mann endlich einen Grund gefunden hatte, ins Leben zurückzukehren.

Fünf Monate lang stand ich im Morgengrauen auf und fuhr in die Krankenhäuser. Ich machte die Runde durch sämtliche Lazarette, erkundigte mich bei den Verwaltern, was dringend benötigt wurde, und ging am späten Abend noch zum Roten Halbmond, um mit den Leiterinnen der einzelnen Frauengruppen zu konferieren. Um einige der benötigten Dinge beschaffen zu können, bauten wir mit den Frauen der ägyptischen Botschafter im Ausland ein internationales Hilfsnetz auf. Als das Lazarett in Heliopolis eine Spezialausrüstung zur Behandlung der Opfer von Verbrennungen brauchte, damit ihre Gliedmaßen erhalten werden konnten, statt amputiert zu werden, rief ich zum Beispiel die Frau unseres Botschafters in London an, und sofort wurden die entsprechenden Geräte aus England geschickt. So vermochten wir zahlreiche Menschenleben zu retten.

Doch leider nicht alle. An den Ufern des Sueskanals im Sinai, wohin ich im Juli mit anderen Mitgliedern des Roten Halbmonds reiste, litten die Menschen unbeschreiblich. Noch immer kamen täglich Soldaten, Opfer des chaotischen Rückzugs, aus der Wüste ans Ostufer des Kanals gewankt. Am Sueskanal hatten die Kämpfe trotz des Waffenstillstands nicht ganz aufgehört, und erst wenn das Artilleriefeuer bei Sonnenuntergang verstummte, konnten die kleinen ägyptischen Feluken-Fähren unsere Soldaten über den Kanal in Sicherheit bringen. Oft wurden sie von freiwilligen Frauen begleitet, die in ihren weißen Trachten mit dem Abzeichen des Roten Halbmonds angeblich sicher waren. Doch immer wieder wurden die Frauen von den israelischen Soldaten am Ostufer belästigt.

Nicht nur Soldaten, auch Zivilisten flohen aus Städten der Kanalzone wie Ismailia, Port Said, El-Kantara und Sues. Diese Städte waren von den Israelis zuerst aus der Luft angegriffen worden und wurden nun vom anderen Kanalufer aus beschossen. Tausende von Flüchtlingen, viele von ihnen verwundet, kamen in die Zentrale des Roten Halbmonds von Ismailia geströmt. Eine ganze Anzahl von ihnen schickten wir zu den sehr einfachen Unterkünften in der Wüste, die für die Arbeiter eines Landgewinnungsprojektes erstellt worden waren, und als diese Baracken voll waren, errichteten wir in den Höfen der Moscheen und Schulen aller an die Kanalzone grenzenden Provinzen Zelte. Es war bedrückend, mit ansehen zu müssen, wie so viele unschuldige Familien mit kleinen Kindern bei uns Hilfe suchten, deren Wohnungen und Habseligkeiten zerstört worden waren.

Von allen Menschen Ägyptens waren es die Bewohner der Kanalzone, die am meisten unter dem Krieg zu leiden hatten. Anwar versuchte sie zu entschädigen, als er 1975 den Kanal wieder eröffnete und Port Said zur Freihandelszone erklärte. Im Zentrum von Sues blieb ein Erinnerungsstück an die Kriegsjahre zurück: ein von den Israelis erbeuteter amerikanischer Panzer.

Ich beschloß, den Kanal zu überqueren, um mich persönlich um die ägyptischen Soldaten zu kümmern, die aus der Wüste kamen, doch das militärische Oberkommando von Ismailia fand, die Gefahr für mich, vor den Augen der Menschen am anderen Ufer von den Israelis entführt oder verspottet zu werden, sei viel zu groß. Also wartete ich auf der ägyptischen Seite, um unsere Männer zu begrüßen.

Viele von ihnen befanden sich in einem furchtbaren Zustand. Ihre Beine waren vom Marsch durch die Wüste in der Hitze des Tages und der Kälte der Nacht gräßlich geschwollen. Ihre Füße waren aufgerissen und blutig. Viele hatten so lange ohne Wasser auskommen müssen, daß ihre Zunge schwarz und geschwollen war und sie nur noch mit Mühe sprechen konnten.

Jene, die ›nur‹ unter den Folgen des strapaziösen Wüstenmarsches litten, wurden in ein Erholungslager geschickt. Die Verwundeten kamen ins Lazarett.

In den überfüllten Stationen für die Verbrannten

stank es entsetzlich nach verkohltem, ja nach verfaultem Fleisch. Nur wenn ich mich angestrengt auf die Männer konzentrierte, die ich zu trösten suchte, vermochte ich meinen Ekel zu überwinden. »Du bist ein Held Ägyptens«, sagte ich zu jedem einzelnen und blieb zuweilen stundenlang an seinem Bett, bis er endlich eingeschlafen war. »Du bist glücklicher daran als ich, denn du hast eine Wunde, die deine Ehre bezeugt.« Manchmal waren sie so bandagiert, daß vom ganzen Körper nur noch die Augen zu sehen waren. Häufig starben sie in meiner Gegenwart.

Ein einziges Mal nur verlor ich die Nerven. Als ich eines Abends zusammen mit den anderen Frauen routinemäßig meine Runde bei den Neuankömmlingen machte, begann ich die geschwollenen Beine und Füße eines jungen Mannes in warmem Wasser zu baden. »Gott segne Sie, Mutter«, sagte er schwach, während ich ihm ein Glas Saft einschenkte. Doch als ich meine Hand seinem Mund näherte, erstarrte ich plötzlich: Zwischen seinen Lippen und seiner Nase klaffte eine tiefe, scheußliche Wunde, war das Fleisch vollständig weggerissen. Und in dieser Wunde wanden sich Würmer.

Mit dem Glas in der Hand stand ich da wie gelähmt. Ich wollte mich zwingen, die Würmer zu ignorieren, das Glas an seine Lippen zu heben, aber ich konnte nicht. Doch ich vermochte auch nicht den Blick von den Würmern zu wenden. Ich spürte, wie mir schwarz vor Augen wurde. Wie sollte ich diesem armen Jungen erklären, daß er Würmer im Körper hatte, daß ich mich zu sehr vor Würmern fürchtete, um ihn versorgen zu können, und das, nachdem er soviel gelitten hatte? Endlich löste ich mich aus meiner Starre. »Einen Augenblick, mein Sohn«, brachte ich noch heraus. Dann hastete ich ins Nebenzimmer.

»Was haben Sie, Frau Sadat?« fragte mich eine der Freiwilligen. »Sie sind so blaß und zittern am ganzen Leib. Sind Sie krank?«

Als ich mich wieder gefaßt hatte, erzählte ich ihr von dem Jungen mit den Würmern und meiner krankhaften Angst davor.

»Keine Sorge, ich mach das schon«, versicherte sie mir. Sie reinigte seine Wunden und deckte sie ab, bis der Arzt ihn untersuchen konnte.

»Wo ist Frau Sadat?« fragte der Soldat. »ich hatte mich so sehr gefreut, daß sie hier war.«

»Sie ist todmüde und fürchtete, in Ohnmacht zu fallen«, erklärte ihm die tüchtige Frau. »Sie wollte nicht, daß Sie merkten, wie müde sie war, und hat sich ein bißchen hingelegt.«

Die Israelis benutzten ihre militärischen Geheimdienstberichte, um diejenigen von unseren Soldaten, die es bis zum Kanal geschafft hatten, noch mehr einzuschüchtern. »Am anderen Ufer werdet ihr von Frau Sadat erwartet«, ließen sie die Ägypter wissen. Unsere Soldaten glaubten ihnen natürlich nicht, denn nie zuvor war je die Frau eines Regierungsmitglieds an die Front gekommen. Wenn sie mich dann sahen, schrien sie vor Entsetzen. »Sie wissen alles«, stammelte mehr als einer von ihnen.

»Ihr seid jetzt in Sicherheit«, beruhigte ich sie. »Ihr braucht keine Angst mehr zu haben. Ihr müßt eure ganze Kraft einsetzen, um möglichst schnell wieder gesund zu werden.«

In diesem Sommer 1967 lernte ich aus erster Hand, daß Krieg niemals die Lösung für einen Konflikt sein kann. Dafür war der Preis zu hoch. Und der Strom der Verwundeten riß nicht ab.

Während der Sommer- und Herbstmonate pendelte ich zwischen den Verwundeten in Kairo und der Kanalzone und meinen Kindern in Mit Abul-Kum hin und her. Als ich überzeugt war, daß die Angriffe auf Kairo aufgehört hatten, holte ich die Kinder nach Hause. Leider konnte ich ihnen nur wenig Zeit widmen, weil ich so sehr in den Lazaretten beschäftigt war. Aber ich machte mir keine Sorgen um sie, denn in der Obhut ihrer Großmutter und Tante ging es ihnen gut, und außerdem waren sie oft mit ihren Cousins und Cousinen zusammen, mit denen sie gemeinsam aufwuchsen. Manchmal nahm ich sie sogar ins Krankenhaus mit, wo sie den Soldaten vorlasen und für sie Briefe schrieben. Nur Anwar verlor allmählich die Geduld mit mir. Obwohl er vom Verstand her für die Freiheit der Frauen eintrat und mit Sicherheit stolz auf meine Arbeit war, blieb er im Herzen immer Orientale.

»Du vernachlässigst dein Haus, Jehan, du vernachlässigst deinen Mann, du vernachlässigst deine Kinder«, schalt Anwar mich jeden Morgen. »Sie sind noch zu jung. Ich wünsche, daß du um zwei Uhr nachmittags zu Hause bist. Wer soll sich sonst um ihre Schulaufgaben kümmern? Wer soll wissen, wie sie in der Schule stehen? Wenn du um fünf Uhr morgens in die Krankenhäuser gehen willst – bitte sehr, von mir aus gern. Aber ich wünsche, daß du um zwei Uhr zu Hause bist. Wie früher.«

»Nichts ist heute mehr wie früher, Anwar«, protestierte ich. »Unser Land ist besiegt worden. Tausende von Verwundeten und Sterbenden liegen in den Krankenhäusern. Und zum erstenmal haben sich Frauen gemeldet, um sie zu pflegen. Sie brauchen mich.«

»Ich brauche dich auch«, wandte er ein. »Ich bin ein Mann. Und ich will, daß meine Frau um zwei Uhr zu Hause ist.«

Die Auseinandersetzungen nahmen immer denselben Verlauf. »Anwar«, erklärte ich ihm, »wenn ich etwas für einen Verwundeten tun kann oder wenn mir einer endlich sagt, wie ihm wirklich zumute ist, wenn ich dann auf die Uhr sehe und sage: ›Oh, es ist zwei Uhr, mein Mann will mich zu Hause haben, auf Wiedersehen, ich kann Ihnen nicht mehr zuhören‹, wie würdest du dich an seiner Stelle fühlen?«

Aber mein Mann blieb hart. »Du hast gehört, was ich gesagt habe. Dem habe ich nichts hinzuzufügen«, pflegte er das Gespräch zu beenden.

»Na schön«, gab ich gewöhnlich nach, hin und her gerissen zwischen dem Wunsch, Anwar zu gefallen, und meiner Pflicht als Staatsbürgerin. »Ich werd's versuchen.« Am folgenden Tag kam ich um zwei Uhr nach Hause, am übernächsten um halb drei, dann um drei und schließlich um vier, bis ich zuletzt wieder meinen vollen Arbeitsplan erfüllte.

An den Tagen, an denen ich abends sehr lange in

den Lazaretten bleiben mußte, schlich ich mich auf Zehenspitzen ins Haus und stieg, die Schuhe in der Hand, die Treppe hinauf, damit Anwar mich nicht hörte. Oft genug hörte er mich dann allerdings doch.

»Du weißt genau, daß ich weder auf einer Party noch in einem Nightclub war«, lautete meine Reaktion auf seine finstere Stirn, wenn er zuerst auf die Uhr blickte und mich anschließend vielsagend ansah. »Du weißt genau, wo ich war.«

Wenn ich in Port Said oder Ismailia war, rief ich ihn nur selten an, weil ich mich am Telefon nicht auf eine Diskussion einlassen wollte. Und wenn ich zu Hause war, versuchte ich das Haus möglichst unauffällig zu verlassen, weil ich Streitgespräche am Morgen hasse.

»Du bist pünktlich um zwei zu Hause!« ermahnte er mich.

»Ich werd's versuchen, Anwar«, versicherte ich.

Ich hatte natürlich Verständnis für Anwar. Es gab keinen Ägypter, und vermutlich auch keinen anderen Mann auf der Welt, der nicht wollte, daß seine Frau ihn zu Hause erwartete und ihn mit einem strahlenden Lächeln und einer liebevollen Umarmung begrüßte, während sie in der Küche schon das Essen zubereitet hatte. Das Haus sollte perfekt aufgeräumt, die Kinder – mit erledigten Schulaufgaben – sauber gewaschen und gebührend respektvoll, die Atmosphäre fröhlich und glücklich sein. O ja, die meisten Männer wünschten sich ihre Frauen fast wie Roboter, immer gut aussehend und stets strahlender Laune. Da machte Anwar keine Ausnahme.

Erst als meine Freundinnen und ich nach dem

Krieg in den staatlichen Krankenhäusern zu arbeiten und die Versorgung der Patienten zu verbessern begannen, ließ sein Widerstand allmählich nach. Er mußte meine Unabhängigkeit akzeptieren. Endlich wußte ich, was meine Lebensaufgabe war: die Sorge um Kranke und Behinderte, die Hilfe für jene, die sich nicht selbst helfen konnten, die Arbeit für den Frieden und die Emanzipation der Frauen. Für diese Ziele zu leben, sollte mir erst leichter fallen, als Anwar Präsident von Ägypten war, denn von da an war unsere Zeit so ausgefüllt, daß keines von uns sich mehr den Kopf darüber zerbrechen konnte, wer zu Hause blieb und wer nicht. Ganz zweifellos gestaltete sich unser Eheleben während des Junikrieges und kurz danach zuweilen recht problematisch. Ein Schock schien auf den anderen zu folgen.

Es ging das Gerücht, daß Verteidigungsminister Abdel Hakim Amer, einstmals Nassers engster Freund, jetzt einen Militäraufstand gegen ihn vorbereitete. Amer, der Nasser vor dem Krieg von 1967 versichert hatte, Ägypten sei bereit zum Sieg, fühlte sich von seinem alten Freund verraten und im Stich gelassen. In der auf die Niederlage folgenden Krise hatten sich alle Kabinettsminister erboten, mit Nasser gemeinsam zurückzutreten. Einzig Amer hatte sich geweigert, weil er darin eine Verschwörung gegen sich vermutete, durch die versucht werden sollte, die gesamte Last der Verantwortung für unsere Niederlage auf seine Schultern zu legen. Er sah keinen Grund, warum er zurücktreten sollte, während Nasser weiter im Amt blieb. Schließlich sah sich

Nasser gezwungen, ihn zu entlassen und an seiner Stelle einen neuen Verteidigungsminister zu ernennen: Generalleutnant Mohammed Fawzi.

Um seine Position zurückzugewinnen, versuchte Amer seine Stellung in der Armee zu festigen. Das gegenseitige Mißtrauen zwischen Nasser und Amer wuchs. Wegen Amers Beliebtheit bei den Armeeoffizieren fürchtete Nasser, das Militär könne rebellieren und ihn zwingen, Amer wieder in sein Amt einzusetzen, oder sogar die Regierung stürzen. Dennoch zögerte Abdel Nasser, gegen den einstigen Freund vorzugehen. Im Laufe des Sommers spitzte sich die Lage zu. Amer versuchte ins Gebäude des Rundfunks und Fernsehens einzudringen, um eine Erklärung an das Volk abzugeben, wurde aber daran gehindert und unter Hausarrest gestellt. Drei Wochen darauf, am 14. September, beging er Selbstmord.

Für Nasser war dies ein neuer Schlag. Die Illoyalität und der Tod seines Freundes zusammen mit unserer Niederlage machten ihm sehr schwer zu schaffen. Sein Diabetes flammte auf, und er wirkte furchtbar elend. Mindestens einmal pro Woche kam Nasser während dieser schrecklichen Zeit zu uns ins Haus an der Pyramidenstraße, und jedesmal schmerzte es mich sehr, ihn anzusehen. Er ging gebeugt, als müsse er ganze Gebirge von Kummer tragen.

Immer noch kämpften und starben Ägypter. Obwohl der Junikrieg offiziell beendet war, sollten die Gefechte in der Kanalzone, in Oberägypten und gelegentlich auch in Kairo selbst noch sechs Jahre weitergehen. Während dieser schlimmen Zeit, die praktisch einem nichterklärten Krieg glich, fuhren die Israelis fort, unsere Städte Sues, Ismailia und Port Said zu bombardieren, während wir versuchten, sie an der weiteren Befestigung ihrer berühmten Bar-Lev-Linie zu hindern. Bis 1969 hatten sich die Gefechte zu einem sogenannten Zermürbungskrieg gesteigert, und die Israelis begannen neben den militärischen auch Industrie- und Zivilobjekte zu bombardieren.

Der Streß, unter dem Nasser stand, war übermenschlich. Im September 1969 erlitt er einen Herzanfall, der in der Öffentlichkeit jedoch als »Grippe« bezeichnet wurde.

Nasser wandte sich an den einzigen ihm noch verbliebenen Freund. Am 20. Dezember, vor Nassers Abreise zu einer arabischen Gipfelkonferenz in Marokko, wurde Anwar in Nassers Privatvilla als Vizepräsident vereidigt.

Der Zermürbungskrieg ging weiter. Die Städte der Kanalzone waren ausgestorben. In Ismailia, am Westufer des Kanals, stand praktisch kein Stein mehr auf dem anderen. Jeder, der in die Stadt kam, weinte wie ich, wenn er die Ruinen sah, deren Treppen ins Nichts führten, die noch mit Kleidern gefüllten Schränke, die verbrannten Betten der Familien. Die Bewohner waren evakuiert und in der Wüste in Lagern untergebracht worden.

Im Januar 1970 heulten in Kairo erneut die Sirenen. Noch während wir alle hinter den Ziegelmauern und Sandsäcken vor den Gebäuden Schutz suchten, hörten wir die ersten Bomben einschlagen. Siebzig Arbeiter starben in einer Fabrik am Stadtrand. Die Israelis hatten zudem eine Grundschule in der Provinz Scharkiya bei Bilbeis bombardiert.

War es wirklich die Absicht der Israelis gewesen, kleine Kinder umzubringen? Ich konnte nicht glauben, daß sie so grausam waren, doch viele Ägypter waren davon überzeugt. Mit Tränen in den Augen wanderte ich durch die Krankenhäuser, fand keine Worte, um die armen Kinder zu trösten, die ihre Beine, ihre Arme verloren hatten. Noch Wochen später klangen mir ihre Angst- und Schmerzensschreie in den Ohren.

Irgend jemand mußte eingreifen. Irgend jemand mußte diesem sinnlosen Blutvergießen ein Ende machen. Schon im November 1967 hatten die Vereinigten Nationen die Resolution 242 angenommen, die vorsah, daß sich die Israelis aus den besetzten Gebieten zurückzogen, während die Araber dafür Israels Recht auf eine Existenz innerhalb gesicherter Grenzen anerkannten. Sowohl Israel als auch Ägypten hatten diese Resolution akzeptiert doch Israel hatte seinen Teil der Abmachung nicht gehalten. Es heiße in der Resolution nicht *alle* besetzten Gebiete, behaupteten die Israelis und benutzten dieses rein semantische Argument, um die Okkupation unseres Landes im Sinai fortzusetzen.

Nun bemühte sich Israels größter Verbündeter um eine Lösung des Konflikts. Im Mai 1970 legten die Amerikaner unter Präsident Nixon den nach Außenminister William Rogers benannten Rogers-Plan vor, der einen Rückzug der Israelis, einen Waffenstillstand von neunzig Tagen und die Vermittlung der der Vereinten Nationen zur Beilegung des Palästina-Problems vorsah. Nasser akzeptierte ihn. Die Israelis lehnten ihn ab.

Zwei Monate später, im Juli 1970, rief Nasser in Kairo eine arabische Gipfelkonferenz zusammen, die versuchen sollte, wenigstens in Jordanien den Frieden wiederherzustellen Vier anstrengende Tage lang nahmen Nasser und Anwar an Sitzungen und manchmal lautstarken Auseinandersetzungen im Hilton-Hotel teil, die rund um die Uhr dauerten. Alle arabischen Könige und Staatsoberhäupter waren anwesend, außerdem Yassir Arafat, der Führer der kürzlich gegründeten Palästinensischen Befreiungsorganisation, und Libyens neuer Revolutionsführer Muammar el-Ghaddafi.

Ich hatte Präsident Ghaddafi schon kurz vor dem Gipfel anläßlich eines Dinners bei Abdel Nasser kennengelernt, eines Essens, bei dem ich mir wie ich fürchtete, Nassers Freundschaft verscherzt hatte. Begonnen hatte es damit, daß Ghaddafis Ehefrau Fathiya sich bei Nasser darüber beschwerte, ihr Mann habe Befehl gegebenen, ihren Onkel zu verhaften. Aus Höflichkeit hatte sich Nasser daraufhin an Ghaddafi gewandt. »Warum hast du das einem Verwandten deiner Frau angetan, Bruder Muammar?« fragte er gutmütig. »Du solltest seine Freilassung anordnen.«

Alle Tischgäste stimmten ihm zu, nur Ghaddafis Miene verfinsterte sich. »Ich habe den Mann verhaften lassen, weil er ein Feind der Revolution ist«, erklärte er fest.

Ein kurzes Schweigen entstand, das ich brach. »Ich finde, Präsident Ghaddafi hat recht«, wandte ich mich an Nasser. »Jede Revolution muß sich, vor allem in der Frühphase, gegen jene wehren, die sie zu unterminieren versuchen.«

Ich glaubte zu hören, wie alle ihren Atem anhielten, denn kaum jemand wagte Nasser in der Öffentlichkeit zu widersprechen, vor allem keine Frau. Ich vermied es, Anwar anzusehen, erkannte jedoch aus den Augenwinkeln, daß er zusammenzuckte. Nasser war eindeutig ungehalten.

»Kümmere dich nicht um sie«, sagte er schroff zu Ghaddafi. »Ihre Mutter ist schließlich Engländerin.«

Ich war pikiert. »Vielleicht haben Sie, Herr Präsident, die Geschichte Gawad Hosnis vergessen, eines unserer berühmtesten Patrioten, der in der Kanalzone gegen die Briten gekämpft hat«, wandte ich mich an den verdutzten Nasser. »Seine Mutter war ebenfalls Engländerin, doch er wollte das nicht eingestehen, als die britischen Soldaten ihn verhafteten und folterten, indem sie ihm nichts zu trinken gaben. Er wußte, daß sie sich weniger grausam verhalten würden, wenn sie erfuhren, daß er zur Hälfte Engländer war, aber er sagte kein Wort. Dieser Student lebte als ägyptischer Held und starb als ägyptischer Held, zerrissen von einem Rudel Hunde, das die Briten in ihrer Brutalität auf ihn hetzten. Daß er zur Hälfte Engländer war, bedeutet nicht, daß er weniger Ägypter gewesen wäre.«

Abermals stellte sich ein Schweigen ein, das irgend jemand schließlich brach, um das Gespräch in weniger gefährliche Bahnen zu lenken.

»Du machst mir Schwierigkeiten, Jehan«, schalt Anwar mich später auf dem Heimweg. Doch ich bereute nichts.

»Würdest du es dir gefallen lassen, daß deine Abstammung beleidigt wird?« fragte ich ihn.

Anwar lachte. »Du hast recht«, gab er zu. »Aber es ist schwer für andere, sich an deine Art zu gewöhnen.«

Nasser war jedoch keineswegs böse auf mich. »Deine Frau ist eine richtige Oberägypterin«, hatte er irgendwann nach dem Essen zu Anwar gesagt. »Für sie, wie für uns alle, ist die Vergeltung eine Speise, die heiß gegessen werden muß.«

An dem Morgen, an dem der Gipfel endete, fuhr ich erschrocken aus dem Schlaf und saß mit hämmerndem Herzen kerzengerade im Bett. Eilig lief ich zu Anwars Schlafzimmer hinüber. »Ich hab' furchtbar schlecht geträumt«, berichtete ich Anwar angsterfüllt.

»Was ist denn, Jehan?« fragte er schlaftrunken.

»Irgend etwas stimmt nicht mit Nasser«, antwortete ich.

»Unsinn!« sagte Anwar energisch. »Ich war gestern noch mit ihm zusammen, und da war alles in bester Ordnung. Die Gipfelgespräche haben ihn ziemlich angestrengt, doch heute reisen die Teilnehmer ab, und er kann sich gründlich ausruhen.«

»Bitte, Anwar, hör mir zu«, flehte ich. »Irgend etwas muß mit ihm los sein. In meinem Traum stand ich kurz nach Sonnenuntergang in meinem Elternhaus auf Roda auf dem Balkon und sah Menschen, sehr viele Menschen die Straße entlangkommen. Als ich näher hinschaute, sah ich Präsident Numeiri vom Sudan, der haltlos weinte, mit zwei anderen Personen, die ebenfalls weinten. Und auch Ghaddafi sah ich mit seinem ganzen Gefolge, und alle weinten.«

»Weswegen weinten sie denn?« erkundigte sich Anwar, wohl um mich zu beruhigen.

»Ghaddafi sagte immer wieder: ›Es ist unfaßbar! Unfaßbar! Was ist nur mit Nasser geschehen? Was ist nur mit Nasser geschehen?‹«

Anwar gähnte. »Nun, offenbar ist gar nichts mit Nasser geschehen«, erklärte er mir. »Zerbrich dir nicht den Kopf über den Traum.«

Das Telefon schrillte. Es war Nasser. »Gott sei Dank!« hätte ich am liebsten gesagt, als ich seine Stimme hörte, beherrschte mich aber.

»Ich möchte heute abend zu Ihnen kommen und mit Anwar essen, Jehan«, sagte er.

»Aber gern, Herr Präsident«, antwortete ich und gab den Hörer an Anwar weiter. Ich freute mich immer sehr, wenn er zu uns kam. Er liebte unsere Kinder, und sie liebten ihn, vor allem die kleine Jehan. »Ich geb' dir einen ganz dicken Kuß«, versprach sie ihm jedesmal, und dann lachten sie alle beide. Nachdem er mit den Kindern gesprochen hatte, brachte ich sie hinaus, anschließend servierte ich dann Anwar und Nasser das Essen.

»Heute abend wird der Präsident kommen und mit uns essen«, teilte ich der Köchin mit. »Wir machen nur ein paar ganz einfache Sachen – Kebab, Salat, ein paar gefüllte Weinblätter.«

Warum fühlte ich mich so elend? Abdel Nasser ging es gut. In wenigen Stunden würde ich mich persönlich davon überzeugen können.

Vielleicht kriege ich eine Erkältung, dachte ich, nahm zwei Aspirin und ging wieder ins Bett, was ich sonst eigentlich niemals tat. Aber ich wollte Kraft für den Nachmittag sammeln, denn dann mußte ich mich vergewissern, daß alles richtig arrangiert war. Trotzdem fühlte ich mich nur noch elender. Nach dem Mittagessen hatte ich das Gefühl, zweihundert Kilo zu wiegen. Ich konnte kaum einen Fuß vor den anderen setzen, so schlapp und müde fühlte ich mich. Vielleicht war es ja gar keine Erkältung, sondern die Grippe. Ich hinterließ eine Nachricht für Anwar, der um drei Uhr nachmittags heimkommen sollte, und legte mich für den Rest des Nachmittags wieder ins Bett.

Um sechs klingelte das Telefon. »Würden Sie Herrn Sadat bitte ausrichten, er möchte zu Präsident Nassers Residenz kommen?« sagte der Anrufer. Ich fand den Anruf ein wenig merkwürdig. Anwar dagegen fand nichts Besonderes daran, als ich ihm die Nachricht übermittelte.

»Vermutlich hat er seine Pläne für heute abend geändert«, meinte er. »Nach einem so hektischen Tag findet er zu Hause auch viel eher Ruhe.« Das klang vernünftig, denn Nasser war den ganzen Tag am Flughafen gewesen, um jeden einzelnen der arabischen Führer persönlich zu seiner Privatmaschine zu begleiten. Als Anwar sich auf die Fünfundvierzig-Minuten-Fahrt zu Nasser machte, versprach er mir, mich anzurufen, falls der Präsident doch noch zum Essen zu uns kommen wollte.

Doch die Nachricht, die anderthalb Stunden später von Anwar kam, lautete ganz anders: Nun sollte auch ich zu Nasser kommen. Das war außergewöhnlich. In Kairo gingen Anwar und ich nur bei offiziellen Empfängen und Banketts gemeinsam zu Nasser; sonst traf sich Anwar immer allein mit Nasser, während ich Frau Nasser zu anderen Zeiten ebenfalls allein besuchte. In den Sommermonaten in Alexandria kamen wir natürlich alle zu geselligeren Besuchen zusammen. Dann plauderten wir gemeinsam eine Weile und tranken eisgekühlten Saft dazu. Anschließend ging ich mit Frau Nasser gewöhnlich in ihrem Garten spazieren, während Anwar und Abdel Nasser sich unterhielten oder sich einen Film ansahen. In Alexandria war das normal, in Kairo aber nicht.

Der Chauffeur, der mich hinfuhr, war nicht mein gewohnter Chauffeur, sondern derselbe, der mich drei Jahre zuvor zur Beerdigung meines Vaters gefahren hatte. In dieser Sekunde wußte ich, daß in Nassers Haus jemand gestorben war.

»Bitte, schalten Sie das Radio ein«, verlangte ich, weil ich mich ein bißchen ablenken wollte. Nagat el-Sachiras Stimme kam über den Äther, die ihr berühmtes Lied »O mein geliebtes Ägypten« sang, ein Lied über ägyptische Emigranten. Sie war gerade bei der Passage angekommen, in der ein Mann die Heimat verläßt. »Bitte, schalten Sie das Radio aus«, wies ich nervös den Fahrer an. Er warf mir einen forschenden Blick zu, ich sah jedoch betont zum Fenster hinaus. »Tut mir leid«, sagte ich rasch. »Ich weiß nicht, warum, aber ich möchte mich jetzt nicht unterhalten.«

Der Alptraum begann. Als ich Nassers Haus betrat, sah ich als erstes den Innenminister, der auf der Treppe saß und den Kopf in beide Hände gestützt hatte.

»Was ist los?« fragte ich ihn. Aber er antwortete nicht. Ich ging in den Garten hinaus, wo ich auf einen von Nassers Adjutanten stieß; der Mann weinte. »Ist dem Präsidenten etwas zugestoßen?« erkundigte ich mich bei einem der Diener. Aber er war zu erregt, um sprechen zu können. »Wo ist Frau Nasser?« drängte ich ihn behutsam.

»In ihrem Schlafzimmer. Der Doktor hat ihr was zur Beruhigung gegeben«, stieß er hervor.

Ich stieg langsam die Treppe hinauf und wollte zu ihrem Zimmer. Im Korridor begegnete ich Chaled, ihrem ältesten Sohn. »Kann ich kurz Ihre Mutter besuchen?« fragte ich ihn leise.

»Ich glaube nicht«, antwortete er. »Sie haben ihr was zum Schlafen gegeben.«

Niemand wollte mir sagen, was geschehen war, und die Benommenheit, die mich den ganzen Tag schon quälte, wurde immer schlimmer. Ich war nicht in der Lage, irgendeine Entscheidung zu treffen. Geistesabwesend blickte ich an mir hinab und entdeckte, daß ich ein leuchtend-blaues Kleid trug. Was immer hier geschehen war – dieses Kleid war unpassend. Ich fahre nach Hause und ziehe mich um, dachte ich; anschließend kann ich dann helfen, eventuelle Besucher zu empfangen, mich zu den anderen Frauen setzen und tun, was ich hier eben tun kann. Im Wagen stieg Panik in mir auf. Frau Nasser konnte nicht gestorben sein, weil sie unter Beruhigungsmitteln stand. Chaled hatte ich selbst gesehen, ihm war also auch nichts zugestoßen.

Es mußte sich also um Abdel Nasser handeln. Aber das durfte nicht sein! Wie sollten wir ohne Nasser leben? Ich fühlte mich so verängstigt, als gäbe es keine andere Führerpersönlichkeit im ganzen Land, in der ganzen Welt, die ihn zu ersetzen vermochte. Ägypten war sein Schiff gewesen und er der einzige Kapitän. Achtzehn Jahre lang hatte er uns geführt. Es wäre uns nie in den Sinn gekommen, daß er uns nicht mindestens achtzehn weitere Jahre lang führen werde. Ich konnte meine Tränen nicht mehr zurückhalten.

Zu Hause stellte ich den Fernseher an, aber es war mit keinem Wort davon die Rede, daß Nasser etwas widerfahren sei. Statt dessen wurden Filmaufnahmen von ihm gebracht, wie er an diesem Nachmittag auf dem Flughafen die letzten Araberführer verabschiedete. Als ich näher hinsah, entdeckte ich, daß er bei der Umarmung den Kopf auf die Schulter des Emirs von Kuwait sinken ließ. Nasser wirkte äußerst erschöpft und strahlte nicht die gewohnte kraftvolle Sicherheit aus. Hin und her schaltete ich zwischen den beiden Kanälen, aber es gab keine Verlautbarung. Ich stellte das Radio an. Nichts.

»Warum weinst du, Mama?« wollten meine Kinder beunruhigt wissen. »Ist Papa etwas zugestoßen?«

»Eurem Vater nicht«, versicherte ich ihnen immer wieder. »Eurem Vater nicht.« Ich stieg eine Trittleiter hoch, um ganz oben im Schrank nach meinen schwarzen Wollkleidern zu suchen. Meine leichten Sommerkleider waren viel zu hell.

Das Telefon läutete. »Was ist mit Abdel Nasser passiert?« erkundigte sich die Frau eines Parlamentsmitglieds, eine gute Freundin von mir.

»Ich weiß es nicht«, antwortete ich.

Aber sie weinte genauso wie ich. »Wir kommen rüber, um dir Gesellschaft zu leisten«, erklärte sie. »Alle behaupten, daß Nasser tot ist.«

Das Gerücht verbreitete sich wie ein Lauffeuer. Nasser ist tot. Nasser ist tot. Ein stummes Klagen schien von den Straßen aufzusteigen, wo schon die ersten Menschen zusammenströmten. Nasser ist tot. Nasser ist tot.

Die bösen Vorahnungen in ganz Ägypten verstärkten sich, als um sieben Uhr plötzlich die Fernsehschirme dunkel wurden und nur noch Texte aus dem Koran gesendet wurden. Und um acht bestätigten sich schließlich unsere schlimmsten Befürchtungen, als Anwar auf dem Bildschirm erschien. Sobald ich Anwars Miene sah, wußte ich – wußten alle –, was er uns mitteilen würde. Er weinte nicht, er hatte nicht einmal Tränen in den Augen. Sein Kummer und sein Schmerz gingen weit darüber hinaus.

»O Seele im Frieden! Kehre zu deinem Herrn zurück, zufrieden in Seiner Freude!«, rezitierte Anwar. Er war so tief erschüttert, daß er immer wieder schlucken oder tief Atem holen mußte. »Ich bringe euch eine traurige Nachricht«, sprach er dann langsam. »Der tapferste, der großmütigste aller Männer, Präsident Gamal Abdel Nasser, ist nach einer kurzen Krankheit verstorben, die auch die moderne Medizin nicht zu heilen vermochte.«

Wie war das möglich? Er war doch erst zweiundfünfzig! Sein Tod erschien mir, erschien fast allen Ägyptern allzu plötzlich. Die unmittelbare Umgebung des Präsidenten jedoch wußte, daß er ein weiteres Opfer des Krieges war. Der Junikrieg hatte Nassers Gesundheit zerrüttet, unsere schreckliche Niederlage ihn seiner Kraft und Zuversicht beraubt. »Nicht am 28. September 1970 ist Nasser gestorben, sondern am Morgen des 5. Juni 1967«, sagte Anwar später.

Am 1. Oktober 1970, dem Tag, an dem Nasser beigesetzt wurde, säumten fünf Millionen trauernde Menschen die Straßen von Kairo. Da sehr viele bedeutende Persönlichkeiten aus aller Welt daran teilnehmen wollten, hatten wir mit der Tradition gebrochen: Wir hatten ihn nicht noch am Todestag beigesetzt, sondern drei Tage gewartet, bis wir mit den Beisetzungsfeierlichkeiten begannen. Nassers Begräbnis war das größte, das es seit Menschengedenken auf der Welt gegeben hatte. Als wiederholte sich mein böser Traum, sah ich Präsident Numeiri weinend die Treppe seines Flugzeugs herabsteigen. Unmittelbar darauf kam der tiefbewegte Ghaddafi mit seinem Gefolge. »Unfaßbar!« sagte Ghaddafi. »Unfaßbar!«

Anwar sah ich in den Tagen vor der Beisetzung

kaum, denn er nahm Tag und Nacht an Sitzungen teil, begrüßte die eintreffenden Staatsoberhäupter, traf Vorbereitungen für das Zeremoniell und sorgte für die Sicherheit sämtlicher Besucher. Er kam auch gar nicht mehr nach Hause, sondern blieb im Kubba-Palast, wo Abdel Nassers Leichnam aufgebahrt war. Am Tag der Beisetzung brach Anwar vor Erschöpfung zusammen und wurde ins Gebäude des Revolutionsrates gebracht, um sich ein wenig auszuruhen. Fünf Stunden später schrak er hoch, weil er fürchtete, Nassers Leichnam sei von der hysterischen Menge der Trauernden an den Straßen davongetragen worden.

Während Anwar sich für die Beisetzung ankleidete, saß ich mit Frau Nasser, ihren Verwandten und den Frauen der übrigen Regierungsmitglieder in ihrem Haus. Auch während der sieben Kondolenztage nach der Beisetzung ihres Mannes blieb ich bei ihr, während sie Hunderte, ja Tausende von Besuchern empfing, die ihrem Beileid Ausdruck verleihen wollten. Immer wieder brach sie zusammen. »Denken Sie nicht darüber nach«, redete ich ihr leise zu und legte ihr den Arm um die Schultern. »Es ist Gottes Wille.« Aber auch ich war untröstlich.

»*Mabruk*, Frau Sadat«, flüsterte mir eine Frau leise zu, als sie in der Reihe vorrückte. »Herzlichen Glückwunsch!«

Sprachlos über ihre Taktlosigkeit, funkelte ich sie wütend an.

Ich wollte nicht die Frau des Präsidenten von Ägypten sein. Ich wollte weder die Bürde noch die

Verantwortung. Ich wollte mein Privatleben nicht opfern. Auch Anwar war in den Tagen nach Nassers Tod sehr bedrückt. Er hatte nie einen Gedanken an die Möglichkeit verschwendet, Präsident von Ägypten zu werden. Zwar hatte er die Pflichten, die damit verbunden waren, seinem Land und Nasser zu dienen, stets freudig auf sich genommen. Doch die Verantwortung hatte letzten Endes immer bei dem verstorbenen Präsidenten gelegen.

Nun würde die Bürde auf Anwars Schultern lasten, obwohl er offiziell erst nach einem Monat zum Präsidenten gewählt werden konnte. Und diese Bürde würde schwer sein. Wir waren im Krieg besiegt worden, unser Land war besetzt. Unsere Finanzen befanden sich in einem so desolaten Zustand, daß wir den Soldaten an der Front kaum noch den Wehrsold, unseren Beamten kaum ihr Gehalt bezahlen konnten. Argwohn und Dissens hatten unsere Gefängnisse mit über 23000 politischen Häftlingen gefüllt, von denen die meisten Moslembrüder waren. Und die einzige ausländische Macht, mit deren Hilfe wir rechnen konnten, war die Sowjetunion, ein Regime, dem Anwar heftiges Mißtrauen entgegenbrachte.

Ich selbst setzte absolutes Vertrauen in Anwar. Von allen möglichen Nachfolgern Nassers war Anwar der fähigste, der couragierteste. Sein aufrichtiger Glaube an Allah machte meinen Mann innerlich sehr stark, und ich wußte, daß Allah ihn stets begleiten würde. Dennoch hatte ich Angst um ihn. In Nassers Regierung hatte es eine Clique höchst ehrgeiziger Intriganten gegeben, dieselbe Machtelite, die ständig Nassers angeborenes Mißtrauen anstachelte und dafür sorgte, daß er sich aller entledigte, die sich ihr entgegenstellten. Nun würden diese Männer Minister in Anwars Regierung sein.

Ich wußte, daß sie auch gegen Anwar opponieren, daß sie auch ihm Schwierigkeiten machen würden. Anwar würde sich allen Problemen Ägyptens allein stellen müssen. Er würde von Menschen umgeben sein, die sich ihm gegenüber nicht loyal verhalten, sondern versuchen würden, ihm zu schaden. Das alles wußte ich von Anfang an, wußte ich von dem Moment an, da Gamal Abdel Nasser starb und mein Mann Präsident von Ägypten wurde.

8 Verrat und Verräter

Ich stehe in unserem Garten in Giseh. Alles ist in ein bedrohliches, orangefarbenes Glühen getaucht, das auf den Magnolien und den Tannen glänzt, die höher sind als unser Haus. Was ist das für ein unheimliches Licht? Ich blicke an unserem Haus empor. Es brennt! Drinnen sehe ich die Flammen züngeln, alle Fenster auf einmal zerspringen. Ich will hineinlaufen, um meine Kinder, meinen Mann, meine Mutter zu retten, und kann mich nicht rühren. Ich will schreien, um Hilfe rufen und bringe keinen Ton heraus. Hilflos stehe ich da und sehe dem Rauch nach, der über den Nil davontreibt. Doch der Rauch ist nicht schwarz, sondern weiß! Es gibt noch Hoffnung. »Bitte, Allah, hilf uns«, flehe ich. »Bitte hilf uns, Ägypten zu retten!«

Anwar. Ich mußte Anwar von meinem Traum erzählen. Ich lief zu seinem Schlafzimmer hinüber. »Das Komplott gegen dich wird fehlschlagen«, berichtete ich ihm aufgeregt. »Deine Feinde werden versuchen, dich umzubringen und die Regierung zu übernehmen, aber sie werden nicht an dich herankommen. Davon bin ich fest überzeugt, weil der Rauch des Brandes, den sie in meinem Traum gelegt haben, nicht schwarz, sondern weiß war. Ägypten wird gerettet werden und du auch!«

Mein Mann lächelte, schwieg aber. Ich wußte

nicht, ob er an meine Träume glaubte, wußte nicht einmal, ob ich es selber tat. Aber der Traum von Nassers Tod war Wirklichkeit geworden. Würde auch dieser Wirklichkeit werden? Solange ich daran glaubte, war mir wohler. Dennoch war Anwar in großer Gefahr, und ich befürchtete das Schlimmste.

Anwars Zukunftsvorstellungen für Ägypten unterschieden sich drastisch von jenen Abdel Nassers, dem viele Menschen in unserem Land noch immer fanatisch die Treue hielten. Anders als Nasser wollte Anwar die Zensur reduzieren und die politische Diskussion fördern. Anders als Nasser wollte Anwar Ägypten den lukrativen Märkten des Westens öffnen. Anders als die Nasseristen wollte Anwar den Zermürbungskrieg gegen die Israelis nicht fortsetzen. Die Position meines Mannes als Präsident war jedoch äußerst kritisch. Es gab viele, die meinten, er dürfe gar nicht Präsident werden.

Fast jeder einzelne Angehörige der Regierung, die Anwar von Nasser übernommen hatte, war gegen ihn. Im Laufe der Jahre hatten diese Männer, die zum großen Teil im Ausschuß für die Liquidation des Feudalismus gesessen hatten, ungeheuer viel Macht und Einfluß gewonnen, ihre Gegner verhaften lassen oder erpreßt, Telefone angezapft und Tausende von gewöhnlichen Ägyptern überwachen lassen. Unter Nasser hatte diese Gruppe einen praktisch unkontrollierbaren Machtblock gebildet. Unter Sadat dachten sie gar nicht daran, auch nur den geringsten Teil ihrer Macht aufzugeben.

Mit seinen Entscheidungen brachte Anwar diesen

Machtblock vom Beginn seiner Amtszeit als Präsident an in Rage. Statt Ausschüsse zu bilden, die willkürlich den Besitz von Angehörigen der Mittelschicht beschlagnahmten, hob Anwar schon zwei Monate nach seinem Amtsantritt alle Enteignungsbeschlüsse auf, die Privatbesitz der staatlichen Verwaltung unterstellten. Statt Telefone abzuhören und schwarze Listen aufzustellen, wie es bei Nassers Ministern usus war, erließ Anwar ein Verbot gegen das Anzapfen eines Telefonanschlusses ohne Gerichtsbeschluß. So großen Respekt hatte Anwar vor dem Recht des einzelnen auf sein Privatleben, daß er sich sogar weigerte, die Berge von Transkriptionen der Telefongespräche ehemals verdächtiger Ägypter zu lesen.

Jeder einzelne dieser Schritte auf dem Weg zur Demokratie wurde von Anwars Kabinett mißbilligt. Nasser war eindeutig prosowjetisch gewesen, also waren es jetzt auch seine Anhänger. Zu einer Zeit, da Europa und Amerika vorsichtigen Optimismus hinsichtlich dessen ausdrückten, was sie als »Kairoer Frühling« bezeichneten, benutzten die Feinde meines Mannes all ihre Propagandamittel, um Kritik an seiner Politik zu üben. »Sadat und seine Parteigänger repräsentieren die Kräfte der Reaktion«, erklärten sie den Mitgliedern der Arabischen Sozialistischen Union, der einzigen politischen Partei unseres Landes. »Die Reaktionäre formieren sich neu, damit sie die Errungenschaften der Arbeiter und Fellachen zunichte machen können.« Fünf von acht Mitgliedern des Obersten Exekutivkomitees der Arabischen Sozialistischen Union waren so prosowjetisch, daß Anwar sie verbittert »das Politbüro« nannte. Dieses »Politbüro« machte kein Geheimnis aus seiner Einstellung und diskreditierte meinen Mann, wo es nur ging. Selbst die Zeitungen begannen die Kritik an meinem Mann zu wiederholen. »Ich gebe Sadat im Höchstfall sechs Wochen«, meldete der amerikanische Gesandte Eliot Richardson Präsident Nixon nach seiner Rückkehr von Nassers Beisetzung. Die Sowjets waren derselben Meinung.

Doch was Anwars Gegner unter den Regierungsmitgliedern ärgerte, das wurde vom Volk freudig akzeptiert. Die Ägypter genossen ihre neuen Freiheiten, vor allem die Abschaffung jenes Dekrets, das es Ägyptern fast unmöglich gemacht hatte, ins Ausland zu reisen. Von nun an brauchte man sich nicht mehr von der Polizei ausfragen zu lassen, benötigte keine staatlichen Genehmigungsstempel mehr und mußte keine endlosen Formulare mehr ausfüllen, um ein Ausreisevisum zu bekommen. Die wohlhabenderen Ägypter, die das Land fluchtartig verlassen hatten, kehrten nach und nach zurück. Die Isolation, in der Ägypten gelebt hatte, lockerte sich ein wenig. Doch nun begannen die Nasseristen mit ihrer Kampagne zum Sturz meines Mannes.

»Der Innenminister hat sich gestern abend beim Essen mit harten Worten über deinen Mann geäußert«, warnte mich eine Freundin kurz nach Anwars offiziellem Amtsantritt. Jene, die unsere Telefonnummer hatten, riefen mich an, um mir von all den Gerüchten zu erzählen. Jene, die sie nicht hatten, kamen zu uns ins Haus. Loyale Ägypter, die ich überhaupt nicht kannte, brachten sich selbst in Gefahr, indem sie zu jeder Tages- und Nachtzeit heimlich an unsere Tür geschlichen kamen, um von einer weiteren Drohung, einer weiteren Beleidigung Anwars zu berichten. Ich empfing alle, die zu uns kamen, und ordnete an, daß jeder, ohne Rücksicht auf Tag und Stunde, zu mir vorgelassen wurde. Da die Gefahr eines Staatsstreichs ständig zunahm, wollte ich genau erfahren, was sich hinter dem Rücken meines Mannes abspielte.

Die Gerüchte verschlimmerten sich, als Anwar dem Parlament vier Monate nach seiner Amtseinsetzung eine neue Friedensinitiative ankündigte. Wenn Israel seine Truppen aus dem Sinai abziehe, schlug Anwar vor, solle sich Ägypten bereit erklären, den Sueskanal, der seit dem Krieg 1967 gesperrt war, wieder zu öffnen. Darüber hinaus gab er von seinem Plan Kenntnis, den vom Rogers-Plan vorgesehenen Waffenstillstand von drei auf sechs Monate zu verlängern und mit den Vereinigten Staaten wieder diplomatische Beziehungen aufzunehmen.

Am verblüffendsten war jedoch sein Vorschlag zur Unterzeichnung eines Friedensabkommens mit Israel durch die Vermittlung der Vereinten Nationen. In den zweiundzwanzig Jahren der Existenz Israels hatte noch kein arabisches Staatsoberhaupt je eine derartige Initiative gewagt. Von dieser radikalen Absicht alarmiert, verdoppelten Anwars Feinde ihre Bemühungen, ihn zu diskreditieren. Denn da Anwars Politik zunehmend die Unterstützung der Öffentlichkeit gewann, wurde sie zunehmend gefährlich. Seine Abwendung von der Sowjetunion und dem Sozialismus und seine Zuwendung zum Westen und zur Demokratie war ein Trend, dem sie unbedingt entgegentreten mußten.

Jeden Abend erzählte ich Anwar von den neuen Gerüchten und Verleumdungen, von denen ich gehört hatte. Mir wurden Telefongespräche wiederholt, die ich von unseren Privatapparaten aus geführt hatte – ein Beweis dafür, daß unser eigenes Haus, die Residenz des Präsidenten, verwanzt war. »Warum läßt Ihr Mann die Macht in den Händen seiner Feinde?« fragten jene, die Anwar die Treue hielten, immer wieder. »Warum duldet er, daß seine Minister dem Volk einreden, er sei nur eine Art Galionsfigur wie die Königin von England und die eigentlichen Machthaber Ägyptens seien sie?« – »Er wartet auf den richtigen Zeitpunkt«, pflegte ich darauf zu antworten. Doch auch ich selbst verlor die Geduld mit Anwar.

»Worauf wartest du, Anwar? Darauf, daß sie dich verhaften, ins Gefängnis stecken, dich umbringen?« fragte ich ihn eines Abends im April verzweifelt. »Ich bin deine Frau und mache mir Sorgen um dich, jawohl, aber ich mache mir auch Sorgen um Ägypten. Wenn die Kommunisten die Macht ergreifen, werden sie wieder alles abschotten. Du führst Ägypten in die Demokratie, in den Frieden mit Israel und in ein besseres Verhältnis zu vielen anderen Ländern, sie aber werden das alles wieder zunichte machen.« Ich versuchte gelassen zu bleiben, ruhig zu sprechen, schaffte es aber nicht. »Du befindest dich im Wettlauf mit deinen Feinden, und Sieger wird derjenige sein, der sich des anderen am schnellsten entledigt«, warnte ich ihn ein wenig zu laut. »Sie sind alle gegen dich, und sie vermögen die Massen in Bewegung zu setzen. Worauf wartest du, Anwar? Sag mir das bitte!«

Anwar lächelte. »Weißt du, Jehan, du scheinst etwas sehr Wichtiges vergessen zu haben«, sagte er liebevoll. Dann deutete er zum Himmel. »Allah ist mit mir.«

»O ja, ich bin überzeugt, daß Allah mit dir ist«, gab ich zurück. »Doch Allah hilft nicht immer jenen, die sich nicht selbst helfen. Vielleicht ist Allah ja auch ungeduldig und sagt: ›Tu etwas, mein Sohn, dann werde ich mit dir sein.‹ Es reicht nicht, Anwar, einfach zu sagen: ›Allah ist mit mir.‹«

Anwar lächelte jedoch noch immer. »Das sage ich auch nicht, Jehan«, erklärte er. »Natürlich unternehme ich etwas, aber sehr unauffällig. Ich bin nicht so ungeduldig wie du. Wenn der richtige Zeitpunkt kommt, wirst du erkennen, daß ich vorbereitet bin.«

»Und was kann ich tun, um dir bei deinen Vorbereitungen zu helfen?« fragte ich ihn, weil ich wirklich sicher sein wollte, daß er einen Plan hatte.

»Bitte die Leute, die dir diese Gerüchte zutragen, sie aufzuschreiben, zu unterzeichnen und mir zu geben«, antwortete er.

Ich war sofort zutiefst erleichtert, denn ich nahm an, er wolle mich auf diese Art indirekt in seine Pläne einweihen, die Aufrührer zu verhaften und die unterzeichneten Berichte von ihren Lügen vor Gericht als Beweise gegen sie vorzulegen. Am nächsten Tag bat ich ein weibliches Parlamentsmitglied, alles aufzuschreiben, was sie mir erzählt hatte, und es zu unterzeichnen.

»Die Minister haben vor der Arabischen Sozialistischen Union erklärt, unsere Staatsführung sei schwach, sie hätten kein Vertrauen zu ihr und Ägyptens neue Politik verstoße gegen alles, wofür Nasser eingetreten sei«, schrieb sie pflichtschuldigst.

»Gut«, sagte Anwar, als ich ihm den Bericht überreichte. »Ich werde ihn dem Innenminister vorlegen.«

Dem Innenminister? Dem Anführer der Opposition? Ich war entsetzt. »Aber Anwar, wie kannst du nur!« rief ich verzweifelt. »Du wirst die gute Frau, die uns geholfen und uns diese Information gegeben hat, ins Unglück stürzen!«

Doch Anwar blieb hart. »Ich weiß, was ich tue, Jehan«, behauptete er. »Du wirst schon sehen.«

Mein Mann war ein prinzipientreuer Mensch, das wußte ich. Doch warum gefährdet er die Männer und Frauen, die uns zu helfen versuchten, indem er ihre Informationen an den Feind weitergab? Später sollte ich seine Taktik verstehen, denn indem er den Ministern, die gegen ihn waren, diese gefährlichen Berichte zeigte, ließ er sie wissen, daß er von ihren Absichten Kenntnis hatte. Und er bewies ihnen, daß er seiner selbst absolut sicher war. Er wußte, und sie wußten, daß er als Präsident die höchste Machtposition innehatte und sie jederzeit verhaften lassen konnte. Doch wenn er den Befehl dazu wirklich erteilte, würde das Militär dann Anwar die Treue halten oder seinem Feind, dem Verteidigungsminister?

»Das war aber ein netter Offizier, den Ihr Mann uns gestern ins Haus geschickt hat«, sagte eine Nachbarin eines Vormittags zu mir. »Er kam zusammen mit dem Innenminister und fragte, ob er von unserem oberen Stockwerk aus Ihre Villa inspizieren dürfe. Sie müßten herausfinden, wie Ihr Haus am besten zu verteidigen sei, falls jemand ein Attentat auf Ihren Mann plane.«

Ich bedankte mich bei ihr, denn sie war überzeugt, uns einen Gefallen getan zu haben. Ich jedoch argwöhnte, daß die Besucher etwas ganz anderes gewollt hatten: Sie suchten nach der besten Möglichkeit zum Eindringen, wenn sie kamen, um Anwar zu verhaften.

Noch nie hatte ich mich so allein gefühlt. Wir hatten keinen Menschen, an den wir uns wenden, ja keinen Menschen, mit dem wir überhaupt reden konnten. Am Abend zog ich in Anwars Schlafzimmer um, weil ich mich an seiner Seite und mit der Pistole, die er immer im Nachttisch hatte, sicherer fühlte.

»Schließ die Tür ab«, bat ich ihn.

»Warum?« fragte er verwundert. »Wir schließen doch niemals die Tür ab.«

»Aber von jetzt an müssen wir's tun«, beharrte ich.

Er sah mich auf diese verwunderte Art an, die mich immer so reizte.

»Dann können sie, wenn sie mitten in der Nacht kommen und dich abholen wollen, wenigstens nicht sofort ins Schlafzimmer eindringen, und du hast Zeit, richtig wach zu werden und zur Pistole zu greifen«, platzte ich heraus. »Dann kannst du wenigstens zwei oder drei erschießen, bevor sie dich umbringen.«

»Ach, Jehan«, gab Anwar zurück, »deine Einbildungskraft wird uns noch alle umbringen.« Aber er schwieg, als ich aufstand und die Schlafzimmertür abschloß.

Die Nasseristen opponierten auch gegen mich, und zwar fast ebenso heftig wie gegen Anwar. Sie hatten mich wegen meiner Öffentlichkeitsarbeit von Anfang an kritisiert, ja meine Bemühungen sogar sabotiert. Während ich in der Trauerzeit für ihren Mann bei Frau Nasser saß, hatte ich über die Möglichkeiten nachgedacht, die sich mir nun boten. Was sollte ich als Ehefrau von Ägyptens neuem Präsidenten tun: Sollte ich in Frau Nassers traditionsgebundene Fußstapfen treten, schön brav zu Hause bleiben, mir einen Namen als gute Ehefrau und Mutter machen und nur ein Minimum an offiziellen Pflichten übernehmen? Oder sollte ich fortfahren, dem Volk zu dienen?

Mir war klar, daß alles, was ich in der Öffentlichkeit tat, umstritten sein würde, denn noch nie hatte die Frau eines Staatsoberhauptes in unserem Land außerhalb ihres Hauses gearbeitet. Im alten Ägypten gab es äußerst geachtete weibliche Staatsoberhäupter, so hatte zum Beispiel Königin Hatschepsut militärische Expeditionen unternommen, die Ägyptens Oberherrschaft über Somalia und Dschibuti stärkten.

Als Beweis ihrer Macht hatte Hatschepsut befohlen, daß sie auf ihrem riesigen Sarkophag in Luxor mit einem Bart dargestellt wurde. Erst in sehr viel jüngerer Zeit waren den ägyptischen Frauen subalterne Rollen zugewiesen worden. Und die meisten hatten sich gefügt.

Ich aber konnte – und wollte – meine Sozialarbeit nicht aufgeben. Es war Allah, der mir die Macht geschenkt hatte, dem Volk zu helfen, sowie die Fähigkeit, die Probleme der Menschen zu verstehen und mit ihnen zu arbeiten. Als Frau des neuen Präsidenten konnte ich als Verbindungsglied zwischen Anwar und dem Volk dienen, die Leiden der Menschen teilen und ihre Probleme erforschen. Ich war fest entschlossen, all jene, die Einwände gegen meine Arbeit erhoben, einfach zu ignorieren. Wie ich diese Gabe Allahs nutzte, war ganz allein meine Sache.

Die Konfrontation mit den Menschen, die an der Tradition festhielten, ließ nicht lange auf sich warten. Am Abend von Anwars Amtseinführung gab es im Abdin-Palast einen Empfang für die ausländischen Botschafter. Um der Welt zu zeigen, daß seine Administration eine ganz andere sein würde, entschloß sich Anwar zu einem überraschenden Schritt. Als ich mit meinem Mann auf dem Empfang erschien, bat er mich, an seiner Seite zu bleiben, statt mich fünf Schritte hinter ihm zu halten, wie es Frau Nasser immer getan hatte. Und als sich die Empfangsschlange bildete, plazierte Anwar mich so neben sich, daß jeder Gast zunächst mir und dann erst ihm die Hand reichen mußte. Darüber war selbst ich verblüfft, denn nie zuvor hatte ein mohammedanischer Staatschef einer Frau so große Ehrerbietung erwiesen. Anwar wollte der Welt jedoch beweisen, daß Ägypten von nun an eine neue, moderne Staatsführung besaß. Das Gewitter der Blitzlichter, die diesen unerhörten Vorgang festhielten, nahm kein Ende. Und dann kamen die Reaktionen.

»Bedienen Sie die Gäste gefälligst nicht selbst«, zischte mir die Frau des Innenministers zu, als ich jedem ausländischen Diplomaten einen Teller reichte. »Sie sind die Frau des Präsidenten!« Sie hielt das für würdelos, während ich das Gefühl hatte, ein neues Zeichen der Gleichberechtigung zu setzen.

»Was habe ich zu verlieren, wenn ich höflich bin?« gab ich lächelnd zurück, während ich fortfuhr, die Diplomaten zu versorgen. »Ich möchte ganz einfach das, was ich bei mir zu Hause für unsere Gäste tue, auch hier einführen. Wenn unsere ausländischen Gäste sehen, wie selbstsicher ich bin, werden sie mich um so mehr achten.« Und wieder zuckten die Blitzlichter durch den Saal.

Am folgenden Tag spitzte sich die Konfrontation zu. Von König Faruks Frauen waren in der Presse nur äußerst selten Fotos erschienen, ebenso selten von Frau Nasser. Von mir dagegen gab es überhaupt keine, denn die Fotos, die am nächsten Morgen in den Zeitungen zu sehen waren, zeigten die Frauen aller ausländischen Botschafter, ihre Ehemänner, meinen Ehemann – und meine Hand. Ich mußte lachen und war zugleich wütend. Wenn Nassers alte Garde den Kampf um den neuen Status der Frauen wollte, sollten sie ihn bekommen! Ich telefonierte mit Fawzi Abdel Hafez, Anwars Sekretär. »Rufen Sie Staatssekretär Scharaf im Präsidialamt an, und fragen Sie ihn, warum er mich von den Fotos entfernt hat«, bat ich ihn. »Sagen Sie ihm, er soll stolz darauf sein, die Frau des Präsidenten in der Presse zu zeigen, und mein Foto nie wieder ohne meine Genehmigung herausschneiden.«

»Wenn Sie es wünschen, Madame«, antwortete Fawzi zögernd. Als ich diesen Widerstand in seinem Ton hörte, hätte ich wissen sollen, daß er eine so herausfordernde Nachricht nicht übermitteln würde.

Eine Stunde später, als ich gerade die Treppe hinunterstieg, um einen Gast zu begrüßen, rief Fawzi mich zurück. »Der Staatssekretär im Präsidialamt ist auf dem Weg zu Ihnen«, erklärte er mir.

»Haben Sie ihm ausgerichtet, was ich Ihnen aufgetragen habe?« fragte ich ihn.

»Nein«, antwortete er unglücklich.

»Jetzt mal ehrlich: Haben Sie es getan?«

»Ich schwöre es – nein!« erwiderte er.

»Dann ist das, was Sie mir jetzt mitteilen, noch weit schlimmer«, stellte ich fest.

»Aber wieso?« fragte Fawzi.

»Weil es bedeutet, daß unsere Telefone abgehört werden«, erklärte ich ihm. »Wie hätte er sonst von meiner Empörung erfahren sollen?«

Die Erklärung, die mir der Minister für meine Entfernung aus den Fotos gab, war ebenso lächerlich, wie die Lage unheilverkündend war. »Ich entschuldige mich dafür, daß ich Ihr Foto nicht gebracht habe«, sagte Sami Scharaf zu mir, als er kurz darauf eintraf. »Aber ich dachte an unsere Soldaten, die seit vier Jahren in der Wüste schmachten, und was sie wohl denken würden, wenn sie Ihr Foto in der Zeitung sähen.«

»Was ist so schlimm daran, die Frau des Präsidenten in der Zeitung zu sehen?« wollte ich wissen.

Scharafs Gesicht war schweißüberströmt. »Die Soldaten würden denken, daß sie für ihr Land leiden müssen, während die Prominenz in Kairo Parties feiert«, antwortete er lahm.

»Parties? Was für Parties?« fragte ich ihn verwundert. »Als wir die Botschafter empfingen, haben wir nur unsere Pflicht getan. Wir haben weder getanzt, noch haben wir unseren Freunden Unterhaltung geboten. Dieser Empfang war Teil unserer Arbeit.«

»Ich wollte unsere Soldaten nicht kränken«, behauptete er.

»Nun gut, aber Sie haben mich gekränkt«, sagte ich schroff. »Meinen Sie etwa, ich hätte mich zu Hause hinter einem Schleier verstecken sollen, damit mich nur ja kein Mann sehen kann?«

»Verzeihen Sie mir, Madame«, antwortete er. »Ich bin überzeugt, die Zeitschriften werden Ihr Foto bringen.«

»Wie kann das, was für eine Tageszeitung nicht richtig ist, für eine Zeitschrift richtig sein?« fragte ich ihn. Dem Ärmsten wollte keine Erklärung einfallen.

Der nächste Zwischenfall folgte schon bald. Die einzige Frau im Kabinett, Sozialministerin Dr. Hikmat

Abu Zeid, lud mich zu einem Empfang ein für die erste russische Astronautin. Es war ein wunderschönes Essen. Aber als Dr. Hikmat mich ein paar Tage später anrief, wirkte das, was sie mir berichtete, wie eine eiskalte Dusche auf mich. Sie habe mir ein Telegramm geschickt, um zu fragen, ob ich vielleicht eine Botschaft für eine Frauengruppe habe, vor der sie im Sudan sprechen wollte. Ich hatte kein Telegramm erhalten. Es dauerte nicht lange, bis ich entdeckte, daß der Staatssekretär im Präsidialamt das Telegramm versteckt hatte, um zu verhindern, daß ich in der Öffentlichkeit als Aktivistin oder auch nur als Unterstützerin der Emanzipation der ägyptischen Frauen identifiziert wurde.

Ich war wütend und zitierte Minister Scharaf abermals zu mir. Er behauptete, von keinem Telegramm zu wissen, und erst, als ich drauf bestand, wurde es mir ins Büro geliefert. Nun stand fest, daß ich – genau wie Anwar – gegen meine immer mächtigeren Feinde in der Regierung zu Felde ziehen mußte. Denn wie viele andere Ägypter auch waren die Nasseristen der Ansicht, daß eine gute Ehefrau gefälligst zu Hause zu bleiben habe.

Ich selbst war völlig anderer Meinung. Viel zu lange schon hatten die ägyptischen Männer ihre Frauen als Eigentum behandeln dürfen, als Roboter, deren Funktion es war, unsichtbar zu sein und zu gehorchen. Obwohl es überhaupt keinen Grund dafür gab. Keinen!

Kein Glaubenssatz unserer Religion verlangte die totale Unterwerfung der Frau. An keiner Stelle steht im Koran geschrieben, daß die Frau im Haus zu bleiben habe und sich nicht in der Öffentlichkeit sehen lassen dürfe. Im Gegenteil. Der Koran behandelt Männer und Frauen gleich, im Leben und im Tod. »Handelt jemand, Mann oder Frau, der Gerechtigkeit entsprechend und besitzt den Glauben, wird er ins Paradies eingehen«, heißt es in unserem Heiligen Buch. Ja, der Koran preist sogar die Führungsqualitäten der Frauen. »Ich fand, daß eine Frau über sie herrschte, die ihnen alles in Fülle gab und einen mächtigen Thron besaß«, heißt es in der Sure »Die Ameise«.

Es waren also weder unsere Heilige Schrift noch die Lehren des Propheten Mohammed, die der Frau eine untergeordnete Rolle zuwiesen, sondern die jahrhundertealte Tradition männlicher Überlegenheit in der gesamten arabischen Welt. Sich der männlichen Herrschaft zu unterwerfen, war den mohammedanischen Frauen im Laufe der Generationen zur Gewohnheit geworden. Aber Gewohnheiten kann man ändern.

Ich beschloß, mich als erstes nach Assiut zu wenden. Dort, in Oberägypten, lebten die konservativsten, ja sogar fanatischsten Moslems und koptischen Christen, und dort hatte sich die angeblich islamische Bekleidung des Schleiers für Frauen und der Galabiya für Männer am reinsten erhalten. Angesichts der staatlichen Opposition gegen meine Aktivitäten würde ich die Unterstützung des Volkes brauchen, vor allem der streng religiösen Kreise. Genau wie die Konservativ-Religiösen in der ganzen Welt würden die Gläubigen von Assiut sich am heftigsten gegen jede Veränderung wehren. Falls es mir gelang, die Unterstützung der zwölf Scheichs von Assiut, der fundamentalistischen Studenten an der dortigen Universität und der Kopten zu erhalten, hatte ich die halbe Schacht schon gewonnen.

Ich verfaßte keine formelle Ansprache, machte mir nicht einmal Notizen. Ich wollte mein Herz sprechen lassen, obwohl ich zugeben muß, daß mir das Herz beinah aussetzte, als ich dieses fast ausschließlich aus Männern bestehende Publikum sah.

»Ich bin nach Assiut gekommen, weil Sie von allen Menschen Ägyptens am stärksten am Althergebrachten festhalten«, begann ich langsam. »Ich weiß, daß Sie wie ich größte Achtung vor den Frauen haben, die zu Hause bleiben, um Mann und Kinder zu versorgen. Aber ich möchte Ihnen dazu eine Frage stellen.

Ich habe persönlich zwei Möglichkeiten. Als Ehefrau Ihres Präsidenten kann ich zu Hause bleiben und meine Zeit in aller Ruhe mit meinem Mann und meinen Kindern verbringen, an ein paar offiziellen Essen für die Ehefrauen zu Besuch weilender Würdenträger teilnehmen und gelegentlich zum Flughafen fahren, um Leute zu empfangen oder zu verabschieden. Das wäre ein sehr bequemes Leben für mich. Aber wir leben in keiner bequemen Zeit. Deshalb möchte ich Ihre Meinung zur zweiten Möglichkeit hören.

Während ich hier zu Ihnen spreche, ist unser Land von Fremden besetzt. Für mich ist es, als sei dieses

Land mein Haus, und mein Garten sei besetzt. Die Frage ist nun, ob ich im Haus bleiben soll, ohne meinen Garten betreten zu können, oder ob ich meinem Mann bei dem Versuch helfen soll, unseren Garten zurückzugewinnen. Soll ich die Bürde Ägyptens mittragen, mit den Frauen und Kindern, den Behinderten und Armen arbeiten, oder soll ich es meinem Mann überlassen, alles, was nötig ist, allein zu tun? Wie sieht die angemessene Rolle der Frau aus?

Ich selber weiß, was ich gern tun würde. Ich möchte meinem Mann helfen und alles für unser Land tun, was ich kann. Ohne Geld dafür zu bekommen. Im Gegenteil, ich bin bereit, meine Zeit zu opfern, zuweilen auch meine Gesundheit, weil ich übermüdet sein werde, sowie meine eigene Bequemlichkeit. In dieser Hinsicht wird meine Rolle also nicht sehr erfreulich sein. In einer anderen aber sehr wohl, denn ich glaube fest daran, daß Allah mir diesen Auftrag gegeben hat. Und den möchte ich ausführen.« Ich atmete tief durch.

»Wie also lautet Ihre Antwort?« fragte ich meine Zuhörer. »Ich möchte sie hören.«

Einen Augenblick herrschte Stille. Dann begann der Applaus und steigerte sich, bis mir das Herz überging.

»Ich danke Ihnen sehr«, rief ich dem Publikum zu. »Ich weiß Ihre Antwort sehr zu schätzen. Und ich verspreche Ihnen, zum Wohle unseres Landes alles zu tun, was in meinen Kräften steht.«

Von Assiut aus ging ich direkt an die Suesfront, um mir die Unterstützung der Truppen zu sichern, ein wesentlicher Faktor für die Rolle, die ich in Ägypten zu spielen trachtete. In unserer eigenen islamischen Geschichte, erklärte ich ihnen, gebe es genügend Beispiele für Frauen, die für ihre Kraft und Tapferkeit berühmt seien. Nusiba Bint Kaab el-Ansariya zum Beispiel habe zum Schwert gegriffen und in den zahlreichen Schlachten der Moslems gegen ihre Feinde mitgekämpft, in einem Fall sogar einen Mann niedergemacht, der den Propheten töten wollte. Umm Muslim el-Milhan habe ebenfalls an der Seite des Propheten gekämpft und sei sogar in eine Schlacht gezogen, obwohl sie schwanger war. Aischa, die Lieblingsfrau des Propheten, sei auf ihrem eigenen Kamel in die Schlacht geritten, ohne dafür als schlechte Mohammedanerin verachtet zu werden. Im Gegenteil, der Prophet habe Aischa als Beispiel bezeichnet, dem alle folgen sollten, und Männern wie Frauen den Rat gegeben: »Nehmt die Hälfte eurer Religion von ihr.«

Auch seien derartige Beispiele nicht auf die ferne Vergangenheit beschränkt, fuhr ich fort, und erinnerte sie an die berühmte algerische Heroine Gamila Buhered, die – wie so viele andere Algerierinnen – in ihrer Handtasche Bomben und Waffen geschmuggelt hatte, um bei der algerischen Revolution gegen Frankreich mitzukämpfen. Gamila Buhered war von den Franzosen verhaftet und grausam gefoltert worden, hatte aber keinen ihrer Mitstreiter verraten. »Genau wie die Algerier sind wir alle eine Familie, der Gefahr droht«, sagte ich zu den Soldaten. »Unsere Pflicht als Ehefrauen und Mütter ist es, Partnerinnen unserer Kämpfer zu sein und nicht bequem zu Hause zu sitzen und sie die Bürde allein tragen zu lassen.« Die Reaktion der Männer war nicht weniger herzerfrischend als jene in Assiut. Von Zuversicht erfüllt kehrte ich nach Kairo zurück.

Daß es Widerstand gegen die neue Rolle geben würde, die ich den ägyptischen Frauen zu verschaffen suchte, war mir klar. Und bald schon sollte ich merken, wie erbittert dieser Widerstand war. Kurz nachdem ich von der Front heimkam, demonstrierten die konservativsten Studenten der Universität Kairo gegen mich und behaupteten, mein Auftreten vor so vielen Soldaten sei ungehörig und beschämend gewesen. »Von Dayan beherrscht werden ist besser als von Jehan beherrscht werden!« riefen sie in Sprechchören. Ich glaubte nicht recht zu hören. Würden es diese Studenten tatsächlich vorziehen, vom israelischen Verteidigungsminister beherrscht zu werden, nur weil er ein Mann war? Ich war entsetzt. Doch wenn ich überhaupt etwas verändern wollte, mußte ich lernen, Kritik hinzunehmen. Und ich hoffte sehr, den Mut dazu aufbringen zu können.

In Kairo kamen nun täglich Frauen zu mir und baten um Fürsprache für die Freilassung ihrer Männer, die unter Nassers Regime verhaftet worden waren. Ich empfing jede einzelne von ihnen. »Frau Sadat verschwendet ihre Zeit auf Menschen, die es nicht verdienen«, lautete die Kritik der Nasseristen, die diese Männer ins Gefängnis gebracht hatten. Doch ich schenkte ihnen keine Beachtung. »Sagen Sie allen, die diese Kritik an mir wiederholen, daß ich gern jeden Menschen empfangen werde, der meine Hilfe benötigt«, wies ich Anwars Sekretär Fawzi Abdel Hafez an. Und ich fuhr fort, mit den Frauen der Häftlinge zu sprechen und ihre Petitionen an Anwar weiterzugeben.

Darüber hinaus gelang es mir, den Kontakt mit den Ehefrauen der oppositionellen Staatsminister aufrechtzuerhalten, indem ich vorgab, nichts von den Umsturzplänen ihrer Ehemänner zu wissen. Während ich mit ihnen über die Kinder plauderte, als hätte ich keine anderen Sorgen, lauschte ich ständig und bei allem, was sie sagten, auf Hinweise, auf kleine Versprecher, die vielleicht etwas über die Verschwörung verrieten.

Am 1. Mai spitzte sich die Krise zu. Aufgrund unserer engen Beziehungen zur Sowjetunion feierten auch wir den Tag der Arbeit. Anwar, der Arbeitsminister, der Gouverneur der Provinz Kairo und sämtliche Gewerkschaftsführer sollten eine Rede halten. Ganz Ägypten saß vor dem Fernseher. Und was wir sahen, war erschreckend.

Jedesmal, wenn die Menge einem der Redner applaudierte, hielten die Männer in den vordersten Reihen riesige Fotos von Abdel Nasser empor. »Sadat ist nichts im Vergleich zu Abdel Nasser«, suchten diese Demonstranten den Millionen ägyptischer Fernsehzuschauer zu suggerieren. »Achtet nicht auf das, was er sagt, hört nur auf jene, die treu zu unserem größten Führer halten.«

Panik überkam mich. Jetzt zeigte sich die Verschwörung offen. Und anscheinend war sie gut organisiert, denn die Nasser-Porträts wurden wie auf Kommando alle gemeinsam hochgehoben. Nun wußten alle in Ägypten, daß sich Sadats eigene Kabinettsminister gegen ihn wandten.

Als wir heimkamen, eilte ich zu Anwar. »Was wirst du tun?« fragte ich ihn erregt.

»Das wirst du morgen sehen, Jehan«, antwortete er gelassen. Am nächsten Tag entließ er einen seiner beiden Vizepräsidenten und fanatischsten Fürsprecher der Sowjets.

Der Kampf begann. Jeden Morgen, wenn ich hinter unserer verschlossenen Schlafzimmertür erwachte, sah ich mit Verwunderung und Freude, daß Anwar die Nacht überlebt hatte. »Weicht dem Präsidenten nicht von der Seite«, ermahnte ich täglich seine Leibwächter. Immer noch kamen Tag und Nacht Leute mit den jüngsten Gerüchten an unsere Tür. Die schlimmste Nachricht kam von Mohammed Heikal, dem Chefredakteur des *el-Ahram*.

»Schwören Sie mir, Frau Sadat, keinem Menschen zu verraten, was ich Ihnen jetzt mitteilen werde«, verlangte Heikal von mir. »Der Präsident legt eine so erstaunliche Gelassenheit an den Tag, daß ich glaube, er weiß gar nicht, in welch großer Gefahr er schwebt. Ich habe an vielen Sitzungen teilgenommen, bei denen davon gesprochen wurde, ihn zu stürzen. Vor allem darf sich Ihr Mann niemals dem Rundfunk- und Fernsehzentrum nähern. Für den Fall, daß der Präsident beschließt, die Verschwörung gegen sich öffentlich bekanntzumachen, hat der Verteidigungsminister das Gebäude mit Wachen umstellen lassen, die Befehl haben, ihn bei jedem Versuch dieser Art umgehend zu verhaften.«

Ich eilte sofort zu Fawzi Abdel Hafez, der für Anwars Sicherheit verantwortlich war. »Verhindern Sie unter allen Umständen, daß sich mein Mann in die Nähe des Fensehzentrums begibt«, ersuchte ich ihn. »Warum und woher ich das weiß, kann ich Ihnen nicht sagen, doch ich versichere Ihnen, daß ihm dort allergrößte Gefahr droht.«

Einige Tage darauf teilte Anwar mir mit, daß er vorhabe, am 13. Mal in die Provinz El-Tahrir zu reisen, wo ein Pilotprojekt zur Landurbarmachung begonnen werden sollte. »Bitte, Anwar, ich flehe dich an, sag diese Reise ab«, drängte ich ihn. »Ich hab' das sichere Gefühl, daß in El-Tahrir etwas Schreckliches geschehen, daß man dich in eine Falle locken und umbringen wird.«

Ob er meine Vorahnung ernst nahm oder nicht – Anwar verschob die Reise auf später. »Ich hab' auch hier genug zu tun«, erklärte er mir. »Ich muß nicht unbedingt jetzt hinfahren.«

Ich sah überall Gefahren lauern. Ich mußte Anwar unter allen Umständen beschützen. Er weigerte sich immer noch, gegen seine Feinde vorzugehen, denn trotz meiner Vorahnung und der vielen eindeutigen Warnungen war Anwar immer noch der Ansicht, nicht genug Beweise für eine Verurteilung zu haben.

»Bitte, Anwar, laß diese Männer verhaften, bevor sie dich umbringen«, flehte ich immer wieder.

Doch immer wieder weigerte er sich. »Dieses Land

ist ein Rechtsstaat«, erklärte er mir. »Ich werde nicht auf die alten Polizeimethoden der präventiven Verhaftung zurückgreifen, solange ich nicht stichhaltige Beweise habe.«

Ein solcher Beweis erreichte uns am 11. Mai. »Frau Sadat, ich muß Sie sofort sprechen«, sagte Fawzi, als er den Salon betrat, in dem ich mich vor dem Abendessen mit meiner Schwester und ihrem Mann, einem Parlamentsmitglied, aufhielt.

Ich entschuldigte mich bei ihnen und ging hinaus.

»Ein Polizeioffizier, der auf der Seite Ihres Mannes steht, hat mir soeben ein Tonband gebracht, auf dem ein Gespräch zwischen Farid Abdel Karim und Mahmud el-Sadani aufgezeichnet sein soll. Bei diesem Gespräch geht es um eine Verschwörung zum Sturz des Regimes und zur Ermordung des Präsidenten«, berichtete mir Fawzi leise.

Den ganzen Abend saß ich wie auf glühenden Kohlen; mit meiner Schwester und meinem Schwager sprach ich zwar über Politik, erwähnte das Tonband aber mit keinem Wort. Anwar, der erst später dazugekommen war, wußte von nichts. »Geht doch! Bitte, laßt uns allein!« flehte ich meine Schwester innerlich an. Aber es war schon fast Mitternacht, als sie sich endlich verabschiedeten und ich Anwar alles erzählen konnte. Gemeinsam gingen wir auf die Terrasse im dritten Stock hinauf, und Fawzi brachte uns das Tonbandgerät.

Ich zitterte, als ich das grausige Gespräch hörte. Mit angehaltenem Atem hörte ich, wie Abdel Karim, Chef der Arabischen Sozialistischen Union in Giseh, dem Journalisten und Parteimitglied Mahmud el-Sadani von Anwars geplanter Fahrt nach El-Tahrir erzählte. »Wenn er zu diesem Urbarmachungsprojekt fährt, werden wir uns seiner entledigen«, sagte Abdel Karim.

Mir stockte der Atem. Meine Ahnung hatte mich nicht getrogen.

Das inkriminierende Band lief weiter. »Und wenn er nun zum Rundfunkhaus geht und sich per Fernsehen an das Volk wendet? Haben wir diese Möglichkeit auch abgedeckt?«

»Selbstverständlich«, lautete die Antwort. »Unsere dort stationierten Wachen werden ihn am Betreten des Gebäudes hindern und verhaften.«

Wieder stockte mir der Atem. »Das ist genau, was Mohammed Heikal mir erzählt hat!« wandte ich mich an Fawzi.

Anwar ließ das Band anhalten. »Mohammed Heikal hat dir das erzählt?« fragte er ungläubig, und seine Miene wurde finster vor Zorn. »Du wußtest davon und hast mir nichts gesagt?«

»Ja«, mußte ich zugeben.

»Warum, Jehan, warum?« rief er.

»Weil ich Heikal schwören mußte, keinem Menschen etwas davon zu sagen«, gestand ich. »Deswegen habe ich Fawzi nur gebeten, dich vom Rundfunkhaus fernzuhalten, denn ich wußte, wenn du dorthin gingst, würde man dich am Betreten des Gebäudes hindern.«

»Wer hat es gewagt so etwas anzuordnen?« schrie Anwar wütend. »Wer sich der staatlichen Kommunikationsmedien bemächtigt und den Präsidenten daran hindert, zum Volk zu sprechen, ist eindeutig ein Verschwörer! Ich muß sofort mit Heikal sprechen!«

Anrufen konnten wir nicht, weil unser Telefon abgehört wurde und es schon nach ein Uhr war. Doch Heikals Haus lag nur einige Blocks entfernt. Ganz früh am folgenden Morgen weckte ich unsere dreizehnjährige Tochter. »Lauf zu Heikal, Noha«, wies ich sie an. »Sag ihm, dein Vater braucht ihn sofort!« Kurz darauf kam Noha mit Heikal zurück.

»Mohammed, Sie haben Jehan von der Verschwörung im Zusammenhang mit dem Rundfunkhaus erzählt. Warum haben Sie mir nichts davon gesagt?« wollte Anwar von ihm wissen. Heikal antwortete nur zögernd, als wolle er sich weder mit der einen noch mit der anderen Seite einlassen. »Ich wollte Sie nur darüber aufklären, daß Sie sehr vorsichtig, ja mehr als vorsichtig sein müssen«, sagte er.

Dieses Tonband lieferte Anwar den notwendigen Beweis für einen geplanten Anschlag. Am selben Tag noch, dem 12. Mai, arrangierte er eine Zusammenkunft mit den Militärspitzen, bei der er sich der Loyalität der Offiziere versicherte. Denn wer immer das Militär hinter sich hatte, besaß die Macht in Ägypten.

Nun wußten alle, daß sich die Krise ihrem Höhepunkt näherte. Am folgenden Morgen, dem 13., entließ Anwar Innenminister Schaarawi Goma, einen weiteren Anführer der Verräter. Außerdem bestellte er General El-Leithi Nassif zu sich, den Kommandeur der Präsidentengarde, dessen einzige Aufgabe es war, den Präsidenten zu schützen, und der seine Befehle nicht vom Kabinett, sondern ausschließlich vom Präsidenten persönlich erhielt. Die Treue der Präsidentengarde würde ausschlaggebend sein, wenn es zum Showdown kam. Anwar wußte zwar, daß General Nassif ein Mann mit Grundsätzen und sehr gläubig war, aber auch, daß Nassif Nasser treu gedient und jahrelang eng mit sämtlichen nun in das Komplott verwickelten Ministern zusammengearbeitet hatte. Sie waren nicht nur Kollegen für ihn, sondern gute Freunde.

»Leithi«, fragte ihn Anwar nun, »wenn ich Sie jetzt bitten würde, die Kabinettsminister zu verhaften – würden Sie es tun?«

»Ja, Herr Präsident«, entgegnete General Nassif, ohne zu zögern. »Es ist meine Pflicht, Ihnen zu gehorchen.«

»Verfügen Sie über genügend Männer und Material, um jeden in seinem Haus zu verhaften?« erkundigte sich Anwar.

»Ich bin bereit, sofort zuzuschlagen«, antwortete der Kommandeur.

An diesem Abend schlugen die Verschwörer zu. Während Anwar und ich uns die Zehn-Uhr-Nachrichten ansahen, das letzte Fernsehprogramm des Tages, klopfte jemand an die Tür. Es war Nassers Schwiegersohn Aschraf Marawan, der im Amt des Staatssekretärs Sami Scharafs arbeitete. Wir begrüßten Aschraf freudig, denn er war unser persönlicher Freund. Doch was er uns brachte, waren die letzten Trümpfe des Spiels, das unsere Gegner zu spielen versuchten: Rücktrittserklärungen des Präsidenten der Nationalversammlung, des Verteidigungsministers, des Informationsministers und des Staatssekretärs sowie einiger Mitglieder des Zentralkomitees und des Obersten Exekutivkomitees der Partei. »Diese Rücktrittserklärungen werden in wenigen Minuten im Fernsehen gemeldet«, ergänzte Aschraf ein wenig verlegen.

Indem sie alle gleichzeitig ihren Rücktritt erklärten und dadurch eine Verfassungskrise auslösten, war Anwar nach der Meinung der Kabinettsminister gezwungen, seinen Rücktritt als Präsident zu erklären. Und sobald er demissioniert hatte, konnten sie ihre Ämter wieder übernehmen und die Macht im Land an sich reißen. Den Zeitpunkt dafür hatten sie geschickt gewählt: die letzten Fernsehminuten vor Sendeschluß, damit Anwar auf ihre Rücktrittserklärungen nicht sofort reagieren und dem Volk die Lage erläutern konnte.

Anwar sah Aschraf an und schüttelte ungläubig den Kopf.

»Wir haben soeben noch eine Meldung erhalten«, verkündete der Ansager. »Der Informationsminister ist zurückgetreten. Der Verteidigungsminister ist zurückgetreten. Der...«

»Warum haben Sie uns nicht schon früher davon unterrichtet?« fragte ich den jungen Mann, der voll Unbehagen neben uns stand.

»Die Minister haben mich am Verlassen des Amtes gehindert«, antwortete er.

Das konnte stimmen. Schließlich war Aschraf nur

ein kleiner Angestellter und mußte seinen Vorgesetzten gehorchen.

Doch die Verschwörer hatten Anwar unterschätzt. Obwohl sie den Zeitpunkt ihres Massenrücktritts geschickt gewählt hatten, war der gesamte Rest ihrer Strategie töricht. »Sie haben es mir sehr erleichtert«, sinnierte Anwar. »Diese Herren haben zwar *ihre* Demission bekanntgeben lassen, nicht aber die meine. Sie haben mir die Arbeit abgenommen.« Finster betrachtete er den Fernsehschirm. »Als Präsident von Ägypten akzeptiere ich ihre Rücktrittsgesuche. Und hiermit sind sie alle verhaftet.«

Er ließ General Nassif kommen, der sich auf diesen Moment vorbereitet hatte. »Es ist soweit«, erklärte Anwar dem Kommandeur der Präsidentengarde. »Stellen Sie alle Minister sowie die übrigen Staatsverschwörer unverzüglich unter Hausarrest, und verhindern Sie jegliche Kommunikation zwischen ihnen.«

»Jawohl, Herr Präsident«, gab General Nassif zurück. Und er befahl seinen Leuten, die verschiedenen Häuser zu umstellen.

Das Komplott gegen uns war praktisch gescheitert. Um Mitternacht jedoch rief Fawzi Abdel Hafez mich an. »Frau Sadat, es sind mehrere Panzerwagen zu Ihrem Haus unterwegs. Hat der Präsident sie zu Ihrem Schutz bestellt?«

Ich eilte ins Bad, wo Anwar sich rasierte, um das Haus zeitig bei Tagesanbruch verlassen zu können. »Hast du Panzerwagen herbestellt?« fragte ich ihn.

»Ich habe keinen Befehl dazu gegeben«, antwortete Anwar.

Mit wachsender Angst eilte ich ans Telefon zurück. »Nein, Fawzi«, sagte ich.

Wessen Panzerwagen waren das? Wer hatte den Befehl erteilt? War es dem Verteidigungsminister gelungen, das Militär gegen uns einzunehmen? Warum sollten Panzerwagen zu uns kommen, wenn nicht, um uns anzugreifen und Anwar zu verhaften? Ich mußte die Kinder vor der Gefahr retten, die in den dunklen Straßen auf uns zugerollt kam. Eilig lief ich zum Zimmer meiner ältesten Tochter Lubna und holte tief Luft, bevor ich eintrat, denn ich wollte nicht, daß sie meine Besorgnis bemerkte. Die ganze Zeit war ich bemüht gewesen, die Kinder nichts von der Verschwörung gegen ihren Vater merken zu lassen. Sie waren alle noch sehr jung: Lubna sechzehn, Gamal vierzehn, Noha dreizehn und die kleine Jehan erst zehn. Aber wie alle Kinder wußten sie weit mehr, als ihre Eltern gedacht hatten.

»Lubna«, begann ich sehr behutsam, »es herrscht eine so große Unruhe im Haus, die Menschen kommen und gehen Tag und Nacht. Nimm deinen Bruder und deine Schwestern und geh mit ihnen zu deiner Tante. Dort werdet ihr mehr Ruhe finden.«

Lubna sah mich offen an. »Schickst du uns fort, weil es hier gefährlich wird?« wollte sie wissen.

»Möglicherweise«, gab ich zu.

Doch Lubna war mir längst voraus. »Für dich ist das Schlimmste, was passieren kann, daß unser Haus angegriffen wird und wir alle umgebracht werden«, sagte sie. »Für mich dagegen wäre das Schlimmste, fortgeschickt zu werden, während man dich und Papa tötet. Wir Kinder haben darüber gesprochen und beschlossen, daß wir nicht ohne euch leben wollen. Selbst wenn wir wirklich umgebracht werden, sind wir doch wenigstens alle zusammen.«

»Du hast mit deinen Geschwistern darüber gesprochen?« fragte ich sie fassungslos.

Lubna nickte. »Mit Gamal.«

Als wir in Gamals Zimmer kamen, war sein Bett leer. »Wo ist Gamal?« fragte ich Lubna.

»Draußen. Mit seinem Gewehr.« Mir blieb der Mund offenstehen. »Er patrouilliert schon seit mehreren Nächten im Garten, um das Haus zu verteidigen, und will Papa unbedingt schützen, wenn die Feinde kommen.«

Ich hastete zur Haustür. Gamal saß auf der Vordertreppe, die Schrotflinte, die er oft benutzte, wenn er mit seinem Vater zur Entenjagd ging, quer auf den Knien.

»Gamal!« Ich nahm ihn in die Arme. »Dein Vater wird sehr stolz auf dich sein, weil du so mutig bist, nur kannst du deinen Vater mit diesem Gewehr nicht verteidigen. Und nun komm ins Bett.«

Aber er weigerte sich. »Ich weiß, daß es nur ein Jagdgewehr ist«, erklärte er, »im Dunkeln werden das seine Feinde aber vielleicht nicht merken. So kann ich Papa wenigstens warnen, damit er Zeit hat, sich vorzubereiten. Wenn ich einen Fremden sehe, der durchs Tor kommt, schieße ich auf ihn, damit es ganz laut knallt. Dann laufe ich zu Papa und sag' ihm Bescheid, bevor sie bei ihm sind.«

Mir tat das Herz weh für diesen Jungen, der da mit

seiner Vogelflinte so tapfer im Dunkeln saß. Schon mit seinen vierzehn Jahren hielt er es für seine Pflicht, den Vater zu verteidigen, sein Leben für das seines Vaters zu geben. Welch eine Bürde wir unseren Kindern auferlegt hatten! Obwohl ich die Kinder vom Augenblick ihrer Geburt an vor unserem schweren Schicksal zu schützen versucht hatte, war mir das niemals wirklich gelungen. Allah hatte ihnen dies Opfer genauso auferlegt wie Anwar und mir. Also ließ ich Gamal in der Nacht des 15. Mai 1971 mit seinem Gewehr auf der Treppe vor unserem Haus sitzen und die anderen Kinder in ihren Zimmern bleiben. Falls die Panzerwagen gekommen waren, um uns etwas anzutun, war es besser, wenn wir ihnen alle zusammen entgegentraten. »O bitte, Allah, steh uns bei!« betete ich, als ich ins Haus zurückkehrte.

Das Telefon schrillte. General Nassif teilte meinem Mann mit, er brauche sich nicht zu beunruhigen. »Ich habe Panzerwagen zu Ihrem Haus geschickt, um Sie zu schützen, falls es Probleme geben sollte«, erklärte er Anwar. »Ansonsten ist jetzt alles ruhig. Die Verschwörer sind alle verhaftet worden. Es ist vorbei.«

Ich holte Gamal sofort ins Haus und brachte Lubna die freudige Nachricht. Anwar fuhr ins Rundfunkgebäude, um dem Volk mitzuteilen, daß der Staatsstreich fehlgeschlagen sei, die Verschwörer sich in Haft befänden und die Freiheiten, die er Ägypten versprochen hatte, nun verwirklicht werden könnten.

Auf diese Nacht angstvoller Nervenanspannung folgte ein Morgen reiner Freude. Noch während Anwar in Rundfunk und Fernsehen tief bewegt zum ägyptischen Volk sprach, begannen die Menschen auf die Straße zu strömen. »Aus allen, die Gewalt gegen mein Land anwenden wollen, aus allen, die jene neue Freiheit bedrohen wollen, die ich euch bringe, werde ich Hackfleisch machen«, versicherte er mit leidenschaftlichem Ernst. Die Menschen jubelten vor Freude und griffen sofort den Ausdruck auf, mit dem sie seit dieser sogenannten »Korrektiven Revolution« den Namen meines Mannes verbanden. »*Ufrum, Saddat, ufrum!*« skandierten sie auf den Straßen und vor unserem Haus. »Hack, Sadat, hack!« Bald tauchten in der Menge handgezeichnete Karikaturen der verschiedenen Minister auf, wie sie oben in einen Fleischwolf stürzten und unten als Hackfleisch wieder herauskamen. »Wir stehen hinter dir, Sadat!« riefen die Massen. »Wir stehen dir zur Seite!«

In den nun folgenden Monaten ließ Anwar die berüchtigten Gefangenenlager schließen und erließ ein Verbot gegen willkürliche Verhaftungen. Er ordnete die Entlassung Tausender von politischen Gefangenen an, darunter auch Mitglieder der Moslembruderschaft. Zum erstenmal seit zwanzig Jahren wurde die Zensur aufgehoben. »Sprecht nur!« forderte Anwar die Menschen auf, die schon viel zu lange aus Angst geschwiegen hatten. »Sagt laut, was ihr denkt!« Und mit einem äußerst populären Befehl ließ er sämtliche Tonbänder von Privatgesprächen, die zu Nassers Zeit aufgezeichnet und im Innenministerium gelagert worden waren, kurzerhand verbrennen.

Die Verschwörer wurden vor Gericht gestellt und alle zu lebenslänglichen Strafen verurteilt. Mit Allahs Hilfe hatte Anwar die erste Krise seiner Präsidentschaft überstanden. Nun hatte er die Möglichkeit, sich mit Menschen zu umgeben, die mit ihm zusammen- und nicht gegen ihn arbeiteten. Endlich konnte er fortfahren, das zu tun, was er für unser Land tun wollte.

Ich für meinen Teil mußte zunächst ein Gelübde einlösen, das ich während dieser furchtbaren sieben Monate abgelegt hatte. »Bitte, Herr«, hatte ich gebetet, »wenn du Ägypten und meinen Mann rettest, werde ich zum Dank einen Monat fasten und die Pilgerreise machen.« Allah hatte meine Gebete erhört. Nun war es an mir, mein Versprechen zu halten. Zwei Wochen nach dem erfolgreichen Abschluß der Korrektiven Revolution machte ich mich auf den Weg nach Mekka.

9 Die Söhne Abrahams

»Hier bin ich, Herr! Hier bin ich. Hier bin ich, Deinem Befehl zu folgen. Du hast nicht Deinesgleichen. Hier bin ich, Deinem Befehl zu folgen. Gelobt seist Du! Allgroßmütiger, Allerbarmer, Allmächtiger. Du hast nicht Deinesgleichen. Hier bin ich!«

Immer wieder, auf dem Flug nach Mekka wie auch jetzt in meinem Hotelzimmer, psalmodierte ich das traditionelle Gebet der Pilger auf der Wallfahrt nach Mekka. Millionen von Pilgern versammeln sich alljährlich dort, kommen per Flugzeug, per Bus, per Auto, manche sogar noch mit dem Kamel quer durch die Wüste. So geheiligt ist diese Stadt, daß seit 1400 Jahren kein Ungläubiger sie betreten darf. Und während des Monats Dhu el-Hidscha, in dem die Moslems in Erfüllung einer der fünf Säulen des Islam den Hadsch oder die Große Pilgerreise machen, strömen bis zu zwei Millionen Hadschis in die Heilige Stadt und machen die Wallfahrt zum größten internationalen Treffen der Welt.

Ich selbst machte allerdings nicht den Großen Hadsch, sondern die Umra oder Kleine Pilgerreise, die man jederzeit unternehmen kann. Ich hatte sie vor Jahren schon einmal unternommen, war mit dem Flugzeug in einer Nacht hin und wieder zurück gereist, während Anwar mit König Faisal in Riad zusammentraf. Ich sollte sie noch zwei weitere Male unternehmen, einmal nach dem Krieg von 1973 mit einer Gruppe von siebzig freiwilligen Helferinnen, um ihnen für ihre Hilfsbereitschaft zu danken, und 1984, nach einer schweren Krankheit, mit meinen Kindern und einer kleinen Gruppe von Freunden. Doch diese Pilgerfahrt im Anschluß an die gefährliche Phase im Frühjahr 1971 war für mich besonders bewegend und wichtig, denn Allah hatte meine Gebete erhört und das Leben meines Mannes verschont.

»Hier bin ich, Herr! Hier bin ich! Hier bin ich, Deinem Befehl zu folgen!« Ich packte den Koran aus, den ich immer im Koffer mitnehme. »Sie werden zu Dir kommen zu Fuß und auf dem Kamelrücken, abgemagert von der langen Reise auf tiefen und fernen Straßen«, las ich aus der Sure »Pilgerreise« und wiederholte laut Allahs Auftrag an die Moslems, die Heilige Stadt Mekka zu besuchen. Jeden anderen Gedanken aus meinem Kopf verbannend, konzentrierte ich mich ausschließlich auf Liebe und Frieden. Weltliche Probleme und Gefühle sollten nicht mitgebracht werden auf dieser Reise, ebensowenig jene Feindseligkeiten und Konflikte, die ich während der letzten Monate zu Hause erlebt hatte. Ich war, wie jeder Pilger in Mekka, um mit Allah zu kommunizieren, um über Seine Einheit zu meditieren und die Kraft unserer gemeinsamen Gebete zu spüren.

Mit den Ritualen der Pilgerfahrt hatte ich schon vor der Abreise aus Ägypten begonnen, indem ich mich in den Ihram, den Zustand der Reinheit, versetzte. Nachdem ich mein Mak-up entfernt, meinen Schmuck abgelegt und als Symbol für die Befreiung der Seele von allen Unreinheiten ein langes Bad genommen hatte, legte ich das lange weiße Gewand der Pilger an und versteckte mein Haar unter einem sauberen weißen Tuch. Um mich ganz der frommen Reise zu weihen, hatte ich ein Gebet mit zwei Niederwerfungen verrichtet und Allah anschließend gebeten: »Allah, ich möchte die Riten der Umra vollziehen. Mach mir die Anbetung leicht und nimm sie von mir an.«

Nun, in Mekka, sah ich zahllose Menschen in Ihram-Gewändern durch die Straßen schlendern und sich einen Weg zwischen den Ständen hindurch bahnen, die Korane in allen Farben verkauften, zwischen den Taxis, Bussen und Autos, die vierundzwanzig Stunden am Tag Moslems zum Beginn ihrer Pilgerfahrt zur Großen Moschee bringen. Auch die männlichen Pilger tragen traditionelle Gewänder, die aus zwei losen weißen Togen ohne Nähte und einfachen Sandalen bestehen. Nach dem Besuch der Großen Moschee nehmen Männer wie Frauen die weißen Gewänder oft mit nach Hause, um sie ihr Leben lang als Erinnerung an die fromme Reise aufzubewahren und sich nach dem Tod in ihnen begraben zu lassen.

Draußen vor der Großen Moschee traf ich unseren *mutawwif*, der uns von einem Ritual der Umra zum anderen führen und bei den Gebeten die Rolle des Imam übernehmen sollte. Ringsumher riefen die Pilger Allah an, während wir die breiten Marmorstufen der Großen Moschee hinaufdrängten und die Schuhe vor dem Portal zurückließen. Als Frau des Präsidenten von Ägypten reiste ich mit einem Gefolge von Sicherheitsbeamten und meiner Sekretärin, doch auch ich wurde von der inbrünstig betenden Menge mitgerissen.

»Allah, Du bist der Friede, von Dir strömt Friede aus. O unser Herr, empfange uns in Frieden!« betete ich mit all den anderen Pilgern, als wir das Tor des Friedens erreichten, das in den Haram führt, den weiten weißen Marmorhof der Großen Moschee. Da der Prophet alle Bewegungen stets mit der rechten Körperhälfte begonnen hatte, betraten auch wir den Haram nun mit dem rechten Fuß zuerst.

Die Ausmaße des Harams verschlugen mir den Atem. Sieben Haupttore führten auf den riesigen, rechteckigen Innenhof, der eine halbe Million Menschen zu fassen vermochte. Auf allen Seiten war er von Bogen und Säulengängen aus weißem Marmor umschlossen. Sieben reichverzierte Minaretts überragten das breite Flachdach über den Kolonaden.

Unversehens verstummten die Rufe der Pilger, die beim Betreten des Harams noch mit lauter Stimme Allah gepriesen hatten. Seit Jahrtausenden, ja schon bevor es den Islam gab, war der Haram ein Heiligtum, ein Ort des Friedens. Und auch heute noch herrscht hier vollkommene Stille. Selbst die Vögel, die nach Mekka ziehen, wagen es nicht, die Große Moschee zu überfliegen, weil sie fürchten, die Atmosphäre der Harmonie zu stören.

Nirgendwo sonst habe ich die Macht des Glaubens so stark empfunden. Im gemeinsamen Gebet mit den anderen Pilgern neigte ich mich demütig vor Allah und wurde von Allah dafür erhoben. Vor Allah gibt es keine Unterschiede der Rasse, der Klasse oder der

Geschlechter. Im Haram war es den Frauen verboten, Nase und Mund mit einem Schleier, die Hände mit Handschuhen zu bedecken. Im wahren Geist des Islam verneigten sich Teppichweber aus Pakistan neben Ölbaronen aus Bahrain, Ingenieuren und Architekten aus Ägypten, Fabrikarbeitern aus Rußland und Indonesien. Hausfrauen aus Afghanistan beteten neben Lehrerinnen aus Sri Lanka, Ärztinnen aus dem Iran und den Ehefrauen arabischer Sultane und Emire. Sogar aus Amerika waren Pilger gekommen. Bei einer Umra verließ der Boxer Muhammad Ali den Haram im selben Moment, als ich ihn betrat.

Nach den Gebeten begab ich mich mit vielen anderen Pilgern zur Kaaba, dem sechzehn Meter hohen und elf Meter langen steinernen Bauwerk in der Mitte des Harams. Hier hatte unser Patriarch Ibrahim, den Christen und Juden Abraham nennen, vor über dreitausend Jahren den ersten, einem einzigen Gott geweihten Tempel erbaut. Die Kaaba ist ein sehr schlichtes Bauwerk, eigentlich kaum mehr als ein riesiger Würfel mit einer einzigen Tür, zwei Meter hoch über dem Erdboden. Die Macht dieses Gebäudes ist jedoch unendlich groß. Hierher wenden sich fünfmal am Tag alle Moslems der Welt, ein Fünftel der Erdbevölkerung, und verneigen sich im Gebet.

Die Kaaba nun mit eigenen Augen zu sehen, jenem Objekt nahe zu sein, das die Moslems der ganzen Welt miteinander verbindet, war ein zutiefst bewegendes Gefühl. Das Gebäude war mit der berühmten Kiswa bedeckt, einem riesigen schwarzen, in Gold mit Versen aus dem Koran bestickten Samttuch. In meiner Jugend wurde in Kairo alljährlich eine neue Kiswa gewebt und bestickt, und der Tag, da die Kamelkarawane mit ihr zur Reise durch die Wüste nach Mekka aufbrach, war in Ägypten ein Nationalfeiertag gewesen. Heute weben die Saudis die Kiswa jedes Jahr in ihren eigenen Fabriken in Mekka. Zum alljährlichen Abschluß des Hadsch, wenn die alte Kiswa abgenommen und durch eine neue ersetzt wird, zahlen die Pilger Riesensummen, um ein Stück des herrlichen Tuchs als Erinnerung an ihre fromme Reise mit heimzunehmen.

In die Südostecke der Kaaba ist der Schwarze Stein eingelassen, das Symbol unserer Konzentration auf die Liebe Gottes. Nur zwanzig Zentimeter im Durchmesser und in Silber gefaßt, nimmt der Schwarze Stein in unserer Tradition einen sehr wichtigen Platz ein. Der Prophet Mohammed persönlich soll den Stein geehrt haben, indem er ihn küßte, als er half, ihn in die Kaaba einzufügen. Und nun trat auch ich mit Tausenden von anderen Pilgern zum nächsten Ritus der Pilgerfahrt, dem *tawwaf* oder dem Umgang, an, um es ihm gleichzutun.

Siebenmal umschritten wir die Kaaba entgegen dem Uhrzeigersinn – denn das Gebäude mußte stets links von uns liegen –, begannen jeden Umgang am Schwarzen Stein und beteten jedesmal, wenn wir an ihm vorbeikamen: »*Allahu Akbar*, Allah ist groß.« Hunderte eilten dann nach vorn, um einen Blick auf den Stein zu werfen, ihn zu berühren oder sogar, wie der Prophet, zu küssen. Weil das Gedränge viel zu groß war, verzichtete ich selbst jedoch – wie auch viele andere – darauf, sondern nickte nur und hob die Arme zum Gruß, wenn wir die Ecke der Kaaba umrundeten, in die er eingefügt war.

Besonders glücklich dürfen sich die Pilger schätzen, die von der königlichen Familie zum Beten innerhalb der Kaaba eingeladen werden. Mir wurde die Ehre, über eine fahrbare Treppe durch die in Silber mit Koranversen verzierte Tür einzutreten, zweimal zuteil. Als ich hoch über den weißgekleideten Pilgern stand, die um die Kaaba wogten und wie weiße Engel ihre Kreise zogen, spürte ich deutlich, daß die Religion wahrhaftig der Mittelpunkt unseres Lebens ist.

Die Atmosphäre im Inneren der Kaaba sprach von tiefster Religiosität. Ich empfand es als unendliches Glück, am heiligsten Ort der Moslems verweilen zu dürfen. Als ich in allen vier Ecken der Kaaba betete und Allah bat, meinem Mann zu helfen, damit er das Land zurückholen konnte, das uns Israel genommen hatte, meinem Mann in seinem Streben nach Frieden beizustehen, meiner Familie und meinen Freunden Gesundheit und Wohlergehen zu schenken, spürte ich, daß Er mir nahe war.

Nach der Beendigung des *tawwaf* zogen wir alle zur Station des Ibrahim in der Großen Moschee weiter und vollführten dort zwei Niederwerfungen. Indem wir uns so vor Allah verneigten, erinnerten wir uns daran, daß der Umgang nicht etwa der Verehrung der Kaaba selbst, sondern der Anbetung Allahs dient. Anschließend verließen wir den Haram und begaben uns zu den Stätten der nächsten Rituale: zur

Quelle Zamzam und zur Masa, dem »Ort des Laufens«.

Hier, auf den Ebenen der Umgebung Mekkas, hatte Ibrahim seine zweite Frau Hagar und seinen ältesten Sohn Ismael zurückgelassen, als er mit seiner Frau Sara und seinem Sohn Isaak nach Palästina weiterzog. Dort gründeten Isaaks Nachkommen die jüdische und die christliche Religion, während Ismaels Nachkommen in Arabien den Islam vervollkommneten. Weil Isaak und Ismael beide Ibrahims Söhne waren, nennen wir Sara die Mutter der Juden und Christen, während Hagar die Mutter der Moslems ist, und halten uns alle, Moslems, Christen und Juden, für Cousins.

Hagar, mit nur einem Sack Datteln in der Wüste zurückgeblieben, suchte verzweifelt nach Wasser, um ihren und den Durst ihres kleinen Sohnes zu stillen. Siebenmal lief sie zwischen den beiden Bergen Safa und Marwa hin und her und hoffte, eine Quelle zu finden, an der sie und Ismael trinken konnten. Schließlich füllte der Engel Gabriel durch Allahs Gnade zu Ismaels Füßen eine versiegte Quelle mit frischem, klarem Wasser, um Hagars Leben und das ihres Kindes zu retten. Diese Quelle wurde Zamzam genannt und sprudelt noch heute frisch und klar.

Nach Beendigung des Rituals im Haram dürfen die Pilger jederzeit aus der Quelle Zamzam trinken, ich selbst und viele andere gingen jedoch zunächst weiter, um das *saay*, das »Laufen«, hinter uns zu bringen. Siebenmal folgten wir unserem *mutawwif* zwischen den Hügeln Safa und Marwa hin und her und sprachen dabei unablässig Verse aus dem Koran. Entlang der Wegstrecke gab es Markierungen, die den Männern signalisierten, wann sie laufen und wann sie gehen mußten, während die Frauen nur zu gehen brauchten. Für uns waren die Bedingungen natürlich weit leichter als damals für Hagar, denn heute ist der Pfad zu einer überdachten, sehr breiten, klimatisierten Marmorgalerie ausgebaut worden, deren Mittelteil für die Tragbahren und Rollstühle freiblieb. Die Lehre, die wir aus dem Ritual ziehen sollten, nämlich Ausdauer und Geduld zu üben, wirkte trotzdem nachhaltig. Genau wie Hagar flehten wir um Allahs Barmherzigkeit. Und genau wie Hagar erfrischten wir uns anschließend an der Quelle Zamzam, die mit einer wunderschönen Marmorkuppel überdacht und mit Hunderten von Wasserhähnen ausgerüstet ist, um den Durst der Gläubigen zu stillen.

Dann schnitt uns der Führer ein paar kleine Haarsträhnen ab: ein Symbol für die Beendigung der Umra. Wenn auch die Zeit wesentlich kürzer war – nur wenige Stunden statt der vier Tage währenden Großen Pilgerfahrt –, die geistige Erneuerung war die gleiche.

Bei der Rückkehr von meiner Kleinen Pilgerfahrt fühlte ich mich erfrischt und wesentlich ruhiger. Anwar dagegen wurde zunehmend nervös. Ägypten stand vor dem Bankrott. Unser Land war noch immer von den Israelis besetzt. Noch immer fielen ägyptische Soldaten und Freiheitskämpfer bei den sporadischen Gefechten am Sueskanal. Es herrschte eine sehr deprimierende Atmosphäre in dieser Zeit, von der die Historiker später sagten, es habe weder Krieg noch Frieden geherrscht. Wir haßten diesen Zustand und wollten, daß er ein Ende nahm.

Das Jahr 1971 werde das Jahr der Entscheidung sein, behauptete Anwar immer wieder, das Jahr, in dem er Ägyptens Ehre retten und unser Land zurückholen werde – entweder durch Verhandlungen oder mit Gewalt. Immer wieder erklärte mein Mann öffentlich, daß Ägypten, wenn es sein mußte, selbst den Krieg mit Israel beginnen und dieses Mal als Sieger daraus hervorgehen werde. Er sagte es so oft, daß die Menschen ihm fast nicht mehr glaubten und ihn für einen Angeber hielten. Ich aber wußte, daß er es ernst meinte. Kaum ein Tag verging, an dem Anwar sich nicht mit seinen militärischen Beratern traf. Abend für Abend studierte er auf einer Kinoleinwand in unserem Keller alte Kriegsfilme. Das einzige Hindernis für Anwars Schwur, unsere Ehre wiederherzustellen, waren die Russen.

Nachdem Anwar Präsident geworden war, hatte seine erste Sorge dem Wiederaufbau der Militärmacht und der Aufrüstung gegolten. Nur äußerst zögernd hatte er 1971 einen Freundschaftsvertrag mit den Sowjets unterzeichnet, da er von ihnen erwartete, daß sie ihm die versprochenen modernen Waffen und Raketen lieferten. Trotz des Vertrags blieben jedoch die Waffen aus.

Im Juli 1972, zwei Monate nachdem die beiden Supermächte Amerika und die Sowjetunion eine Politik der »Entspannung« verkündet hatten, erhielt Anwar von den Sowjets die Nachricht, daß er von ihnen keine Waffenlieferungen erwarten könne. Anwar reagierte mit der Ausweisung sämtlicher russischer Militärberater.

Nun befand sich Ägypten endlich wieder in der Lage, die Anwar für sein Land erstrebte: niemandem zu Dank verpflichtet. Hätten die Russen ihre Militärexperten für den Krieg zur Verfügung gestellt, auf den Anwar sich vorbereitete, hätten sie, wie er mir erklärte, den erhofften Sieg über Israel für sich beansprucht. Anwar wollte der ganzen Welt zeigen, daß Ägypten für sich selbst einstehen konnte. Darüber hinaus lieferte die Ausweisung der Russen ihm die Tarnung, die er dringend benötigte, denn nun glaubten die Supermächte ebenso wie Israel selbst, daß Anwar auf die Rückeroberung des Sinai verzichtete.

»Pack bitte meinen Koffer, Jehan, ich werde morgen abend nicht nach Hause kommen. Und vergiß die Uniform nicht!«

»Fährst du ins Ausland?«

»Nein.«

»Willst du wieder die militärischen Vorposten in der Kanalzone besuchen?«

»Möglicherweise.«

»Dann genügt eine Uniform.«

»Nein. Pack sie alle ein. Es könnte sein, daß ich mehr als eine Nacht fortbleibe. Im Notfall findest du mich beim Generalstab im El-Tahra-Palast.«

Ich stellte keine Fragen. In Anwars Stimme lag wieder diese Ruhe, in seinen Augen stand dieser drohende Blick, den ich so gut kennen und respektieren gelernt hatte. Als wir am 5. Oktober 1973, dem neunten Tag des Ramadan, in unserem Garten in Giseh spazierengingen, wußte ich: Anwar stand im Begriff, gegen Israel loszuschlagen.

Seit Monaten hatte ich die Anzeichen dafür schon bemerkt: Anwars immer häufigere Sitzungen mit dem Verteidigungsminister, seine außergewöhnlich zahlreichen Fahrten an die Front, seine immer länger werdenden Meditationsperioden. Eines Nachmittags im September hörte ich zufällig einen Teil eines Gesprächs zwischen Anwar und dem Verteidigungsminister. »Ich wünsche, daß alles für die Nachwelt gefilmt wird«, sagte Anwar zu Ahmad Isamil, als er ihn zur Haustür begleitete. Was sollte gefilmt werden? Es konnte sich nur um einen Angriff der ägyptischen Armee handeln. Doch wenigstens, so tröstete ich mich, sind wir diesmal gut vorbereitet. Die Sowjetunion hatte trotz der Ausweisung der russischen Militärberater einen Teil der Waffen geliefert, auf die Anwar wartete.

Aber ich hatte Angst. Dreimal schon hatten wir, meine Generation und ich, die Schrecken eines Krieges durchgemacht, hatten auf fallende Bomben gewartet, die Qualen und Verstümmelungen unserer jungen Männer und die Zerstörung unserer Städte gesehen. Jedesmal waren wir von den Israelis und ihren mächtigen Verbündeten gedemütigt worden: Im Palästinakrieg 1948, im Sueskrieg 1956 und im Krieg von 1967. Die Niederlagen hatten uns demoralisiert und uns jedes Selbstvertrauen geraubt. Die Israelis schienen unschlagbar zu sein.

»Anwar, ich weiß daß du dein bestes tust, um unser Land zurückzugewinnen«, sagte ich zu meinem Mann, als wir am 3. Oktober im Garten spazierengingen. »Niemand wird dich kritisieren, wenn Ägypten Krieg führt und unterliegt. Alle großen Führer der Welt werden verstehen, daß wir ein Recht auf dieses Land haben, und dich dafür bewundern, daß du wenigstens den Versuch gemacht hast.« Ich suchte nach Worten, um meinem Mann zu zeigen, daß ich zu ihm hielt, auch wenn eine Niederlage meiner Meinung nach unvermeidlich war. »Wir leben nur einmal, und wir sterben nur einmal«, fuhr ich fort. »Akzeptieren wir tapfer unser Schicksal, denn was ist ein Leben ohne Würde? Darum ist es besser, etwas zu unternehmen, selbst wenn es nicht gelingt, statt weiterhin die Demütigung der israelischen Besatzung zu ertragen.«

Unvermittelt blieb Anwar stehen und drehte sich zu mir um. »Ich weiß, ich werde diesen Krieg gewinnen, Jehan«, sagte er ruhig.

Ich staunte. Woher nahm Anwar nur so viel Selbstvertrauen? Es mußte von Allah kommen. In dem Moment, als mir das klar wurde, sah ich auf einmal dem Kommenden vertrauensvoll entgegen.

Am nächsten Morgen, dem 6. Oktober und zehnten Tag des Ramadan, klappte ich Anwars Koffer zu. »Soll ich die Kinder heute zur Schule schicken?« fragte ich ihn, auf der Suche nach einem Hinweis darauf, wann der Krieg beginnen würde.

»Selbstverständlich. Warum denn nicht?« antwortete er.

An der Haustür umarmte ich ihn, als ob es unser letztes Lebwohl sein könnte. Trotzdem ließ ich mir meine Befürchtungen nicht anmerken. »Die Kinder kommen um eins aus der Schule. Ist das in Ordnung?« fragte ich ihn möglichst beiläufig.

»Laß sie ganz normal zur Schule gehen«, gab Anwar zurück.

Er stieg in den Wagen, und ich winkte ihm nach. »Allah schütze dich und sei mit dir!« rief ich noch.

Ein Uhr. Anwar hatte mir gegenüber angedeutet, der Krieg werde nicht vor ein Uhr mittags beginnen, also sagte ich all meine später liegenden Termine ab. Ich wollte am Nachmittag allein bleiben, um ungestört Radio hören zu können. Zerstreut brachte ich meine Vormittagstermine hinter mich und hastete danach sofort in unsere Wohnung hinauf.

»Hast du schon die Nachrichten gehört?« fragte ich Noha, die gerade erst nach Hause gekommen war.

»Was für Nachrichten?« Sie wunderte sich über meine Nervosität.

»Ach nichts«, antwortete ich ausweichend und bereute schon meine Voreiligkeit.

Oben im Schlafzimmer schaltete ich das Radio an, hörte aber nur Seifenopern. Ich unterdrückte den Impuls, die Leiterinnen der verschiedenen Frauengruppen im Roten Halbmond zu informieren, damit sie alles für die Aufnahme der Verwundeten vorbereiteten. Wenn Anwar so verschwiegen war, würde jede plötzliche Aktivität in den Lazaretten ein deutlicher

Hinweis für die israelischen Spione sein, die es mit Sicherheit in unserer Mitte gab. Nicht einmal meinen Töchtern sagte ich etwas von meinen Überlegungen, obwohl sie es sehr seltsam fanden, daß ich ständig das Radio ans Ohr hielt.

Auf einmal, kurz nach 13.30 Uhr, wurde das normale Programm unterbrochen, und die Nachricht, auf die ich gewartet hatte, wurde verlautbart: »Achtung, Achtung! Feindliche Streitkräfte haben unsere Stellungen im Golf von Sues überfallen. Unsere Truppen wehren den Angriff ab.«

Ich vermutete sofort, daß diese Meldung eine Finte war, die uns den Vorwand für den eigenen Angriff liefern sollte. Und ich hatte recht. Kurz darauf kam eine weitere Meldung: Die ägyptische Luftwaffe bombardierte israelische Stellungen im Sinai. Unsere Truppen überquerten den Sueskanal. Der Krieg, den wir den Oktoberkrieg, die Israelis dagegen den Jom-Kiffpur-Krieg nennen sollten, hatte begonnen.

Ich alarmierte die Leiterinnen der Frauengruppen im Roten Halbmond und bat die Öffentlichkeit, Decken und Medikamente für unsere Soldaten zu spenden. Das Unvorstellbare geschah: Überall an der 176 Kilometer langen Bar-Lev-Linie auf dem Ostufer des Sueskanals, jenem 238 Millionen Dollar teuren, über fünfzehn Meter hohen Verteidigungswall der Israelis, den man, wie die Russen uns erklärt hatten, nur mit einer Atombombe zerstören könne, brachen ägyptische Soldaten den Widerstand der Israelis.

Unsere Luftwaffe brauchte nur zwanzig Minuten, um neunzig Prozent der israelischen Ziele mit ihren

Bomben zu vernichten. Gleichzeitig begannen unsere Feldgeschütze weitere israelische Ziele entlang des Erdwalls der Bar-Lev-Linie zu beschießen.

Innerhalb von sechs Stunden waren die Israelis total überrannt. Die Überraschung war perfekt gelungen – bis hinunter zu dem Trick, in unseren Zeitungen Artikel erscheinen zu lassen, in denen es hieß, unsere Generäle seien im Begriff, zu einer Umra nach Mekka zu fliegen, und dem Einfall, ägyptische Soldaten am Westufer des Kanals vor den Augen der Israelis sonnenbaden und ausruhen, ja sogar Zuckerrohr kauen zu lassen, als hätten sie Urlaub. Innerhalb von vier Tagen war der Kanal wieder in ägyptischer Hand. Der Mythos der unbesiegbaren Israelis war zerschlagen, während Ägypten in den Augen der Welt an Glaubwürdigkeit gewann.

»Wir sind drüben! Wir sind drüben!« skandierten die Menschen vor unserem Haus. »Allah segne Sadat!«

Als unsere Verwundeten in den Lazaretten einzutreffen begannen, konnte ich einen eklatanten Unterschied zwischen der Haltung der Soldaten diesem und dem Krieg von 1967 gegenüber feststellen. Es gab weit weniger psychologische Fälle, und diesmal galt unsere Hauptsorge dem Versuch, die Verwundeten davon zu überzeugen, daß sie so lange im Lazarett bleiben mußten, bis sie für den Fronteinsatz wieder gesund genug waren. Viele von ihnen weigerten sich, ihre verschmutzten, blutbesudelten Uniformen gegen saubere Krankenhauskittel einzutauschen.

Unsere Soldaten kämpften mit äußerstem Mut und

größter Klugheit. In der Hoffnung, die katastrophalen Fehler von 1967 zu vermeiden, hatten ihre Vorgesetzten ihnen befohlen, auf dem Schlachtfeld selbständig zu entscheiden. »Fürchtet euch nicht, Fehler zu machen«, hatte Anwar den Soldaten gesagt, als er noch vor dem Krieg die Front besuchte. »Kämpft einfach mit all eurer Kraft und sterbt, wenn es sein muß, ehrenvoll. Ich werde die Verantwortung für jeden Fehler übernehmen, der gemacht wird.« Und sie kämpften großartig gegen unsere Besatzer. Im Krieg von 1967 hatte man mich »Umm el-Schuhada« genannt, Mutter der Märtyrer. Jetzt erhielt ich einen neuen Titel: »Umm el-Abtal«, Mutter der Helden.

Aus Furcht vor einer totalen Niederlage taten die Israelis alles, was in ihrer Macht stand, um das Selbstvertrauen unserer Soldaten zu erschüttern. Doch diesmal ließ sich keiner von ihrer Propaganda einschüchtern. Viele Soldaten waren überzeugt, daß Allah in einem »Dschihad«, einem »Heiligen Krieg«, ihre Partei gegen Israel ergriffen hatte.

Tagelang hatte ich das Gefühl, nur noch zu schweben: Tag und Nacht arbeitete ich, ohne müde zu werden. Die Freude machte mich federleicht. Anwar war nicht weniger freudig erregt als ich. Der erste Schatten, der auf meine Seligkeit fiel, kam von einem verwundeten Piloten, der mit der ersten Angriffswelle gegen Israel geflogen war. Nur fünf Minuten nach Angriffsbeginn hatte er, wie er mir berichtete, die Mirage von Anwars sechsundzwanzigjährigem Bruder Atif brennend abstürzen sehen. Ich hielt den Atem an. War es möglich, einen solchen Absturz lebend zu überstehen? Instinktiv wußte ich, wie die Antwort lautete. Atif war tot.

Ich sagte es Anwar nicht sofort. Ich brachte es einfach nicht übers Herz. Auch Hosni Mubarak, der Kommandeur unserer Luftwaffe, konnte es nicht. Niemand von uns wollte das Risiko eingehen, meinem Mann, der Tag und Nacht im Generalstab arbeitete, den Mut zu nehmen, ihn zu beunruhigen.

»Atif ist vermißt«, berichtete ich Anwar vier Tage nach der Kanalüberquerung. Zwei Tage später sagte ich ihm dann, daß man ihn in allen Krankenhäusern suche. So vermittelte ich Anwar die traurige Wahrheit nach und nach, um ihn allmählich darauf vorzubereiten, denn die beiden hatten sich sehr nahe gestanden. Schließlich sagte ich Anwar acht Tage nach Kriegsbeginn die Wahrheit.

Anwar starrte mich an wie betäubt. Eine ganze Minute lang stand er nur vor mir und schüttelte den Kopf. Zum zweitenmal in meinem Leben sah ich Tränen in seinen Augen. Das erstemal hatte Anwar geweint, als seine Mutter in seinen Armen starb. Dann versuchte er sich zusammenzureißen. »Alle, die für unser Land gestorben sind, die sich geopfert haben, sind meine Söhne«, erklärte er. »Und nun sogar mein eigener Bruder.« Damit kehrte er trotz seiner Trauer an die Arbeit zurück, denn er wollte nicht, daß sein persönlicher Kummer schwerer wog als der Kummer aller anderen, die ein Familienmitglied verloren hatten.

Trotz aller Aufforderungen zur Waffenruhe durch die Sowjetunion und die Vereinigten Staaten drangen unsere Truppen weiter in den Sinai vor. Ich arbeitete den ganzen Tag in den Lazaretten und nahm nachts die Anrufe ausländischer Regierungen entgegen, die Anwar sprechen wollten. Doch Anwar weigerte sich, auf eine Waffenruhe einzugehen, bevor Israel fest zusagte, sich aus allen arabischen Gebieten zurückzuziehen, die es besetzt hatte.

Zum erstenmal vermochte Ägypten aus einer Position der Stärke heraus zu verhandeln. Unsere Luftwaffe hatte in den ersten drei Kriegstagen ein Drittel aller israelischen Maschinen an der ägyptischen Front zerstört. Von Syrien, das sich Ägypten beim Angriff gegen Israel angeschlossen hatte, war ein großer Teil der israelischen Luftmacht im Norden vernichtet worden. Am vierten Kriegstag zerstörten die ägyptischen Streitkräfte über 120 Panzer der wichtigsten israelischen Panzerbrigade. Das Unglaubliche war geschehen, der Weg nach Tel Aviv lag weit offen vor uns. In Israel brach Verteidigungsminister Mosche Dayan zusammen und weinte vor dem versammelten ausländischen Pressekorps.

Als jedoch Israel den Krieg zu verlieren drohte und die Vereinigten Staaten um Hilfe bat, ließen die Reaktionen nicht lange auf sich warten. Wir, in den Krankenhäusern entlang der Kanalzone, mußten mit ansehen, wie die Zahl der ägyptischen Verwundeten plötzlich anschwoll und sich die Natur der Wunden auf eine Art veränderte, wie wir sie noch nie zuvor erlebt hatten. Modernste amerikanische Kriegstechnologie, darunter die neuen Splitterbomben, wurde gegen unsere Truppen eingesetzt.

Auf diese unbekannten neuen Waffen waren wir nicht vorbereitet. Trotz der Hilfe von Freunden und Verbündeten wie Präsident Tito von Jugoslawien, Präsident Boumedienne von Algerien und König Faisal, auf dessen Initiative elf ölproduzierende Araberstaaten Amerika mit einem Ölembargo belegten, blieb Anwar infolge der zunehmenden Unterstützung Israels durch Amerika nur eine einzige Möglichkeit offen: Am 19. Oktober verkündete er die Waffenruhe. »Mit blutendem Herzen habe ich die Aufforderung zur Waffenruhe befolgt«, kabelte er Präsident Assad von Syrien. »Israel zu bekämpfen bin ich bereit, so lange es auch dauern mag, nicht aber die USA... Ich werde nie wieder zulassen, daß meine Streitkräfte vernichtet werden.« Die Israelis dagegen hielten die Waffenruhe nicht ein, sondern starteten zwei Stunden, nachdem sie in Kraft getreten sein sollte, einen neuen Angriff. Mein Mann, der zusehen mußte, wie sich seine Träume von der Rückeroberung des Sinai in Luft auflösten, sah schrecklich aus. »Iß doch wenigstens ein bißchen«, bat ich ihn jeden Abend, wenn der Zeitpunkt des Fastenbrechens kam. Doch Anwar schüttelte nur den Kopf und behauptete, keinen Hunger zu haben. Ich litt mit ihm. Wochenlang hatte er, der normalerweise acht bis neun Stunden pro Nacht schlief, achtzehn bis zwanzig Stunden am Tag gearbeitet. Er lebte ausschließlich von Fruchtsaft. Während er immer blasser und hagerer wurde, wuchs meine Sorge um ihn. Im November hatte er Blut im Urin. Die Waffenruhe wurde nicht eingehalten, und immer wieder kam es auf dem Westufer des Kanals zu kleinen Gefechten zwischen ägyptischen und israelischen Truppeneinheiten.

Am 11. Dezember kam US-Außenminister Henry Kissinger zum zweitenmal innerhalb von vier Wochen nach Kairo, um mit Anwar zu konferieren, und brachte bei diesem zweiten Besuch ein eiskaltes Ultimatum der amerikanischen Regierung mit. Durch Luftaufnahmen wußte das Pentagon, daß die israelischen Truppen auf dem Westufer des Kanals von ägyptischen Panzer- und Artillerieeinheiten eingeschlossen waren. Er wußte ebenso, daß Anwar bereit war, sie zu vernichten. Falls Anwar das versuchen sollte, erklärte Kissinger ihm nun, sähen sich die Vereinigten Staaten gezwungen, Ägypten anzugreifen. Die Globalpolitik der USA erlaube es nicht, daß die amerikanischen Waffen zum zweitenmal von russischen Waffen besiegt würden. Die amerikanischen Streitkräfte auf der ganzen Welt seien in den Alarmzustand versetzt worden.

Im Januar 1974 wurde das erste Disengagement-Abkommen der ägyptischen und israelischen Streitkräfte unterzeichnet, wobei die Vereinigten Staaten als Mittler zwischen unserem Land und Israel fungierten. Das Ostufer des Sueskanals ging wieder in ägyptischen Besitz über, und Israel erklärte sich bereit, sich vom Westufer zurückzuziehen. So wurde ein weiterer Krieg zwischen den beiden Staaten beendet, der Ägypten Tausende von Toten und Verwundeten gekostet hatte. Unsere Verluste waren fünfmal so hoch wie jene der Israelis.

In unseren Krankenhäusern lagen zahlreiche israelische Kriegsgefangene. Ihre Schmerzensschreie unterschieden sich nicht von denen der ägyptischen Verwundeten. Ihre Eltern, Frauen und Kinder weinten nicht weniger um sie als ägyptische Familien um ihre eigenen Toten.

Wenige Tage nach der ersten Waffenruhe hatte ich den Brief einer israelischen Mutter, Frau Ruth Lys, erhalten, deren Sohn an der Front gefallen war:

Madame,
über die feindlichen Lager der Kämpfenden hinweg reiche ich Ihnen die Hand und bitte Sie, alle Frauen um sich zu scharen, die den Kampfhandlungen, genauso wie Sie und ich, ein Ende bereiten möchten, das heißt, einen Verband zu gründen, der bereit ist, mit den Frauen Israels zusammenzuarbeiten. Gemeinsam besitzen wir Frauen große Macht. Zögern Sie nicht, Madame, jeder Tag zählt, denn jeder Tag fordert neue, unnötige Opfer...

Ich teilte ihre Ansicht aus vollem Herzen. Was für eine Rolle spielte es denn schon, welche Nationalität, welche Religion wir hatten? Unsere Leiden im Krieg waren die gleichen.

»Ich wünschte, das Wort ›Krieg‹ könnte aus dem Lexikon menschlicher Beziehungen gestrichen werden«, antwortete ich Frau Lys in einem Brief, der zu meinem Erstaunen in der israelischen Presse abgedruckt wurde:

Ich glaube fest daran, daß Frauen als Mütter, Ehefrauen, Töchter und Schwestern eine aktive Rolle bei dem Versuch übernehmen können, die Menschheit vor den Schrecken, Gefahren und Folgen des Krieges zu bewahren. Der Mutterinstinkt läßt uns danach streben, unsere Familie glücklich zu machen und dafür zu sorgen, daß unsere Kinder in einer fröhlichen Atmosphäre aufwachsen, umgeben von Liebe, Mitgefühl und Frieden. Die junge Generation hat jedes Recht, von einer wunderbaren Zukunft zu träumen, in der sie ihre kreative Energie ganz auf ein besseres Leben konzentrieren kann...

Ich wünschte, die Führer Israels würden ihre Bemühungen auf die Schaffung und Sicherung des Friedens richten, denn mit Gewalt sind die Probleme der Menschen bestimmt nicht zu lösen. Das ist meine feste Überzeugung, und das wird die Mission meines Mannes sein. Liebe und Freundschaft sind besser als Feindschaft: Das müssen wir alle einsehen.

Ich unterstütze Ihre Forderung nach Freundschaft und Liebe. Ich wünschte, alle Frauen der Welt könnten ihre Zeit der intensiven und konstruktiven Arbeit zur Verwirklichung des Friedens widmen.

10 Die Aufgaben einer First Lady

Seit dem Oktoberkrieg hatte sich die Lage an Ägyptens Grenzen stabilisiert, und die Regierung konnte ihre Aufmerksamkeit der Lösung innerpolitischer Probleme zuwenden, die Ägypten immer noch plagten. Die Zeit war reif für eine Sozialreform, und Anwar als Präsident verfügte über die Macht, sie einzuleiten.

Niemals zuvor war Anwar so populär gewesen. Wo er auch hinkam – in ganz Ägypten verlieh die Bevölkerung einstimmig ihrer Dankbarkeit Ausdruck. »Lang lebe der Held der Überquerung«, riefen die Menschen, die dem Wagen des Präsidenten zujubelten, wenn er durch die Straßen fuhr. Die Landbewohner reagierten sogar noch emotionaler. »Mit unserer Seele, mit unserem Blut würden wir uns für dich opfern, Sadat!« riefen sie und versuchten sich an seinen Leibwächtern vorbeizudrängen, um ihn zu berühren, ihn zu umarmen, ihn triumphierend auf die Schultern zu heben. Das ägyptische Volk liebte ihn aufrichtig, daran bestand kein Zweifel; doch die Probleme, die ihn erwarteten, waren gewaltig.

Mehr als zwanzig Jahre waren seit der Revolution vergangen, und noch immer waren die angestrebten Ziele nicht erreicht worden. Auf dem Land, wo über die Hälfte der Bevölkerung lebte, benutzten zahlreiche Bauern noch immer die kurzstielige Hacke aus den Zeiten der Pharaonen, und das Wasserrad wurde immer noch von Wasserbüffeln mit verbundenen Augen gedreht. Der Schulbesuch war für die Kinder zwar gratis, der Prozentsatz der erwachsenen Analphabeten blieb jedoch nach wie vor extrem hoch: 43 Prozent bei den Männern, 60 Prozent bei den Frauen. Unsere Landsleute waren noch immer arm. Im Durchschnitt verdienten sie nicht mehr als neunzig Dollar pro Jahr. In den Städten hockten Hunderte von Anwälten, Ingenieuren und anderen Akademikern müßig auf ihren Bürosesseln, die ihnen die Regierung garantiert hatte, und langweilten sich in Ämtern mit so vielen Angestellten, daß die Hälfte von ihnen überflüssig war.

Drastische Maßnahmen mußten ergriffen werden, das wußte Anwar. Er war bereit, unsere wirtschaftlichen Probleme mit demselben Wagemut anzupacken, den er bei der Lösung der militärischen bewiesen hatte. Im Jahre 1974 entfernte er sich um einen entscheidenden Schritt von Nassers Isolationspolitik und verkündete eine neue Wirtschaftspolitik der *infitah* oder offenen Tür. Der Tourismus aus dem Westen und aus Europa nahm zu und damit – weit wichtiger – die Anzahl der unseren Landsleuten zur Verfügung stehenden Arbeitsplätze. Zum erstenmal öffnete sich Ägypten ausländischen Investoren, die sich mit ägyptischen Unternehmern zusammen im Joint-ventures engagierten, um neue Fabriken, Banken und Luxushotels zu bauen.

Im Gegensatz zu Nasser ermunterte Anwar die Ägypter auch, sich im Ausland Arbeit zu suchen. Tausende, die Ägypten nie zuvor verlassen hatten, zogen nun in Länder, die weniger entwickelt waren als das unsere, um dort als Buchhalter, Lehrer, Ärzte, Anwälte und Techniker zu arbeiten.

Wenn Anwar als Präsident Einfluß auf das Volk auszuüben vermochte, so hoffte ich, daß mir das als seine Frau ebenfalls möglich war. Nach dem Oktoberkrieg stürzte ich mich in die Sozialarbeit und leitete schließlich ungefähr dreißig Hilfsorganisationen. Ich übernahm den Vorsitz des ägyptischen Roten Halbmonds, der ägyptischen Blutbank-Gesellschaft und war Ehrenvorsitzende des Obersten Rats für Familienplanung. Außerdem stand ich der ägyptischen Gesellschaft für Krebspatienten vor, der ägyptischen Gesellschaft für die Erhaltung ägyptischer Altertümer, der Vereinigung ägyptischer Akademikerinnen und des Wohlfahrtsverbands für Studierende an Universitäten und Akademien.

Zuweilen verlor Anwar die Geduld mit meiner Begeisterung, den ständigen Bitten um staatliche Unterstützung der Familienplanung und um Beschleunigung der Frauenrechtsgesetzgebung, mit denen ich ihm in den Ohren lag. »*El-sabr gamil, Jehan*«, ermahnte er mich dann mit einem unserer gebräuchlichsten Sprichwörter: Geduld ist schön. Mühsam versuchte ich mich zu beherrschen, wenn er das ägyptische Zeichen für Geduld machte, Finger und Daumen zusammenlegte und die nach oben gewandte Hand abwärts bewegte. »Allah hat sieben Tage gebraucht, die Welt zu erschaffen«, fuhr er dann fort. »Wie kannst du da von mir erwarten, daß ich sie in einem einzigen Tag verändere? *El-sabr gamil.*«

In meinem Schlafzimmer türmten sich Forschungsunterlagen und Projektvorschläge, und auch mein Wagen war bis obenhin mit Aktenheftern und -ordnern vollgestopft. Schließlich verwandelte ich eins der Gästeschlafzimmer im Giseh-Haus in ein Büro und engagierte drei Bürokräfte. Darüber hinaus brauchte ich eine Pressesekretärin, denn meine öffentlichen Projekte begannen die Neugier der internationalen Presse zu erregen. Anfangs machte mich das nervös, denn ich wußte, daß die Kritik der ägyptischen Traditionalisten dadurch neue Nahrung bekam. Außerdem war es mir peinlich, daß sich die ausländischen Zeitungen und Zeitschriften weit mehr für mich als für die Projekte interessierten, an denen ich arbeitete. Aber je mehr Publicity meine neuen wie auch die bereits bestehenden Projekte erhielten, desto mehr Geld kam zu ihrer Unterstützung herein. Und schon begann das Unmögliche allmählich möglich zu erscheinen.

Im Jahre 1972 hatte ich, inspiriert von den vielen Kriegsversehrten, die ich bei meiner Arbeit während des Krieges von 1967 gesehen hatte, ein Rehabilitationszentrum für Behinderte gegründet. »Mutter, Mutter, was sollen wir tun?« hatten mich Männer auf Krücken und in Rollstühlen nach dem Krieg immer wieder gefragt, wenn sie bei meinen Besuchen in den Lazaretten meinen Wagen umdrängten. »Die Ärzte haben uns entlassen; sie sagen uns, wir sollen in unsere Dörfer zurückkehren. Aber da gibt es nichts für uns zu tun, und wir fallen unseren Familien nur zur Last.« Vier Jahre lang verfolgten mich die Klagen dieser Männer. Sie waren so gesund geworden, wie es für sie noch möglich war, hatten aber keinerlei Ausbildung, mit der sie ihren Lebensunterhalt verdienen konnten. Die ägyptischen Kriegsversehrten waren gezwungen, sich vom Mitleid ihrer Familien abhängig zu machen oder von dem bißchen Geld zu leben, das sie mit dem Straßenverkauf von Bleistiften und Tabakwaren verdienten, um ihre schmalen Renten aufzubessern.

Ich wollte nicht, daß sich Ägypten so verhielt wie viele andere Länder, die ihre Soldaten bei der Heimkehr als Helden feierten, um sie anschließend zu vergessen. Unsere Männer hatten dem Vaterland treu gedient; nun mußte das Vaterland ihnen dienen. Nachdem ich mit den Verwaltern der Veteranenlazarette besprochen hatte, was zu tun sei, beschloß ich, ein Trainingszentrum zu gründen, das den Behinderten half, als vollwertige Mitglieder der Gesellschaft in die Außenwelt zurückzukehren, statt auf ewig Wohlfahrtsfälle zu bleiben. Der Gouverneur von Kairo stellte mir ein Stück unerschlossenes Land in der Wüste nahe Kairo zur Verfügung, und das Sozialininisterium teilte mir Gelder zum Bau von Häusern, Werkstätten und Kliniken zu, die alle speziell für Behinderte eingerichtet wurden. Dieses Zentrum nannte ich zum Zeichen dafür, daß unser Land an die Behinderten glaubte, El-Wafa, und zum Zeichen der Hoffnung, die die Behinderten nun in die Zukunft setzen konnten, Amal. Madinat el-Wafa wal Amal – Stadt des Glaubens und der Hoffnung.

Die positive Einstellung zu meinem Mann und

Ägypten nach unserem Sieg über Israel ließ dem Zentrum arabische Gelder aus Saudi-Arabien, Katar, Abu Dhabi und den anderen neureichen Golfstaaten zufließen. Endlich konnte ich meinen Traum verwirklichen, El-Wafa wal Amal zu vergrößern und nicht nur Kriegsversehrte, sondern auch behinderte Zivilisten aufzunehmen. Die Reaktion auf meine Bitte um finanzielle Unterstützung war überwältigend.

Auch aus Italien, England, Frankreich, ja sogar den Vereinigten Staaten treffen Spenden für das Wafa-Zentrum ein. »Wie ich hörte, haben Sie ein Rehabilitationszentrum für Kriegsversehrte gegründet«, sagte US-Außenminister Henry Kissinger eines Tages bei einem Besuch nach dem Oktoberkrieg höflich zu mir.

»Das stimmt, Dr. Kissinger. Ich versuche, überall Spenden zu sammeln. Das habe ich letztendlich dem amerikanischen Volk zu verdanken.«

»Dem amerikanischen Volk?« fragte er verblüfft.

Ich lächelte. »Wir haben zwar gegen die Israelis gekämpft, doch deren militärische Ausrüstung kam aus den Vereinigten Staaten«, erklärte ich ihm. »Es waren amerikanische Steuerdollar, die bewirkt haben, daß unsere Soldaten Arme und Beine verloren und daher rehabilitiert werden müssen.«

Er merkte, daß er mir in die Falle gegangen war, und lachte. »Nun gut, dann werden wir Ihnen wohl ebenfalls helfen müssen.« Die Vereinigten Staaten spendeten sechs Millionen ägyptische Pfund.

Alles in allem brachten wir zehn Millionen ägyptische Pfund für das Wafa-Zentrum auf, ein Projekt, auf das ich ganz besonders stolz bin. Wir erweiterten das ursprüngliche Konzept um behindertengerechte Wohnungen, um Bürogebäude, ein Krankenhaus und eine Schule für behinderte Kinder. Wir konzipierten und konstruierten eine Fabrik zur Herstellung künstlicher Gliedmaßen, die so fortschrittlich war, daß Ärzte aus ganz Afrika und der arabischen Welt zu uns kamen, um unsere Methoden zu studieren und sich in Amputierten-Physiotherapie ausbilden zu lassen. Viele arabische Länder schickten uns ihre Behinderten, damit sie bei uns rehabilitiert wurden und eine Berufsausbildung erhielten.

Bald darauf richteten wir im Wafa-Zentrum auch Ausbildungsstätten für geistig Behinderte ein, die aus Oman, dem Libanon, Jordanien und dem Sudan zu uns kamen. Sämtliche Patienten, die bei uns blieben, erhielten Arbeit in den Büros, Werkstätten oder Restaurants dieser eigens für sie konzipierten Stadt. Tausende durchliefen unser Programm, dessen Kosten sich für den einzelnen Teilnehmer auf meinen Wunsch nach seinem Einkommen richteten. Denn solange sie für ihre Rollstühle, Kunstglieder oder Autos mit Spezialausrüstung auch nur geringe Teilzahlungen leisteten, blieb diesen Menschen die Selbstachtung erhalten.

Überall, wohin ich mit Anwar auf seinen offiziellen Reisen kam, bat ich, über die jüngsten Entwicklungen bei Hilfsmitteln für Behinderte in den Krankenhäusern sowie über die Fortschritte bei der Behandlung von Frühgeburten informiert zu werden, ließ ich mich durch Kindergärten und Schulen führen. Wie gerne hätte ich zu meinem Vergnügen Sehenswürdigkeiten oder Museen besichtigt, aber ich gab diesem Wunsch nicht nach, weil es mir unendlich viel wichtiger war, alles zu lernen, womit ich den Menschen in Ägypten helfen konnte.

In Rom hatte ich gesehen, wie die Italiener ihre antiken Bauwerke konservierten, restaurierten und bei Nacht wunderschön beleuchteten. Unsere ägyptischen Baudenkmäler waren viel älter als die römischen, aber wir hatten sie vernachlässigt. Also gründete ich den Ausschuß zur Erhaltung ägyptischer Altertümer und startete eine Kampagne zur Säuberung und Beleuchtung einiger der größten Schätze unserer Vergangenheit, darunter die Muallaka-Kirche, erbaut im vierten Jahrhundert im koptischen Kairo, sowie die tausendjährige Ibn-Tulun-Moschee, die von vielen Experten für das schönste Beispiel islamischer Architektur auf der Welt gehalten wird. Da wir Ägypter, was die modernsten Konservierungs- und Restaurierungsmethoden betraf, nicht auf dem laufenden waren, lud ich Fachleute aus aller Welt zu einer Konferenz nach Kairo ein. Viele folgten meinem Ruf, und ihnen verdanken wir unbezahlbare Ratschläge.

Aber auch Fachärzte für Krebskrankheiten lud ich ein, die ich bei der American Cancer Society in New York kennengelernt hatte. Zwar waren unsere eigenen Ärzte und Wissenschaftler, da Ägypten Mitglied der International Cancer Society ist, in der ganzen

Welt für ihre Forschungsarbeiten bekannt; doch viele Ägypter wußten noch längst nicht genug – weder über den Krebs noch über Möglichkeiten, zu verhindern, daß diese Geißel der Menschheit allzu viele Opfer fordert. Also starteten wir eine umfassende Kampagne in ganz Ägypten, hielten Konferenzen und brachten in Fernsehen und Presse Informationsspots über die Krebsvorsorge. Ältere Frauen sollten jedes Jahr eine Mammographie machen lassen, erklärten wir, denn Brustkrebs könne geheilt werden, solange er früh genug entdeckt werde. Und das Risiko eines Lungenkrebses könne stark reduziert werden, wenn die Ägypter nur eine ihrer Lieblingsgewohnheiten aufgäben – das Rauchen.

Was die Gefahren des Rauchens betraf, war ich sogar persönlich engagiert, denn nicht nur mein Schwiegersohn rauchte, sondern auch mein Mann hatte geraucht, bis er seinen Herzanfall bekam, und rauchte seitdem immer noch Pfeife. »Bitte, Anwar! Kannst du nicht wenigstens während der Kampagne gegen das Rauchen die Pfeife aufgeben?« beschwor ich ihn. »Wie soll ich Millionen Menschen überzeugen, wenn ich nicht mal meinen eigenen Mann überzeugen kann?« Doch Anwar steckte sich ungerührt seine Pfeife an. »Ich verbringe Stunden auf Sitzungen, mein ganzes Leben gehört meinem Volk. Ich kann zur Entspannung nicht einfach mal essen gehen, ja nicht mal ohne Leibwachen einen Spaziergang machen. Die Pfeife ist eins der wenigen Vergnügen, die mir noch bleiben, und das werde ich nicht aufgeben – nicht mal für dich«, sagte er. Und er rauchte weiter.

Je mehr ich reiste, desto mehr Ideen für die Verbesserung der Lebensqualität in unserem Land brachte ich mit nach Hause. Für mich glichen diese Ideen Träumen, die sich natürlich nicht alle verwirklichen ließen, doch einige wurden tatsächlich wahr. So gab es zum Beispiel bei weitem nicht genügend Unterkünfte für die Studenten auf dem Campus der Universitäten, und nur wenige Studierende konnten es sich leisten, die Zimmermiete in einem Privathaus oder einer Pension zu bezahlen. Die Jugend war Ägyptens Zukunft, darum mußten wir alles tun, was in unseren Kräften stand, um ihr das Studium zu ermöglichen. Nach der Gründung der Gesellschaft für Studierende an Universitäten und Akademien konferierte ich sowohl mit den Ministern für Bildung und Soziales als auch mit den Dekanen der Universitäten. Alle stimmten mir darin zu, daß wir erschwingliche Unterbringungsmöglichkeiten für die Studenten schaffen müßten. Durch staatliche Subventionen, private Spenden und den Erlös aus den Basaren, die von den Studenten selbst organisiert wurden, kam schließlich genügend Geld für den Bau von Studentenheimen der Universitäten Kairo, Assiut, Zagazig, Tanta und Alexandria zusammen, in denen die Studenten nur fünf ägyptische Pfund – ungefähr sieben Dollar – pro Monat zu zahlen brauchten. Das Projekt, Wohngelegenheiten für unsere Studenten zu schaffen, wurde bei der Bevölkerung äußerst beliebt, und viele Menschen schickten regelmäßig Spenden, um die Ausbildung der jungen Menschen sicherzustellen.

Spenden und Sachkenntnisse kamen auch aus dem Ausland nach Ägypten. Bei einem Besuch in Deutschland und Österreich hatte ich zum Beispiel den Wunsch geäußert, die berühmten, von Hermann Gmeiner gegründeten SOS-Kinderdörfer besichtigen zu dürfen. Bei uns in Ägypten wurde zwar gut für die Waisenkinder gesorgt, doch sie genossen bei weitem keine so herzliche und familiäre Atmosphäre, wie sie in den SOS-Dörfern herrschte. Die Kinder wohnten wie eine ganz normale Familie mit einer »Mutter« in kleinen Häusern. Die »Mutter«, die eine spezielle Ausbildung erhalten hatte, behandelte sie wie eigene Kinder, erzog sie, belehrte sie, kochte für sie und liebte sie. »Wie gut es diese Kinder haben«, sagte ich beim Abschied zu Herrn Gmeiner. »So etwas gibt es in Ägypten nicht.«

Drei Tage nach meiner Rückkehr nach Kairo rief mich überraschend Herr Gmeiner an. »Hätten Sie in Ägypten auch gern so ein SOS-Kinderdorf?« fragte er mich.

Meine Hoffnung blühte auf, aber das Herz wurde mir schwer. Ich konnte dem Sozialministerium nicht noch eine weitere Bürde auflasten und abermals Geld verlangen, nachdem ich es schon um Hilfe für die Behinderten, die Studenten, die Frauenbildung, ach, einfach für alles gebeten hatte. »Ein SOS-Kinderdorf wäre wunderbar, Herr Gmeiner«, antwortete ich, »aber der Staat kann sich im Augenblick kein neues Projekt leisten.«

Schweigen. Dann: »Nun, wenn Sie es mit Ihrem Wunsch nach einem SOS-Kinderdorf wirklich so ernst meinen, wie es bei Ihrem Besuch den Anschein hatte, werden wir Ihnen in Ägypten ein Dorf hinstellen.«

Ich traute meinen Ohren nicht. »Und Sie würden sämtliche Kosten tragen?« erkundigte ich mich ungläubig.

»Unter zwei Bedingungen«, gab er zurück. »Sie stellen das Grundstück zur Verfügung, und Sie persönlich werden Präsidentin des Dorfes.«

Meine Gedanken rasten. Das Sozialministerium würde jedem, der sich mit einem lohnenden Projekt meldete, bereitwillig Bauland überlassen, und in Wafa wal Amal gab es genügend davon. Und ich würde natürlich gerne Präsidentin des SOS-Kinderdorfs sein. »Wann können wir anfangen?« fragte ich ihn.

Ich spürte sein Lächeln durchs Telefon. »In zwei Tagen bin ich bei Ihnen«, versprach er mir.

Anwar weihte das erste SOS-Dorf für dreihundert Kinder in Kairo ein und später zwei weitere für 120 Kinder in Alexandria und 70 Kinder in Tanta. Über Zeitungsanzeigen, in denen wir nach Frauen über Dreißig suchten, wählten und schulten wir Mohammedanerinnen als »Mütter« für die moslemischen und Christinnen als »Mütter« für die christlichen Kinder, damit sie alle ihrer Religion entsprechend erzogen wurden. Ebenso wurden als Vertreterinnen »Tanten« und als Oberhäupter »Väter« gewählt. Um die Kinder finanziell beim Einstieg ins Leben draußen zu unterstützen, gründeten wir einen Waisenfonds.

Während ich an all diesen Projekten arbeitete, begann ich darüber hinaus mit einer intensiven und heftig umstrittenen Kampagne für die Rechte der Frauen. Aufgrund unserer Arbeit mit den Verwundeten der letzten beiden Kriege brachte man den Frauen in ganz Ägypten auf einmal Hochachtung und Respekt entgegen, wurden sie endlich als Partnerinnen der Männer in unserem nationalen Kampf anerkannt. Nun war es Zeit, das fortzuführen, was die Revolution begonnen hatte. Im Jahre 1952 hatten wir sowohl das Wahlrecht errungen als auch das Recht auf gleichwertige Ausbildung und die Chance, in der Regierung, der Industrie wie auf allen anderen Gebieten gleichberechtigt neben den Männern arbeiten zu können. Trotzdem wurden die Frauen im Privatleben noch immer stark diskriminiert und waren auf allen Sektoren der Öffentlichkeit unterrepräsentiert.

Um zu demonstrieren, wie wichtig die Frauenbildung war, schrieb ich mich mit einundvierzig Jahren an der Universität von Kairo ein. Ich liebte mein Fachgebiet, die arabische Literatur, obwohl ich ein enormes Lernpensum bewältigen mußte: die schwierige Grammatik, die Linguistik, das archaische Vokabular der präislamischen Dichter sowie die Geschichte der Epoche der Omaijaden und Abbasiden.

»Du arbeitest zuviel«, schalt Anwar, wenn ich nach Tisch auf einen Film zu ihm ins Souterrain kam, nur um mich wieder davonzustehlen und zu lernen. Oder wenn wir im Auto saßen und ich mir die Kopfhörer überstülpte, um mir die Tonbandmitschnitte der Vorlesungen meiner Professoren anzuhören. »Du kannst nicht arabische Literatur studieren und zugleich all deinen anderen Verpflichtungen nachkommen«, behauptete er dann. »Nimm dir doch ein leichteres Thema, zum Beispiel Geschichte; da brauchst du einfach nur zu lesen und erwirbst zugleich viel neues Wissen.«

Aber ich wollte die arabische Literatur nicht aufgeben. »Bitte, Allah, ich habe diesen Kurs begonnen, jetzt kann ich ihn nicht einfach aufgeben«, betete ich oft vor den Klausuren. »Bitte hilf mir. Ich muß den Abschluß schaffen!«

Ich wünschte mir sehr, ganz einfach in der Masse der anderen Studenten unterzutauchen, doch das war natürlich völlig unmöglich. Professoren und Kommilitonen erwarteten von mir, daß ich in allen Arbeiten und Klausuren brillierte. Drei meiner Kinder – Lubna, Gamal und Noha – besuchten mit mir zusammen die Universität und setzten ebenfalls die höchsten Erwartungen in mich. Und sie waren natürlich auch eine gewisse Konkurrenz. »Mit welcher Note hast du abgeschnitten?« erkundigten sich die Kinder nach jeder Prüfung bei mir und versuchten mich zu übertrumpfen. Vor den Klausuren stand ich um drei Uhr morgens auf, um mich gründlich vorzubereiten, denn ich hatte das Gefühl, allen, auch meinen eigenen Kindern, mit gutem Beispiel vorangehen zu müssen. Wenn ich nicht besser war als sie, gab es für sie keinen Grund mehr, Respekt vor mir zu haben und mir zu gehorchen.

Es kam vor, daß ich den Mut verlor. Aber dann

dachte ich an die Beharrlichkeit meiner Freundin Professor Suheir el-Kalamawi, die auch meine Doktorarbeit betreute. Suheir war eine der ersten Ägypterinnen gewesen, die ihren Magister gemacht hatte – eine Leistung, die im Jahre 1939 so umstritten war und offenbar so bedrohlich wirkte, daß sich eine ganze Schar von Männern zusammenrottete, um sie am Betreten des Prüfungszimmers zu hindern. Als sie sich einen Weg durch den Mob bahnte, schrien die Männer wütend auf sie ein, warfen dann Steine durch die Fenster des Prüfungszimmers und zwangen die Professoren schließlich, die mündliche Prüfung an einem anderen Ort fortzusetzen. Um sich zu vergewissern, daß eine Frau tatsächlich in der Lage war, einen so schwierigen Stoff zu beherrschen, hatten die Professoren sie in ihrem Fach, arabische Dichtung, sechs Stunden lang unter die Lupe genommen, obwohl dieses Examen bei anderen Kandidaten allerhöchstens drei Stunden dauerte. Zu den prüfenden Professoren gehörte auch ihr Doktorvater Dr. Taha Hussein, Ägyptens größter Kenner der arabischen Literatur, der an der Sorbonne den Doktor gemacht hatte, obwohl er blind war, und später Dekan der Universität Kairo sowie ägyptischer Unterrichtsminister wurde. Suheir bestand dieses Examen mit Glanz, sollte später ihren Doktor machen und schließlich selbst Professorin werden. Wenn Suheir eine derartige Herausforderung bewältigt hat, sagte ich mir immer wieder, werde ich das ebenfalls schaffen.

Ich graduierte 1978 und arbeitete anschließend auf

den Magister hin. Als ich 1980 mein mündliches Examen ablegen sollte, erklärte ich mich nur mit Hangen und Bangen damit einverstanden, daß die gesamten drei Stunden live im ägyptischen Fernsehen gezeigt wurden. Mut machte mir während dieser Prüfung nur immer wieder der Gedanke an Professor Suheir el-Kalamawi. Später, nach bestandenem Examen, war ich sehr stolz, als man mich aufforderte, zweimal pro Woche eine Vorlesung an der Universität zu halten und zugleich auf meinen Doktorgrad hinzuarbeiten.

Obwohl ich bei dem vom Fernsehen übertragenen Examen große Hemmungen hatte, war ich bereit, alles zu tun, um andere Frauen zur Weiterbildung zu ermutigen. Darüber hinaus wollte ich den Ägyptern beweisen, daß mir mein akademischer Grad nicht etwa auf dem Präsentierteller überreicht wurde, weil ich die Frau des Präsidenten war, sondern daß ich ihn mir ehrlich erarbeitet hatte. Es gab noch immer allzu viele, die an jeder Frau herumkritisierten, die den Versuch machte, durch Weiterbildung vorwärtszukommen und die alte Unterwürfigkeit hinter sich zu lassen.

Nur wenige Frauen hatten die Möglichkeiten, die ihnen die Revolution eröffnet hatte, wirklich voll ausgenutzt. Daher beschloß ich 1974, mich für ein öffentliches Amt zur Wahl zu stellen und so zu beweisen, daß auch Frauen eine politische Rolle übernehmen konnten. Ich wollte mich nicht etwa ins Parlament wählen lassen, sondern nur in den einflußreichen

Volksrat von Munufiya, dem die 301 Dörfer der Provinz unterstanden, darunter auch Mit Abul-Kum und Talla. Auch kandidierte ich nicht als Parteimitglied, sondern als Unabhängige, denn ich erstrebte weder eine politische Karriere noch eine hohe Machtposition: Ich wollte lediglich den Weg für die Teilnahme anderer Frauen an der Landkreispolitik bereiten.

»Wie Allah will«, sagte Anwar, als ich ihm kurz nach dem Oktoberkrieg von meinem Plan erzählte. Aber er warnte mich: »Ob du kandidieren willst oder nicht, ist deine Sache, Jehan. Aber vergiß eines nicht: Je mehr du in der Öffentlichkeit arbeitest, desto stärker wirst du kritisiert werden. Du wagst hier einen gewaltigen Schritt. In den Volksräten gibt es bisher nur sehr wenige Frauen. Und im Volksrat von Munufiya überhaupt keine.«

»Genau das ist ja auch der Grund, warum die Frauenfragen in den ländlichen Regionen bisher vollkommen vernachlässigt worden sind«, gab ich zurück. »An der Universität von Kairo studieren fast ebenso viele Mädchen wie junge Männer. In Mit Abul-Kum können die meisten Frauen aber noch nicht mal lesen. In Kairo sehe ich täglich Anwältinnen und Ärztinnen, bequem in Rock und Bluse gekleidet, in ihre eigenen Praxen gehen. In Mit Abul-Kum tragen die Frauen lange, hinderliche Kleider und leisten ohne Bezahlung Schwerarbeit auf den Feldern. Die Landfrauen schicken ihre Töchter gar nicht erst zur Schule, weil sie keine andere Zukunft für sie sehen als eine Wiederholung ihres eigenen und des Lebens ihrer Großmütter. In Kairo sitzen acht Frauen im Parlament, und du persönlich hast Aischa Rateb zur Sozialministerin ernannt. Aber wo bleiben die Frauen auf dem Land, Anwar? Von denen ist fast gar keine in der Politik tätig.«

»Du brauchst mir keinen Vortrag zu halten, Jehan«, sagte Anwar. »Kandidiere du nur, wenn du das willst; du wirst schon sehen, ob dich die Männer wählen.«

»Ich glaube, du hast eine Kleinigkeit vergessen«, gab ich zurück. »Die Frauen haben jetzt auch das Wahlrecht.«

Aber würden die Landfrauen wirklich wählen? Sie waren durchweg unpolitisch, und am Wasserrad von Mit Abul-Kum redeten sie immer noch vorwiegend von Männern: Ehemännern, Söhnen, Dorfjungen, die ihre Töchter heiraten würden. Überdies war es für die Männer zwar nach dem Wahlgesetz Pflicht, ihre Stimme abzugeben, den Frauen dagegen wurde es freigestellt.

»Die Frau muß dem Mann gleichwertig sein; sie muß die letzten Fesseln abwerfen, die ihre Bewegungsfreiheit einschränken«, verkündete die von den Revolutionären 1962 entworfene Charta. Im Jahre 1974 konnten die meisten Landfrauen jedoch die Wahlzettel nicht lesen, die sie ausfüllen sollten. Die Kandidaten mußten durch Symbole – Sonne, Löwe, Palme – gekennzeichnet werden statt durch ihre Namen. Viele Frauen vermochten nicht einmal ihren eigenen Namen zu schreiben und mußten alle Dokumente mit einem Fingerabdruck signieren. Das durfte nicht so weitergehen. Um in Ägypten überhaupt eine Art Demokratie zu erreichen, mußten die Frauen endlich aufwachen, mußten sie motiviert werden, um teilzunehmen an der Entwicklung ihres Landes, mußten sie zu Entscheidungen beitragen, statt sie still duldend hinzunehmen. Sobald die Landfrauen die Chancen erkannten, die ihnen gegeben wurden, würden sie sie auch wahrnehmen. Davon war ich fest überzeugt.

»Hört, ihr Frauen!« Einmal pro Woche stand ich mit den Reihern und Bauern von Mit Abul-Kum auf und zog los, um die Unterstützung der Frauen von Talla und anderen benachbarten Dörfern zu gewinnen. »Ihr habt mich für die Arbeit gelobt, die ich während der Kriege geleistet habe«, rief ich ihnen bei den Wasserrädern, den Mühlen, den Pumpen zu, wo sich die Frauen versammelten. »Aber ich will jetzt nicht von der Vergangenheit sprechen, sondern von unserer gemeinsamen Zukunft. Ich will von der Rolle der Frau in der Regierung sprechen.« Es dauerte niemals lange, bis sich auch Männer zu den Gruppen der Frauen gesellten – zum Teil aus Neugier, weil sie die Frau ihres Präsidenten sehen wollten, zumeist aber, um das Phänomen einer Frau mitzuerleben, die es wagte, in aller Öffentlichkeit den Mund aufzumachen.

Da ich in der Provinz bereits bekannt war, wurde ich überall willkommen geheißen. Ich mag zwar technisch nicht so beschlagen gewesen sein wie die sechsunddreißig Ingenieure, Bauern, Lehrer und Anwälte des Volksrats, aber ich muß gestehen, daß mir der Wahlkampf nicht sehr schwerfiel. Mein großer Vorteil bestand darin, daß ich mit einem sehr beliebten Präsidenten verheiratet war. Und nicht nur waren die Dörfler der Meinung, daß ich mehr für sie tun könne als die übrigen Ratsmitglieder, sondern darüber hinaus hatte ich Anwars Zustimmung. Wenn der seiner Frau erlaubt, für diesen Posten zu kandidieren, sagten sie sich, muß er sie wirklich für qualifiziert halten.

Noch bereitwilliger wurde die Idee weiblicher Teilnahme am politischen Leben akzeptiert, als eine andere Frau namens Suad el-Nadschar beschloß, für den zweiten freien Sitz im Volksrat zu kandidieren. Suad genoß großen Respekt in Munufiya, denn sie hatte als erstes Frauenprojekt in der Provinz einen Kindergarten für Mädchen und eine Werkstatt zur Ausbildung junger Frauen im Nähen eingerichtet. Da Suad wohlhabend war, spendete sie seit Jahren schon Geld und Land für Sozialprogramme und engagierte sich mit viel Zeit und Energie für bedürftige Menschen. Zweifellos machte auch sie ihren Mangel an technischem Wissen durch die Erschließung neuer Interessengebiete mehr als wett. Und im Gegensatz zu den übrigen Ratsmitgliedern hatten wir beide unsere Ausbildung beim Wasserrad erhalten.

Am Wahltag, im September 1974, standen die Frauen von Mit Abul-Kum vor dem Wahllokal in der Schule Schlange, denn nun hatten sie zum erstenmal Gelegenheit, ihre Stimme für eine Frau abzugeben. Sie kamen anschließend zu mir nach Hause, um mir zu zeigen, daß sie mich unterstützten. Das war inzwischen zur Tradition im Dorf geworden, denn jedesmal, wenn bei Wahlen in der Provinz Munufiya Anwars Name auftauchte, versammelten sich die Männer und Frauen des Dorfes in unserem Garten, um für ihn zu singen und zu musizieren. An meinem Wahltag erschienen mehr Frauen als jemals zuvor. Später erfuhr ich, daß Frauen aus der gesamten Provinz gekommen waren. »Seht nur! Seht nur! Da kommt die Mutter der Helden!« sangen die Frauen von Mit Abul-Kum in ihrem Siegeslied für mich. Später, als bekannt wurde, daß sowohl Suad als auch ich einen Sitz im Rat gewonnen hatten, gingen sie mit ihrem Lied in die Hauptstadt der Provinz Munufiya, wo sie das Haus des Volksrats umzingelten und dort fröhlich weiterfeierten.

Vier Jahre lang saß ich im Volksrat von Munufiya; ich ließ meine monatlichen Bezüge regelmäßig der Talla-Kooperative zukommen. Nach meiner Wiederwahl im Jahre 1978 arbeitete ich dann noch drei weitere Jahre als erste Ratspräsidentin Ägyptens. Nach Anwars Tod 1981 trat ich zurück, weil ich zu tief erschüttert war, um so eine große Verantwortung auf mich zu nehmen. Aber ich war sehr gerührt, als ich erfuhr, daß die Ratsmitglieder einstimmig beschlossen hatten, den Sessel des Präsidenten mir zu Ehren während des letzten Jahres meiner Amtszeit unbesetzt zu lassen. Wir hatten gemeinsam ein großes Stück auf dem Weg zum Fortschritt zurückgelegt.

Anfangs hatte mich die Arbeit im Volksrat jedoch frustriert, denn die anderen Ratsmitglieder wollten mich nicht akzeptieren. Ganz gleich, was ich sagte, so provozierend es auch sein mochte – kein einziger Mann widersprach. »Ich stimme der Frau unseres Präsidenten zu. Die Frau unseres Präsidenten hat durchaus recht«, pflegten sie alle ehrerbietig zu sagen. Das brachte mich allmählich zur Weißglut. »Ich sitze hier nicht als die Frau eures Präsidenten, sondern als Mitglied dieses Rates«, hielt ich ihnen immer wieder vor. »Behandeln Sie mich also bitte nicht so furchtbar respektvoll. Das ist nämlich nicht höflich, sondern unfreundlich, denn es beweist mir, daß Sie meine Meinung nicht ernst nehmen.« Eines Morgens dann, einen Monat nach meiner Wahl, schlug endlich ein Ratsmitglied mit der Faust auf den Tisch und sagte energisch: »Frau Sadat, Sie haben unrecht!« Ich lächelte ihm zu, denn nun wußte ich, daß wir mit unserer gemeinsamen Arbeit beginnen konnten.

Einige Sitzungen wurden tatsächlich stürmisch, vor allem, nachdem mein Mann 1976 die politische Meinungsfreiheit in Ägypten eingeführt und drei Oppositionsparteien gegründet hatte. Doch das Resultat dieser Debatten waren zahlreiche Verbesserungen in der Provinz, wie neue Straßen, allgemeine Stromversorgung, Fabriken, Krankenhäuser, eine eigene Universität und landwirtschaftliche Zuchtbetriebe.

Wohin ich auch kam, überall benutzte ich meine Stellung als Ratsmitglied, um Frauenprobleme aufs Tapet zu bringen: die Notwendigkeit, den Status der Frauen durch Ausbildung und qualifizierte Arbeit anzuheben und sie durch finanzielle Unabhängigkeit aus den Fesseln patriarchalischer Traditionen zu befreien. So herrschte, als ich mein Amt antrat, in der Provinz Munufiya zum Beispiel ein so krasser Mangel an Transportmöglichkeiten, daß die Fellachen gezwungen waren, ihren Käse und ihre Eier nur in der nächsten Umgebung zu verkaufen. Deswegen ließ unser Rat schon bald ein Netz von Buslinien ausbauen, damit die Bauern und die Frauen selbst aus den winzigsten Weilern ihre Produkte auf die größeren, lukrativeren Märkte bringen konnten.

Auch mit der Sozialministerin Aischa el-Rateb arbeitete ich an der Lösung vieler Probleme eng zusammen. Zum Beispiel existierten im Jahre 1974 in den gesamten Landwirtschaftsgebieten nur 140 weit verstreute Kindertagesstätten, ein Mangel, der die Bewegungsfreiheit der Mütter mit kleinen Kindern erheblich einschränkte. Um ihnen die Berufsarbeit zu ermöglichen, startete die Sozialministerin ein landesweites Programm zur Einrichtung zusätzlicher Tagesstätten und verlangte, daß jede Provinz einen bestimmten Prozentsatz ihres Budgets für den Bau von Krippen bereitstellte. Dieses Programm unterstützte ich persönlich, indem ich jede Woche mit Aischa in die Provinzen reiste, die neuen Einrichtungen besuchte und so dafür sorgte, daß sie ein voller Erfolg wurden: 1981 gab es in ganz Ägypten bereits eintausendsechshundert Kindertagesstätten. Aber selbst das genügte noch nicht.

Das Problem, das uns in Ägypten mehr Sorgen bereitete als alle anderen, war die Bevölkerungsexplosion. Wir konnten noch so viele neue Hilfsdienste einrichten, Wohlfahrtsfonds gründen, Fortschritte hinsichtlich der Schulbildung erzielen – all unsere Bemühungen würden vergeblich sein, wenn wir nicht unseren mächtigsten Feind bekämpften: die ständig steigende Geburtenziffer.

Die Folgen dieses Babybooms fielen vor allem in Kairo in die Augen: Die Hörsäle der Universität waren vollkommen überfüllt, die Straßen verstopft, die Telefonleitungen überlastet, die städtische Infrastruktur völlig unzureichend. Die schon bestehenden Probleme wurden durch die Landflucht noch verschlimmert. Weil sie ein besseres Leben für sich und ihre Familien suchten, trafen die Fellachen in solchen Mengen auf dem Ramses-Bahnhof ein, daß die Einwohnerzahl alle neunzig Sekunden um eine Person stieg.

Im Land selbst herrschte überall Lebensmittelknappheit. Während der sechziger Jahre, als es in Ägypten einen landwirtschaftlichen Überschuß gab, hatten wir Getreide, Obst und Gemüse in die ganze Welt exportiert. Jetzt hatten wir nicht einmal für uns selbst genug, sondern mußten Weizen und Reis in großen Mengen aus dem Ausland importieren. Durch die Landflucht wurden diese Probleme immer gravierender. Angesichts des Mangels an Arbeitskräften in den ländlichen Gebieten kam so mancher Bauer auf die Idee, er könne weit mehr Geld verdienen, wenn er seinen Boden, statt ihn zu bebauen, kurzerhand an Ziegeleien verkaufte. Und auch dadurch, daß sich Kairo enorm ausdehnte, um die neuen Einwohner aufnehmen zu können, ging immer mehr Anbaufläche verloren.

Anwar jedoch, der aus einer siebzehnköpfigen Familie kam, mochte eine Geburtenkontrolle nicht befürworten. »In jeder Woche, die du länger zögerst, Anwar, werden fünfundzwanzigtausend weitere Ägypter geboren«, hielt ich ihm vor.

»Familienplanung ist nicht so einfach, Jehan«, gab er zurück. »Es gibt zu viele, die glauben, sie verstößt gegen die Gesetze des Islam.«

»Aber Anwar, du weißt genausogut wie ich, daß das nicht stimmt«, antwortete ich ihm immer wieder verzweifelt. »Auf der ganzen Welt haben sich Moslem-Konferenzen für die Geburtenkontrolle ausgesprochen, ja sogar für Abtreibung und Sterilisation, wenn der Arzt erklärt, daß eine weitere Schwangerschaft die Gesundheit der Mutter gefährdet.«

»Ich weiß, Jehan«, pflegte Anwar darauf zu sagen, »aber ich muß mit den Konservativ-Religiösen zusammenarbeiten, und die sind damit nicht einverstanden.«

Der Oberste Familienplanungsrat tat, was er konnte, doch die Bewohner vieler Dörfer, in denen die Geburtenrate am höchsten war, brachten jeder Form von Geburtenkontrolle heftiges Mißtrauen entgegen. Überall herrschten Ignoranz und Informationsmangel. »Jeden Tag hab' ich meinem Mann die Pillen vom Familienplanungszentrum gegeben, aber ich bin trotzdem schwanger geworden«, klagte mir eine Dorfbewohnerin verwirrt. Andere Frauen beschwerten sich, von den empfängnisverhütenden Mitteln der Kliniken schwindlig und müde zu werden. »Nicht die empfängnisverhütenden Mittel machen euch krank, viel schwächer und schwindliger werdet ihr von den vielen Schwangerschaften«, entgegnete ich ihnen und wies darauf hin, daß auch meine verheirateten Töchter und ich derartige Mittel benutzten.

Die Landfrauen hielten es jedoch nicht für vorteilhaft, die Kopfzahl ihrer Familien zu beschränken. Je mehr Kinder sie bekamen, desto mehr billige Arbeitskräfte hatten sie. Je größer die Familie, desto höher der Status der Frau im Dorf. Die Kinder waren nicht nur eine Versicherung für die Eltern im Alter, sondern auch für ihre Ehe, denn jede Frau wußte, je mehr Söhne sie geboren hatte, desto weniger würde ihr Mann dazu neigen, sich von ihr scheiden zu lassen und eine neue Frau zu nehmen. Und mit sechs, acht, ja sogar zehn Kindern aus erster Ehe, die er unterhalten mußte, würde der Vater für eine neue Frau weniger attraktiv sein als ein Vater mit zwei oder drei Kindern. Kein Wunder also, daß die frohe Botschaft der Familienplanung auf taube Ohren stieß.

Um diesen Widerstand gegen die Familienplanung aufzuweichen, mußten wir daher äußerst behutsam vorgehen. »Eine Frau nach der anderen hat mir erklärt, daß es ihr zu peinlich ist, mit einem so intimen Anliegen zu einem männlichen Arzt zu gehen«, berichtete ich dem Familienplanungsrat. »Also werden wir jetzt Frauen in den Methoden der Geburtenkontrolle ausbilden und sie in die Dörfer schicken.«

Bevor die Krankenstationen in den Dörfern eingerichtet wurden, waren es die *dayas* gewesen, ambulante Hebammen, die den Frauen bei der Niederkunft halfen, die Beschneidung der kleinen Mädchen besorgten, bevor dieser barbarische Brauch endgültig verboten wurde, die Lider der Säuglinge mit Kohl umrandeten, um eine Augenerkrankung zu verhindern, und den Mund der Neugeborenen während der ersten drei Tage mit Butter auspinselten, damit sie nicht ersticken konnten. Im Jahre 1974 schlug der Gesundheitsminister und Vorsitzende des Obersten Familienplanungsrates vor, die *dayas* in modernen Verhütungsmethoden auszubilden. Wir könnten noch so viele ausgebildete Ärzte und Krankenschwestern in die ländlichen Gebiete schicken, meinte er, sie würden nichts ausrichten können, solange es nicht jemanden gäbe, der als Mittelsperson zur Landbevölkerung diene. Die *dayas* erwiesen sich als die geeigneten Mittelspersonen, denn sie konnten frei und ohne Hemmungen mit den Frauen sprechen und sie ermuntern, ihnen ohne Scham Fragen zu stellen.

Im Rahmen unserer Arbeits- und Ausbildungsprogramme luden wir die Frauen zu Vorlesungen über Empfängnisverhütung ein. Um möglichst viele in die Vorträge zu locken, köderten wir sie mit Geschenken wie Blumensträußen und Speiseöl und versuchten, ihnen beim Abschied Antibabypillen oder wenigstens ein Pessar mitzugeben.

Trotzdem kam uns das Geburtenkontrollprogramm irgendwie einseitig vor. »Warum konzentrieren wir uns eigentlich nur auf die Frauen? Wir brauchen auch ein Programm für Männer«, erklärte ich dem Familienplanungsrat. Denn schließlich waren es die Männer, die in Familienangelegenheiten das letzte Wort hatten, die ihre Frauen häufig fortschickten, wenn sie ihnen keine Söhne geboren hatten, die eifersüchtig den Anspruch männlicher Überlegenheit hüteten. Ihnen mußten wir die tief eingewurzelte Überzeugung austreiben, daß es ihnen um so bessergehen würde, je mehr Kinder sie hatten. Verhütungsmittel boten wir den Männern in den Rekrutierungszentren der Polizei und der Armee sowie in den Abendschulen zur Reduzierung des Analphabetentums nicht an, denn sie hätten sie weder akzeptiert noch benutzt, da viele von ihnen ungebildete Fellachen vom Land waren. Statt dessen versuchten wir, sie darüber aufzuklären, daß sie viel besser leben könnten, wenn sie weniger Kinder zu ernähren hätten, und ihre Frauen weitaus gesünder sein würden und besser arbeiten könnten. Und ich ließ nicht nach, auf den Dörfler einzuwirken, der die wichtigste Rolle bei dem Versuch spielte, Ägyptens Bevölkerungszuwachs zu verlangsamen: meinen Mann.

Aber so sehr ich mich auch bemühte – Anwar zögerte, die Familienplanung zu unterstützen, geschweige denn zu fördern. »Ich habe andere Prioritäten, Jehan«, fuhr er mich an. »Ich muß die Menschen ernähren, ich muß ihnen Wohnungen verschaffen. Das sind Probleme, für die ich zuallererst eine Lösung finden muß.«

Ich ließ mich von seiner Sturheit nicht entmutigen und erklärte ihm, während er sich rasierte oder ankleidete, daß sich Ägyptens Bevölkerung von 1900 bis 1970 verdreifacht hatte, daß wir in weiteren fünfundzwanzig Jahren dreißig Millionen Menschen mehr haben würden. »Die einzige Lösung, Anwar, ist die Familienplanung«, versuchte ich ihm einzuhämmern. »Wenn es bei uns nicht so viele Menschen gäbe, müßtest du nicht für ihre Ernährung und Wohnung sorgen.«

So diskutierten wir ununterbrochen privat und einmal, 1977, bei der Aufzeichnung eines amerikanischen Fernsehprogramms, sogar öffentlich.

»Herr Präsident, sind Sie der Meinung, daß Ihre Frau ein bißchen übereilt handelt?« fragte ihn der Moderator.

Anwars Miene verdunkelte sich vor Zorn. »Familienplanung! Familienplanung!« schimpfte er, während die Aufnahme weiterlief. »Was soll ich für diese Familienplanung tun, wenn ich die Bauern gegen mich habe, die glauben, daß so etwas gegen die Religion verstößt? Ein paar Philosophen, darunter auch meine Frau, drängen mich Tag für Tag: ›Familienplanung. Familienplanung. Die Bevölkerungsexplosion steht bevor.‹ O ja, das ist mir bekannt, aber was soll ich tun? So etwas kann man doch nicht gesetzlich erzwingen!«

»Warum eigentlich nicht?« entgegnete ich rasch, auf Indira Gandhis Methoden zur Eindämmung des Geburtenzuwachses zurückgreifend. »Man könnte doch sagen, daß jeder, der mehr als drei Kinder bekommt, Strafe bezahlen muß.«

Ich wußte natürlich, daß das ein unrealistischer Vorschlag war. Statt die Strafe zu bezahlen, würde die Familie das Kind einfach nicht zur Schule schikken, und Analphabetentum und Ignoranz würden wieder zunehmen. Die einzige Lösung war Aufklärung.

Aber der demographische Druck wirkte lähmend auf uns, und das wußten unsere ausländischen Gläubiger. Auf einer Sitzung in Paris im Jahre 1978 bezeichnete jenes westeuropäische Gremium, das die Pariser Gruppe genannt wurde, Ägyptens Übervölkerung als Hauptgrund für unsere Auslandsschulden. Die finanzielle Unterstützung Ägyptens durch das Ausland werde aufhören, ließen die Teilnehmer durchblicken, wenn die Regierung nicht ernsthafte Anstrengungen mache, die Geburtenrate zu senken.

Anwar, in Zugzwang geraten, gab endlich nach, als eine amerikanische Familienplanungsgruppe zu uns ins Haus kam, um uns eine von AID, der Agency for International Development (Agentur für Internationale Entwicklung), vorbereitete Präsentation vorzuführen. Während ein Dia nach dem anderen auf unserer Leinwand erschien und uns die Statistik der Bevölkerungsexplosion vor Augen führte, die Ägypten bedrohte, wurde Anwars Miene immer bedrückter. Nun konnte er weder abstreiten noch ignorieren, was aus unserem Land werden würde, wenn seine Regierung sich nicht hundertprozentig auf die Reduzierung des Bevölkerungszuwachses konzentrierte. Die Statistiken waren erschreckend, ich jedoch war insgeheim froh darüber, daß Anwar sich endlich dem vollen Ausmaß unserer Bevölkerungskrise stellen mußte. »Unsere größten Probleme sind eng miteinander verknüpft«, erklärte Anwar in einer Ansprache im Oktober 1978 anläßlich des Sues-Nationalfeiertages. »...Lebensmittel, Sicherheit, Kleidung, Wohnung, Preise und Löhne erfordern eine integrierte Politik, die unsere Hinwendung zur Friedenswirtschaft spiegelt. Doch eine wirksame Planung ist nur dann möglich, wenn wir die Hindernisse überwinden, die unsere Volksmassen sowohl psychologisch als auch ökonomisch in der Entwicklung hemmen – Hindernisse wie Analphabetentum und Übervölkerung. Wir müssen der Übervölkerung Einhalt gebieten – zum Besten jeder einzelnen Familie Ägyptens und der gesamten ägyptischen Familie.«

Endlich hatte sich Anwar öffentlich geäußert. Und seinen Worten ließ er nun auch Taten folgen. Bisher hatten Familien jeder Größe verbilligte, staatlich subventionierte Lebensmittel kaufen können. Nun wurden die Lebensmittelzuteilungen auf Familien mit höchstens fünf Mitgliedern beschränkt. Größere Familien mußten für zusätzliche Lebensmittel normale Einzelhandelspreise bezahlen.

Eine neue, landesweite Kampagne wurde eingeleitet, um die Menschen zu überzeugen, daß sie nicht mehr so viele Kinder bekommen durften. In den Provinzen wurden Plakate aufgehängt, die eine glückliche Familie mit nur zwei Kindern in einem hübschen Haus mit vielen Gänsen und Hühnern zeigte und gleich daneben eine große, unglückliche Familie ohne Geflügel, in einer winzigen Hütte zusammengedrängt. Ganze Gemeinden wurden aufgefordert, an Seminaren für Geburtenkontrolle teilzunehmen. Im Fernsehen liefen drei- bis viermal am Tag Werbekurzfilme für Familienplanung. Und langsam, sehr langsam begann die Wachstumsrate der ägyptischen Bevölkerung zu sinken.

Mit der »Sadat-Pension«, die er 1980 einführte, steuerte Anwar einen noch wichtigeren Anreiz zur Geburtenkontrolle bei. Im Rahmen dieses Programms erhielten Personen, die über sechzig Jahre alt waren, vom Staat eine kleine, monatliche Pension, die es den älteren Menschen zum erstenmal erlaubte, den Lebensabend unabhängig von der Unterstützung durch ihre Kinder zu verbringen.

Rückblickend frage ich mich zuweilen, wie ich dieses Tempo durchhalten konnte. Jeden Morgen stand ich um fünf Uhr auf, badete, betete, trank zum Frühstück eine Tasse Kaffee, las die Zeitungen, bereitete mich auf die Vorlesungen an der Universität vor und beschäftigte mich mit den Projekten des Rates und meiner Wohlfahrtsarbeit. Von acht bis neun versuchte ich mir ein wenig Bewegung zu verschaffen, entweder drei bis vier Kilometer zu gehen oder Tennis oder Squash zu spielen. Kurz nach neun weckte ich dann meinen Mann, öffnete die Fensterläden in seinem Schlafzimmer, brachte ihm zusammen mit den Zeitungen eine erste Tasse Tee und schaltete das Radio an. Dann war ich bereit für die offiziellen Termine des Tages, wobei ich zehn Tage pro Monat für meine Organisationen reservierte, einen Tag in jeder zweiten Woche für meine Ratssitzungen und anderthalb Tage für Besprechungen mit Diplomaten und anderen Würdenträgern. Bevor ich meinen Magistergrad erwarb, mußte ich mich fünf Tage pro Woche auf Vorlesungen vorbereiten und danach auf meine zweimal wöchentlich terminierten Vorträge an der Uni. Zwischendurch schob ich Sitzungen mit den Teilnehmern meiner anderen Projekte ein, die oft bis spät in die Nacht hinein dauerten. Darüber hinaus war ich die Mutter von vier Kindern im Teenageralter.

Schlaf bekam ich pro Nacht höchstens sechs Stunden. Wenn man mich fragte, was ich mir ersehnte oder erträumte, hätte ich immer am liebsten geantwortet: »Sieben Stunden Schlaf.« Ich mußte über die Journalisten lachen, die mich nur einen einzigen Tag lang begleiteten und anschließend erklärten, nun brauchten sie eine ganze Woche Schlaf, um sich davon zu erholen. Ich achtete nicht auf das Tempo, das ich mir gesetzt hatte, bis ich am Abend nach Hause kam. Dann begannen die Schmerzen in meinen Beinen und Füßen, die sich weder durch Aspirin noch durch heiße Fußbäder vertreiben ließen. Schließlich versuchte ich es mit einer Salbe, mit der ich meine Beine nach einem Fußbad von zehn Minuten einrieb. Während ich schlief, hörte der Schmerz allmählich auf, und am nächsten Morgen war ich dann wieder einsatzbereit.

Es sei denn, ich hatte Kopfschmerzen. Meine Migräneanfälle wurden immer häufiger; sie ließen mich alles nur sehr verschwommen sehen und verursachten mir Übelkeit. Dennoch wollte ich keine Sekunde meines Terminplans ausfallen lassen. Während der zehn Tage im Monat, an denen ich mit den Vorstandsmitgliedern meiner Organisationen konferierte, hatte ich zum Beispiel vormittags eine Sitzung und nachmittags zwei. Ich durfte keine einzige Besprechung versäumen, denn dann würde ein ganzer Monat vergehen, bis ich wieder an einer teilnehmen konnte. Oft waren die Schmerzen so unerträglich, daß ich kaum zu erkennen vermochte, wer gerade sprach und kaum dem Inhalt der Worte folgen konnte. »Ich bin vielleicht ein bißchen müde«, mehr wollte ich nicht eingestehen.

Wir waren alle müde. Ganze Armeen von Freiwilligen arbeiteten endlose Stunden in den Krankenhäusern, den Schulen, den Familienplanungszentren – einfach überall, wo es nötig war. Sie ermutigten mich, wie ich sie ermutigte. Ohne ihre Hilfe und Hingabe hätte ich nichts ausrichten können.

Immer öfter jedoch fragte ich mich, was die Ehefrauen der anderen Staatsoberhäupter in unserer Region zur Lösung der Probleme ihres Landes unternahmen, welche Pläne wir in Ägypten entwickelt hatten, die ihnen noch unbekannt waren, und was wir vielleicht von ihnen noch lernen konnten. Es war lächerlich, daß wir uns voneinander abschotteten, statt Informationen auszutauschen und uns gegenseitig zu helfen. Die Männer trafen sich doch auch zu internationalen Konferenzen. Warum also sollten die Frauen nicht ihrem Beispiel folgen?

Im Sommer 1974 nahm ich mit den weiblichen Parlamentsmitgliedern an einer Konferenz afrikanischer und arabischer Frauen in Kairo teil. Die Parlamentarierinnen luden ihre Kolleginnen aus den anderen Regierungen wie auch die aktiv an Sozialprogrammen beteiligten Frauen ein, während ich mich persönlich um die Ehefrauen der afrikanischen und arabischen Staatsoberhäupter kümmerte. Alles in allem hatten wir über zweihundert Frauen aus dreißig Ländern in einer sehr anregenden Atmosphäre zu Besuch. Es sollte die erste Konferenz dieser Art werden, die jemals in Ägypten stattfand, und für viele der eingeladenen Frauen war es die erste Auslandsreise. Ihre Reaktionen waren ebenso begeistert wie herzerwärmend. Delegationen kamen aus Kenia, Äthiopien, Uganda, der Elfenbeinküste, Burundi, Togo, Tschad, Ghana, Nigeria und Zaire wie auch aus Mauretanien, Marokko, Algerien, Jemen, Katar, Kuwait, Bahrain, Oman, dem Libanon, Syrien und dem Irak.

Mit großem Stolz hieß ich die Frauen in Ägypten willkommen. Ich zeigte ihnen unser Behindertenprojekt in Wafa wal Amal und unsere SOS-Kinderdörfer. Ich führte sie ins Ägyptische Museum von Kairo und fuhr mit ihnen per Nildampfer sowohl zu den antiken Baudenkmälern Oberägyptens wie auch zu unseren neuen Fabriken, in denen Frauen Seite an Seite mit Männern arbeiteten. Außerdem zeigte ich ihnen die Bar-Lev-Linie im Sinai, damit sie besser verstehen konnten, wie stolz wir auf diesen Sieg waren. Ich wollte, daß sie unsere Vergangenheit, unsere Gegenwart und unsere Zukunft sahen, und um das gegenseitige Verstehen zwischen unseren Ländern zu fördern, wollte ich ihnen zeigen, daß Ägypten ein Teil des Mittleren Ostens wie auch ein Teil von Afrika war. Und natürlich tauschten wir Informationen. Jede Delegation legte ein Papier über die Rolle der

Frauen in ihren jeweiligen Ländern vor, woraus sich sodann eine lebhafte und informative Diskussion ergab.

Freundschaften entstanden. Ich selbst befreundete mich vor allem mit Königin Alia von Jordanien, mit der ich auch nach der Konferenz eifrig korrespondierte und telefonierte. Ich war tief erschüttert und litt mit ihrem Mann, König Hussein, als sie Jahre später bei einem Hubschrauberabsturz ums Leben kam. Königin Alia hatte viel für ihr Land getan und hätte sicher noch sehr viel mehr bewirkt. Wie so viele Frauen arabischer und afrikanischer Staatsoberhäupter hatte sie sich allmählich immer stärker für die sozialen Belange ihres Landes interessiert. Seit der ersten Konferenz arabischer und afrikanischer Frauen in Kairo war bei uns allen ein ganz neuer Geist der Zusammenarbeit und gegenseitigen Hilfe erwacht. Dieses Eintreten der ägyptischen Frauen in das öffentliche und berufliche Leben nach der Revolution hatte große Neugier erregt und ein neues Selbstbewußtsein im gesamten Mittleren Osten geweckt. Die Moslemfrauen waren für eine Veränderung bereit und konnten es nicht abwarten, endlich an ihr teilnehmen zu dürfen.

11 Frauen im Islam

Frauen. All meine Energien und Projekte richteten sich immer wieder auf das Ziel, die Lage der Frauen zu verbessern. Die Geburtenrate zu bremsen. Das Analphabetentum auszumerzen. Den jungen und – durch mein Beispiel – auch den älteren Frauen eine gewisse Bildung zu verschaffen. Gesundheitsdienste, Nahrungsmittel und Kinderfürsorge sicherzustellen. Arbeitsplätze zu schaffen. Den Lebensstandard zu heben. Die Frauen anzuspornen, sich zu engagieren. Frauen. In ihren Händen liegt die Zukunft der Welt, denn sie sind es, die Werte und Glauben an ihre Kinder weitergeben, die ihre Söhne zu Männern erziehen, die ihren Töchtern als Beispiel dienen. Wie es im Sprichwort heißt: »Die Hand, die die Wiege wiegt, regiert die Welt.« Die Frauen haben unendlich viel Möglichkeiten, dürfen in vielen mohammedanischen Gesellschaften jedoch nur sehr wenig tun. Und das alles nur, weil die Männer die Scharia, die in Koran und Hadith, den gesammelten Sprüchen des Propheten, niedergelegten Gesetze in ihrem Sinn auslegen.

Seit Jahrhunderten schon debattieren die Ulemas, die mohammedanischen Religionsgelehrten, über die Bedeutung der Scharia und ihre Anwendung auf die modernen Gegebenheiten. Als im 15. Jahrhundert der Kaffee in die Moslemwelt eingeführt wurde, kamen zum Beispiel Ulemas aus ganz Arabien zusammen, um zu entscheiden, ob die Moslems ihn trinken durften. Einige von ihnen behaupteten, der Kaffee wirke genauso berauschend wie Alkohol und sei daher durch den Koran verboten. Andere widersprachen erfolgreich, der Kaffee sei ein Anregungsmittel, das den Gläubigen mehr Zeit zum Beten verschaffe. Also wurde der Kaffee geduldet. Fünfhundert Jahre später, als jedes arabische Land seine Gesetze frei und unabhängig je nach seiner eigenen Interpretation der Scharia erließ, wurde das Radio von den Ulemas der gesamten moslemischen Welt aus ähnlichen Gründen zugelassen. Da der Koran über den Rundfunk verbreitet werden und Allahs Wort einem zahlreichen Publikum zugänglich gemacht werden könne, erklärten sie das Radio für ein heilbringendes Instrument des Islam und nicht, wie ursprünglich behauptet, für ein Werk des Teufels.

In den Frauenfragen gingen die Meinungen der Ulemas in den verschiedenen Ländern stark auseinander. In Saudi-Arabien, wo die Rechtsgelehrten sich auf eine extrem konservative Interpretation der islamischen Gesetze stützten, durften die Frauen nicht Auto fahren, nicht mit Männern zusammenarbeiten und nicht ohne einen männlichen Verwandten verreisen. Bei der Konferenz zum Internationalen Frauenjahr der Vereinten Nationen 1975 in Mexico City, wo ich die Delegation der Ägypterinnen leitete, bestand die »Frauendelegation« aus Saudi-Arabien ebenso ausschließlich aus Männern wie bei einer ähnlichen Konferenz 1985 in Nairobi. In Saudi-Arabien durften die jungen Männer und Mädchen nicht gemeinsam studieren, sondern besuchten separate Universitäten. Als 1973 die erste Frauenuniversität gegründet wurde, durften dort nur Professorinnen das Lehramt ausüben. Falls einmal männliche Professoren zugelassen wurden, wahrte man die Geschlechtertrennung, indem man ihnen nicht gestattete, sich im selben Raum wie die Studentinnen aufzuhalten: Die jungen Mädchen mußten sich die Vorlesungen der Professoren über das hausinterne Fernsehen anhören und ihre Fragen über eine direkte Telefonleitung stellen. Natürlich erschwerte die Tatsache, daß die Studentinnen die Professoren nicht persönlich kennenlernen und mit ihnen über ihre Arbeiten diskutieren durften, das Studium enorm.

Bei uns in Ägypten waren die Gesetze für die Frauen gemäßigter, eine Mischung aus säkularem und Scharia-Recht, von Anwar als Kombination aus Wissenschaft und Glauben bezeichnet. An unseren Universitäten bestand ein Drittel der Studenten aus Frauen. In unseren Fabriken arbeiteten Frauen Seite an Seite mit den Männern. Im Jahre 1976 waren dreißig Prozent der Absolventen der medizinischen, pharmazeutischen und zahnmedizinischen Fakultäten Studentinnen – Äonen entfernt von den ersten Tagen der Revolution, da 91,3 Prozent aller ägyptischen Frauen Analphabetinnen waren. Trotz dieses ungeheuren Fortschritts haben wir jedoch noch immer manches mit den stärker unterdrückten Frauen in den arabischen Ländern gemeinsam.

Die Männer behaupteten gern, es sei unsere gemeinsame islamische Religion, die der Tätigkeit der

Frauen strenge Beschränkungen auferlegte, aber das stimmte nicht. Im Gegenteil: Freiheit und Fortschritt für die Frauen waren tief im Kern des Islam verankert.

In seinen Anfängen war der Islam, was den Status der Frauen betraf, eindeutig revolutionär gewesen und hatte die Diskriminierungen der vorislamischen Zeit zum großen Teil beseitigt. So wurde durch den Koran zum Beispiel das Töten weiblicher Neugeborener verboten, ein Brauch, der bei den Arabern verbreitet war und sich bis vor kurzem noch bei den Chinesen hielt. Der Islam hatte den Frauen auch schon vor über eintausendvierhundert Jahren das Recht auf gleichwertige Ausbildung zugesprochen, das Recht auf Arbeit, auf Eröffnung eines eigenen Geschäftes, das Recht, juristische Schritte zu unternehmen, sowie das Recht, Eigentum zu erwerben und zu verkaufen. Eine französische Frau darf erst seit dem Beginn des zwanzigsten Jahrhunderts Immobilien ohne die schriftliche Einwilligung ihres Ehemannes kaufen und verkaufen.

Ich habe mich immer wieder über die vielen Mißverständnisse hinsichtlich der Frauen im Islam gewundert. Immer wieder fragten mich die Menschen in Europa und im Westen nach dem, was sie als primitive und erniedrigende Heiratsbräuche betrachteten, die Tradition nämlich, daß Männer sich vier Frauen nehmen und Eltern Ehen für ihre Töchter »arrangieren« dürfen. Doch ihre Informationen waren unvollständig. Gewiß, die Eltern versuchten, gute Ehen für ihre Töchter zu arrangieren; doch der Koran verlangt ausdrücklich das Einverständnis der Frau zu einer derartigen Ehe – ein großer Fortschritt gegenüber der präislamischen Stammestradition, nach der die Frauen gezwungen waren, ihre Cousins zu heiraten.

Auch das Recht des Mannes, vier Frauen zu nehmen, war – obwohl in der heutigen Zeit für manche schockierend – vor eintausendvierhundert Jahren ein großer Schritt vorwärts. Vor dem Islam durfte sich ein Mann bis zu vierzig Frauen nehmen und sie alle behandeln, wie er wollte. Der Koran beschränkte nicht nur drastisch die Zahl der Frauen, die ein Mann nehmen durfte, sondern schützte die Frauen auch, indem er den Männern, die der Polygamie frönten, befahl, all ihre Frauen gleich zu behandeln. »Wenn du fürchtest, nicht [so vielen] gerecht werden zu können, dann heirate [nur] eine«, heißt es in der Vierten Sure mit dem Titel »Frauen«. In der ganzen arabischen Welt waren jedoch Männer, die viele Frauen nahmen, eher die Ausnahme als die Regel. In Ägypten wurde die Vielehe nur von drei Prozent der Bevölkerung ausgeübt. In Tunesien ist die Polygamie seit 1963 verboten, nachdem der Ulema entschieden hatte, es sei unmöglich, mehr als einer einzigen Frau gerecht zu werden.

Selbst die im Koran festgelegte ungleiche Verteilung des elterlichen Nachlasses zwischen Sohn und Tochter war nicht so ungerecht, wie sie erschien. Gewiß, die Tochter erbte nur die Hälfte des Anteils ihres Bruders; doch von der Tochter, so reich sie auch werden mochte, verlangten die islamischen Gesetze auch nicht, für die Eltern oder selbst die eigenen Kinder finanziell zu sorgen. Alles, was sie erhielt, gehörte ihr allein. Darüber hinaus waren ihre Brüder verpflichtet, sie im Falle der Not zu unterstützen. Die islamischen Erbgesetze, wie sie im Koran niedergelegt sind, waren eigentlich sehr fortschrittlich, denn durch sie erhielt die Tochter wenigstens einen Teil des Erbes, während in England noch vor einem Jahrhundert einzig der älteste Sohn Titel und Reichtum der Familie erbte.

Dennoch war in Europa und anderen westlichen Ländern das Klischee der verschleierten und unterdrückten Moslemfrau nicht auszurotten. Im Jahre 1975, meiner ersten Auslandsreise ohne Anwar, dem ersten Staatsbesuch, den die Ehefrau eines Moslemführers allein unternahm, hatten sich auf dem westdeutschen Flughafen Hunderte von Menschen versammelt, um mich zu begrüßen. Ich bin überzeugt, daß sie eine von Kopf bis Fuß verhüllte und von Leibwächtern umgebene Frau zu sehen erwarteten. Ich war verblüfft, als ich entdeckte, wieviel die Menschen noch über den Status der Frauen im Islam zu lernen hatten.

In Ägypten strebten wir, die Frauengruppen und ich, durchaus keine radikalen Veränderungen an, denn wir wußten, daß es zu einem katastrophalen Rückschlag kommen konnte, wenn wir zu schnell zu viel verlangten. Statt dessen arbeiteten wir langsam und vorsichtig auf eine kleine Freiheit nach der anderen hin, schufen unauffällig neue und annehmbare

Chancen für die Frauen. In den westlichen Ländern wurde der Kampf um die Frauenrechte in den siebziger Jahren als »Frauenrevolution« und die Frauen, die daran teilnahmen, als »Feministinnen« bezeichnet; wir in Ägypten dagegen wehrten uns gegen derartige Etiketts. Wir gingen sehr behutsam vor, denn wir waren der Überzeugung, wenn wir den Widerstand gegen die Frauenbefreiung Steinchen um Steinchen abbauten, würden wir zum Schluß die ganze Mauer beseitigt haben.

Viele Araberführer jedoch bezogen in der Frage der sozialen Stellung der Frau energisch Position, unter ihnen Oberst Ghaddafi, der an einer sehr strengen Interpretation der Rolle der Frauen im Islam festhielt. »Zwischen ihnen [einer Frau und einem Mann] Gleichheit bei irgendeiner schmutzigen Arbeit zu fordern, die ihre Schönheit beeinträchtigt und sie von ihrer Weiblichkeit ablenkt, ist ungerecht und grausam«, hatte der Libyer in seinem *Grünen Buch* geschrieben, dem Manifest, in dem er die Einzelheiten seiner »Dritten universellen Theorie« für Geschichte und soziale Entwicklungen diskutiert. »Und eine Bildung, die zu einer ihrer Natur widersprechenden Arbeit führt, ist nicht weniger ungerecht und grausam.«

Ghaddafi hatte natürlich ein Recht auf seine eigene Meinung, und sei sie auch noch so extrem. Mir jedoch bereitete die Art, wie er über das Verhalten der Frau in der gesamten arabischen Welt urteilte – vor allem über mein eigenes –, immer mehr Unbehagen.

Im Jahre 1972 hatte ich unsere Truppen an der

Front in Port Said und auf den Inseln des Roten Meeres besucht. Das Leben unserer Soldaten war hart; die Männer lebten in der Wüste in Schützengräben und sahen ihre Familien nur alle paar Monate. Ich, als Mutter, wollte den Soldaten klarmachen, daß alle Ägypter ihnen für die Opfer, die sie ihrem Land brachten, dankbar wären und sie weder allein noch vergessen waren.

Mein Besuch hatte, wie ich später erfuhr, belebend auf die Moral der Truppe gewirkt, die Reaktionäre in Libyen jedoch in Rage gebracht. »Die Frau des Präsidenten von Ägypten geht zu weit«, schrillten die libyschen Zeitungen und Rundfunksender am folgenden Tag. »Besuche an der Front fallen in die Zuständigkeit des Präsidenten, nicht aber in die ihre. Statt sich vor Männern zu produzieren, sollte sie sich auf den Verkehr mit Frauen und Kindern beschränken.« Diese Schelten aus Libyen gingen tagelang so weiter. »Warum fordert Frau Sadat Rechte für Frauen? Die Frauen haben bereits viele Rechte und sind dessen zufrieden. Sie ist eine Unruhestifterin.«

Ich zerbrach mir den Kopf, um die Einstellung Ghaddafis zu begreifen. Er war sonst immer, wenn wir uns begegneten, äußerst herzlich und höflich zu mir gewesen und schien viele meiner sozialen Aktivitäten für Arme, Kranke und Behinderte gutzuheißen. Nur meine Zusammenarbeit mit Männern und meinen Kampf um die Frauenrechte konnte er offenbar nicht akzeptieren. 1972, bei einem seiner Besuche in Kairo, lud ich Ghaddafi ein, vor einer Versammlung der Frauenunion von Kairo zu sprechen.

Erwartungsvoll drängten sich im Saal unseres Parteihauptquartiers eintausend Frauen, um den jungen Revolutionär und Führer unseres Nachbarlandes Libyen von seinen Vorstellungen für die Zukunft der arabischen Frauen sprechen zu hören. »Ich brauche eine Tafel und ein Stück Kreide«, sagte Ghaddafi. Sofort wurde ihm das Gewünschte gebracht. Mein Mann stellte Ghaddafi den Zuhörerinnen vor, und während es still wurde, schritt der Libyer in die Mitte des Podiums und begann etwas auf die Tafel zu schreiben. Sofort entstand erregtes Gemurmel.

Da ich meine Brille nicht aufgesetzt hatte, konnte ich nicht lesen, was er schrieb. »Was ist? Was hat er da angeschrieben?« fragte ich die Schwiegermutter meiner Tochter, die links neben mir saß.

Sie errötete. »Das kann ich dir nicht sagen«, antwortete sie verlegen.

Ich wühlte in meiner Handtasche nach meiner Brille, während ich Safiya, Ghaddafis zweite Frau, die rechts neben mir saß und wegen des Gemurmels nervös geworden war, immer wieder die Hand tätschelte. »O mein Gott!« stieß ich hervor, als ich endlich die Brille gefunden hatte.

»JUNGFRÄULICHKEIT, MENSTRUATION, SCHWANGERSCHAFT«, hatte Ghaddafi mit riesigen weißen Buchstaben an die schwarze Tafel geschrieben.

»Ihr Frauen verlangt Gleichberechtigung und könnt doch niemals den Männern gleich sein«, begann Ghaddafi mit seinen Ausführungen. »Ein junger Mann kann zur Arbeit auf dem Feld, in der Fabrik, auf dem Bau gehen. Ein junges Mädchen dagegen kann nicht ungefährdet allein gehen und sich selbst ausreichend schützen.« Ich traute meinen Augen und Ohren nicht. Genauso erging es den anderen Frauen im Saal, deren Gemurmel jetzt zu drohendem Grollen anstieg.

»Wie können Frauen den Männern gleich sein, wenn sie während ihrer Monatstage oder wenn sie ihre Kinder stillen arbeitsunfähig sind?« fuhr Ghaddafi fort. »Es kann von Natur aus keine Gleichheit zwischen Männern und Frauen geben, weder im Charakter noch im Temperament, weder in der moralischen noch in der körperlichen Kraft.« Ohne die lauter werdenden Proteste des Publikums zu beachten, begann Ghaddafi die Rolle der Frau in der Gesellschaft als kaum anders denn die einer Kuh zu definieren, die nur dazu da ist, trächtig zu werden, Kälber zu gebären und sie zu säugen. Die Versammlung wurde zum Hexenkessel.

»Herr Präsident, ich bin Ärztin. Nichts, was Sie geschrieben oder gesagt haben, wird mich an meiner Arbeit hindern«, schrie Dr. Zenaib el-Subki. »Ich habe Kinder. Ich bin Leiterin der Blutbank. Ich nehme an sozialen Programmen teil. Und habe nie einen Arbeitstag versäumt.« Aber Ghaddafi ließ sich nicht beirren. »Ich bin fest davon überzeugt, daß ich recht habe«, erklärte er. »Können Sie etwa den ganzen Tag auf dem Bau arbeiten und schwere Lasten tragen, wenn Sie gerade menstruieren?«

»*Naam! Naam!* Ja! Ja!« riefen die Frauen. »Wenn man uns die Gelegenheit dazu gibt.«

Mein Mann, der sich ebenfalls auf dem Podium befand, starrte Ghaddafi entgeistert an. Im Publikum sprang eine Frau nach der anderen auf.

»Vielleicht haben Sie vergessen, Herr Präsident, daß die Frauen zu Lebzeiten des Propheten alle Mühen des Daseinskampfes mittragen halfen und Seite an Seite mit den Männern in den Krieg zogen«, sagte Amina el-Said, die berühmte Journalistin. »Wie können Sie behaupten, daß die Frauen nach so vielen Jahrhunderten diese Gleichberechtigung verloren haben?«

»Ich versichere Ihnen, daß ich recht habe!« gab Ghaddafi mit erhobener Stimme zurück. »Können Sie den ganzen Tag in einem Walzwerk vor den Hochöfen stehen wie die Männer? Können Sie die Hitze ertragen? Ich glaube kaum. Die Hitze würde Ihrer Schönheit schaden. Sie würden zu sehr darunter leiden. Es gibt eben gewisse Berufe für Männer und gewisse Berufe für Frauen.«

»*La! La!*« riefen die Frauen. »Nein! Nein!«

Die Versammlung wurde immer stürmischer. Ich erwartete, daß mein Mann die Sitzung beendete, aber das tat er nicht. An seiner Miene erkannte ich, daß er diesen Zusammenstoß genoß und entschlossen war, Ghaddafi alles sagen zu lassen, was er sagen wollte. Anwar mußte sich sogar sehr beherrschen, um nicht in lautes Gelächter auszubrechen; das tat er erst, als wir nach der Versammlung heimfuhren.

»Ach, Jehan, du hättest die Gesichter der Frauen sehen sollen!« sagte er, und vor Lachen liefen ihm die Tränen über die Wangen. »Wenn ich Ghaddafi gewesen wäre – ich hätte lieber der gesamten israelischen Armee gegenübergestanden.«

Als wir uns nach dem Mittagessen ein wenig ausruhen, rief einer von Anwars Adjutanten an, um uns mitzuteilen, daß Ghaddafi sich auf dem Weg zu uns befinde. Eilig kleidete ich mich an und hastete nach unten, wo ich einen wütenden Ghaddafi vorfand.

»Ich sage Ihnen dies nicht gern, aber einige von diesen Frauen sind schlechte Frauen«, erklärte mir Ghaddafi zornig.

»Welche, zum Beispiel, Bruder Muammar?« fragte ich.

»Amina el-Said. Wußten Sie, daß sie raucht?« gab er so bissig zurück, daß es klang, als sei das Rauchen eine Sünde.

»Warum denn nicht?« entgegnete ich. »Das ist doch ihre Sache.«

»Nun, es gibt da noch etwas. Ich wage es kaum auszusprechen«, fuhr er fort.

»Was, Bruder Muammar?« fragte ich ihn.

Eine kurze Pause entstand. »Ich habe gehört, daß sie Bier trinkt«, vertraute er mir dann tiefernsten Tones an.

Ich mußte mich zusammennehmen. »Das tun die Revolutionäre in Ihrer Umgebung auch«, sagte ich. »Dieses Problem muß sie allein mit Allah abmachen.«

Ghaddafi funkelte mich aufgebracht an.

»Es tut mir leid, daß Sie sich bei der Versammlung über die Frauen ärgern mußten«, erklärte ich ihm, gerade als Anwar hereinkam. »Aber es ist wirklich schwer für die Frauen, still dazusitzen, wenn Sie sie mit Kühen vergleichen. Selbst eine Kuh wäre über Ihre Definition gekränkt gewesen und hätte sie empört zurückgewiesen. Es gibt schließlich noch anderes im Leben als Kinderaufzucht.«

Aber Ghaddafi beharrte auf seiner Meinung. Ich machte mir wirklich immer größere Sorgen über sein irrationales Verhalten.

Während des Oktoberkriegs bat Ghaddafi anläßlich eines Besuches in Kairo Anwar, mit mir unter vier Augen sprechen zu dürfen. Mein Herz begann vor Angst heftig zu klopfen. Es war höchst ungewöhnlich, ja eigentlich unerhört, daß ein Moslem bat, mit einer Frau allein bleiben zu dürfen.

Ich führte Ghaddafi in ein Privatzimmer im Kubba-Palast, ließ aber die Tür offenstehen. Ganz ruhig bleiben, ermahnte ich mich streng.

»Ich möchte mit Ihnen über eine Ehe zwischen meinem Cousin und Ihrer Tochter sprechen«, begann er.

Mir blieb vor Staunen fast der Mund offenstehen. »Welche Tochter meinen Sie?« erkundigte ich mich ungläubig.

»Ihre jüngste, Nana«, antwortete er.

Ich wollte meinen Ohren nicht trauen. Nana war gerade erst zwölf geworden! »Sie hat noch nicht das gesetzliche Heiratsalter erreicht, Herr Präsident«, informierte ich ihn, weil ich nicht unhöflich sein und rundheraus nein sagen wollte.

Daran hatte er jedoch schon gedacht. »Eine Absichtserklärung würde genügen«, antwortete er. »Sobald sie alt genug ist und meinen Cousin kennen- und bewundern gelernt hat, können die beiden heiraten.«

»Warten wir doch lieber, bis es soweit ist, dann können wir ausführlich darüber sprechen, Herr Präsident«, stieß ich hervor. »Bis dahin haben wir noch sehr viel Zeit.«

Aber er schien mich nicht gehört zu haben. »Mein Cousin ist ein Mann mit einwandfreiem Charakter und steht mir so nahe wie ein Bruder«, fuhr er fort. »Sie und Ihre Tochter werden mit Sicherheit zufrieden sein.«

Nun verstand ich, warum er mit mir allein sprechen wollte: Er glaubte, als Mutter könne ich meine Tochter überreden, dieser Heirat zuzustimmen, und gemeinsam könnten wir dann den Vater überzeugen. Doch eine derartige Heirat kam nicht in Frage. Er benutzte seine Stammesbräuche, um Ägypten und Libyen zusammenzuschmieden. Doch seine Bräuche waren nicht unsere Bräuche. Ich würde niemals dulden, daß meine Tochter von irgend jemandem als politische Schachfigur benutzt wurde.

»Vielen Dank, nein«, antwortete ich Ghaddafi höflich. Trotzdem insistierte er. »Es ist Brauch, den Vater um die Hand seiner Tochter zu bitten«, sagte ich schließlich, um die Diskussion zu beenden. »Warum fragen Sie also nicht den Präsidenten?«

Das aber wagte er nun doch nicht. Später sollte Ghaddafi versuchen, eine ganz ähnliche Heirat zwischen einem seiner Cousins und der Adoptivtochter Präsident Bourguibas von Tunesien zu arrangieren, erreichte bei ihm jedoch genausowenig wie bei mir.

Trotz Muammar Ghaddafis exzentrischem Verhalten kämpften auch die libyschen Aktivistinnen tapfer für ihre Rechte, desgleichen die Frauen der übrigen moslemischen Welt, die durch ihren mutigen Einsatz für die Freiheit immer größere Fortschritte machten, obwohl unser Kampf sich nicht so sehr in der Öffentlichkeit abspielte wie der im Westen und unsere Forderungen nicht so weit gingen. Die Frauen des Mittleren Ostens wurden von einem ganz neuen Stolz, einem ganz neuen Zielbewußtsein getragen.

»Wie kann man die Bauern nur dazu bringen, ihre Töchter zur Schule zu schicken?« erkundigte sich Farah Diba, die Ehefrau des Schahs von Persien, kurz nachdem Anwar und ich im Juni 1976 in Teheran eingetroffen waren. »Wie bringen Sie die Frauen dazu, an Ihren Berufsausbildungskursen teilzunehmen?«

Ich begleitete Anwar auf einer Reihe von Staatsbesuchen in den Iran, nach Saudi-Arabien und ins arabische Emirat Abu Dhabi. Überall sah ich mit großer Genugtuung, wie sich das Selbstbewußtsein der Frauen entwickelt hatte.

In den vier Tagen, die Anwar und ich als Gäste des Schahs und der Schahbanu verbrachten, entstand zwischen Farah und mir eine von Achtung und Verständnis geprägte Freundschaft. Wir staunten beide darüber, wie ähnlich sich die Geschichte der Frauen in unseren beiden Ländern entwickelt hatte und wie viele gleichartige Herausforderungen noch vor uns lagen. Die iranischen Frauen hatten, wie Farah mir erzählte, Anfang des Jahrhunderts genauso gegen die russischen und britischen Truppen im Iran demonstriert wie Huda Shaarawi und ihre Freundinnen gegen die Engländer in Ägypten. Wie sie hatten auch die Iranerinnen kurz darauf mit der Ausbildung der jungen Mädchen ihres Landes begonnen und für den Bau der ersten iranischen Mädchenschule ihren Schmuck verkauft. Und genauso wie ich und viele andere Frauen, die ich in Kairo kannte, waren Farah und eine Gruppe engagierter Iranerinnen bemüht, diese Tradition fortzusetzen, indem sie alte Häuser zu Kindergärten umbauten, Schulen und Zentren gründeten, in denen die Frauen Handfertigkeiten sowie Lesen und Schreiben erlernen konnten.

Im Laufe dieses Besuchs besichtigten wir in Teheran nicht nur den atemberaubenden Spiegelpalast, wo winzige Glasprismen an Wänden und Säulen wie Brillanten funkelten, sondern Farah führte mich auch durch die Museen. Als passionierte Kunstliebhaberin eröffnete sie ständig Kunstausstellungen und hatte die ganze Welt bereist, um persische Antiquitäten zurückzukaufen, die dem Iran gehörten und die wir ebenfalls in den Museen besichtigen konnten. Besonders beeindruckt war ich von der Sammlung königlicher Juwelen: dem goldenen, mit Edelsteinen besetzten Kaiserthron; den lebensgroßen Pfauen aus Gold mit Schwanzfedern aus Rubinen, Smaragden und Saphiren; den riesigen Schalen voll ungefaßter Steine in funkelndem Rot, Blau, Grün und Diamantenweiß. Doch auch die modernsten Krankenhäuser, Schulen und Kindergärten des Irans zeigte mir Farah, und was ich sah, war äußerst beeindruckend.

Nur ein Schatten hing über unserer Iranreise. Denn trotz aller modernen Entwicklungen, die wir als Gäste des Schahs sahen, entging uns doch nicht die Kluft zwischen den sehr Reichen und den sehr Armen in Persien. Zwar waren sowohl der Schah als auch die Schahbanu hochintelligente Menschen, die aufrichtig bemüht waren, Sozialreformen einzuführen, doch ihre Bemühungen drangen nicht bis zu den Menschen durch, die sie am dringendsten benötigten. Zu meiner Bestürzung zeigte mir Farah zum Beispiel die kleine Schule, die sie im Garten ihres Palastes in Teheran eingerichtet hatte, damit Kinder aus allen sozialen Schichten mit ihren eigenen Kindern zusammen unterrichtet werden konnten. Ich merkte, daß ihre Absicht zwar gut war, ihre Taten aber nicht den modernen Zeiten entsprachen. Die kaiserlichen Kinder hätten auf echt demokratische Art und Weise dieselbe Schule besuchen sollen wie alle anderen Kinder, statt mit ein paar handverlesenen zu lernen, die zu ihnen in den Palast kamen.

Ferner gab mir auch das üppige Abschiedsessen zu denken, das ein hoher Regierungsbeamter für uns und den Schah auf seiner Farm in der Nähe von Teheran gab. Ich war schon weit in der Welt herumgekommen und hatte zahlreiche extravagante Parties erlebt, doch niemals einen solchen Überfluß wie an jenem Abend im Iran. Das Ambiente war zauberhaft. Die Menschen waren reizend. Die angebotenen Speisen exquisit. Doch der Iran war ein armes Land, und dies war einfach zuviel!

Die Stufen der Treppe, die in das weitläufige Haus

hinaufführten, bestanden aus Kristall. Jawohl, aus Kristall! Niemals zuvor hatte ich je so etwas gesehen – und auch niemals danach. Die Getränke wurden in einer Empfangshalle aus Marmor gereicht. In einem Zelt, durch das wir den Garten betraten, spielte ein ganzes Orchester, und gleich darauf standen wir vor einem raffiniert angelegten Buffet, dessen Tische nicht in Reihen, sondern wie eine Art Mosaik in Kreisen unter den Bäumen aufgestellt waren. Die Präsentation der Speisen war eine Kunst für sich: ganze Fische auf fischförmigen Platten zum Beispiel oder Kristallschalen voll schwarzem, grauem, goldgelbem Kaviar auf Eis, von unten erleuchtet.

Selbst Anwar, der ausschließlich Obst aß, war überwältigt, als er sich den Teller füllte. Kompotte aus Früchten waren in reichgeschnitzten Melonenschalen angerichtet. Pfirsiche, Trauben, Mangos und frische Feigen waren in die Blütenzweige geflochten, mit denen die Tische geschmückt waren. Alles Gebotene war einzigartig. Gegessen wurde von Goldgeschirr.

»Hier wird es eine Revolution geben, das habe ich im Gefühl«, sagte ich zu Anwar, nachdem wir mit dem Hubschrauber des Schahs nach Teheran zurückgeflogen waren. »Die Reichen hier sind viel zu reich, die Armen viel zu arm, und das ohne eine solide Mittelschicht, die dem Ganzen Stabilität verleiht. Der Schah muß sofort etwas tun, um das Volk zu beruhigen, vielleicht mehr von seinem Grundbesitz verschenken, vielleicht den Kaisertitel ablegen und sich Präsident nennen. Außer in Japan gibt es nirgendwo auf der Welt noch einen weiteren Kaiser. Die Welt verändert sich und hat für einen Kaiser keinen Platz mehr. Das werde ich auch dem Schah erklären.«

»Gar nichts wirst du ihm erklären, Jehan«, fuhr Anwar auf. »Das alles geht dich überhaupt nichts an. Warum willst du dich einmischen?« Er war tatsächlich wütend. »Der Schah ist ein Kaiser. Er wurde zum Kaiser geboren. Und du, Jehan, willst, daß er seinen Titel mit dem eines Präsidenten vertauscht? Wag es ja nicht, ihm das zu sagen, hast du mich verstanden? Wag es ja nicht!«

»Aber Anwar«, protestierte ich verblüfft, »ich liebe den Schah! Ich *möchte* es ihm sagen. Er und Farah sind unsere guten Freunde. Vielleicht sehen sie den Iran nicht so wie andere Menschen, aber vielleicht haben sie auch schlechte Berater.«

»Wenn du ihnen vorschreiben willst, wie sie ihr Land zu regieren haben, werden sie möglicherweise nicht mehr lange unsere Freunde sein«, sagte er mit seiner lautesten Stimme. »Du darfst deine Nase nicht in die Angelegenheiten anderer Leute stecken. Der Schah wird dir aus Höflichkeit zuhören, und anschließend wird sich überhaupt nichts ändern. Also was soll's?« Anwar funkelte mich aufgebracht an. »Ich verbiete dir, dem Schah auch nur ein einziges Wort davon zu sagen!« befahl er.

»Trotzdem wird es eine Revolution geben«, beharrte ich. »Warte nur ab, Anwar.«

Am nächsten Morgen flogen wir nach Saudi-Arabien, ohne daß ich mit dem Schah gesprochen hatte.

König Chaled empfing mich auf dem Flughafen von Dschidda mit dem traditionellen Gruß der Araber für einen Gast, der von weit her kommt, und reichte mir die Hand. »Allah sei Dank für Ihren Schutz!« sagte er auch zu Anwar, den er umarmte und auf beide Wangen küßte.

»Möge Allah auch Sie schützen«, erwiderten wir beide.

In makellos weißen Roben und Kopfbedeckungen hatten sich König Chaled und mindestens zwanzig Saudi-Prinzen aufgereiht, um Anwar am Flughafen zu empfangen. Den Journalisten war ebenso klar wie Anwar und den Saudi-Prinzen, daß dies ein historischer Augenblick war, denn ich hatte es vorgezogen, das Königreich nicht hinter meinem Mann zu betreten, sondern an seiner Seite.

Die Saudi-Prinzen hatten keinerlei Überraschung gezeigt, als ich neben Anwar an der Flugzeugtür erschien, und ich spürte auch keine Feindseligkeit. Die Prinzen waren viel zu diplomatisch, um einem Gefühl Ausdruck zu verleihen, das mich oder – weit wichtiger – meinen Ehemann kränken konnte. Aber es war weithin bekannt, daß sich eine Moslemfrau in einem so konservativen und tief religiösen Land wie Saudi-Arabien in der Öffentlichkeit nicht in Gesellschaft von Männern zeigen durfte. Das hatte uns die Saudi-Botschaft in Kairo eindeutig klargemacht, bevor wir unsere Reise antraten, und uns vorgeschlagen, ich solle bei der Ankunft noch etwa eine Stunde in der Maschine bleiben, bis mein Mann, der König und die Prinzen die offizielle Begrüßung hinter sich gebracht und den Flughafen verlassen hätten. Die Botschaft wies uns darauf hin, daß auch Frau Tito, die Ehefrau des Präsidenten von Jugoslawien, die ihren Mann erst eine Woche zuvor auf einem Staatsbesuch im Königreich begleitet hatte, diese Lösung gewählt habe. Ich dagegen protestierte.

»Auf dieser Reise bin ich auf beiden Ohren taub, Anwar«, sagte ich zu meinem Mann, als wir die Nachricht von der Saudi-Botschaft erhielten. »Ich brauche mir von niemandem vorschreiben oder erklären zu lassen, was es bedeutet, eine gute Moslemfrau zu sein. Ich respektiere meine Religion zutiefst und tue niemals etwas, das gegen den Islam verstößt. Meine Arbeit mit den Frauen, den Kindern, den Armen ist – im Gegenteil – das eigentliche Wesen des Islam. Warum sollte ich mich unsichtbar machen, nur weil ich eine Frau bin? In Ägypten verstecke ich mich nicht vor den Blicken der Männer, und anderswo werde ich das ebensowenig tun. Für mich spielt es keine Rolle, ob wir in Japan sind, in Saudi-Arabien oder auf dem Mond. Ich werde mich auf gar keinen Fall ändern.«

Anwar hatte mich während meiner Tirade nachdenklich angesehen. »Deine Reaktion überrascht mich nicht«, erklärte er. »Ich habe mich schon seit langem an deine Einstellung gewöhnt, und nun hast du sogar meine Unterstützung. Doch andere Menschen werden vielleicht ein bißchen länger dazu brauchen.«

Die Frauen von Saudi-Arabien hatten erst vor kurzem begonnen, ihre Rechte wahrzunehmen, und vor ihnen lag noch ein weiter Weg. Doch es bestand kein Zweifel daran, daß sie in nur fünfzehn Jahren sehr viel erreicht hatten. Erst 1960 hatte die saudische Regierung die erste Mädchenschule eingerichtet, worauf so viele Männer gegen die Schule rebelliert hatten, daß die Nationalgarde gerufen werden mußte, um Ordnung zu schaffen. König Faisal hatte den Opponenten gegen die Frauenbildung mannhaft standgehalten; energisch hatte er erklärt, auch Frauen hätten ein Recht auf Schulbildung. Er war es dann 1973 auch gewesen, der die erste Universität für Frauen erbaute – ein riesiger Schritt vorwärts in einem Land, in dem die Vorurteile gegen die Frauen so tief verwurzelt waren. In Saudi-Arabien bestanden die Zelte der Nomaden aus zwei Teilen: einem Teil für die Frauen und einem für die Männer. Und selbst die erstklassig gebildeten Saudi-Frauen klagten, daß ihre Möglichkeiten fast unerträglich eingeschränkt würden durch die stark restriktiven Traditionen, die Frauen »schützten«, indem sie sie in eine getrennte Welt zwangen.

An jenem Abend nahm Anwar mit dem König und den Prinzen an einem Bankett in einem der königlichen Paläste teil, während ich selbst mit ungefähr dreißig königlichen Prinzessinnen und ihren Freundinnen zu einem anderen Bankett in den Palast der Königin geladen war. Die Gäste trafen nacheinander in Limousinen ein, deren Fenster, um sie vor den Blicken der Männer zu schützen, dunkel getönt waren. Unter den schlichten schwarzen *abayas*, die sie auf dem Weg vom Wagen bis in den Palast trugen, waren sämtliche Prinzessinnen kostbar gekleidet. Alle waren sie weit gereist und hoch gebildet.

Nach einem köstlichen Essen floß die Konversation bei endlosen Tassen von starkem Jemen-Kaffee, aus Verdauungsgründen mit Kardamom gewürzt, leicht und zwanglos dahin.

»An was für Projekten arbeiten Sie gerade, Frau Sadat?« erkundigten sich die Prinzessinnen und ihre Gäste, als wir uns in den nach Jasmin und Zitronenbäumen duftenden Garten hinter dem Palast hinausbegaben. »Was Sie tun, das tun Sie nicht nur für die ägyptischen Frauen, sondern für uns alle.« Wie sie mir sagten, waren sie von den Pressefotos fasziniert, die man bei der Eröffnung von Wohltätigkeitsfesten oder bei der Arbeit an meinen verschiedenen Projekten von mir gemacht hatte. Eine Saudi-Frau hätte es sich niemals leisten können, ihr Foto in der Öffentlichkeit erscheinen zu lassen. Auch im Fernsehen durfte keine Saudi-Frau auftreten, nicht einmal als Schauspielerin.

Am nächsten Abend, bei einem Essen im Palast des Bruders der Königin, kamen immer mehr Frauen zu mir, um Fragen über Ägypten zu stellen. »Die ägyptischen Frauen haben es gut«, seufzte eine der Frauen mit Universitätsabschluß. »Sie können frei und unverschleiert ausgehen. Wir hier müssen uns dagegen verstecken. Wir haben keine Identität. Und uns sind enge Grenzen gesteckt. Die ägyptischen Frauen können jedes Studienfach belegen. Wir hier dürfen uns zwar für Geisteswissenschaften einschreiben, nicht aber für das Ingenieur- oder Jurastudium. Und wenn wir als Medizinerinnen praktizieren wollen, können wir das höchstens als Kinderärztinnen oder Geburtshelferinnen.«

»Sie müssen selbst um Ihre Rechte kämpfen«, erklärte ich ihr, wie ich es jeder Frauengruppe erklärte. »Niemand wird sie Ihnen auf dem Silbertablett servieren und sagen: ›Hier, ihr lieben Frauen, sind eure Rechte.‹ Niemals. Wenn wir nicht für uns selber kämpfen, wird es auch kein anderer tun. Vergessen Sie nicht unser Sprichwort: ›Nur unsere eigenen Augen werden um uns weinen.‹«

»Aber womit sollen wir anfangen?« wollte ein anderer Gast der königlichen Familie wissen. »Gewiß, wir arbeiten für karitative Organisationen, aber es bleiben uns trotzdem sehr viele ungenutzte Stunden. Unsere Möglichkeiten sind eng begrenzt. Wir wissen nicht, was passieren würde, wenn wir ohne Schleier auszugehen oder mit Männern zusammenzuarbeiten wagten.«

»Sie werden Ihre Arbeit tun, wie Allah es von Ihnen erwartet«, versicherte ich ihr. »Erinnern Sie sich an Seine Worte im Koran: ›Ich werde nicht dulden, daß einer von euch vergebens gute Arbeit geleistet hat.‹ Aber lassen Sie uns praktisch denken. Wenn die Männer nicht wollen, daß Sie selbst Geld verdienen, arbeiten Sie weiter für karitative Organisationen. Aber arbeiten Sie mehr. Gehen Sie drei- bis viermal die Woche zu Ihrer Wohltätigkeitsarbeit. Lassen Sie die Männer spüren, daß Sie Verantwortung tragen. Und gehen Sie immer öfter aus dem Haus, bis sich die Männer daran gewöhnt haben. Fordern Sie nach und nach immer mehr Zugeständnisse. Beginnen Sie zunächst mit kleinen Dingen, doch lassen Sie niemals nach in Ihren Forderungen nach Fortschritt. Eines Tages werden Sie dann vermutlich feststellen, daß Sie allein zur Arbeit fahren, und Sie werden unendlich stolz auf das Erreichte sein.«

Am nächsten Vormittag, als Anwar und ich abreisten, sah ich meinen Mann und König Chaled miteinander lachen. »Was war so komisch?« fragte ich Anwar auf dem Flug nach Abu Dhabi.

»König Chaled hat mir erzählt, wie sehr ihn dein Besuch belustigt hat«, antwortete Anwar. »›Ich muß mich wohl in acht nehmen‹, hat er zu mir gesagt. ›Jehan versucht eine Frauen-Revolution anzuzetteln.‹«

»Ich wünschte, das könnte ich«, gab ich zurück.

Einen winzigen Schritt um den anderen gewannen die Frauen an Boden. Auf dem Flugplatz von Abu Dhabi wurden wir von Scheich Zayid empfangen. »Allah sei Dank für Ihren Schutz, Madame«, sagte er, als er mir die Hand reichte. »Wir haben uns gefreut, gestern im Fernsehen Ihre Ankunft in Dschidda zu beobachten. Alle Frauen waren sehr glücklich darüber.« Völlig verdutzt starrte ich ihn an, denn ich wußte nicht recht, ob er das aufrichtig meinte oder nicht. Aber er schien ehrlich zu sein. »Ihre Frau ist genauso ein Revolutionär wie Sie, Herr Präsident«, wandte sich Scheich Zayid lächelnd an meinen Mann.

Mit einem vorsichtigen Blick über die Schulter vertraute er mir sodann mit gedämpfter Stimme an: »Meine Frau ist heute zum erstenmal zum Flughafen mitgekommen, um einen ausländischen Gast zu begrüßen. Es tut mir leid, daß sie nicht herauskommen kann, um Sie vor der versammelten Presse zu begrüßen, denn das wäre schamlos. Aber sie wird Sie sofort empfangen, wenn die Männer verschwunden sind, und mit Ihnen zurückfahren.«

Ich war hocherfreut. Wieder ein Durchbruch! Insgeheim beglückwünschte ich Scheicha Fatima, die ich von einer früheren Reise nach Abu Dhabi kannte und der ich sehr viel Sympathie entgegenbrachte.

Ich kannte keine andere Ehefrau eines Herrschers in den Golfstaaten, ja nicht einmal in der gesamten Moslemwelt, die für die Frauenrechte härter arbeitete und engagierter kämpfte als Scheicha Fatima. Um allen anderen ein Beispiel zu geben, setzte sie ihr eigenes Studium der englischen Sprache fort und vervollkommnete ihr Arabisch. In ganz Abu Dhabi hatte sie auf dem Land wie in den Städten Programme der Alphabetisierung der Frauen geschaffen.

Für besonders wichtig hielt Scheicha Fatima, die selbst als Kind eine sehr unzulängliche Bildung erhalten hatte, die Schulbildung für die nächste Frauengeneration von Abu Dhabi. Also sorgte sie dafür, daß Fernsehsendungen ausgestrahlt wurden, die alle Menschen aufforderten, nicht nur ihre Söhne, sondern auch ihre Töchter auf die neu eingerichteten Grund- und höheren Schulen des Landes zu schicken. Jene, die nicht per Fernsehen erreichbar waren, suchte sie persönlich auf. Als sie hörte, daß die Beduinen im Süden plötzlich all ihre über acht Jahre alten Töchter aus der neuen Schule genommen hatten, flog sie sofort dorthin und bat jede einzelne Familie, sich diesen Schritt noch einmal zu überlegen. Sie stimmten zu – aus Hochachtung für sie.

Meine eigene Hochachtung für Scheicha Fatima wurde noch größer, als ich eines Abends an einer der offenen Versammlungen oder *madschlis* teilnahm, die sie allwöchentlich für die Frauen ihres Landes abhielt. Zwar hielten die männlichen Führer vieler Golfstaaten regelmäßig *madschlis* ab, um sich die Sorgen und Probleme ihrer Untertanen anzuhören, aber nur Scheicha Fatima gab eine für Frauen. Ich bewunderte diesen Brauch, den es in Ägypten nicht gab, der sich in vielen arabischen Staaten jedoch bis heute erhalten hat.

Bei den *madschlis* braucht man sich weder vorher anzumelden noch um eine Audienz zu bitten, denn ein jeder, vom Schafhirten bis zum höchsten Beamten, ist willkommen. Und es kommen Hunderte, die vor den *madschlis* mit ihren Herrschern zusammen beten und hinterher mit ihnen zusammen essen. Stundenlang sitzen die Petenten geduldig auf dem Boden und warten, bis sie an der Reihe sind, während Diener Tabletts mit Speisen und Tassen voll Minzetee umhertragen. Manche kommen auch, um ihrem Herrscher gute Ratschläge zu erteilen, die er sich ernst und aufmerksam anhört, denn der Islam gebietet ihm, sich nicht als Diktator aufzuführen, sondern den Rat anderer stets in Erwägung zu ziehen.

Die meisten Petenten kommen jedoch, um etwas

zu erbitten: staatliche Hilfe, damit ein erkranktes Familienmitglied zur ärztlichen Behandlung ins Ausland geschickt werden kann; ein Darlehen, um der Familie über eine Mißernte hinwegzuhelfen; Hilfe bei der Aufklärung einer Missetat oder der Beilegung eines Konflikts. Kann der Herrscher ihre Wünsche erfüllen, tut er es. Ist er nicht kompetent genug, um einer spezifischen Bitte zu entsprechen, bei einem Steuerproblem etwa, verweist er den Bittsteller an einen Experten auf diesem Gebiet. Alle Petitionen werden, der islamischen Tradition entsprechend, beantwortet. Wie es heißt, wurde schon zu Lebzeiten des Propheten allen, die sich an den Propheten Mohammed oder seine Schüler wandten, genauso geholfen wie jetzt den Bittstellern bei den *madschlis* in Abu Dhabi. Wenn ein Moslem um eine Gefälligkeit gebeten wird und er kann sie erweisen, muß er es tun, ob es sich nun um Geld, guten Rat, Speisen oder Obdach handelt. Ist der Bittsteller später in der Lage, seine Schulden zurückzuzahlen oder die Gefälligkeit zu erwidern, wird er das ebenso selbstverständlich tun.

Bei Scheicha Fatimas Versammlung sagten die fünfzig Frauen in ihrem riesigen Salon ungehindert ihre Meinung und äußerten ihre Bitten freimütig. Die Frauen, die stundenlang warten mußten, bis sie an der Reihe waren, schienen keineswegs enttäuscht zu sein, denn die *madschlis* waren sowohl eine soziale Versammlung als auch eine politische. Diese Frauen lernten voneinander, indem eine jede ihre Meinung sagte. Auch die Ehefrauen ausländischer Diplomaten wurden aufgefordert, an diesen Versammlungen teilzunehmen, und Scheicha Fatimas Sekretärin, eine ägyptische Absolventin der amerikanischen Universität in Kairo, die Französisch und Englisch sprach, dolmetschte für sie. Ich nahm einen tiefen Eindruck von den *madschlis* mit nach Hause.

Auf all meinen Reisen wurde ich stets mit größtem Respekt und größter Rücksicht behandelt. Ich drängte die Frauen, die ich im Ausland kennenlernte, meinerseits immer wieder, mich in Ägypten zu besuchen. Viele folgten dieser Einladung, und als sie mich kurz nach meinem Aufenthalt bei ihr besuchte, wurde Scheicha Fatima die erste Ehefrau eines Golfstaatenherrschers, die sich allein auf die Reise begab. Sie bat nur darum, ihr Foto nicht in der Presse erscheinen zu lassen. Farah Diba von Persien kam ebenso mehrfach nach Ägypten wie Iris Ferengia, die Ehefrau des libanesischen Präsidenten, und Buthaina el-Numeiri aus dem Sudan.

Ich machte es mir zum Prinzip, meinen Gästen jedesmal all meine Projekte vorzuführen; ich arrangierte ein Treffen mit der Frauenunion von Kairo und führte sie durchs Talla-Projekt. Ich zeigte ihnen Fabriken und Arbeiterkooperativen auf dem Land, wo die Frauen aus den arabischen Staaten Ägypterinnen zu sehen bekamen, die Seite an Seite mit Männern arbeiteten, um etwas Besseres aus ihrem Leben zu machen. Doch so fortschrittlich wir in Ägypten auch waren – es gab ein Gebiet, auf dem die Frauen noch grausam benachteiligt wurden.

Seit 1929 unterlagen die Frauen dem Personenstandsrecht, das heißt, Gesetzen, die eindeutig die Unterlegenheit der Frauen den Männern gegenüber vertraten. Seit Jahren schon kämpften Frauengruppen wie die ägyptische Frauenunion um eine Reform dieser demütigenden Gesetze, vor allem jener, die sich mit Ehe und Scheidung befaßten. Achtundneunzig Prozent aller ägyptischen Frauen waren verheiratet, und dennoch waren die Ehe- und Scheidungsgesetze auf geradezu brutale Art diskriminierend. Im Jahre 1977 schloß ich mich dem Kampf der Frauen um mehr Gerechtigkeit und Sicherheit in der Familie an. Und für die folgenden zwei Jahre sollte die Reform des Personenstandsrechts das wichtigste Thema meines gesamten Lebens sein.

Gegen manche Gesetze konnten wir nichts ausrichten. Da der Koran es den Männern zum Beispiel erlaubte, ihre Frauen nach Belieben fortzuschicken, war dieses Recht unantastbar. Sehr fragwürdig war jedoch die Art, in der die Männer dieses Privileg mißbrauchten. »Eine Scheidung muß zweimal ausgesprochen werden, danach muß die Frau in Ehren gehalten oder es ihr gestattet werden, im Guten zu gehen«, heißt es in der Zweiten Sure »Die Kuh«. Viele Ulemas empfahlen den Männern, zwischen jeder Scheidungsäußerung mindestens einen Monat verstreichen zu lassen, obwohl es dem Mann auch gestattet war, ganz einfach dreimal hintereinander »Ich verstoße dich« zu sagen, um die Ehe rechtsgültig zu beenden. Viel zu oft griffen die ägyptischen Männer auf diese schnellere Möglichkeit zurück, und viele

Jehan el-Sadat während einer Rede, in der sie für den Einsatz von Verhütungsmitteln zur Geburtenkontrolle plädiert.

Jehan el-Sadat an ihrem Schreibtisch.

Die Familie Sadat: Schwiegersohn Abdel Ghaffar und Tochter Lobna, Tochter Jehan, Anwar, Jehan, Tochter Noha und ihr Ehemann Hassan Sayed Marei (von links nach rechts; auf diesem Foto von 1974 fehlt der Sohn Gamal).

Das frisch vermählte Paar Dina und Gamal el-Sadat mit den Eltern des Bräutigams.

Anwar el-Sadat und sein Enkel Scharif.

Präsident Sadat in der El-Aksa-Moschee in Jerusalem.

Präsident Sadat mit dem amerikanischen Präsidenten Jimmy Carter und dem israelischen Premierminister Menachem Begin im Weißen Haus im September 1978 (von links nach rechts).

Nach geglückter Friedensmission wird Präsident Sadat von seinen Landsleuten jubelnd empfangen. (Rechts im Wagen Vizepräsident Mubarak).

Das Ehepaar Sadat und die Töchter Noha (links) und Jehan mit dem gestürzten Schah Reza Pahlewi (rechts).

Präsident Ronald Reagan und Nancy Reagan empfangen Jehan el-Sadat und Präsident Anwar el-Sadat im August 1981 in Washington.

Nachdem Jehan in Kairo promoviert hatte, hielt sie ihre erste Vorlesung in der Radford University, die ihr als Überraschung ein Sweatshirt übergab.

Präsident Anwar el-Sadat und Verteidigungsminister Abu Ghazala (rechts) zu Beginn der Militärparade am 6. Oktober 1981, in deren Verlauf Sadat durch Schüsse getötet wurde.

Anwar el-Sadat wurde in einem Mausoleum unter dem Grabmal des Unbekannten Soldaten in Kairo beigesetzt.

von ihnen sprachen die entscheidenden Worte nicht einmal in Hörweite ihrer Frauen aus. Solange die Verstoßung in Gegenwart von zwei Zeugen geäußert wurde, war sie gültig. Manche Ägypterinnen erfuhren überhaupt nicht, daß ihr Mann sie verstoßen hatte – ein ganz besonders grausames Verhalten.

Doch während es für einen Mann sehr leicht war, seine Frau fortzuschicken, war es für eine Frau fast unmöglich, sich von ihrem Mann zu trennen. Obwohl die Koransure »Frauen« die Männer ermahnt, ihre Frauen mit Güte zu behandeln – »denn selbst wenn du sie nicht liebst, könnte es sein, daß du eine Sache mißachtest, die Allah dir zu deinem eigenen Wohl zugedacht hat« –, mußte sich die Frau ans Gericht wenden, um ihre Ehe aufzulösen, und darüber hinaus beweisen, daß ihr Ehemann impotent oder unfähig war, sie zu ernähren, daß er wahnsinnig war, an einer tödlichen, ansteckenden Krankheit litt oder sie lebensgefährlich mißhandelte. Während sie – zuweilen drei bis vier Jahre lang – darauf wartete, daß das Gericht sich ihrer Klage annahm, war sie ihrem Mann gegenüber gesetzlich noch immer zu absolutem Gehorsam verpflichtet. Frauen aus den besseren Kreisen konnten mit ihrem Scheidungswunsch nicht einmal zum Gericht gehen, denn ein so öffentliches Verfahren galt als anstößig. Statt dessen mußten sie den Vater oder ein anderes männliches Familienmitglied um Hilfe bitten.

Bis Anwar Präsident wurde, riskierte jede Frau, die das Haus ihres Mannes ohne seine oder die Erlaubnis des Gerichts verließ, verhaftet zu werden. Nach einem Gesetzespassus, den Anwar 1976 abschaffte, konnte sich jeder Mann die Ehefrau von der Polizei mit Gewalt zurückbringen lassen und sie ganz legal einsperren, um eine abermalige Flucht zu verhindern. Ja schlimmer noch, er konnte später vor Gericht den Fluchtversuch seiner Frau als Beweis dafür anführen, daß sie *naschez* war – widerspenstig –, was verhinderte, daß man ihr jemals eine Scheidung genehmigen würde.

Angesichts dieses Damoklesschwerts über ihrem Kopf verlangten einige Frauen, daß ihrem Heiratsvertrag eine Klausel hinzugefügt wurde, die ihr das Recht sicherte, sich von ihrem Mann scheiden zu lassen. Diese Frauen waren aber in der Minderheit, denn kein Mann stimmte dieser Klausel zu, es sei denn, die Frau war unerhört reich, er selbst dagegen mittellos. Und sogar dann wurde der zukünftige Ehegatte, was die Gründe seiner Braut betraf, verständlicherweise mißtrauisch. Außerdem wurde eine solche Frau von ihren Geschlechtsgenossinnen von oben herab als hinterlistig und wenig begehrenswert bezeichnet. Der Preis, den diese Frauen für das Recht auf Scheidung bezahlen mußten, war wirklich sehr hoch. Doch unter dem herrschenden Personenstandsrecht mußten viele Frauen einen zu hohen Preis für den Status als verheiratete Frau bezahlen.

Die Männer durften sich mehr als eine Frau nehmen, denn der Koran gestattete die Vielehe. Und von den wenigen ägyptischen Männern, die tatsächlich Polygamie praktizierten, verlangte das Gesetz nicht einmal, daß sie die erste Frau von der neuen Heirat informierten. Aber selbst wenn sie die erste Frau davon unterrichteten, konnte diese nichts dagegen tun, denn unter dem herrschenden Personenstandsrecht galt die Vielehe nicht als Scheidungsgrund. Die Folgen waren oftmals grausam.

Ein Mann durfte sich ohne weiteres in jedem Stadtteil eine andere Ehefrau halten, ohne den übrigen etwas davon zu sagen. Es gab eine bekannte Geschichte von dem Mann, der im selben großen Mietshaus auf verschiedenen Etagen zwei ahnungslose Ehefrauen hielt, von denen die eine Mutter seiner Kinder, die andere, jüngere dagegen seine heimliche Ehefrau war. Wenn er im Lift jemanden traf, den er kannte, ging er zur Mutter seiner Kinder, sonst fuhr er drei Etagen weiter und besuchte die andere. Und keine von beiden ahnte etwas, bis der Ehemann schließlich starb. Da trafen sich Freunde und Bekannte, die der »Witwe« Kondolenzbesuche machen wollten, im Lift und entdeckten das geheime Verhältnis.

Eine derartige Entdeckung war leider nicht selten. So manche Witwe fand schon am Sterbetag ihres Mannes eine völlig Fremde vor ihrer Tür, die ihr die Geburtsurkunden ihrer Kinder zum Beweis dafür zeigte, daß sie ebenfalls legal mit dem Mann verheiratet war und daher auf die Hälfte des ohnehin sehr geringen Erbteils der Witwe – nur ein Achtel der Hinterlassenschaft – Anspruch erhob. Durch diesen Schock über den Betrug des Ehemannes verwandelte sich die Trauer der Witwe nicht selten sehr plötzlich in Wut und Zorn.

Es gab da eine hübsche Anekdote, die mir besonders gut gefiel. Als eine Witwe überraschend Besuch von der zweiten Frau ihres verstorbenen Mannes bekam, verschwand sie im Schlafzimmer, warf die Trauergewänder in die Ecke und wählte statt dessen ein knallrotes Kleid. »Spart euch eure Beileidsbezeugungen«, sagte sie den Frauen, die gekommen waren, um mit ihr zu trauern. »Ich weine nicht mehr über diesen Mann, denn er hat mich all die Jahre lang betrogen.« Ich fand die Einstellung dieser Frau bewundernswert und völlig richtig, denn auch ich hätte mir einen solchen Verrat niemals gefallen lassen. Wenn eine Frau ihren Ehemann liebte, mit ihm zusammenlebte und alles mit ihm teilte, gebot es ihm die Ehre, ihr wenigstens die Wahrheit zu sagen. Gerechter wäre es gewesen, wenn es ihm auch das Gesetz geboten hätte.

»Wir werden alle Fundamentalisten gegen uns haben«, warnte mich die Sozialministerin Aischa Rateb, als ich mit ihr über das Vorgehen im Kampf für eine Reform des Personenstandsrechts diskutierte. »Bisher haben die Fanatiker jedesmal, wenn ich eine Abänderung der Gesetze vorschlug, gegen mich demonstriert.«

Das überraschte mich keineswegs. Für die religiösen Fanatiker war die Rolle der Frau eindeutig: Sie hatte dem Mann zu dienen – ohne Fragen zu stellen und mit absolutem Gehorsam. »Aber wir entfernen uns doch gar nicht vom Koran«, gab ich Aischa zu bedenken. »Es gibt vier verschiedene Richtungen der islamischen Gesetzesinterpretation und nicht nur diese eine ultrakonservative. Selbst Mohammed hat nach einer Geschichte aus dem Hadith einer Frau geraten, ihren Mann zu verlassen, wenn sie mit ihm unglücklich ist.«

Aischa zuckte die Achseln. »Es ist sehr schwierig, vernünftig mit ihnen zu diskutieren.«

Mein Ärger wuchs. »Aber die Fundamentalisten müssen einsehen, daß die gegenwärtigen Gesetze die Männer eher zur Scheidung ermuntern, statt sie davon abzuhalten«, sagte ich. »Und im Koran selbst steht geschrieben, daß Allah von allen erlaubten Dingen die Scheidung am verhaßtesten ist.«

»Ich bin völlig Ihrer Meinung, Frau Sadat«, antwortete Aischa. »Und wir werden fortfahren, für eine Reform zu kämpfen. Aber die Fundamentalisten wirken sehr überzeugend mit ihrer Interpretation des islamischen Rechts. Eine Änderung der Gesetze würde eine sehr heikle Angelegenheit sein. Petitionen mit der Forderung nach einer Gesetzesänderung kursierten bei den Versammlungen der verschiedenen ägyptischen Frauenorganisationen und wurden von Mitgliedern wie der Präsidentin der ägyptischen Frauenorganisation unterzeichnet. So zwingend erschienen die Argumente für neue Gesetze, daß sich drei der höchsten religiösen Autoritäten des Landes – der Scheich von El-Azhar, der Minister für Religiöse Stiftungen und der Mufti von Ägypten – bereit erklärten, Mitglieder des Komitees für die Empfehlung von Reformen an das Parlament zu werden. Selbst der Justizminister hatte einen Platz in diesem Ausschuß.

Ich vermied es absichtlich, meinen Namen in das Komitee einzubringen, denn ich hatte das Gefühl, die Reformen würden mehr Anklang im Parlament finden, wenn sie eindeutig von einem breiten Querschnitt ägyptischer Bürger unterstützt wurden. Daher begnügte ich mich damit, hinter den Kulissen mit den Frauen zusammenzuarbeiten und mich öffentlich für ihre Ziele auszusprechen. Anfangs jedoch waren die Frauengruppen von meinem Wunsch, bei ihnen mitzuarbeiten, nicht gerade begeistert gewesen.

Auf dem ersten Treffen zur Unterstützung der Reformen, an dem ich teilnahm, wurde ich von der Verlegerin und Journalistin Amina el-Said gewarnt: »Für Sie, Madame, als Gattin des Präsidenten, wird es ziemlich schwierig sein, uns zu unterstützen, denn wir haben vor, zu demonstrieren und mit unseren Forderungen sehr aggressiv zu sein«, erklärte sie mir. »Wir werden zu extremen Mitteln greifen müssen; das kann bedeuten, daß einige von uns verhaftet werden. Und das dürfte für Sie riskant werden.«

»Wenn Sie ins Gefängnis gehen, gehe ich mit Ihnen«, erwiderte ich ohne Zögern. »Indira Gandhi hat einmal gesagt: ›Es trifft zwar zu, daß Frauen manchmal zu weit gehen, aber die anderen hören uns ja nur zu, wenn wir zu weit gehen.‹ Doch lassen wir Extreme wie das Gefängnis zunächst aus dem Spiel. Mein Mann ist äußerst fortschrittlich und wird nichts gegen uns unternehmen. Die Opposition gegen uns wird also nicht vom Präsidenten kommen, sondern von den religiösen Reaktionären. Und ich bin fest entschlossen, Ihnen zu helfen.«

Um dem emotionalen und irrationalen Widerstand gegen die Reformen zu begegnen, auf den das Komitee gefaßt war, hatten die Mitglieder so viele handfeste Argumente wie möglich zusammengetragen. Sie brauchten keine Theorien, sie brauchten Fakten. Und die besaßen sie in der Arbeit eines hochgeachteten Soziologie-Professors an der Universität von Kairo, dessen veröffentlichte Studie deutlich einen Zusammenhang zwischen der Jugendkriminalität und der hohen Scheidungsrate in Ägypten aufzeigte, sowie in den Recherchen Aziza Husseins, einer der Begründerinnen der ägyptischen Gesellschaft für Familienplanung und der ersten Frau, die in die ägyptische Delegation bei den Vereinten Nationen gewählt wurde. Azizas Recherchen zeigten eindeutig, daß die hohe Geburtenrate in Ägypten der einzige Schutz der Ehefrauen vor der Scheidung war, denn die Zahlen schwankten zwischen einer niedrigen Scheidungsrate von vier Prozent bei Frauen, die vier Kinder hatten, und 62 Prozent bei kinderlosen Frauen. Kein Wunder also, daß unsere Geburtenrate so hoch war! Unter dem herrschenden Personenstandsrecht konnte eine Ehefrau ihren Mann nur an der Scheidung hindern, wenn sie ein Kind nach dem anderen zur Welt brachte.

Der Ausschuß studierte die vorgeschlagenen Reformen gründlich und vergewisserte sich, daß keine davon im Widerspruch zum Koran, zum Hadith oder zur Scharia stand, denn die Mitglieder waren sich klar darüber, daß die Fundamentalisten, obwohl eine Minderheit, vor allem unter der Jugend immer mehr

Einfluß gewannen. Also mußten sie bei der Auswahl und Formulierung der Reformen äußerste Vorsicht walten lassen, damit sie den Frauen helfen konnten und dennoch im Rahmen des islamischen Rechts blieben. Daß Vorsicht angebracht war, verstand ich zwar, ich hatte es aber dennoch eilig, die Reformen durchzubringen. Anwar unterstützte unsere Bemühungen, und wenn wir je die Chance hatten, die Reform durchzusetzen, konnte es nur während seiner Amtszeit sein.

Atheist! Engstirniger Diktator! Feind der Familie! Das waren nur einige der Schimpfwörter, mit denen uns die islamischen Extremisten im Frühjahr 1978 belegten, als das Komitee den Reformvorschlag vorlegte. Wahrhaftig bescheidene Reformen: die Ernennung von Schiedsrichtern, möglichst Verwandten, die versuchen sollten, die Differenzen des scheidungswilligen Paares beizulegen; die Bedingung, der Mann müsse die erste Frau davon unterrichten, daß er sich von ihr habe scheiden lassen; die Bedingung, er müsse seine erste Frau davon unterrichten, wenn er eine neue Frau zu nehmen beabsichtige, sowie in diesem Fall das Recht der ersten Frau, innerhalb von zwei Monaten die Scheidung einzureichen; das Sorgerecht einer geschiedenen Mutter für ihre Kinder, wenigstens bis ihre Söhne zehn und ihre Töchter zwölf Jahre alt sind, doch länger, falls das Gericht das für die Kinder besser findet; das Recht einer geschiedenen Frau, in bestimmten Fällen von ihrem Exehemann nicht nur Alimente zu fordern, sondern auch eine Abfindungssumme, deren Höhe sich nach der Dauer der Ehe richtet; und – am umstrittensten – das Recht der Frau, das Heim der Familie für sich und die Kinder zu behalten.

Die Ausschußmitglieder wußten, daß sich die vorgeschlagenen Gesetzesänderungen streng in den Grenzen des islamischen Rechts hielten. Sie stellten weder unser Erbrecht noch das Recht des Mannes in Frage, vier Frauen zu nehmen, denn beide waren fest im Koran verankert und daher unantastbar. Auch die Behauptung, daß die Aussage einer Frau vor Gericht nur halb soviel wert ist wie die eines Mannes, wurde nicht angefochten, da sich auch das auf ein Koran-Zitat gründete. Das Recht des Mannes, unmittelbar nach der Scheidung wieder zu heiraten, während die Frau drei Monate warten muß, um sicherzugehen, daß sie nicht noch ein Kind von ihm trägt, blieb ebenso unangetastet, weil es ebenso im Koran festgeschrieben war wie das Recht des Mannes, seine Frau nach Belieben fortzuschicken. Dennoch löste unser Ruf nach diesen einfachen Reformen eine Woge der Empörung aus.

»Das sind Jehans Gesetze, nicht die Gesetze des Islam«, donnerte einer der radikalsten Fundamentalistenscheichs, der jede Woche nach den Freitagsgebeten gegen die Reformen wütete. »Diese Gesetze, die sie unbedingt durchsetzen will, werden aus Männern Weiber, aus Weibern Männer machen! Sie werden den Zusammenbruch der ägyptischen Familienstruktur bewirken und Hunderte zur Gottlosigkeit verführen! Diese Gesetze verstoßen gegen die Scharia, das Wort Allahs, wie es im Koran niedergelegt ist!«

Keiner von uns wunderte sich über die Reaktion des Scheichs, aber ich staunte aufrichtig darüber, daß er die Reformen als Jehans Gesetze bezeichnete. Der Professor einer amerikanischen Universität, der mich für ein Buch interviewte, das er über ägyptische Frauen schrieb, war der erste, von dem ich es erfuhr.

»Nun möchte ich mit Ihnen noch über Jehans Gesetze sprechen«, sagte er eines Tages zu mir.

»Jehans Gesetze? Was ist denn das?«

Verwundert starrte er mich an. »Das wissen Sie nicht? Sie wissen nicht, daß die Vorschläge zur Veränderung des Personenstandsrechts ›Jehans Gesetze‹ genannt werden?«

Jetzt war es an mir, verblüfft zu sein. »Nun, das macht mich aufrichtig stolz«, gab ich zurück. »Und wenn ich nichts weiter als das im Leben erreiche, werde ich ewig stolz darauf sein, zu dieser Reform beigetragen zu haben.«

Bald waren alle Zeitungen, Zeitschriften und Fernseh-Nachrichtensendungen voll von Leitartikeln und Meldungen über »Jehans Gesetze«. Bis in den Mai 1979 hinein erschienen in fast allen ägyptischen Zeitschriften Artikel für und gegen die Reform. Die Diskussionen wurden hitziger, der Druck intensiver. Ich selbst sprach mich bei jeder Gelegenheit ebenso für die Reformen aus wie die Komiteemitglieder. Die Fundamentalisten gingen zum Gegenangriff über. »Der Prophet lehrt uns, daß die Männer für die Frauen verantwortlich sind, weil Allah sie als den

Frauen überlegen geschaffen hat«, hielt uns einer nach dem anderen den Text des Korans entgegen. »Der Prophet war ein Streiter für die Rechte der Frauen«, pflegte ich ihnen zurückzugeben und zitierte die Koranregeln gegen den Mord an weiblichen Säuglingen und für die Rechte der Frauen auf Eigentum und Bildung.

Als ich vor Studenten in Alexandria einen Vortrag über die Notwendigkeit einer Reform hielt, geriet ich ins Streitgespräch mit einem jungen Fundamentalisten-Scheich, der mich aus dem Auditorium heraus ansprach.

»Wie können Sie behaupten, Frau Sadat, daß ein Mann nicht mehr als eine einzige Frau heiraten darf?« rief der junge Scheich. »Das ist unser Recht!«

»Wir wollen Ihnen keineswegs Ihre Rechte nehmen«, erwiderte ich. »Wir wollen der Polygamie nur ein paar Hindernisse in den Weg legen, weil es, wie der Koran uns lehrt, sehr schwer für einen Mann ist, mehr als einer Frau gerecht zu werden.«

Aber der junge Mann gab nicht nach. »Warum sollte ich meine Frau informieren, wenn ich vorhabe, mir eine zweite zu nehmen?« fragte er mich. »Sie hat mir zu gehorchen; das ist ihre Pflicht. Solange ich ihr ein Heim bieten und alles geben kann, was sie verlangt, ist das genug.«

»O nein, das ist keineswegs genug«, widersprach ich ihm. »Sie haben selbstverständlich das Recht, eine weitere Ehe einzugehen, aber sie hat das Recht, davon zu erfahren. Denn möglicherweise wird sie Sie dann verlassen und einen anderen Mann heiraten.«

Bei jeder Frage und jeder Antwort applaudierten die Studenten heftiger. Sie wußten genau, daß nichts von dem, was ich sagte, gegen den Islam oder die Scharia verstieß, denn weder mein Mann noch ich hätten jemals Reformen befürwortet, bei denen das der Fall war.

Bald darauf begannen die Fundamentalistenscheichs Aischa Rateb, Amina el-Said und mich zu diffamieren, ohne jedoch Namen zu nennen. »Die Frauen, die ihre Rechte verlangen, imitieren nur die Frauen des Westens«, riefen die Scheichs freitags den in den Moscheen betenden Männern zu. »Sie laufen herum wie Männer. Der Platz einer guten Moslemfrau aber ist zu Hause.« Zeitschriften extremer islamischer Gruppen veröffentlichten lange Artikel über die Schwächen der weiblichen Psyche. Wir seien zu gefühlsbetont, um die Gesetze verantwortungsvoll anzuwenden, wurde in einem dieser Artikel behauptet. Wenn eine Frau erfahre, daß ihr Mann andere Frauen geheiratet habe, werde sie sich viel zu schnell erregen und sofort die Scheidung verlangen, ohne in Ruhe nachzudenken oder sich mit ihm zu versöhnen.

Aber es waren die Fanatiker, die sich viel zu schnell erregten und bei Versammlungen aufsprangen, um ihre frauenfeindlichen Schmähreden hinauszuschreien. »Die Frau hat im Haus zu bleiben, zu kochen, zu waschen, zu putzen und die Kinder zu versorgen. Sonst nichts. Das ist ihr Paradies!« kreischten sie. »Wenn eine Frau in Gegenwart von Männern arbeitet, wird sie sie verführen. Es ist sündig, wenn sie ihre Arme, ihre Beine, ihren Kopf herzeigt.« Derartige Beschuldigungen waren bezeichnend und zutiefst deprimierend. Sie setzten das Ansehen der Männer selbst herab.

Das ganze Thema wurde so brisant, daß in El-Azhar, dem Zentrum der islamischen Orthodoxie, eines Tages ein Aufstand ausbrach. Was zunächst als Demonstration gegen »Jehans Gesetze« begonnen hatte, endete schon bald im Chaos. »Eins! Zwei! Drei! Vier!« heulten Hunderte von männlichen Studenten, während sie in den weißen Gewändern und Kappen der Gläubigen im Hof der Universität umherzogen. »Wir wollen ein, zwei, drei, vier Frauen!« Daß wir das Recht der Männer auf Vielehe keineswegs in Frage gestellt hatten, schien überhaupt keine Rolle zu spielen. Als die Demonstranten bis auf die Straße hinausdrangen, mußte die Polizei die hochgradig erregten jungen Männer auseinandertreiben.

Die für die Reform arbeitenden Frauen und ich erhielten ebenso viele zustimmende wie mißbilligende Briefe. Amina el-Said sagte, sie könne einen ganzen Schrankkoffer mit Schmähbriefen füllen. Drohungen gegen mich und sie wurden zur Alltäglichkeit, aber ich war an diese Dinge gewöhnt und schenkte den Schmierereien keine Beachtung. Die Aktionen gegen uns waren geschmacklos. An den Anschlagbrettern der Universitäten erschienen Karikaturen von mir in Militäruniform.

Die Einwände, die Bekannte von mir gegen die Reform vorbrachten, waren kleinkariert. Bei jedem sozialen Anlaß, den ich besuchte, nahmen mich die

Ehemänner beiseite, um mir zuzuflüstern, daß sie zwar die meisten der Gesetzesreformen vorbehaltlos unterstützten, daß aber der Vorschlag, Frau und Kindern das Heim zuzusprechen, eindeutig zu weit gehe. Im katastrophal übervölkerten Kairo waren Wohnungen rar; aber die Sorge der Männer um ihre eigene Bequemlichkeit widerspiegelte die Doppelmoral unserer Gesellschaft, die immer die Männer begünstigt hatte. »Sie wissen doch, daß ehrbare Frauen nicht allein auf die Straße dürfen«, spöttelte ich dann. »Sie, als Mann, können überall schlafen. Ihre Frau und Ihre Kinder nicht.«

Häufig scherzten Männer mit mir über die Reformen, obwohl ich ganz genau spürte, daß ihre Bemerkungen im Grunde ernst gemeint waren. »Was tun Sie uns nur an, Frau Sadat?« fragten sie mich zum Beispiel lachend. »Es scheint, daß wir von jetzt an auch um unsere Rechte kämpfen müssen.«

Ich lächelte und entgegnete in meinem liebenswürdigsten Ton: »Sie brauchen nicht um Ihre Rechte zu kämpfen, denn die haben Sie seit Jahrtausenden. Jetzt sind wir mal an der Reihe.«

Noch immer beharrte Anwar darauf, daß seine persönlichen Prioritäten im Hinblick auf Ägypten immer noch den Vorrang vor unserem Kampf um die Frauenrechte hätten. Zu Hause tat ich für unsere Ziele alles, was in meiner Macht stand, und startete sozusagen einen Alleingang.

»Was wünschst du dir zum Geburtstag?« fragte mich Anwar 1977 und dann wieder 1978.

»Frauenrechte«, antwortete ich.

»Was wünschst du dir zum Muttertag?« fragte er mich genauso oft.

Meine Antworten wurden allmählich eintönig. »Frauenrechte.«

Ich muß gestehen, daß ich ihm auf die Nerven ging, obwohl er ebenso wie ich der Meinung war, daß die ägyptischen Frauen endlich die Gleichberechtigung verdient hatten. Jedesmal, wenn Anwar und ich interviewt wurden, ergriff ich die Gelegenheit, ihn in aller Öffentlichkeit mit diesem Thema zu konfrontieren.

»Ägypten ist eine Demokratie, Jehan«, hielt er mir dann jedesmal vor. »Ich handle, wie es die Mehrheit des Volkes verlangt.«

»Über die Hälfte der Bevölkerung sind Frauen, Anwar«, gab ich zurück. »Und Ägypten wird erst zur Demokratie, wenn die Frauen ebenso frei sind wie die Männer. Du, als Präsident unseres Landes, hast die Pflicht, dafür zu sorgen, daß dieser Zustand endlich erreicht wird.«

Ich begann, überall dort, wo Anwar Reden hielt, Menschen im Publikum zu Fragen über unsere Reformvorschläge anzuregen. Denn je umfassender die Unterstützung für den Kampf um die Frauenrechte war, desto wahrscheinlicher wurde es, daß Anwar reagierte. Bei einer politischen Versammlung in Kairo schickte ich Emtethal el-Dib, einem prominenten Mitglied der Frauenbewegung, die auf der entgegengesetzten Seite des Saales saß, durch meinen Leibwächter folgende Nachricht: »Fragen Sie: ›Herr Präsident, wenn man Ihnen erklären würde, daß 90

Prozent der Jugendlichen, die in unserem Land kriminelle Handlungen begangen haben, aus Scheidungsfamilien stammen – würden Sie dann Reformen in Erwägung ziehen, durch die Familien gestärkt und Scheidungen erschwert werden?‹« Als Emtethal die Frage stellte, warf Anwar mir einen langen Blick zu, bevor er antwortete.

Sogar ins Ausland ging ich mit meinem Kampf um die Rechte der Frauen. »Präsident Sadat, die ägyptischen Frauen und ihre Kinder leiden unter der von den unfairen Gesetzen des Personenstandsrechts von 1929 geschaffenen Unsicherheit«, hieß die Notiz, die ich durch eine lange Sitzreihe Dr. Afaf, dem ägyptischen Konsul in Washington, D. C., zukommen ließ, wo Anwar sich mit Ägyptern unterhielt, die in den Vereinigten Staaten studierten. »Solange sich die Frau sicher fühlt, wird ihre Familie, das Kernstück einer jeden Gesellschaft, ebenfalls sicher sein. Wann werden Sie diese unfaire und destabilisierende Situation der ägyptischen Familie korrigieren und den Frauen ihre Rechte gewähren?«

»Wo ist Jehan?« fragte Anwar sofort und suchte unter den Zuhörern nach meinem Gesicht.

Ich lächelte unschuldig zu ihm auf, weil er ja merken mußte, daß Dr. Afafs Platz sehr weit von meinem entfernt war. Aber er ließ sich nicht irreführen.

»Meine Frau ist eine Anwältin der Frauen geworden«, teilte er dem Publikum lachend mit. »Sie liegt mir ständig mit den Frauenrechten in den Ohren. Nun gut, die Frauen werden ihre Rechte bekommen, aber nicht hier und jetzt. Für mich haben andere

Dinge Priorität: die Ernährung der Bevölkerung, die Bereitstellung von Wohnraum, Schulbildung, ärztlicher Versorgung. Der Rechte der Frauen werde ich mich später annehmen.«

Anwar mochte andere Prioritäten haben, für mich aber gab es während des Reformkampfes nichts Wichtigeres. Ebensowenig aber auch, wie es schien, für die Presse, vor allem die amerikanische, deren Mitglieder mir immer wieder dieselben Fragen stellten: »Welche Rechte haben die Frauen im Islam – falls sie überhaupt Rechte haben?« – »Stimmt es, daß ein Mann seine Frau verstoßen kann, indem er ganz einfach sagt: ›Ich verstoße dich‹?« – »Was empfindet eine Frau, wenn sie von ihren Eltern gezwungen wird, einen Mann zu heiraten?« Immer wieder, in einem halbstündigen Interview nach dem anderen, mußte ich diese Fragen beantworten, bis mir Kehle und Gehirn austrockneten. Aber fast niemals ließ ich eine dieser Chancen aus, um der Welt unsere Gesellschaft näherzubringen und die Sache der Frauen zu fördern.

Aber auch Anwar ließ ich keine Ruhe. Da die Frauen auf allen Regierungsebenen immer noch stark unterrepräsentiert waren, wurden viele Frauenfragen ganz einfach ignoriert. Bei einer Reise in den Sudan 1976 mit Anwar hatte ich erfahren, daß dort im Parlament grundsätzlich eine bestimmte Zahl von Sitzen den Frauen vorbehalten war. »Wenn die Frauen im Sudan so hoch geachtet sind – warum dann nicht bei uns in Ägypten?« fragte ich Anwar. »Solange wir die

Hälfte der Bevölkerung stellen, müssen wir auch in der Politik weit zahlreicher vertreten sein!«

Anwar stimmte mir vorbehaltlos zu. »Sehr viele Bevölkerungsgruppen sollten in der Politik vertreten sein, Jehan«, erklärte er mir. »Die Fellachen sind bereits in der Regierung vertreten. Doch was ist mit der Jugend und den Studenten?«

»Für die sollte es ebenfalls eine Quotenregelung geben«, stimmte ich ihm zu. »Warum nicht für die Jugend Sitze reservieren? Und für die Frauen?«

Im März 1979 rückte der Muttertag wieder näher. »Anwar, in diesem Jahr habe ich nur einen einzigen Wunsch«, erklärte ich meinem Mann.

»Und das wäre?«

Ich zögerte. »Wirst du ihn mir gewähren?«

Er lachte. »Wenn ich es mir leisten kann.«

»O ja, diesmal kannst du es dir bestimmt leisten«, behauptete ich.

»Na schön, Jehan. Was willst du von mir?«

Ich holte tief Luft. »Frauenrechte.«

Er warf den Kopf zurück und lachte laut auf. »Ja, Jehan, ja! In diesem Jahr wirst du sie von mir bekommen. Das haben sich die Frauen redlich verdient.«

Am 20. Juni 1979 unterzeichnete Anwar die ersten beiden Präsidentenerlasse über die Frauen. Dem ägyptischen Parlament wurden dreißig für Frauen reservierte Sitze hinzugefügt, und zwanzig Prozent aller Sitze in den sechsundzwanzig Volksräten sollten ebenfalls den Frauen gehören. Mit einem einzigen kühnen Streich hatte Anwar die Zahl der Frauen in der Staatsregierung verfünffacht und die Anzahl der

Frauen in den politischen Gremien der ländlichen Gebiete von sieben auf über dreißig erhöht. Acht Jahre lang hatten nur zwei Frauen im Rat von Munufiya gesessen, jetzt aber würden es zehn werden.

Der zweite Erlaß lag mir eigentlich noch mehr am Herzen: Im Juli sollte im Parlament über die Reform des Personenstandsrechts abgestimmt werden. Da wir wußten, daß diese Rechtsreform dem Wunsch der Mehrheit entsprach, waren wir unserer Sache ziemlich sicher, aber die Abstimmung würde den Fundamentalisten eine letzte Möglichkeit geben, die Annahme der Reform zu verhindern. Wir mußten der Fundamentalisten-Lobby zuvorkommen, damit sie die Debatte nicht zu lang hinauszog und so Zeit gewann, Verstärkung für die Opposition mobil zu machen. Aischa rief sämtliche Frauen im Parlament zusammen und erläuterte ihnen ihre Taktik.

»Wenn die Fundamentalisten ihre Meinung zu den Reformen zu äußern beginnen, bleibt ihr still«, befahl Aischa. »Ihr dürft nicht zulassen, daß die Debatte in einen Streit der Männer gegen die Frauen ausartet, bei dem beide dieselben uralten religiösen Argumente vorbringen. Überlaßt es den männlichen Parlamentsmitgliedern, die unsere Reformvorschläge unterstützen, sie auch zu verteidigen. Damit stehen wir weit besser vor dem Publikum da, denn diesmal sind die Männer *für* uns, nicht gegen uns.«

Am Tag der Debatte verhielten sich die Frauen im Parlament still. Und am 3. Juli 1979 wurden die Reformen des Personenstandsrechts nach vier Stunden lautstarker Diskussionen ebenso von einer überwältigenden Mehrheit angenommen wie zuvor die neue Quotenregelung für weibliche Mitglieder in der Regierung.

Unsere größten Hoffnungen hatten sich erfüllt. Und es sollte noch besser kommen. Bei den allgemeinen Wahlen wenige Wochen nach Annahme der Quotenregelung wurden drei Frauen mehr als die von dem neuen Gesetz vorgeschriebenen dreißig ins Parlament gewählt. In unserem Land, das vom Westen so oft als rückständig bezeichnet wurde, gab es in der nationalen Legislative nun fünf Prozent mehr Frauen als im Kongreß der Vereinigten Staaten und zehn Prozent mehr als in der französischen Nationalversammlung!

Endlich durften die ägyptischen Frauen ihre Stimme in der Politik hören lassen und waren im Privatleben besser abgesichert. Im ersten Jahr des neuen Personenstandsrechts sank die Scheidungsrate um fünfundzwanzig Prozent – hauptsächlich, wie die Frauengruppen meinten, weil die Männer nicht gern die Wohnungen räumen wollten.

»Jehans Gesetze«, wie das reformierte Personenstandsrecht immer noch genannt wurde, sollten in der ganzen arabischen Welt ihre Spuren hinterlassen. Als ich das letztemal in Mekka an der Kaaba betete, kam eine Saudi auf mich zu und flüsterte mir ihren Dank für alles zu, was ich und die anderen Ägypterinnen für die Frauen der gesamten arabischen Welt getan hatten. Obwohl ihre und die Regierung zahlreicher anderer arabischer Staaten inzwischen längst die diplomatischen Beziehungen zu Ägypten abgebrochen hatten, wurden die Schritte meines Ehemannes hinsichtlich der Lage der Frauen noch immer mit größtem Respekt betrachtet.

Genau zu dem Zeitpunkt, da der Präsidentenerlaß die Lage der Frauen im Jahr 1979 verbesserte, stürzten die Fundamentalisten im Iran die Regierung und schickten den Schah ins Exil. Auch in anderen Moslemstaaten erhoben sich die fundamentalistischen Kräfte. Daß Anwar angesichts dieser reaktionären politischen Atmosphäre den Status der Frauen in Ägypten verbessert hatte, war kühn und wagemutig gewesen. Doch Anwar war noch nie vor Reformen und politischen Entscheidungen zurückgeschreckt, denen andere Führer lieber aus dem Weg gingen.

Im Jahre 1979 befand sich Anwar auf einem riskanten neuen Kreuzzug. Begonnen hatte es zwei Jahre zuvor mit einer außergewöhnlichen Reise. Ich selbst hatte Anwar dabei nicht begleitet, er war allein gefahren. Doch trotz der großen Gefahr, in die er sich begab, begleiteten ihn mein Segen und die Gebete aller Menschen, die sich nach Frieden sehnten. Sollte ihm Erfolg beschieden sein, würde er die Geschichte Ägyptens sowie des gesamten Mittleren Ostens für immer verändern.

12 Der Weg zum Frieden

Vom ersten Moment an, da mein Mann seine Bereitschaft erklärte, nach Jerusalem zu gehen und Frieden mit Israel zu schließen, war mir klar, daß man ihn dafür töten würde. Von jenem Moment im November 1977 bis zu seiner Ermordung verschwanden die Kopfschmerzen, die mich schon seit Jahren quälten, überhaupt nicht mehr, und ich war keinen einzigen Tag schmerzfrei.

»Es ist doch Unsinn, einen Krieg nach dem anderen mit Israel zu führen«, sinnierte Anwar immer wieder. »Dabei ist nichts zu gewinnen.«

Allein für den Frieden hatte sich Anwar 1973 auf einen Krieg mit Israel eingelassen. Es ging nicht anders. Es könne keinen Frieden mit den Israelis geben, sagte er immer wieder, solange sie nicht überzeugt seien, daß Ägypten ihnen ebensoviel Schaden zufügen könne wie sie uns. Unser überwältigender Sieg im Krieg von 1973, bevor die Vereinigten Staaten eingriffen, hatte diese Tatsache bewiesen. Von da an konnte Anwar zu Israel sagen: »Hier bin ich. Ich bin nicht schwach. Also laßt uns endlich reden.« Nun ließ sich dieser Augenblick nicht mehr aufschieben.

Anwar war todunglücklich über das Elend in Ägypten. Er wollte neue Schulen und Krankenhäuser bauen, neue Industriezentren und Arbeitsplätze schaffen, aber die Kosten für all diese Pläne stiegen immer weiter. Anwars Wirtschaftspolitik der *infitah* hatte Ägypten durch ausländische Investitionen zwar neue Profite gebracht, zugleich aber auch eine hohe Inflationsrate. Die Lebenskosten stiegen ständig, und immer mehr Menschen konnten sich keine anständige Wohnung für ihre Familie, ja kaum noch ausreichend Lebensmittel für ihre Kinder leisten. Im Jahre 1977 hatten unsere Auslandsschulden eine Höhe von fast 15 Milliarden Dollar erreicht.

Unser Land befand sich in einer verzweifelten finanziellen Situation, deren Ende nicht abzusehen war. Die vier Kriege mit Israel hatten Ägypten bereits Milliarden von Pfund gekostet. Und trotzdem sah sich Anwar wegen der ständigen Bedrohung durch Israel gezwungen, weiterhin ein Drittel unseres Jahresbudgets für die Verteidigung auszugeben statt für soziale Einrichtungen, die dem Volk zugute kamen. Menschlich gesehen waren die Kriegskosten noch viel höher gewesen: Viele tausend ägyptische Soldaten hatten ihr Leben verloren, und unser Land war immer noch besetzt. Irgend jemand mußte etwas tun, um diesen Teufelskreis zu durchbrechen, mußte den ersten Schritt zu einer Lösung wagen.

Am 9. November hatte ich ein wenig zu lange geschlafen und mußte mich mit den Vorbereitungen auf meine Vorlesung an der Universität beeilen, bevor ich Anwar wecken ging.

»Der Morgen möge dir Gutes bringen«, wünschte ich ihm und stieß die Fensterläden auf.

»Der Morgen möge dir Licht bringen«, antwortete er.

Als ich ihm die Morgenzeitung reichte, fiel mir auf, wie heiter er dreinblickte. »Hast du gut geschlafen?« fragte ich.

»Sehr gut«, antwortete Anwar mit klarem Blick und ohne die leichten Schwellungen unter den Augen, die auf eine schlaflose Nacht schließen ließen.

Ich wäre am liebsten bei ihm geblieben, hätte mit ihm gefrühstückt und die Zeitung gelesen, aber ich war schon ziemlich spät dran. »Heute abend komme ich erst sehr spät nach Hause«, erklärte ich ihm voll Bedauern. »Ich habe eine wichtige Sitzung mit der Frauengruppe.«

»Du bist immer so beschäftigt, Jehan«, neckte mich Anwar. »Ich selbst brauche heute nur die Parlamentssitzung zu eröffnen.«

»Du hast es gut, daß du dich nicht so abrackern mußt wie ich«, erwiderte ich seine Neckerei. »Anscheinend bist du ein Liebling Allahs.«

An jenem Abend studierte ich auf der Fahrt zur Versammlung die Pläne für den Bau einer neuen Überführung in der Provinz Munufiya, für die wir Subventionen zu bekommen hofften. Ich mußte mich zusammennehmen, um nicht in Depressionen zu versinken, als sich mein Wagen an den ausgebrannten Ruinen von Kinos, Restaurants und Cafés vorbei, die bei den Krawallen zehn Monate zuvor zerstört worden waren, einen Weg durch den dichten Verkehr von Kairo bahnte. Im Januar 1977 hatte die Regierung den Rat des Internationalen Währungsfonds befolgt und die Subventionen für lebenswichtige Produkte wie Brot, Fleisch, Zucker, Öl, Reis und Seife drastisch gekürzt. Für die Finanzexperten waren diese Reduzierungen logisch, denn die Subventionen kosteten die Regierung mehr als eine Milliarde Dollar pro Jahr. Für die Millionen von Ägyptern aber, die auf staatliche Beihilfe angewiesen waren, wenn sie ihre Familie ernähren wollten, waren die Kürzungen der Tropfen gewesen, der das Faß zum Überlaufen brachte.

Die Verlautbarung der Subventionskürzungen löste Unruhen aus, die bis nach Alexandria und Assuan übergriffen und einhundert Tote und Verletzte und massive Sachbeschädigungen forderten. Nach drei Tagen andauernder Krawalle beschloß Anwar, die Subventionen wieder zu erhöhen. Darauf beruhigten sich die Menschen allmählich. Aber es war uns allen klar, daß das nicht mehr als ein Aufschub sein konnte. Unsere Wirtschaft stand vor dem Bankrott. Unsere Moral ebenfalls.

»Mama! Mama! Hast du die Nachrichten gehört?« rief meine jüngste Tochter Nana erregt als ich am Abend des 9. November von meiner Sitzung mit der Frauengruppe zurückkehrte. »Papa geht nach Israel.«

»*Was* tut dein Vater?«

»Er hat es heute morgen in seiner Rede vor dem Parlament angekündigt«, berichtete Nana hastig. »Er hat sich erboten, nach Jerusalem zu gehen.«

»Wo ist er, Nana?« fragte ich.

»Oben in seinem Schlafzimmer«, antwortete sie.

Ich rannte die Treppe hinauf. »Stimmt das, Anwar, was Nana mir da eben gesagt hat?«

Anwar nickte. »Ja. Unser Image in der Welt ist lächerlich und häßlich. Wir haben die Rückgabe unseres Landes gefordert, uns aber nie an jene gewandt, die es besetzt halten. Deshalb habe ich beschlossen, direkt zu den Israelis zu gehen. Was bleibt mir sonst übrig? Wenn wir den Sinai nicht friedlich zurückholen können, müssen wir unsere Drohung wahr machen und uns wieder mal auf einen Krieg mit Israel einlassen. Und das wird wieder zahllose Menschenleben kosten. Ist es das, was wir für unser Volk erstreben? Das Leben unserer Söhne in Kriegen opfern, die kein Land gewinnen kann, unser Geld für Waffen ausgeben statt für den Wiederaufbau unseres Landes und die Unterstützung des Volkes? Es ist eine Verschwendung, Jehan, die kein Ende nimmt. Ich muß jede Möglichkeit eines Friedensschlusses zwischen unseren beiden Ländern erkunden.«

»Aber warum mußt du persönlich hingehen, Anwar?« wollte ich wissen. »Kannst du nicht bis zur Friedenskonferenz in Genf warten?«

Anwar schüttelte den Kopf. »Wer weiß, was die Friedenskonferenz für Ergebnisse bringt und ob sie überhaupt stattfinden wird. Monate, vielleicht sogar Jahre werden vergeudet, während über die Tagesordnung, die Delegierten, die Teilnahme der Palästinenser gestritten wird. Nein, Jehan. Die einzige Möglichkeit für die Suche nach einem Frieden für unsere beiden Länder sind aufrichtige und offene Gespräche. Und dazu bin ich bereit.«

Frieden. Frieden mit Israel. Ungläubig schüttelte ich den Kopf. Kein arabischer Staatsführer war jemals zuvor in Israel gewesen. Aber mein Mann war eben kein gewöhnlicher Mensch. »Ach, Anwar!« Ich warf ihm die Arme um den Hals und küßte ihn. »Frieden mit Israel – das wäre wunderbar! Doch wenn sich Premierminister Begin weigert, mit dir zu sprechen?«

»Das ist sein Problem«, gab Anwar zurück. »Den nächsten Schritt muß er dann tun.«

Ich war wie benommen. Um mich wieder auf die Erde zurückzubringen, schaltete ich den Fernseher ein und sah mir die Nachrichtensendung an, in der Anwar seinen historischen Entschluß verkündete. »Ich bin bereit, bis ans Ende dieser Welt zu gehen, wenn ich damit nur einen Soldaten, nur einen Offizier unter meinen Söhnen vor einer Verwundung retten kann. Nicht vor dem Tod, nur vor einer Verwundung«, erklärte Anwar ruhig, als spreche er über das Wetter. »Ich sage, daß ich bereit bin, bis ans Ende der Welt zu gehen. Die Israelis werden sich mit Sicherheit wundern, wenn sie mich jetzt vor euren Ohren, sagen hören, daß ich bereit bin, sogar in ihr Haus, in die Knesset, zu gehen, um vor ihnen zu sprechen.«

Die Parlamentsmitglieder sahen aus, als wollten sie ihren eigenen Ohren nicht trauen. Nie hatte es etwas anderes zwischen Ägypten und Israel gegeben als Argwohn und Feindseligkeit. Nie hatten wir auch nur offiziell miteinander gesprochen. In Ägypten verstieß jeder Beamte gegen das Gesetz, der mit einem Israeli in welcher Funktion auch immer ein Wort wechselte. Wir hatten uns sogar geweigert, Israels Existenz anzuerkennen. Auf den Landkarten war Israel als »Besetzte Gebiete Palästinas« gekennzeichnet. Und dahin wollte sich mein Mann jetzt wagen!

Ich sah, wie die Parlamentarier höflich Beifall klatschten und sich selbst Yassir Arafat, der zu Besuch in Kairo war, an dem Applaus beteiligte. Viele sollten später behaupten, der Führer der Palästinensischen Befreiungsorganisation hätte sich Anwars Ankündigung mit steinerner Miene angehört. Doch anfangs, bevor allen die Folgen klarwurden, hat er tatsächlich applaudiert. Die Worte, die für viele Ägypter Worte der Hoffnung waren, wurden von den Palästinensern als Worte des Verrats verstanden. Nach Anwars Rede sollte Arafat das Parlament und das Land verlassen und nie wieder ägyptischen Boden betreten.

Eine ganze Woche verharrte das Land im Schockzustand. Niemand wollte Anwar glauben. Außer mir. Während Anwar auf eine Antwort von Menachem Begin wartete, hörte unser Privattelefon nicht auf zu klingeln; Bekannte erkundigten sich einer nach dem anderen, ob Anwar es wirklich ernst meinte. Die Staatschefs unserer arabischen Nachbarländer waren ebenso entgeistert. Daß sie mit seinen Plänen nicht einverstanden sein würden, wußte Anwar, deswegen hatte er einen einsamen Entschluß gefaßt, ohne sie zu konsultieren. Er hoffte jedoch sehr, wenigstens seinen Waffengefährten Hafez el-Assad von Syrien überzeugen zu können, damit dieser ihn unterstützte. Einige Tage nach seiner Rede im Parlament flog Anwar nach Damaskus, von wo er zutiefst erschüttert und enttäuscht zurückkehrte. »Bis vier Uhr morgens habe ich mit Hafez diskutiert«, berichtete er mir erschöpft. »Ich habe ihm erklärt, daß ich die volle Verantwortung für meine Aktionen übernehme. Falls ich Erfolg haben und der Friede gesichert sein sollte, werde es ein Sieg für uns alle sein; sollte mein Plan jedoch mißlingen, werde ich die Konsequenzen dieses Mißerfolgs allein tragen.«

Doch Hafez blieb eisern in seiner Einstellung gegen Anwars Friedensinitiative, ja er wandte sich sogar gegen Anwar persönlich. Unmittelbar nach Anwars Rückkehr aus Syrien begann Radio Damaskus mit einer Hetzkampagne gegen meinen Mann und jeden, der etwa vorhaben sollte, ihn auf dieser geplanten Reise zu begleiten. Wer immer den Fuß in das besetzte Jerusalem setze, drohte Radio Damaskus, übe Verrat an den Arabern, und das Blut aller Araber, das bei der Befreiung Palästinas vergossen würde, werde über sein Haupt kommen.

Auch von den ägyptischen Politikern waren einige gegen Anwars Vorschläge. Anwar war von vornherein auf eine starke Opposition gegen seine Mission gefaßt gewesen. Ebenso war er sich über das Risiko klar, das er sowohl politisch als auch persönlich einging. Wenn das Volk mit seinem Wunsch nach Frieden nicht einverstanden war, würde er zurücktreten müssen. Aber für Anwar hatte der Frieden Vorrang vor der Politik.

Am 15. November erging eine offizielle Einladung von Premierminister Begin an Anwar. Die Einzelheiten wurden von Vertretern Israels und Ägyptens ausgearbeitet. Aus Rücksicht auf den jüdischen Sabbat setzte Anwar die Landung in Israel auf Samstag, den 19. November, nach Sonnenuntergang fest. Am Tag darauf begingen wir Aid el-Adha, das den Pilgermonat abschließende Fest und unser größter religiöser Feiertag. Anwar wollte die morgendlichen Feiertagsgebete in der El-Aksa-Moschee von Jerusalem verrichten und anschließend die christliche Auferstehungskirche besuchen. Am Nachmittag sollte er dann vor der Knesset sprechen.

»Bitte, Anwar, zieh in Jerusalem eine kugelsichere Weste an«, bat ich ihn inständigst.

Aber er weigerte sich. »Es gibt seit Jahren viel zuviel Mißtrauen zwischen Ägyptern und Israelis«, erklärte er. »Ein Soldat, der das Haus eines Feindes betritt, mag sich auf einen Überfall vorbereiten, ich aber betrete Israel im Geist des Friedens.«

Nicht zum erstenmal war ich verzweifelt über Anwars heitere Gelassenheit. Er wußte genausogut wie ich, daß viele ebenso vehement gegen einen Frieden waren, wie er dafür war. Die Zionisten konnten ihn umbringen. Die islamischen Fundamentalisten konnten ihn umbringen. Die Palästinenser konnten ihn umbringen. Ich war überzeugt, daß mein Mann nicht lebend aus Israel heimkehren werde.

Als sich unsere ganze Familie wenige Tage vor seiner Abreise in Ismailia versammelte, vermochte ich den Blick nicht von ihm zu wenden. Wir schossen ein Familienfoto nach dem anderen: Anwar, wie er unseren kleinen Enkel Scharif immer wieder lachend in die Luft warf; Anwar, wie er Scharif vom Wasser wegzog, in das der Kleine unbedingt springen wollte. Ich prägte mir jedes Detail von Anwars Gesicht ein, jede Geste. Keiner von uns sprach es laut aus, aber wir alle wußten, daß dies die letzten Minuten sein konnten, die wir je miteinander verbringen würden.

»Komm, Nana! Komm, Noha. Noch ein Foto«, bat Anwar. »Kommt näher. Rückt ganz eng zusammen.«

Schließlich wurde es Zeit. »Allah sei mit dir, Anwar«, sagte ich am Hubschrauber, der ihn zum Flugplatz bringen sollte, zu ihm. »Allah behüte dich. Es gibt keinen Gott außer Allah.«

»Und Mohammed ist sein Prophet«, gab er zurück.

Mit meinen Kindern stand ich in der Wüste, als der Hubschrauber startete und unsere Augen und Gesichter vom heißen Sand brannten, den uns der Wind entgegentrieb. Erst dann durften wir unseren Tränen freien Lauf lassen.

»Was ist, Großmutter? Tut dir was weh?« fragte mich Scharif immer wieder. Als ich nicht antwortete, wandte er sich an seine Mutter: »Was ist, Mama?«

Aber auch Noha, die in vierzehn Tagen ihr zweites Kind zur Welt bringen sollte, vermochte ihm nicht zu antworten.

Ich starre auf den Bildschirm – so verkrampft, daß ich noch tagelang den Hals nicht bewegen kann. Die ägyptische 707, mit der Anwar nach Israel fliegt, setzt zur Landung auf dem Ben-Gurion-Flughafen an, verkündet der Reporter, der selbst einen Anflug von Unglauben in seinem Ton nicht unterdrücken kann. Die Ankunftszeit des Präsidenten war auf 20 Uhr festgesetzt und er ist auf die Minute pünktlich.

Trompeten schmettern, als sich die Flugzeugtür

öffnet. Da ist er! Mein Herz klopft wild, als ich ihn die Treppe herabkommen sehe. Er wirkt so ruhig und selbstbewußt. »Ich spürte, daß Allah mich mit dieser Friedensmission beauftragt hat«, erklärt er mir später. »Als ich den Fuß auf israelischen Boden setzte, hatte ich das Gefühl, nicht mehr von dieser Welt zu sein, sondern mich in die Luft zu schwingen.« Auch ich komme mir vor wie im Traum, während ich ihn beobachte, aber in einem Alptraum. Ich wünschte, meine Augen wären Fernsehkameras, damit ich die Ausbuchtung eines Revolvers, das Schimmern eines Gewehrlaufs erkennen kann, bevor es zu spät ist. Anwar wird natürlich gut bewacht. Am Tag zuvor sind Sicherheitsbeamte nach Israel geflogen, um alle Maßnahmen noch einmal zu überprüfen. Weitere Sicherheitsbeamte begleiten ihn. Aber für mich steht mehr auf dem Spiel als für sie. Gewiß, er ist ihr Präsident, aber er ist mein Ehemann.

Ich traue meinen Augen nicht: Anwar schüttelt erst Ephraim Katzir, dem israelischen Präsidenten, die Hand und dann Premierminister Menachem Begin. Sie sind gemeinsam auf dem Fernsehschirm zu sehen, die Staatschefs der beiden feindlichen Länder, für die Zehntausende ihr Leben gelassen haben. Ich höre die vertrauten Klänge unserer Nationalhymne *Biladi, Biladi*, Mein Land, mein Land, gespielt von einer israelischen Militärkapelle, sehe die ägyptische Flagge neben dem israelischen Davidstern.

Zum letzten Mal hatte ich eine ägyptische Flagge neben einer israelischen vor vierzehn Jahren in Deutschland flattern sehen, wo ich mit Anwar, damals noch Parlamentspräsident, Urlaub machte. Als wir eines Nachmittags von einem Spaziergang ins Hotel zurückkehrten, sah ich zu meinem Entsetzen, daß vor dem Hotel nicht nur unsere, sondern auch die israelische Fahne aufgezogen worden war. »Komm schnell!« drängte ich meinen Mann in panischer Angst. »Wir müssen packen!« – »Und wohin fahren wir?« fragte er mich. »Hier sind Israelis abgestiegen. Wir müssen sofort abreisen«, behauptete ich. »Wir können nicht abreisen, ohne genau zu wissen, wohin«, gab Anwar zurück. »Wir werden es uns überlegen und morgen abreisen.« – »Aber wenn sie uns sehen, werden sie uns umbringen«, protestierte ich. Doch Anwar weigerte sich, und ich lag die ganze Nacht wach, weil ich überzeugt war, daß wir in unseren Betten meuchlings ermordet werden würden.

Als unsere Hymne zu Ende geht, fallen auf einmal Schüsse. Ich habe es ja gewußt! Anwar! Mein Blick muß Löcher in den Fernsehschirm bohren. Aber mein Mann bricht nicht zusammen, und mir wird klar, daß es Schüsse eines Saluts aus einundzwanzig Kanonen sind. Ich beginne die Minuten zu zählen, die mein Mann bis jetzt überlebt hat.

Vage höre ich immer wieder mein Telefon klingeln, aber ich nehme den Hörer nicht ab. Meine Konzentration darf keine einzige Minute nachlassen. »Wir wollen sie nicht stören, aber richten Sie ihr bitte aus, daß wir mit ihr fühlen und für den Präsidenten beten«, lauten die sich häufenden Botschaften unserer Freunde. »Wir sind tief bewegt von den Bildern, die wir sehen.«

Mosche Dayan. Ariel Scharon. Golda Meir. Mordechai Gur. Da stehen sie alle, in der Begrüßungsreihe der ehemaligen und gegenwärtigen Staatsführer. Anwar geht auf sie zu und reicht ihnen lachend die Hand. Lachend! Ich versuche seine und ihre Lippen zu lesen. Es scheint, als begrüßten sie sich wie uralte Freunde. Wenn Kriege absurd sind, dann treibt diese Friedensszene ihre Absurdität auf die Spitze. Ariel Scharon, der gefürchtete General, der im Krieg von 1973 unsere Linien durchbrach und die israelischen Streitkräfte über den Kanal führte, schüttelt Anwar mit so großer Begeisterung die Hand wie beim Wiedersehen mit einem alten Kampfgefährten. Scharon wirft lachend den Kopf zurück.

Als Anwar sich nun Golda Meir zuwendet, stockt mir der Atem. »Sei bitte besonders nett zur Frau Meir, Anwar«, hatte ich ihn kurz vor seiner Abreise gebeten.

Verwundert hatte er mich angesehen. »Aber Jehan, du kennst mich doch. Glaubst du vielleicht, ich wäre weniger nett zu ihr, weil sie kein Mann ist?«

»Nein, nein, Anwar«, hatte ich ihm hastig versichert, »aber Menschen, die dich nicht so gut kennen wie ich, mißverstehen dich zuweilen. Du verbirgst deine Gefühle und sprichst manchmal überhaupt kein Wort. Menschen wie Frau Meir könnten dich deshalb für gefühlskalt und überheblich halten.«

»Dir zuliebe werde ich mir mit Frau Meir ganz besonders große Mühe geben«, hatte er gescherzt. »Warte nur ab, Jehan.«

Es war mir ein bißchen peinlich, weil ich daran

denken mußte, wie oft ich Anwar während meines Kampfes um die Frauenrechte Golda Meir und Indira Gandhi als leuchtende Beispiele für besonders mutige und erfolgreiche Frauen vorgehalten hatte. Beide hatten ihre Länder auch im Krieg regiert, Golda Meir 1967 im Krieg zwischen Israel und Ägypten, Indira Gandhi im Krieg zwischen Indien und Pakistan. Und beide hatten ihre Kriege gewonnen. Nun sollte Anwar Golda Meir begrüßen, der ich zugleich Abneigung und Hochachtung entgegenbrachte. Auf dem Bildschirm sehe ich, daß Anwar Golda Meirs Hand hält und sie ihm aufmerksam zuhört. Meine Ohren brennen vor Spannung und Neugier. Plötzlich verzieht sich ihr Gesicht zu einem breiten Lächeln. Unwillkürlich lächle ich ebenfalls. »In meiner Heimat sind Sie sehr berühmt, Frau Meir«, schilderte mir Anwar später das Gespräch. »Wissen Sie, wie man Sie nennt?«

»Nein. Wie denn?«

»Den stärksten Mann von Israel«, sagte mein Mann und löste damit Golda Meirs Lächeln aus.

»Das nehme ich als Kompliment, Herr Präsident«, erwiderte sie.

Mein eigenes Lächeln wurde ein wenig unsicher, als Anwar mir das erzählte, denn ich war nicht ganz überzeugt, daß er es wirklich als Kompliment gemeint hatte. Aber das hatte er wohl doch. Sobald er ihr gegenüberstand, erzählte er mir, habe er beschlossen, zu vergeben und zu vergessen. Statt auf der Vergangenheit herumzureiten, wollte er eine Wende im Verhältnis zwischen Ägypten und Israel herbeiführen, eine neue Ära des Friedens beginnen.

Auf der Fahrt in die Innenstadt von Jerusalem ruft die begeisterte Menge immer wieder: »Sa-dat! Sa-dat!« Vielen Menschen strömen die Tränen über die Wangen. Das israelische Volk scheint genausowenig fassen zu können, daß das Staatsoberhaupt seiner Feinde in Frieden kommt, wie die Menschen in Ägypten, als Anwar seine Absicht verkündete. Einige Neugierige in der Menge halten Zeitungen empor. »WILLKOMMEN, PRÄSIDENT SADAT«, lautete die riesige Schlagzeile der *Jerusalem Post*. In der Menge befinden sich Frauen, viele Frauen – Mütter, die ihre Kleinkinder hochheben, damit sie den Mann des Friedens sehen. Der Anblick dieser Frauen und Kinder war für Anwar, wie er mir später berichtete, das bewegendste Erlebnis. »Es war, als sage jede Mutter zu mir: ›Deine Friedensbotschaft hat uns erreicht, und wir stimmen dir zu. Sieh unsere Kinder und wisse, daß wir keinen Krieg mehr wollen.‹«

Anwar ist inzwischen heil und gesund im Hotel King David eingetroffen, in dem die ägyptische Delegation untergebracht ist. Vorerst also kann ich meine Wacht unterbrechen, denn am nächsten Vormittag werde ich meine ganze Kraft brauchen. Der Tatsache, daß Anwar in der El-Aksa-Moschee beten wird, dem drittgrößten Heiligtum des Islam, wird allergrößte religiöse Bedeutung beigemessen werden, denn im Hadith steht, daß ein Gebet in Jerusalem tausend Gebete anderswo aufwiegt. Aber es ist auch ein Risiko, denn den ersten Moslemführer zu ermorden, der seit der Gründung Israels auf dem Tempelberg betet, meinen Ehemann zu ermorden, während er sich an diesem heiligen Ort niederwirft, muß für jeden fanatischen Gegner des Friedens mit Israel eine ungeheure Versuchung sein.

Kurz nach Mitternacht werde ich von einem dringenden Anruf meines Schwiegersohns Hassan Marei aus dem Schlaf gerissen. Durch die Aufregung über die Jerusalem-Reise ihres Vaters ist Noha vorzeitig in die Wehen gekommen und ins Krankenhaus gebracht worden.

Ich eile in die Klinik, wo Hassans Mutter und Tante bereits bei Noha sind. Anwar und ich hatten schon die Geburt unseres ersten Enkelkindes Scharif versäumt, weil wir uns damals im Iran aufhielten. Diesmal bin wenigstens ich in Kairo. »Entspann dich«, rede ich auf Noha ein und streichle ihr liebevoll das Haar. »Es ist bald vorbei.« Nach einer schwierigen Entbindung kommt gegen Morgen ein wunderschönes kleines Mädchen zur Welt. »Sie ist furchtbar häßlich«, berichte ich ihrer Mutter lachend, »aber sie ist ein gutes Omen. Sie muß eine Friedensbotin sein.«

Ich rufe Anwar in Jerusalem an, wo er gerade das Hotel verlassen will, um in der Moschee zu beten. »Wir haben eine Enkelin«, teile ich ihm mit. »Sie ist dunkelhäutig und nicht sehr hübsch. Sie sieht genauso aus wie du.«

Er lachte. »Wenn sie so dunkel ist wie ich, muß sie aber schon wirklich sehr gut aussehen.«

Im Krankenhaus sehen wir uns Anwars Besuch auf dem Tempelberg an. Ich selbst bin benommen vor Übermüdung und Unruhe. Die Geburt eines Enkelkindes hätte mir unendlich Freude bereiten müssen, doch wieder einmal wird dieser Moment von Angst und Sorgen überschattet.

Sei vorsichtig, Anwar! Vergewissere dich, wer rechts und links neben dir betet. Ich weiß, die Sicherheitsbeamten in Israel haben die Moslems, die am Aid-el-Adha-Tag mit Anwar zusammen beten werden, genau durchleuchtet, aber ich weiß auch, daß die Fanatiker sehr gerissen sind. Während Anwar betet, beobachte ich die Andächtigen. Zehn Minuten vergehen, und nichts geschieht. Während ich verkrampft vor Nervenspannung in Kairo sitze, erfüllt sich für Anwar in Jerusalem ein Traum.

»Ich konnte kaum glauben, daß ich bei den Gebeten tatsächlich den Boden der El-Aksa-Moschee berührte. Mir kamen die Tränen«, erzählte er mir. »War dies alles Wirklichkeit? Ich wünschte, alle Moslems könnten dies erleben.« Zehn Minuten vergehen. Ich sehe meinen Mann heil und sicher aus der Moschee kommen und über den Platz auf den Felsendom zuschreiten, von dem aus der Prophet Mohammed nach unserem Glauben in den Himmel aufgefahren ist und wo sich Abraham, dem Glauben der Christen und Juden entsprechend, bereitmachte, seinen Sohn Isaak zu opfern. Sei vorsichtig, Anwar! Ich sehe eine Gruppe Palästinenser, die wütend die Fäuste schwenken und ihm Flüche entgegenschleudern. Die Sicherheitskräfte scheuchen sie in die Gassen der Jerusalemer Altstadt zurück. Anwar hat weitere zehn Minuten überlebt.

Als Anwar um vier Uhr nachmittags die Knesset

betritt, wird er mit einer stehenden Ovation empfangen. »Friede und die Barmherzigkeit des Allmächtigen seien mit euch, und Friede sei, so Allah will, mit uns allen«, beginnt Anwar seine Rede. »Frieden für uns alle, in den arabischen Ländern und in Israel wie auch in allen Teilen dieser weiten Welt, die so von Konflikten gequält, von tiefen Widersprüchen beunruhigt und immer wieder von verheerenden Kriegen bedroht wird, angezettelt von Menschen, um ihre Mitmenschen auszulöschen.« Ich bin tief beeindruckt von seiner Erscheinung, wie er in seinem dunklen Anzug aufrecht und furchtlos vor dem israelischen Parlament steht.

Während der nächsten sechzig Minuten gehöre ich zu den Millionen in aller Welt, die am Bildschirm Zeugen eines unvorstellbaren Vorgangs werden: Das ägyptische Staatsoberhaupt bietet der Regierung von Israel den Ölzweig des Friedens an. »Wenn ich heute hierhergekommen bin, so in der festen Absicht, den Boden für ein neues Leben zu bereiten und Frieden zu schaffen«, sagt Anwar auf arabisch, während der Dolmetscher bemüht ist, auf hebräisch mit seinen Worten Schritt zu halten. »Wir alle lieben dieses Land, dieses von Gott gesegnete Land. Wir alle – Moslems, Christen und Juden – verneigen uns vor Gott... Gottes Lehren und Gebote sind Botschaften der Liebe, der Aufrichtigkeit, der Sicherheit und des Friedens.

Jedes Leben, das im Krieg geopfert wird, ist ein Menschenleben, sei es das Leben eines Arabers oder eines Israelis. Jede Frau, die zur Witwe wird, ist ein

Mensch mit dem Recht auf ein glückliches Familienleben, sei sie Araberin oder Israeli. Unschuldige Kinder, denen die Liebe und Pflege ihrer Eltern geraubt wird, sind unsere Kinder, ob sie auf arabischem oder israelischem Boden leben... Für sie alle... für die kommenden Generationen, für das Lächeln auf dem Gesicht eines jeden in unserem Land geborenen Kindes, für all das habe ich mich entschlossen, allen Gefahren zum Trotz, hierherzukommen, um euch meine Botschaft zu bringen.«

Die Kamera wandert über die unbewegten Mienen der israelischen Staatsführer. Abba Eban, ehemaliger Außenminister. Bar Lev, Konstrukteur von Israels angeblich unüberwindlicher Verteidigungslinie. Ezer Weizman, gegenwärtiger Verteidigungsminister, der sehr blaß ist. Später erfahre ich, daß Weizman darauf bestanden hat, aus dem Krankenhaus, wo er nach einem Autounfall einen Beinbruch und mehrere Rippenbrüche auskurierte, in die Knesset gebracht zu werden, um bei diesem historischen Ereignis anwesend zu sein. Und was er hört, was alle hören, ist beruhigend für die Israelis, löst aber in der arabischen Welt Schockwellen aus.

»Ihr wollt in diesem Teil der Welt mit uns zusammenleben«, sagt Anwar vor der Knesset. »Ich sage euch in aller Aufrichtigkeit, daß wir euch bei uns willkommen heißen und euch volle Sicherheit garantieren. Diese Tatsache an sich ist schon ein enormer Fortschritt, der Markstein einer entscheidenden historischen Wende... Bis jetzt haben wir euch zurückgewiesen. Wir hatten unsere Gründe, unsere Ängste, jawohl... Heute jedoch sage ich euch – und erkläre es der ganzen Welt –, daß wir mit euch in einem auf Gerechtigkeit basierenden, permanenten Frieden leben wollen. Wir wollen nicht, daß ihr, und wir wollen nicht, daß wir selbst eingeschlossen werden – weder von einem Ring abschußbereiter Raketen noch von Granaten des Zorns und des Hasses.«

Das sind die Worte, vor denen sich die arabischen Länder gefürchtet hatten: die Anerkennung des Existenzrechts des Staates Israel. Ich bewundere meinen Mann unendlich für seinen Mut, der Realität Israel ins Gesicht zu sehen, aber mir läuft ein eiskalter Schauer über den Rücken: In diesem Augenblick hat er bereits begonnen, den Preis zu zahlen, der ihm für diesen Frieden abverlangt wird. Im selben Moment, als Anwars Maschine auf israelischem Boden landete, brach Ghaddafi die diplomatischen Beziehungen mit Ägypten ab, während wütende Libyer das Büro für Ägyptische Beziehungen in Tripolis niederbrannten. Im selben Moment, als Anwar den Fuß auf israelischen Boden setzte, riefen die Muezzins in Damaskus die syrischen Gläubigen auf, nicht für den Frieden zu beten, sondern Gebete des Hasses und des Zorns zu Allah zu schicken. Die Palästinenser in den Lagern bei Damaskus verbrannten Anwars Bilder, und auf die ägyptische Botschaft wurde eine Bombe geworfen. Im ganzen Mittleren Osten, im ganzen Mittelmeerraum verbreitete sich das Fieber des Hasses. In Griechenland stürmten arabische Studenten die ägyptische Botschaft. In Spanien gelang es Palästinensern, unsere Botschaft zu besetzen und unseren Botschafter, den Onkel eines meiner Schwiegersöhne, vorübergehend gefangenzunehmen. Und der Sturm setzte gerade erst ein – nicht nur in den arabischen Ländern, sondern auch in Israel.

Spannung zeichnet sich auf den Gesichtern der israelischen Regierungsmitglieder ab, als Anwar die Friedensbedingungen umreißt. »Ich möchte euch ohne Umschweife erklären, daß ich nicht zu euch gekommen bin, um euch zu bitten, eure Truppen aus den besetzten Gebieten abzuziehen«, sagt Anwar fest. »Denn der vollständige Rückzug aus den nach 1967 besetzten arabischen Gebieten ist nur logisch und kann nicht bestritten werden. Darum sollte niemand erst bitten müssen... Die Besetzung eines fremden Landes kann niemals Grundlage für einen ernsthaften Frieden sein.«

Ich sehe, daß Ezer Weizman, der fließend Arabisch spricht und nicht auf die hebräische Übersetzung warten muß, hastig etwas notiert und an Menachem Begin sowie Mosche Dayan weitergibt. Die beiden lesen die Notiz und nicken zustimmend. »Wir müssen auf einen Krieg gefaßt sein«, lautet die Nachricht, wie ich später erfahren soll.

Auch vor der Palästinenserfrage schreckt Anwar nicht zurück. »Ich sage Ihnen, meine Damen und Herren, daß es sinnlos ist, sich zu wehren gegen die Anerkennung der Palästinenser als Volk und ihres Rechts, auf ihrem eigenen Boden einen Staat zu gründen... Dieser Realität müssen Sie sich ebenso stellen, wie ich es getan habe. Man kann kein Problem lösen, indem man es einfach umgeht oder die

Ohren davor verschließt. Kein Friede kann dauern, wenn man versucht, Vorstellungen zu verwirklichen, die von der ganzen Welt mißbilligt werden und gegen die sie einstimmig protestiert, weil sie gegen das Recht und die Tatsachen verstoßen.«

Tränen des Stolzes steigen mir in die Augen, als Anwar sich schließlich auf das Alte Testament wie auch auf unsere eigene Heilige Schrift beruft, um zu beweisen, wie ähnlich unsere religiösen Überzeugungen sind. »Ich wiederhole mit Zacharias: Liebe, Recht und Gerechtigkeit. Und aus dem Heiligen Koran zitiere ich folgende Verse: ›Wir glauben an Allah sowie an alles, was uns offenbart wurde, was Abraham, Ismael, Isaak, Jakob und den dreizehn jüdischen Stämmen offenbart wurde. Und an die Bücher, die Moses, Jesus und den Propheten von ihrem Herrn und Gott gegeben wurden, der keinen Unterschied zwischen ihnen machte.‹« Anwar blickt in der Knesset umher. »Also sind wir einer Meinung«, erklärt er. Und er schließt mit einem Segen: »*El-salaamu alleikum*. Friede sei mit euch.«

»Mein Herz war bei dir, solange du dort warst!« riefen die Menschen auf den Straßen, als Anwar vierundvierzig Stunden nach seiner Abreise nach Kairo zurückkehrte. Millionen von Ägyptern säumten die zwanzig Kilometer lange Fahrtroute vom Flughafen bis zu unserer Villa in Giseh, jubelten, stießen Freudenpfiffe aus, bestreuten ihn mit weißen Blütenblättern und trillerten das *zachrit*. »Mit unserer Seele und unserem Blut würden wir uns für dich opfern, Sadat!« Die Soldaten mußten einander fest unterhaken, damit die Menschenwoge nicht Anwars Wagen überflutete, und trotzdem kam der Wagen nur zentimeterweise vorwärts.

Auf allen Balkonen drängten sich die Menschen. Andere standen auf geparkten Autos, hockten auf Bäumen, hingen an Verkehrsschildern. Niemals zuvor hatte ich so ungeheure Gefühlsausbrüche erlebt. So massiv war dieser völlig spontane Jubel, daß Anwar für die Fahrt vom Flughafen bis zu unserer Villa, die normalerweise zwanzig Minuten dauerte, an diesem Tag beinah drei Stunden brauchte. Die Straßen von Giseh in der Nähe unserer Villa waren total verstopft von Menschenscharen mit Flöten und Trommeln.

Ich konnte meine Erleichterung nicht verbergen, als Anwar endlich vor mir stand. Glücklich lief ich auf ihn zu, warf ihm die Arme um den Hals und küßte ihn vor den Augen der Kabinettsmitglieder in seiner Begleitung. Erst als die Minister nach dem Essen gegangen waren, konnte ich ihm endlich schildern, wie sehr ich in jeder Minute, die er sich in Jerusalem aufhielt, um sein Leben gebangt hatte.

Anwar lächelte. »Das Risiko hat sich gelohnt«, berichtete er mir. »Wäre ich nicht hingegangen, hätte sich mein Traum vom Frieden womöglich niemals erfüllt. Nun können wir wenigstens direkt mit den Israelis verhandeln.«

Gemeinsam verrichteten wir das letzte Gebet des Tages und dankten Allah für den erfolgreichen Abschluß dieses ersten Schrittes in Richtung Frieden.

Anfang des Jahres 1978 ernannte das amerikanische Nachrichtenmagazin *Time* Anwar in Anerkennung seiner mutigen Arbeit für den Frieden zum Mann des Jahres. Aber der Frieden ließ immer noch auf sich warten, und die Aussichten für eine Lösung waren nicht sehr ermutigend. Ich weiß nicht, woher Anwar die Geduld nahm, mit den Verhandlungen fortzufahren. Die Israelis weigerten sich stur, die arabischen Gebiete am Gazastreifen, die sie während des Krieges von 1967 erobert hatten, zurückzugeben, und dehnten ihre Siedlungen im besetzten Westjordanland sogar noch aus.

»Begin hat einen Komplex seit dem Holocaust. Er ist der argwöhnischste Mensch, den ich jemals gesehen habe«, hatte Anwar nach ihrem zweiten Gipfeltreffen zu mir gesagt, das diesmal an Anwars Geburtstag, am 25. Dezember 1977, in Ismailia stattgefunden hatte. »Ich achte ihn, weil er die Interessen seines Landes verteidigt, aber es ist frustrierend, mit ihm zu verhandeln.« Trotzdem wollte Anwar nicht aufgeben.

»Allah muß wohl absichtlich einen so geduldigen Menschen wie dich auserwählt haben, um mit einem so komplizierten Menschen wie Begin zu verhandeln«, sagte ich zu ihm. »Ich hätte schon längst aufgegeben.«

Ebenso wie die Friedensverhandlungen mit Israel gerieten auch die Beziehungen mit vielen arabischen Nachbarn ins Stocken. Wegen der Angriffe der Palästinenser auf ihn und ihrer gewalttätigen Proteste im Ausland hatte Anwar zwei Tage nach seiner Rückkehr aus Jerusalem befohlen, alle PLO-Büros in Ägypten zu schließen. Dann schlug er unseren arabischen Brüdern Friedensgespräche vor, die im Dezember in Kairo stattfinden sollten. Aber die PLO, Syrien, der Irak, Südjemen, Algerien und Libyen verweigerten die Teilnahme. Statt dessen hielten sie am 2. Dezember in Tripolis eigene Gipfelgespräche ab, bei denen sie beschlossen, die diplomatischen Beziehungen mit Ägypten einzufrieren. Erzürnt über die Weigerung der Araber, einen Frieden auch nur in Betracht zu ziehen, hatte Anwar daraufhin dreihundert ihrer Diplomaten des Landes verwiesen. Da die Sowjets Anwars Friedensgespräche ebenfalls boykottierten, befahl ihnen mein Mann, ihre eigenen wie auch die Konsulate ihrer Satellitenstaaten Polen, Tschechoslowakei, Ungarn und DDR in ganz Ägypten zu schließen. Mittlerweile pendelte der amerikanische Außenminister Cyrus Vance zwischen den Hauptstädten des Mittleren Ostens als Friedensvermittler hin und her.

Nur eine einzige, einsame Stimme im ganzen Mittleren Osten erhob sich zu Anwars Verteidigung. »Ich werde für einen Abend nach Assuan kommen«, lautete das überraschende Telegramm des Schahs von Persien im Januar. Als Anwar ihn vom Flughafen abholte, erklärte der Schah, er sei gekommen, um nicht nur vor der gesamten Welt, sondern vor allem vor den Arabern zu bekräftigen, daß er Anwars Friedensinitiative unterstütze. »Ich werde nach Saudi-Arabien reisen und König Chaled sowie die Saudi-Prinzen fragen, warum sie zögern, Sie zu unterstützen«, erklärte der Schah. »Sie müssen doch einsehen, daß Sie für diesen ganzen Teil der Welt arbeiten, für einen umfassenden, gerechten Frieden und für die Wiedereinsetzung der arabischen Rechte.« Die Reise des Schahs nach Dschidda wurde ein Fehlschlag, doch Anwar sollte niemals vergessen, was dieser Freund spontan und aus freien Stücken für ihn getan hatte.

Die Gewalttätigkeiten gingen weiter. Im Februar 1978 wurde Yusif el-Sebai, einer von Anwars ältesten Freunden und Präsident einer der größten Zeitungen Ägyptens, in Nikosia auf Zypern durch Palästinenser von hinten erschossen. Sein einziges Verbrechen war, daß er Anwar auf der Reise nach Jerusalem begleitet hatte.

Warum ließen die Palästinenser all ihre Bitterkeit an uns aus, ihren Freunden? Warum setzten sie sich nicht mit uns zusammen, um über einen Plan zur Sicherung ihrer Heimat zu diskutieren? Wir müssen den Palästinensern vieles nachsehen, denn ihre Heimat war – und ist noch immer – besetzt. Viele sind in den entsetzlichen Flüchtlingslagern oder als nahezu Rechtlose in den noch immer von Israel besetzten Gebieten aufgewachsen. Zugleich aber müssen die Palästinenser einsehen, daß sie viele Chancen für eine Lösung verpaßt haben. Selbst jetzt noch könnte Yassir Arafat sagen: »Ich bin gewillt, nach Israel zu gehen und vor der Knesset wie vor der gesamten Welt zu verkünden, daß wir zum Frieden bereit sind – unter der Bedingung, daß wir wieder eine Heimat bekommen.« Mit dem Bekenntnis zu dieser Bereitschaft würde er Israel in die Enge treiben und die israelischen Führer zwingen, ihn entweder vor die Knesset zu laden oder sich von der ganzen Welt für die Zurückweisung seines Versöhnungsangebots verurteilen zu lassen.

Die arabischen Länder waren nicht weniger störrisch. Immer wieder erklärte Anwar in seinen Reden, der Frieden mit Israel werde nicht nur ein Vertrag zwischen Ägypten und Israel sein, sondern ein Vertrag mit allen arabischen Ländern; von einem solchen Frieden würden alle profitieren, nicht nur Ägypten. Doch seine arabischen Brüder stellten sich taub.

Ich für meinen Teil konzentrierte mich auf meine Studien an der Universität und vertiefte mich in die Vorbereitungen für das Abschlußexamen vor der Graduierung im Juni. Da mein erster Vierjahresturnus im Volksrat von Munufiya zu Ende ging, beschloß ich, mich abermals der Wahl zu stellen. Ich sammelte fleißig Spenden für meine karitativen Organisationen und warb für die vorgeschlagenen neuen Personenstandsgesetze. Darüber hinaus hatte ich ein äußerst wichtiges Familienereignis zu planen: die Hochzeit unseres Sohnes Gamal. Er war das letzte unserer Kinder, das heiratete, und ich wollte, daß seine Hochzeit perfekt war.

»Ich fliege nach Amerika«, teilte mir Anwar an einem heißen Augustnachmittag 1978 während des Ramadan mit. »Cyrus Vance hat mir eine Einladung von Präsident Carter zu einem weiteren Gipfel dort mit Begin überbracht, und ich habe die Einladung angenommen.« Wieder einmal stiegen meine Hoffnungen auf einen baldigen Frieden. Fast neun Monate waren vergangen, seit Anwar in Jerusalem zum Friedensschluß aufgerufen hatte. Falls überhaupt ein Land Druck auf die Israelis ausüben und sie zur Vernunft bringen konnte, dann war das Amerika. Außerdem mochte Anwar Präsident Jimmy Carter, weil er ihn als moralischen und religiösen Menschen kannte.

»Wann mußt du hin?« erkundigte ich mich, denn Gamals Hochzeit sollte in einem Monat, am 24. September, stattfinden. »So bald wie möglich«, antwortete Anwar. »Aber nur keine Angst. Du glaubst doch wohl nicht, daß ich die Hochzeit meines eigenen Sohnes verpassen werde!«

»Anfang September bin ich mit Scharif in Paris«, erinnerte ich Anwar. Unser kleiner Enkel litt an schwerem Asthma, deswegen hatte unser Arzt ihm vor einigen Monaten einen Termin bei einem französischen Spezialisten besorgt.

»Dann werde ich in Camp David sein«, gab Anwar zurück.

Abend für Abend rief ich Anwar von Paris aus an. Und Abend für Abend waren seine Nachrichten deprimierender. Präsident Carter, der mit Begin und meinem Mann einzeln konferierte, gab sich die größte Mühe, ihre fast unüberbrückbaren Differenzen einander anzunähern, während die Außenminister der drei Länder, Cyrus Vance, Mosche Dayan und Mohammed Ibrahim Kamel, die Einzelheiten auszuarbeiten suchten.

»Du klingst müde, Anwar«, sagte ich zwei Tage später zu meinem Mann.

Über die Weite des Ozean hinweg hörte ich seinen tiefen Seufzer. »Es ist ermüdend, so schwer um den Frieden kämpfen zu müssen.«

Auch die Nachrichten aus der übrigen Welt waren deprimierend. In Teheran war es zu Ausschreitungen gekommen, und die Fernsehnachrichten in Paris brachten jeden Abend Meldungen über die Unruhen im Iran: Bilder von weinenden Frauen an den Gräbern ihrer Verwandten, die auf unerklärliche Weise verschwunden waren, Interviews mit Iranern in Frankreich, die vor den Grausamkeiten der Savak, der persischen Geheimpolizei, geflohen waren, Berichte von Korruption und Amtsmißbrauch in der Regierung. Voller Entsetzen hörte ich, wie schwarzweiß die komplexe Situation im Iran in Frankreich gemalt wurde, wie schmeichelhafte Geschichten über den Ayatollah Chomaini und seine Anhänger, die in Frankreich lebten, in Umlauf gesetzt wurden. Ich machte mir Sorgen um den Schah und seine Frau.

Am Abend des 15. September, zehn Tage nach Anwars Ankunft in Camp David, telefonierte ich, wie gewohnt, mit meinem Mann.

»Was ist, Anwar?« erkundigte ich mich, denn an seiner Stimme hörte ich sofort, daß etwas nicht in Ordnung war.

»Ich verlasse Camp David«, antwortet er.

»Camp David verlassen? Nur das nicht, Anwar! Was ist passiert?«

»Begin will nicht mit sich reden lassen. Er weigert

sich, den Arabern das Westjordanland zurückzugeben. Und Mosche Dayan sagte mir gestern abend, die Israelis beabsichtigen im jetzigen Augenblick nicht, ein Abkommen zu unterzeichnen. Es ist sinnlos, die Verhandlungen fortzusetzen. Alles, wofür wir gekämpft haben, ist aus und vorbei.«

»Bitte, Anwar! Du warst jetzt schon so lange geduldig. Versuch's doch wenigstens ein paar Tage länger?«

»Es hat keinen Zweck, Jehan.«

»Aber dann besteht überhaupt keine Chance für den Frieden mehr, Anwar. Du mußt bleiben. Du *mußt!*«

»Meine Koffer sind gepackt, und wir haben schon einen Hubschrauber bestellt, der uns zum Flughafen von Washington bringt.«

»Ist Präsident Carter davon unterrichtet?«

»Ja. Er wollte mit mir unter vier Augen sprechen, aber ich sehe keine Veranlassung dazu.«

»Hör zu, Anwar. Du hast Präsident Carter dein Wort gegeben, daß du alles tun wirst, was in deiner Macht steht, um Frieden zu schaffen. Und jetzt läßt du ihn im Stich. Er ist ein moralischer Mensch, der feste Grundsätze vertritt. Das bist du auch. Du kannst ihm das einfach nicht antun!«

»Mir blieb keine Wahl.«

»O doch, Anwar. Du kannst dir wenigstens anhören, was Präsident Carter zu sagen hat. Ich bitte dich!«

»Nun gut, Jehan.« Anwars Stimme klang gepreßt. In diesem Moment bedauerte ich, nicht bei meinem Mann in Camp David zu sein. Wäre ich dort gewesen, hätte ich ihn beruhigen, ihn ein wenig nekken, ihn ermutigen können. Später erfuhr ich, daß Rosalynn und Präsident Carter sich gewünscht hatten, daß die Staatschefs beide ihre Ehefrauen nach Camp David mitbrachten, damit die Spannung gelockert wurde und die Männer ein bißchen vernünftiger reagierten. Aliza Begin war in Camp David. Ich dagegen mußte meinen Einfluß über das Transatlantik-Telefon wirken lassen.

Zwei Stunden später rief mich Anwar zurück. »Ich bleibe, Jehan« verkündete er. »Aber versprechen kann ich nichts.«

»Ach, Anwar, Allah segne dich!« rief ich erleichtert. »Allah segne dich!« Zwei Tage später saß ich in meinem Hotelzimmer, als das Telefon klingelte. Diesmal klang Anwars Stimme jubilierend. »Wir haben eine Lösung gefunden!«

Ich traute meinen Ohren nicht. »Sag das noch mal, Anwar, sonst glaub' ich das einfach nicht!« schrie ich glücklich ins Telefon.

»Aber Jehan, ich hab's dir doch schon gesagt! Es stimmt wirklich«, entgegnete Anwar. »Israel hat zugesichert, daß keine weitere Besiedlung des Westjordanlands mehr erfolgen wird, und wir haben uns auf einen Terminplan zur Verhandlung über die Autonomie der Palästinenser geeinigt. Jetzt fliegen wir nach Washington, wo das Abkommen verkündet wird.«

»Meine Gebete wurden erhört«, sagte ich

»Heute abend fliege ich nach Marokko«, fuhr Anwar hastig fort. »Wirst du hinkommen?«

»Selbstverständlich«, antwortete ich. »Nach dieser Nachricht könnte ich vermutlich auch ohne Flugzeug fliegen.«

Als ich Anwar in Marokko traf, warnte er mich vor voreiligen Erwartungen, denn das Abkommen sei vorerst nur paraphiert, die Einzelheiten müßten noch ausgearbeitet werden. »Wie lange wird es noch dauern?« wollte ich wissen.

»Drei Monate vielleicht«, antwortet er. Und dann flogen wir gemeinsam nach Hause zur Hochzeit unseres Sohnes.

»*Mabruk*«, sagte ein Gast nach dem anderen zu Anwar. »Herzlichen Glückwunsch.« Auf der Straße versammelten sich die Menschen, die Gamal zu seiner Hochzeit Glück wünschen und Anwar gratulieren wollten, weil er unserem Land den Frieden gebracht hatte.

Am 27. Oktober 1978 wurde meinem Mann und Menachem Begin gemeinsam der Friedensnobelpreis zuerkannt. Im Westen, in Europa und in Ägypten wurde mein Mann inzwischen fast als Heiliger angesehen, als Märtyrer, der bereit war, sich selbst zu opfern, um den jahrhundertealten Kampf zwischen Juden und Moslems zu beenden. Im Mittleren Osten jedoch wurde Anwar von vielen Arabern als Teufel und ein Frieden mit Israel als Ketzerei bezeichnet. Sechs Monate nach der Rückkehr meines Mannes aus Camp David boten ihm die arabischen Länder tatsächlich fünf Milliarden Dollar pro Jahr, und zwar zehn Jahre lang, wenn er die Verhandlungen mit Israel abbreche. Anwar ließ sich nicht bestechen. Für die Ägypter, sagte er in einer bewegenden Ansprache vor der Volksversammlung, hätten ethische und moralische Werte die Priorität vor allem anderen.

Ich wunderte mich wirklich über unsere ehemaligen Freunde aus den arabischen Ländern, mit denen wir doch so vieles gemeinsam hatten. Ich wußte, daß die Mehrheit der arabischen Staatschefs persönlich für Anwars Friedensinitiative war, aber sie hatten nicht den Mut, sich öffentlich zu ihrer Meinung zu bekennen. Ein ausländischer Diplomat erzählte mir bei der Rückkehr von einer Konferenz in den Golfstaaten, ein hoher Regierungsbeamter dort hätte Anwar ihm gegenüber ausdrücklich dafür gelobt, daß er den einzig möglichen Weg zur Befreiung unseres Landes beschritten hätte. Am Tag darauf hatte dann eben dieser Regierungsbeamte vor den Augen dieses Diplomaten einem Journalisten erklärt, Sadat sei im Unrecht, alle Ägypter seien gegen jegliche Form der Versöhnung mit Israel, weil die Israelis palästinensisches Land besetzt hielten.

Ich fühlte mich nicht nur durch die Feindseligkeit der arabischen Staatschefs verletzt, sondern war auch zutiefst über ihre Ehefrauen betrübt, die Anwars Friedensvision kritisierten. Madam Wassila, die Ehefrau des tunesischen Präsidenten Bourguiba, hatte mir eine bezaubernde Party gegeben, als Anwar und ich die Bourguibas in ihrem schönen Palast am Meer in Tunis besuchten, und war während Anwars Reise nach Jerusalem mein Staatsgast in Kairo gewesen. Damals schien sie Anwars Friedensplan begrüßt zu haben; jetzt schrieb sie mir einen persönlichen Brief, in dem sie gegen das Abkommen von Camp David protestierte. Nachdem ich ihr eine entsprechende Antwort zukommen ließ, blieb unsere Freundschaft glücklicherweise trotzdem erhalten. Doch die Frauen der meisten anderen arabischen Staatschefs ließen die Verbindung mit mir einfach abreißen. Die Tatsache, daß meine persönlichen Beziehungen von der politischen Lage abhängig waren, verletzte mich zutiefst.

Ich erinnere mich noch gut daran, wie verlegen Ahmad el-Chatibs Ehefrau gewesen war, die sich ausgerechnet an einem Tag, an dem ihr Mann, Premierminister der kurzlebigen Vereinigten Arabischen Republik, in der Presse scharfe Attacken gegen Ägypten ritt, in Kairo aufhielt. Keine der Ägypterinnen bei dem Essen, an dem wir alle teilnahmen, hieß die bösartige Kritik ihres Mannes gut. Als ich mich demonstrativ zu Frau El-Chatib setzte, brach sie in Tränen aus. »Liebste Jehan, Sie sind meine Schwester. Ich bitte Sie, das sind doch nur politische Erklärungen«, versicherte sie mir schluchzend. »Selbstverständlich«, tröstete ich sie. »Wir wissen doch alle, daß Politik aus Differenzen besteht, die schließlich und endlich beigelegt werden. Diese Angelegenheit geht uns nichts an. Kümmern wir uns nicht um die Arbeit der Politiker, sondern freuen wir uns über unsere glückliche und persönliche Verbindung als Frauen und Freundinnen.« So hatte ich schon immer empfunden. Nur waren nicht alle damit einverstanden gewesen.

»Tante Jehan, ich muß dich unbedingt allein sprechen«, erklärte mir Mona Nasser, eine Tochter Gamal Abdel Nassers, im Sommer 1978 am Telefon. »Ich komme gerade aus Libyen und habe eine Nachricht von Ghaddafi für dich.«

»Im Moment habe ich keine Zeit, Mona. Anwar fliegt in den Sudan, und ich muß ihn zum Flughafen bringen«, erklärte ich ihr. »Ich werde dich später zurückrufen.«

Seit Monaten stieß Ghaddafi nun schon Drohungen gegen Anwar aus. Wollte er Anwar im Sudan ermorden lassen? Eilig lief ich die Treppe hinab, um Anwar mitzuteilen, daß ich es mir anders überlegt hätte und ihn nun doch auf der Reise begleiten wolle. Den Anruf verschwieg ich ihm, hielt mich aber während des zweitägigen Besuchs im Sudan so eng an seiner Seite, als wolle ich alle abschrecken, die etwas gegen ihn im Schilde führten.

Als ich nach unserer Rückkehr Mona zu mir einlud, bestätigte sie mir meinen Verdacht. Wenn ich nicht meinen ganzen Einfluß ausüben würde, um meinen Mann zur Aufgabe des Camp-David-Abkommens zu bewegen, hatte Ghaddafi zu ihr gesagt, sähe er sich genötigt, ihn umbringen zu lassen.

Ich war außer mir vor Empörung. »Würdest du Oberst Ghaddafi eine Antwort von mir übermitteln?« fragte ich Mona, die sehr erregt schien. »Sag ihm, er müsse doch selbst am besten wissen, daß ich mich als Ehefrau niemals in die innen- oder außenpolitischen Entscheidungen des Präsidenten einmische. Und was die Morddrohungen an Sadats Adresse betrifft, so kannst du ihm sagen, daß Allah allein über das Leben der Menschen bestimmt.«

Ich erhielt nie eine Antwort. Statt dessen verstärkte die libysche Presse ihre Angriffe auf mich. »Jehan Sadat will Ägypten regieren«, behaupteten die Zeitungen. »Ihr Mann tut alles, was sie sagt, und gehorcht ihr blind.«

Auch das Verhalten der Israelis vermochte ich nach wie vor nicht anders denn als unverschämt zu bezeichnen. Schon drei Monate nach der Paraphierung des Friedensabkommens von Camp David brachen sie bereits ihr Wort. Statt ihre Siedlungen im Westjordanland aufzulösen, vergrößerten sie sie noch und machten ganz offen bekannt, daß sie noch mehr zu bauen beabsichtigen. Anwar war so erbost über diesen eklatanten Verstoß gegen den Geist der Friedensverträge, daß er sich weigerte, im Dezember nach Oslo zu fliegen und den Friedensnobelpreis mit Menachem Begin zusammen entgegenzunehmen. An seiner Stelle ging Sayid Marei, Parlamentspräsident und Schwiegervater meiner Tochter. Auch das Geld aus dem Friedenspreis nahm Anwar nicht an, sondern ließ es seinem Heimatdorf Mit Abul-Kum zur Ersetzung der Lehm- durch Steinhäuser zukommen. Am 25. Dezember 1978 verbrachte Anwar seinen Geburtstag in düsterer Stimmung in Mit Abul-Kum, während die Kinder und ich vergeblich versuchten, ihn wenigstens ein bißchen aufzuheitern.

Nicht nur ich selbst war zutiefst enttäuscht von den vertragsbrüchigen Israelis, sondern zahllose andere Menschen auch. Seit Anwars Reise nach Jerusalem freuten sich Millionen von Arabern auf die Möglichkeit eines Friedens mit Israel, die Möglichkeit, ehemalige Feinde zu Freunden zu machen. Als die erste Gruppe von Journalisten und anderen Israelis nach Anwars Besuch in Jerusalem nach Ägypten kam, hatten die Ägypter ihnen von Herzen »Schalom« zugerufen, ihnen kleine Geschenke und Erfrischungen gereicht. Mit einer gewissen Nervosität hatte ich mich sogar zu einem Interview durch einen israelischen Journalisten überreden lassen. Uri Avneri, so hatte man mir gesagt, stehe der Sache der Palästinenser verständnisvoll gegenüber und war, bevor er durch Golda Meir von der Knesset ausgeschlossen worden war, Sprecher der israelischen Friedenspartei gewesen. Deswegen erklärte ich mich nun, da kein Hoffnungsschimmer für einen Frieden in Sicht zu sein schien, wieder zu einem Gespräch mit Uri bereit.

»Was geht nur vor in Ihrem Land?« fragte ich ihn. »Anfangs wolltet ihr den Frieden, weil ihr von uns die Anerkennung wolltet. Mein Mann hat eure Träume Wirklichkeit werden lassen. Und nun legt ihr uns wieder nur immer neue Hindernisse in den Weg. Warum?«

Uri konnte das nicht abstreiten. »Unser Volk leidet unter furchtbaren Komplexen«, erklärte er mir. »Die Geschichte der Judenverfolgung in Europa hat uns gelehrt, alles mit größtem Mißtrauen zu betrachten. Der Frieden wird kommen, aber es wird noch einige Zeit dauern.«

Mehr als ein Jahr nach Anwars Besuch in Jerusalem

und drei Monate nach Camp David gab es noch immer keinen Frieden mit Israel. Darüber hinaus wurden die Nachrichten aus dem Iran immer besorgniserregender. Studenten, Frauen und sogar Kinder demonstrierten gegen den Schah. Bei den Beisetzungen der von den Polizisten getöteten Aufständischen riefen die Gegner des Schahs zu neuen Demonstrationen auf, die während des vierzigsten Tages der Trauerfeiern zu noch mehr Gewalttätigkeiten und noch mehr Toten führen sollten. Diese sorgfältig geplanten Teufelskreise der Gewalttätigkeit zielten immer eindeutiger auf den Sturz des Schahs.

»Farah, wir haben in der Zeitung gelesen, daß Sie Urlaub machen wollen. Warum kommen Sie und Ihr Mann uns nicht in Ägypten besuchen?« sagte ich zur Schahbanu, als ich sie kurz nach dem Neujahrstag 1979 in Teheran anrief.
»Ich danke Ihnen sehr, Jehan«, erwiderte Farah, »aber im Moment haben wir durchaus nicht vor, Urlaub zu machen.«
Ein wenig verwirrt legte ich auf. Als ich von dem beabsichtigten Erholungs- und Genesungsurlaub las, war mir klar, daß sie in Wirklichkeit ins Exil gehen mußten, daß ihr Leben im Iran aufs äußerste gefährdet war. Begriff Farah das etwa nicht? Und warum lehnte sie unsere Einladung ab? Der Schah und sie mußten doch wissen, daß Anwar und ich ihnen trotz der gegenwärtigen politischen Lage in Freundschaft zugetan waren.
»Anwar, würdest du vielleicht den Schah anrufen

und fragen, ob sie nicht doch nach Ägypten kommen wollen?« bat ich meinen Mann. »Aus irgendeinem Grund haben sie unsere Einladung ausgeschlagen.«

Bald darauf erklärte er mir den Grund. »Der amerikanische Botschafter in Teheran hat den Schah gedrängt, das Land für einige Zeit zu verlassen, damit eine neue Regierung versuchen kann, die Lage zu stabilisieren. Aber der Schah will das Land nicht verlassen und argwöhnte, als du anriefst, daß die Vereinigten Staaten mit mir verabredet hätten, ihn hierher ins Ausland zu holen. Als ich ihm versicherte, dies sei eine rein persönliche Einladung, war er sofort einverstanden. Nächste Woche werden die beiden hier eintreffen.«

Am 17. Januar 1979 stand ich neben Anwar auf dem Flughafen Assuan, als der Schah die Falcon, seinen privaten silberblauen Jet, ausrollen ließ. Anwar hatte einen vollen militärischen Empfang befohlen, denn obwohl im Iran eine Interimsregierung eingesetzt worden war, galt der Schah noch immer als das offizielle Staatsoberhaupt. Sämtliche Kabinettsmitglieder hatten sich auf dem Flugfeld versammelt, um ihn zu begrüßen, dazu der iranische Botschafter in Ägypten, Abbas Naieri. Botschafter Naieri wußte, wie wir alle, daß der Schah nie wieder in den Iran zurückkehren und daß er selbst von dem neuen Regime für diesen Empfang aufs heftigste kritisiert werden würde. Doch wie mein Mann war auch Naieri ein Mann mit Grundsätzen. Und der Schah war noch immer der persische Kaiser.

Der Schah sah verhärmt aus, als er die Treppe herabstieg, den roten Teppich betrat und strammstand, während die ägyptische Ehrengarde einen 21schüssigen Salut feuerte und die Militärkapelle die Nationalhymnen beider Länder spielten. Damals wußten weder Anwar noch ich, daß er unheilbar an Krebs erkrankt war. Ich schrieb seine Magerkeit dem schrecklichen Streß zu, unter dem er lebte, und hatte unendliches Mitleid mit ihm.

Obwohl ihn seine Adjutanten vor einer begeisterten Willkommensgeste gewarnt hatten – denn sie wußten, daß die Fotos auf den Titelseiten aller Weltzeitungen verbreitet werden würden –, küßte Anwar den Schah herzlich auf beide Wangen, denn mein Mann war kein Mensch, der sich von einem Freund abwandte, nur weil die politische Lage sich im Augenblick gegen ihn wandte.

»Du kannst ganz beruhigt sein, Mohammed, dieses Land ist das deine, und seine Bewohner sind deine Brüder«, versicherte Anwar dem Schah, dessen Augen in Tränen schwammen.

Tränen strömten ihm im Wagen auch über die Wangen, als er meinem Mann von dem bewegenden Abschied erzählte, den ihm das persische Militär auf dem Flughafen von Teheran bereitet hatte. »Mein Leibwächter ergriff meinen Arm und flehte mich an, nicht zu fliegen. ›Bleiben Sie bei uns‹, bat er mich. ›Ohne Sie ist der Iran verloren, und unser aller Zukunft ist dunkel.‹ Ich kam mir vor wie ein Armeeführer, der vom Schlachtfeld desertiert.«

Sofort bot Anwar den iranischen Streitkräften, die in all dem Chaos treu zum Schah gehalten hatten, ebenfalls Asyl an. »Warum ziehst du nicht die Maschinen deiner Luftwaffe und deine Flotteneinheiten ab?« schlug er vor. »Ägypten wird sie beherbergen, bis sich die Lage im Iran stabilisiert hat.«

Die Antwort des Schahs bewies, daß er alle Hoffnung verloren hatte. »Weil die Amerikaner es nicht erlauben werden«, sagte er traurig. »Sie haben mich gezwungen, das Land zu verlassen; der Botschafter hat auf dem Flughafen immer wieder auf seine Uhr gesehen und erklärt, daß jede Minute, die ich noch zögere, weder in meinem noch im Interesse des Iran sein könne.«

Ich sah das Entsetzen, das Anwars Miene ausdrückte. Später vertraute er mir an, er vermöge einfach nicht zu fassen, warum ein Staatschef, vor allem der Schah, duldete, daß die Politik seines Landes von einer ausländischen Macht dirigiert werde. In diesem Augenblick wußte er, daß der Schah verloren war.

Die Zeitungen in Ägypten und im Iran bezeichneten den Aufenthalt des Schahs in unserem Land weiterhin als »Urlaub«. Und das tat auch Farah, die nur wenige Koffer mitgebracht hatte. »Bald werden wir nach Teheran zurückkehren«, versicherte sie mir während der fünf Tage, die wir gemeinsam im Hotel Oberoi von Assuan verbrachten, immer wieder. Und obwohl der Schah realistischer war, sprach auch er sehnsüchtig von der Rückkehr in seine Heimat. Außer den Amerikanern hatten ihn, wie er uns erzählte, auch seine eigenen Berater gedrängt, das Land vorübergehend zu verlassen, weil sie der Ansicht waren, das würde das Volk vielleicht beruhigen. Er und

Farah warteten nur auf den »perfekten Zeitpunkt« für die Heimkehr, erklärten sie uns immer wieder.

Am 21. Januar bereiten sich Farah und der Schah, ausgeruht und entspannt, auf den Flug von Ägypten nach Marokko vor. »Kommt nach Ägypten, wann immer ihr wollt«, sagte ich zu Farah, als ich sie zum Abschied küßte. »Ruft uns an, ganz gleich, woher. Ihr werdet uns immer willkommen sein.«

Am 1. Februar kehrte Ayatollah Chomaini in den Iran zurück.

Als ich wieder in Kairo war, mußte ich feststellen, daß der Flächenbrand, der den Iran verheert hatte, nunmehr auf unsere Universität überzugreifen begann. Auf dem Weg zu einer Vorlesung sah ich erschrocken, daß islamische Gruppierungen die Wände mit Plakaten bepflastert hatten, auf denen die iranische Revolution verherrlicht wurde. Bärtige junge Männer und verschleierte junge Mädchen verteilten Flugblätter mit der Warnung, daß bald alle Regierungen, die sich nicht an die Scharia, das islamische Recht, hielten, vom selben Sturmwind hinweggefegt werden würden.

Ich war zwar bestürzt, aber nicht unbedingt beunruhigt. Das, was im Iran geschehen war, konnte in Ägypten unmöglich passieren, das wußte ich. Denn die politische Lage in den beiden Ländern war nicht zu vergleichen. Wir Sunniten in Ägypten waren in unseren religiösen Überzeugungen gemäßigt, während die iranischen Schiiten politischer und gewalttätiger waren. Seit ihr Imam Hussein im siebten Jahrhundert im Irak von Sunnitenkriegern ermordet worden war, pflegten die Schiiten eine Neigung zur Rebellion und zum Aufbegehren gegen jegliche Autorität. Überdies verherrlichten sie alle, die sich das Märtyrertum erwählten – eine Tendenz, die sich auch heute noch im Blutbad des iranisch-irakischen Krieges fortsetzt.

Darüber hinaus haben die iranischen Schiiten ein ganz anderes Verhältnis zu ihrem Ayatollah Chomaini und den anderen Religionsführern als wir Ägypter zu den unseren. Die sunnitischen Moslems glauben, daß alle Menschen vor Allah gleich sind und daß der größte Scheich Ihm nicht näher ist als der Ärmste der Armen. Die Schiiten im Iran erheben ihre islamischen Gelehrten jedoch in die höchsten geistlichen und politischen Positionen, und das Wort der Ayatollahs gilt als Gesetz. Dieser hierarchische Glaube hat es Chomaini, dessen Wort niemals in Frage gestellt wurde, letztlich ermöglicht, zum Führer der neuen iranischen Regierung aufzusteigen. In Ägypten würde auch der fanatischste Sunnit nie daran glauben, daß ein einziger Mann allein für Allah sprechen kann.

Dennoch wirkten die religiösen Extremisten an der Universität von Kairo und in ganz Ägypten ernüchternd auf uns. Zwar machten diese Fanatiker nur einen winzigen Bruchteil der Bevölkerung aus, waren aber hervorragend organisiert und durften daher nicht unterschätzt werden. »Die Jugend läuft zu den Fundamentalisten über«, warnte ich Anwar, als ich ihm erzählte, was ich in der Uni gesehen hatte. »Du hast Ägypten um viele Schritte vorangebracht, aber es gibt offenbar viele, die uns wieder zurückbringen wollen.«

Anwar war derselben Ansicht wie ich, obwohl er meinte, ich messe der Bedeutung des fundamentalistischen Einflusses auf dem Campus vielleicht zu große Bedeutung bei.

»Ich kann dir nur sagen, was ich mit eigenen Augen gesehen habe«, widersprach ich.

Zu meiner Erleichterung fuhr Anwar im Februar nach Assiut, um an der dortigen Universität zu den Studenten zu sprechen. »Wir werden weder dulden, daß die Religion die Politik noch daß die Politik die Religion beeinflußt«, erklärte er. »Ich glaube, daß wir zur Religion als Form der Kultur zurückkehren müssen... und sie niemals so benutzen dürfen, wie es augenblicklich von einigen Seiten propagiert wird. Wir müssen sie als Kulturform betrachten, die der Welt den spirituellen und einem Land den sozialen Frieden zurückgibt.« Nach der Ansprache meines Mannes ließen die Demonstrationen ein wenig nach.

Der politische Frieden mit Israel ließ auf sich warten. Sechs Monate nach Anwars Rückkehr aus Camp David konnten er und Begin sich bei den Verhandlungen über das Schicksal von Ost-Jerusalem, das seit dem Krieg von 1967 von den Israelis besetzt war, über die Besitzverhältnisse des Öls im Sinai und die Frage der palästinensischen Selbstbestimmung noch immer nicht aus der Sackgasse befreien. Gegen die Vereinbarungen von Camp David setzte Israel die Besiedlung des Westjordanlandes fort, und der Friedensprozeß stand kurz vor dem Zusammenbruch.

»Stell dir vor, Jehan, Präsident Carter hat beschlossen, hierherzukommen, um mit mir zu sprechen und dann in Israel mit Begin zu konferieren«, berichtete mir Anwar Anfang März. »Sonst sieht er keine Chance für einen Frieden mehr.«

Ich wagte schon gar nicht mehr zu hoffen. »Das ist eine gute Nachricht, Anwar«, entgegnete ich vorsichtig.

»Mrs. Carter wird ihn begleiten«, fuhr er fort.

Das war *wirklich* eine gute Nachricht. Ich hatte Rosalynn sehr liebgewonnen. Als ich sie kurz nach der Wahl ihres Mannes im Jahre 1976 kennenlernte, stellten wir fest, daß wir vieles gemeinsam hatten: unsere Arbeit mit den geistig Behinderten, den Alten, den körperlich Behinderten. Sie hatte im Weißen Haus einen Empfang für mich gegeben, zu dem sie die Leiter mehrerer Organisationen einlud, die ähnliche Interessen verfolgten wie ich, zu denen unter anderem die Eingliederung der Behinderten in die Gesellschaft und die Alphabetisierung gehörten. Persönlich war Rosalynn eine sehr warmherzige und sensible Frau. Während der Verhandlungen in Camp David hatte sie dafür gesorgt, daß die amerikanische Delegation amerikanisches Essen, die israelische Delegation koschere Mahlzeiten und Anwar seine karge Diät aus Hühnerfleisch, Gemüse und Pfefferminztee bekam. Eins der Gebäude in Camp David war, wie Anwar mir erzählte, sogar zur Moschee umfunktioniert worden.

Eines jedoch verband mich mit Rosalynn besonders eng: Sie wünschte sich ebensosehr, daß die Vermittlung ihres Mannes zu Friedensverhandlungen zwischen Ägypten und Israel führte, wie ich mir wünschte, daß mein Mann eben diesen Frieden herbeizuführen vermochte. Unsere beiden Ehemänner besaßen Mut. Und beide gingen ein Risiko ein.

Als die Carters am 8. März 1979 in Kairo eintrafen, wurden sie mit einem überwältigenden Empfang begrüßt. Mit Präsident Carter besuchte erst der zweite amerikanische Präsident unser Land und würde der erste sein, der vor dem ägyptischen Parlament sprach. Am wichtigsten für unser Volk war jedoch sein persönliches Interesse an unseren Friedensbemühungen. Auf der Fahrt vom Flughafen zum Kubba-Palast, in dem die Carters wohnen sollten, säumten Millionen jubelnde Ägypter die Straßen, und seine Rede vor der Nationalversammlung fand großen Anklang.

Der Empfang, der den Carters darauf in Israel bereitet wurde, war dagegen ein tiefer Schock. Höchstens eintausend Menschen erwarteten sie am Flughafen. Die Plakate, die emporgehalten wurden, lauteten: »Go home, Carter!« Und: »Willkommen, Billys Bruder!« Auf der Fahrt zum Hotel King David in Jerusalem, wo Anwar vor sechzehn langen Monaten abgestiegen war, drängten sich feindselige Demonstranten dicht genug an die Autokolonne heran, um Präsident Carters Wagen mit Eiern zu bewerfen.

Nichts davon vermochte mich jedoch auf die rüde Art vorzubereiten, mit der Präsident Carter bei seiner Rede vor der Knesset behandelt wurde. Von der Nationalversammlung in Kairo war er bejubelt worden.

Die Knesset begegnete seinen einführenden Worten mit Schweigen, aber auch das war immer noch weniger kränkend als der Hagel von Beleidigungen, mit dem er nach seiner Ansprache überschüttet wurde. So entfesselt war dieser Ausbruch, daß selbst Premierminister Begin seine Rede kaum beenden konnte.

»Jetzt ist es aus«, bemerkte Anwar, als wir den Aufruhr gemeinsam im Fernsehen verfolgten.

Auch die ägyptische Presse bekundete tiefste Bestürzung über das Verhalten der Israelis. »Wenn es nicht zum Friedensschluß kommt«, hieß es in der *el-Gumhuriya*, »sollte die ganze Welt und vor allem die Vereinigten Staaten den Schuldigen verfolgen, der dieses Verbrechen gegen die Menschlichkeit begangen hat.« Amerikanische Nachrichtenagenturen behaupteten, die Friedensaussichten seien nunmehr gleich Null.

Am 13. März kehrten die Carters nach Kairo zurück, wo sie am Flughafen einen kurzen Zwischenaufenthalt einlegten, weil Präsident Carter mit Anwar besprechen wollte, zu welchen Fortschritten es, falls überhaupt, in Israel gekommen war. Ich selbst war sehr deprimiert, als ich mit Anwar zu ihnen hinausfuhr, während mein Mann furchtbar aufgebracht war. »Meine ägyptischen Landsleute sind sehr zornig über die Behandlung, die unserem Freund Jimmy Carter in Israel zuteil geworden ist«, begrüßte Anwar den amerikanischen Präsidenten. Während sich die beiden Staatschefs für ihre Unterredung in einen Nebenraum begaben, blieb ich bei Mrs. Carter, die nicht weniger niedergeschlagen war. Eine Stunde verging. Noch eine. Dort, in der Empfangshalle des Flughafens, begannen Rosalynn und ich gemeinsam zu beten.

Als die beiden Männer zurückkehrten, spürte ich sofort, daß sich etwas Unglaubliches ereignet haben mußte. Bei seiner Ankunft hatte Präsident Carter eine mehr als grimmige Miene gezeigt. Nun aber lächelte er. Forschend musterte ich meinen Mann, suchte in seinem Gesicht nach einem Hinweis. »Was ist denn, Anwar? Was ist passiert?« erkundigte ich mich.

Nun erst gestattete auch er sich ein Lächeln. »Präsident Carter und ich haben gerade mit Begin in Jerusalem telefoniert«, informierte er uns. »Wir sind zu einer Übereinkunft gelangt.«

Fast hätte ich einen Freudenschrei ausgestoßen. Ich muß vor Glück in die Luft gesprungen sein, aber ich kann mich nicht daran erinnern, so überwältigend war dieser Augenblick. Als ich mich zu Rosalynn umwandte, hatten wir beide Tränen in den Augen. »Gott hat unsere Gebete erhört«, flüsterte ich ihr zu, als unsere Ehemänner das Flughafengebäude verließen und auf die wartenden Mikrofone und Fernsehkameras der internationalen Presse zugingen. Der Frieden war erklärt worden. Unsere Feindschaft mit Israel, die dreißig Jahre lang an unseren Kräften gezehrt hatte, war beendet. Als Präsident Carter seine historische Erklärung abgab, betrachtete ich die unauslöschlichen Spuren, die dieser qualvolle Friedensprozeß in das Gesicht meines Mannes gegraben hatte.

Anwar el-Sadat. Menachem Begin. Jimmy Carter. Diese drei Männer, diese drei Staatsoberhäupter, reichen einander die Hand, umarmen einander. Der Anblick ist zu überwältigend, um ihn sofort verarbeiten zu können. Wir zählen den 26. März 1979, zehn Tage nach der gemeinsamen Friedenserklärung auf dem Flughafen von Kairo. Wir befinden uns im Weißen Haus, wo die drei Männer soeben das Friedensabkommen von Camp David unterzeichnet haben. Ich kann noch immer nicht glauben, daß dies kein Traum ist.

Den ganzen Tag lang bin ich aus dem Staunen nicht mehr herausgekommen. Begonnen hat er mit einem gemütlichen Lunch mit den Carters in deren Privaträumen im Weißen Haus. Der Tisch war für sechs Personen gedeckt: für Präsident und Mrs. Carter, Premierminister und Mrs. Begin, Präsident und Mrs. Sadat. Zum erstenmal werde ich dem israelischen Ministerpräsidenten Auge in Auge gegenüberstehen, dem Mann, dessen Gesicht ich nur allzugut aus dem ägyptischen Fernsehen und von Pressefotos kenne.

»Mrs. Sadat, ich freue mich, Sie endlich kennenzulernen«, sagt er, als wir einander vorgestellt werden, und reicht mir die Hand.

Ich ergreife sie automatisch, diese Hand, die ich immer für die des Teufels gehalten habe. »Ich freue mich ebenfalls«, erwidere ich. Innerlich aber zittere ich. Wird dieser Mann, der so viel Schmerz und Leid über uns gebracht hat, die Verträge tatsächlich unterzeichnen, oder wird er wieder einmal seine Meinung ändern?

Meine Befürchtungen hätten sich fast bewahrheitet – nicht wegen eines plötzlich auftretenden Mißtrauens bei Begin, sondern wegen des Gesundheitszustands seiner Frau, die beim Essen auf einmal anfängt zu husten und zu würgen. Während wir alle entgeistert zusehen, ringt sie keuchend nach Luft und wird puterrot. Wird sie etwa hier, vor unseren Augen sterben? Um Atem kämpfend, greift Frau Begin in ihre Handtasche und holt einen Zerstäuber heraus. Als sie ihn an den Mund führt und sprüht, sprüht, sprüht, bete ich inbrünstig. Langsam läßt ihr Husten nach, der Asthmaanfall ist vorüber. Der Anfall hat vermutlich nur wenige Sekunden gedauert, aber es waren die längsten, die ich jemals erlebt habe.

Nun spricht auf dem Rasen vor dem Weißen Haus auf einem Podium jeder der drei Staatschefs bewegende Worte von dauerndem Frieden. Ich hoffe nur, niemand merkt, wie mir die Tränen über die Wangen laufen. Ich versuche mich zusammenzunehmen, mich ganz auf die Redner zu konzentrieren, aber an diesem Tag ist mir das einfach nicht möglich. Aus dem Augenwinkel bemerke ich eine vertraute Gestalt, die in meiner Nähe sitzt. Verstohlen blicke ich hinüber.

Großer Gott! Mosche Dayan! Hier! Höchstpersönlich! Sofort senke ich den Blick, doch nicht, bevor ich eine andere vertraute Gestalt entdeckt habe: Ariel Scharon, den ehemaligen Verteidigungsminister. Mein Herz klopft so hart, daß man es durch mein Kleid sehen muß. Alle zusammen sind hier, die israelischen Legenden, die eine so große und furchtbare

Rolle in meinem Leben gespielt haben. Auf einmal sind nun diese Männer, die dreißig Jahre lang unsere Feinde waren, zu unseren Freunden geworden.

Mein Gefühl der Unwirklichkeit weicht auch während des Dinners nicht, das zur Feier der Unterzeichnung der Friedensverträge im Weißen Haus stattfindet. An jedem Tisch sitzen Ägypter, Israelis und Amerikaner – nicht getrennt, sondern bunt durcheinander. Immer wieder sehe ich mich um, versuche mir alles einzuprägen. Seit 1948 haben diese Männer einander bekämpft, einander verwundet, einer des anderen Brüder und Söhne getötet. Nun sitzen sie hier und brechen gemeinsam das Brot. Viele wirken genauso benommen wie ich. So viele Jahre beiderseitigen Argwohns, beiderseitiger Angst sind schwer ins Gegenteil zu verkehren.

Ich sitze zwischen Präsident Carter und Premierminister Begin. Das Gespräch dreht sich weder um Krieg noch um militärische Bereitschaft, sondern um unsere Kinder und Enkel. Begins Tochter Hasya, erzählt er mir, ist genauso alt wie meine Tochter Lubna. »Sie müssen uns bald mit Ihrem Mann in Israel besuchen«, sagt Herr Begin. »Und bringen Sie Ihre Kinder mit.« Während des Unterhaltungsteils nach dem Dinner, bestritten von Musikern aus Ägypten, Israel und Amerika, beobachte ich, wie Israelis und Ägypter einander vorsichtig kennenlernen. Ich schließe die Augen, doch als ich sie aufschlage, ist alles noch genauso wirklich. Mein Sohn Gamal lacht laut mit Mosche Dayan zusammen; offensichtlich erzählen sie einander Witze.

Vom Augenblick der Vertragsunterzeichnung an war alles anders. Als Anwar und ich am folgenden Tag das Weiße Haus verließen, kam es uns vor, als beträten wir eine neue Welt. Bei einer Reise in die Vereinigten Staaten 1974, als Anwar die Vereinten Nationen besuchte, hatte sich der New Yorker Bürgermeister Abraham Beame geweigert, ihn zu empfangen. Wie viele andere Menschen auch, setzte Mr. Beame den politischen Konflikt zwischen Ägypten und Israel mit einem religiösen Konflikt zwischen allen Juden und Moslems gleich. Aber er irrte sich. Zwar gab es ganz zweifellos eine gewisse religiöse Bindung, aber ein Jude in den Vereinigten Staaten war Amerikaner, nicht Israeli; mit ihm hatten wir daher keinen Streit. Damals fragte ich mich, ob Bürgermeister Beame sich etwa für den Bürgermeister von Tel Aviv halte.

Während dieser Reise hatte auch ich unter der Feindseligkeit einer Protokollbeamtin von Los Angeles zu leiden. Als ich sie auf der Fahrt vom Flughafen in die Stadt nach ihrem Namen fragte, mich erkundigte, ob sie Kinder habe und ob ihr das sonnige Klima in Kalifornien gefalle, würdigte sie mich kaum einer Antwort. »Was hat diese Dame nur gegen mich?« fragte ich den städtischen Abgeordneten, der Anwar begleitete, bei der Ankunft im Hotel. Er war verlegen.

»Zunächst hat sie sich überhaupt geweigert, Sie zu begrüßen, und behauptete, sie sei krank«, erklärte er mir. »Ich erklärte ihr dann, als Protokollbeamtin stehe es ihr nicht zu, unsere Gäste zu mögen oder nicht zu mögen. Aber sie ist nun eben Jüdin, deswegen fiel es ihr ziemlich schwer.«

Nun war das alles längst vorbei und kehrte sich sogar ins Gegenteil. Wir wurden überschüttet mit Einladungen zu Parties und Empfängen in ganz Amerika, mit Ehrentiteln der Universitäten, mit Schlüsseln zu mindestens zwanzig Städten. Von jenem Augenblick an waren die Menschen, die mir überall auf der Welt am herzlichsten begegneten, die mit der größten Zuneigung von meinem Mann sprachen – oft sogar mit Tränen in den Augen –, fast immer Juden.

In den arabischen Ländern dagegen herrschte eine ganz andere Stimmung. Die Palästinenser forderten ein Ölembargo gegen Ägypten und die Vereinigten Staaten. In Syrien und im Libanon kam es zu Demonstrationen gegen meinen Mann. Im Iran stürmten wild erregte Massen die ägyptische Botschaft und hängten Spruchbänder heraus, auf denen Anwar am Galgen hing. Selbst König Hussein von Jordanien, der gemäßigteste aller arabischen Staatsführer, drohte mit dem Abbruch der diplomatischen Beziehungen zu Ägypten. Und Oberst Ghaddafi erklärte, er werde nicht ruhen, bis Anwar tot sei. Der Frieden hatte Ägypten neue Freunde gewonnen, dafür aber alte Freunde in Feinde verwandelt.

Die Ägypter dagegen, die während der Kriege so sehr gelitten hatten, wußten den Wert des Friedens zu schätzen. »Mit unserem Blut, mit unserer Seele würden wir uns für dich opfern, Sadat!« riefen sie Anwar zu. »Mit unserem Blut, mit unserer Seele werden wir deinen Weg zu Ende gehen!«

Eine Zeremonie lag noch vor uns, eine, die Anwar mehr bedeuten würde als jede andere. Am 25. Mai 1979, zwei Monate nach unserer Rückkehr, flogen wir mit seinen Kabinettsmitgliedern nach El-Arisch, um den ersten Schritt der Rückgabe des Sinai zu feiern. Niemals zuvor war mir das Herz so voll gewesen: Anwar hatte das Versprechen eingelöst, das er dem ägyptischen Volk gegeben hatte, und unser Land zurückgeholt. Und es war ohne Blutvergießen geschehen.

Wie wunderschön und friedlich El-Arisch an jenem Tag war! Die Palmen wiegten sich am Strand, und dahinter ruhte das blaue Meer. So viele Erinnerungen stürmten hier auf mich ein. Hier hatten Anwar und ich achtundzwanzig Jahre zuvor unser gemeinsames Leben begonnen. Und hier hatte Ägypten seine schlimmste Demütigung hinnehmen, dieses Land für elf lange Jahre verlieren müssen. Nun, im Frieden, würde es wieder unser sein. Als die Ehrengarde die ägyptische Flagge herantrug, die wieder über dem Sinai wehen sollte, verneigten sich Anwar und sämtliche Minister vor dem Tuch und küßten es. Vielen Kriegsveteranen, die mit uns in El-Arisch zusammengekommen waren, um Zeugen der Rückgabe des Landes zu sein, für das sie so tapfer gekämpft hatten, standen Tränen in den Augen. Auch mir. Für diesen Moment hatte mein Mann sehr lange gearbeitet und gebetet.

Im September folgte ich mit meiner Familie einer Einladung Premierminister Begins nach Israel; wir fanden durchweg freundliche Aufnahme. Eine besondere Freude war es für mich, Lea Rabin, die Frau des ehemaligen Premierministers Yitzhak Rabin, wiederzusehen. Wir hatten uns schon 1975 bei der Internationalen Frauenkonferenz der Vereinten Nationen in Mexiko kennengelernt; weil ihr Land damals das unsere besetzt hielt, hatte ich aber nicht mit ihr gesprochen, mich sogar geweigert, ihr auch nur die Hand zu reichen. Diesmal umarmten wir einander.

Wieder in Kairo, versuchte ich der Kritik, die allmählich in der ägyptischen Presse laut wurde, den Vorwürfen, Anwar hätte einen zu hohen Preis für den Frieden mit Israel bezahlt, nicht zu viel Bedeutung beizumessen. War den Verfassern dieser Artikel die Rückgabe des Sinai gleichgültig? Kaum überrascht war ich auch von den sporadischen regierungsfeindlichen Demonstrationen der Fundamentalisten. An jenem Abend, da Anwar mit Präsident Carter zusammen den Abschluß des Friedensabkommens mit Israel verkündete, hatte die Polizei eine Demonstration an der Assiut-Universität mit Tränengas auseinandertreiben müssen. Mir war klar, daß die Fundamentalisten niemals mit diesem Frieden einverstanden sein würden; aber ich hatte gedacht, sie würden bald einsehen, daß uns keine Alternative blieb.

Nur Ghaddafis Aktivitäten beunruhigten mich. Als Anwar und ich nach der Unterzeichnung der Friedensverträge das Weiße Haus verließen, hatte mir Präsident Carter einen Abschiedskuß gegeben. Selbstverständlich hatte er gewußt, daß derartige Intimitäten zwischen Mann und Frau im Islam verboten waren, aber es war eine spontane Geste gewesen. »Ach, Jehan, wir haben so viel zusammen durchgemacht«, hatte er mir an der Tür des Hubschraubers gesagt, während die Kameras jede Sekunde aufzeichneten. Nun aber hing, wie man mir sagte, eine Vergrößerung dieses Fotos auf dem Flughafen von Tripolis, und darunter stand groß und fett: »Darf diese Frau sich als wahre Mohammedanerin bezeichnen?«

Das Feuer, das meinen Mann letztlich verschlingen sollte, begann sich allmählich zu verbreiten.

13 Im Namen Allahs

Ich komme schon wieder zu spät zur Vorlesung. Eilig durchschreite ich das Tor der Universität von Kairo und gehe auf die Abteilung für arabische Literatur zu, werde aber von einer Menschenmauer aufgehalten. »Die Fundamentalisten«, flüstert jemand. »Sie beten auf dem zentralen Hof.« Beten auf dem zentralen Hof? Es ist zehn Uhr. Die nächste Gebetsstunde ist erst um zwölf. Außerdem ist der zentrale Hof ein Durchgang zu den Hörsaalgebäuden und keine Moschee.

Ich komme nicht durch. Niemand kommt durch. Als ich mich der Menge der wartenden Studenten anschließe, sehe ich mehrere hundert junge Männer in weißen Gewändern, die sich im Gebet aufrichten und verneigen: mehrere Hundert, die Tausenden den Zutritt zu den Hörsälen versperren. »Wir müssen die Polizei rufen«, äußert ein junges Mädchen dicht vor mir. Ich muß sie daran erinnern, daß das zwecklos ist, denn um die akademische Freiheit zu garantieren, hat Anwar befohlen, kein Polizist dürfe das Universitätsgelände betreten.

Es dauert nahezu zwei Stunden, bevor ich meinen Platz im Seminar einnehmen kann. Aber selbst dort gehen die Störungen noch weiter. Der Lärm vor der Tür wird nun so laut, daß der Professor sich nicht mehr verständlich machen kann.

»Hört sofort mit dem Lernen auf!« kreischen die religiösen Extremisten durch die Tür. »Jetzt ist die Stunde des Gebets!« Es sind sowohl weibliche als auch männliche Stimmen. Der Professor öffnet nicht, sondern wartet, bis die Menge draußen zum nächsten Hörsaal weiterzieht. Ich kann sie vor mir sehen: Die Männer bärtig, in Galabiyas, die Frauen in langen Gewändern und Schleiern, und alle mit fanatisch glühenden Augen...

Seit Jahren schon hatte ich beobachtet, wie sich der Einfluß der Fundamentalisten an der Universität immer mehr verstärkte. 1974, in dem Jahr, in dem ich mich immatrikulierte, hatte Anwar Nassers Verbot der religiösen Gruppen aufgehoben, weil er meinte, daß auch sie das Recht auf freie Meinungsäußerung hätten, wenn Ägypten sich zur Demokratie entwickeln wolle. Und so hatten die religiösen Extremisten allmählich einen kleinen, doch straff organisierten Kern der Opposition gegen die Politik meines Mannes bilden können. Im Jahre 1977, drei Monate nach Anwars Rückkehr aus Jerusalem, hatten die militanten islamischen Gruppen jedermann auf dem Campus überrascht, als ihre Delegierten bei den Studentenwahlen mit großer Mehrheit gewannen. Und als ich nun, im Herbst 1979, auf meinen Magister hinarbeitete, fragte ich mich, wie weit die Macht der Extremisten schließlich reichen werde.

Bis zu einem gewissen Grad hatte ich ja Verständnis für jene, die sich der Sache der Fundamentalisten verschrieben. Ägyptens Probleme waren inzwischen chronisch geworden; nirgends war eine Lösung in

Sicht. Zu viele Menschen lebten in Armut. Zu viele fanden keine anständige Wohnung. Zu viele waren Analphabeten. Zu viele vermochten sich nicht einmal Kleider zu kaufen, so daß sie nur eine einzige Galabiya, ein einziges langes Gewand, besaßen. All diese Mißstände waren jedoch auf die Tatsache zurückzuführen, daß die Regierung es sich nicht leisten konnte, so vielen Menschen Unterstützung zu gewähren.

Übervölkerung, Arbeitslosigkeit und Armut übten zunehmenden Druck auf unser Gesellschaftssystem und die Familienstruktur, von jeher das Rückgrat der Stabilität Ägyptens, aus; Verfall, Entfremdung und Vernachlässigung waren die Folge und trieben die Armen, vor allem die Jugendlichen, den Moslembrüdern und ihren Splittergruppen in die Arme. Diese unterstützten nicht nur Studenten finanziell und materiell, sondern halfen auch anderen Bedürftigen, richteten in den ärmsten Vierteln Kliniken ein, organisierten für Kinder aus den überfüllten Volksschulen Lesekurse und bauten Unterkünfte für jene, die keine Wohnung hatten. All ihre Aktivitäten waren perfekt organisiert und finanziell gut gesichert, obwohl niemand wußte, woher sie das viele Geld bekamen. Manche behaupteten, es komme von religiösen Konservativen in Ägypten. Andere verdächtigten Ghaddafi, die Moslembrüder in Saudi-Arabien oder die schiitischen Fundamentalisten im Iran.

Wem die Moslembrüder einen Dienst erwiesen, dem erteilten sie dazu eine religiöse Gratislektion: Das einzige Recht in unserem Land darf nur die Scharia sein; einen Frieden mit Israel verbietet der Koran; die Kopten sind die Feinde der Moslems und wollen Ägypten für sich allein haben.

In der Universität konnte man keine zehn Schritte tun, ohne einen Stand zu sehen, an dem Mitglieder fundamentalistischer Gruppen Bücher zu äußerst geringen Preisen verkauften und neue Anhänger zu werben versuchten. An die jungen Männer, die stehenblieben, um ihnen zuzuhören, verteilten sie Gratis-Galabiyas, an die jungen Mädchen Gratis-Gewänder und -Schleier. Und jedes Jahr schlossen sich ihnen mehr Studenten an, trug eine größere Anzahl von ihnen einen Bart oder legten den Schleier an.

Es erstaunte mich, daß so viele, darunter einige der besten und intelligentesten jungen Mädchen in meinem Kurs, freiwillig den leichten Schleier trugen, der das Gesicht freiläßt, Kopf und Schultern aber bedeckt. Eine meiner Studentinnen entschied sich für den Schleier, weil sie zutiefst religiös war – eine Entscheidung, die ich respektierte. Andere sahen darin jedoch ein eher politisches Bekenntnis, besonders jene, die den schweren Schleier wählten, der fast einer Maske gleicht, das ganze Gesicht der Frau bedeckt und nur zwei Schlitze für die Augen freiläßt. Diese Extremistinnen bedeckten ihren ganzen Körper und trugen sogar an heißen Sommertagen Handschuhe und dicke Strümpfe. Wenn ich sie durch die Gänge der Universität gehen sah, wurde mir ganz elend zumute.

Die Fundamentalisten kritisierten dagegen meine Kleidung. Immer wieder schickten sie wortgewandte junge Mädchen zu mir, die mich überreden sollten, wenigstens den Schleier zu tragen. »Warum tragen Sie nicht die ›gesetzliche Kleidung‹?« fragten mich diese Abgesandten und benutzten dabei jene Bezeichnung, die von islamischen Gruppen für den Schleier geprägt worden war, den sie unerbittlich für die Frauen forderten. »Sollten Sie, die Frau des Präsidenten von Ägypten und Vorbild für die ägyptischen Frauen, nicht allen mit gutem Beispiel vorangehen?«

»Ich trage immer lange Ärmel und konservative, anständige Kleider«, antwortete ich ihnen jedesmal fest. »Viel wichtiger jedoch als Kleider sind schließlich Taten. Wenn die Zeit kommt, da Allah über uns richtet, wird Er euch nicht vor allen anderen in den Himmel aufnehmen, weil eure Kleider länger waren.«

»Taten werden nach ihrer Absicht gewogen«, heißt es im Hadith. Ich konnte es den Fundamentalisten nicht übelnehmen, daß sie befolgten, woran sie glaubten. Aber sie hätten nicht versuchen sollen, allen anderen ihren Willen, die Meinung einer Minderheit aufzuzwingen und Anwars Einsatz für das Recht der freien Meinungsäußerung und Abschaffung der Zensur auszunutzen. Mit seiner Aufgeschlossenheit hatte mein Mann den Ägyptern Möglichkeiten verschafft, wie sie das Volk bisher noch nie gekannt hatte. Die religiösen Extremisten sahen jedoch nur das Negative an allem und fühlten sich von jeder neuen Entwicklung bedroht. Die Liste ihrer Vorwürfe war endlos.

Sie haßten die westliche Rockmusik, die von den

meisten Studenten gern gehört wurde, und behaupteten, jede Musik außer dem Psalmodieren des Korans sei Blasphemie. Die Bluejeans der studierenden Jungen und Mädchen fanden sie anstößig. Die in ganz Ägypten beliebten westlichen Fernsehprogramme wollten sie verbieten. Für unmoralisch hielten sie auch nichtreligiöse Feiertage, wie etwa den Muttertag. Den meisten extremen Fundamentalisten waren selbst die wissenschaftlichen Methoden des Westens so suspekt, daß manche Medizinstudenten sich weigerten, sich mit gewissen Aspekten der Anatomie des anderen Geschlechtes zu befassen.

Für diese fanatischen Ansichten hatte ich nicht das geringste Verständnis. Und die Fanatiker hatten ganz eindeutig kein Verständnis für mich. Immer häufiger warteten sie vor den Hörsälen, um mir das vorzuhalten, was sie als Ägyptens sündige neue Politik ansahen. »Ihr Mann läßt die Korruption des Westens herein«, sagten sie zum Beispiel. Ich antwortete: »Nehmen Sie nur, was Sie am Westen gut finden, und vergessen Sie alles andere. Wir können uns keine Isolationspolitik mehr leisten. Wir, als gebildete Menschen, müssen möglichst viel lernen über die Welt um uns herum und dieses Wissen nutzen, um Fortschritte zu machen.« Doch meine Worte trafen auf taube Ohren.

Am bedrohlichsten in den Augen der Fundamentalisten war der Zusammenbruch der Barrieren zwischen den Geschlechtern. Ich selbst sah in der Koedukation einen ersten Schritt zur Gleichberechtigung der Frauen, die Extremisten dagegen wurden wütend, wenn sie sahen, daß Jungen und Mädchen miteinander sprachen und lernten. Die Fundamentalisten finanzierten spezielle Schulbusse für Mädchen und verlangten Geschlechtertrennung in Klassenzimmern und Cafeterias. Sie opponierten gegen das Löschen der Lichter, wenn in den Klassenzimmern Dias vorgeführt wurden, denn es sei schamlos, wenn Männer und Frauen zusammen im Dunkeln säßen. »Sie haben Ihre Religion, ich habe die meine. Taten werden nach ihrer Absicht gewogen«, zitierte ich unaufhörlich aus dem Koran für jene, die wissen wollten, wie ich für Koedukation und die Reform des Personenstandsrechts eintreten und mich dennoch als Mohammedanerin bezeichnen könne.

Verschärft wurde die Lage vermutlich durch ein Interview, das ich zusammen mit Amina el-Said einer amerikanischen Journalistin gab, die uns versichert hatte, ihr Bericht werde in einer Familienzeitschrift wie etwa *Parade* erscheinen. Ich wollte meinen Ohren nicht trauen, als mich der ägyptische Botschafter in Washington anrief, um mich auf die Tatsache vorzubereiten, daß der Artikel nicht in *Parade*, sondern in *Playgirl* erschienen war! Das Interview mit Amina war sogar auf derselben Seite abgedruckt worden wie das Foto eines nackten Mannes, und wir konnten nichts dagegen tun, denn die Zeitschrift war bereits im Umlauf. Noch tagelang waren die Zeitungen und Zeitschriften der ganzen arabischen Welt voll von dieser Story, und die fundamentalistischen Kritiker in Ägypten schäumten.

In meinen Debatten mit den Fundamentalisten versuchte ich durch logische Argumente zu überzeugen, innerlich war ich jedoch entsetzt. Sie wollten Ägypten um Hunderte von Jahren zurückwerfen und alle Fortschritte, die wir gemacht hatten, ignorieren. Sie lehnten die Joint-ventures der Regierung mit ausländischen Investoren ab, durch die wir neue Krankenhäuser, Schulen, Hotels und Kliniken erhalten hatten. Sie lehnten das neue Personenstandsrecht ab. Sie lehnten sowohl jede Verbindung mit dem Westen als auch den Frieden mit Israel ab.

Ich fragte mich, ob Anwar wußte, wie tief der Haß gegen ihn in ihren Herzen verwurzelt war. Mein Mann hatte zwar Ratgeber und verfügte über Geheimberichte, ich aber hatte mehr Zugang zum Volk. Während Anwar im Hubschrauber durch Ägypten reiste, benutzte ich fast ausschließlich das Auto. Anwar besuchte die Provinzen mit großem Gefolge, ich bereiste die ländlichen Gebiete fast immer allein. Anwar stattete den Universitäten hier und da mal einen Besuch ab, ich aber sah die Fundamentalisten tagtäglich mit eigenen Augen. Und im Gegensatz zu einigen seiner Berater zögerte ich nicht, ihm auch negative Berichte zu liefern.

»Der Fundamentalismus findet immer mehr Anhänger, Anwar«, warnte ich ihn im Herbst 1979. »Wenn du nicht bald eingreifst, erlangen sie vielleicht schon bald genug politische Macht, um alles zu stürzen, wofür du einstehst.« Und Anwar griff ein. Genau wie im Jahr zuvor wandte er sich an die extremen islamischen Gruppen und bat sie, sich aus der

Politik herauszuhalten. Zugleich versuchte er die Lage der Universitätsstudenten zu verbessern, indem er die Regierungsbeihilfen für Studentenheime und Lehrbücher erhöhte und neue Programme zur Förderung von Jungakademikern einführte, die in staatlichen Büros angestellt waren. Mehr als das konnte oder wollte er nicht tun. »Ich weiß, daß die Fanatiker gefährlich sind, Jehan«, sagte er zu mir, »aber ich kann sie nicht ins Gefängnis werfen, nur weil ihnen meine Politik nicht paßt.«

Ich mußte ihm zustimmen. Politische Gegner zu verhaften, verstieß gegen die demokratischen Grundsätze. Doch wie würden die Folgen der Bigotterie und der Vorurteile aussehen, die von den Fundamentalisten in ganz Ägypten verbreitet wurden? Ich war schon beunruhigt, wenn ich die Zeitschrift der Moslembrüder, *Der Ruf*, mit ihrem Titelblatt sah. »Achtung! Die Juden kommen!« verkündete 1979 ein Artikel aus einer Septembernummer dieses Blattes, dessen Titelblatt die Karikatur eines Juden zeigte, der einen Mann mit Bart und Galabiya henkt. Der Artikel erteilte Ratschläge, wie man nach der für den Februar 1980 geplanten Normalisierung unserer Beziehungen mit Israel mit den Israelis umgehen solle. »Kauft ägyptische Produkte, selbst wenn sie schlechter sind als die der Juden«, hieß es. »Arbeitet niemals für einen Juden, selbst wenn er euch doppelt soviel bezahlt. Tragt euer Geld niemals auf eine nichtislamische Bank.«

Noch beunruhigender waren die Angriffe der Fanatiker gegen die Kopten. Wir in Ägypten hatten die

Menschen niemals als Moslems oder Christen gesehen, sondern ganz einfach als Ägypter. Der Islam erkennt das Recht der Kopten auf freie Religionsausübung voll und ganz an, denn der Koran bezeichnet sowohl die Christen als auch die Juden als monotheistische »Völker des Buches« wie die Moslems. Sogar der Prophet selbst hatte eine Christin zur Frau gehabt. Seit dem Frieden mit Israel ignorierten die Fundamentalistengruppen jedoch das alles und schürten das religiöse Feuer noch. »Die Kopten sollten Ägyptens Politik nicht mitbestimmen dürfen«, erklärten die von den islamischen Gruppen verteilten Pamphlete. »Die Christen verschwören sich mit dem imperialistischen Ausland. Befreundet euch niemals mit einem Kopten.«

Nur wenige Menschen lasen die Elaborate der Fundamentalisten, doch es fiel schwer, die Botschaft der Intoleranz zu überhören, die diese Fanatiker in allen ägyptischen Moscheen predigten. Und so nahm die Opposition gegen den Frieden mit Israel, gegen die Kopten und gegen meinen Mann allmählich immer mehr zu.

Auch bei unseren arabischen Nachbarn wuchs die Opposition. Zum erstenmal, seit ich zurückdenken kann, brauchte Ägypten sich nicht mehr vor den Feinden entlang unserer Ostgrenze zu fürchten; unsere neuen Gegner waren jene, die wir für unsere Freunde gehalten hatten.

Um Anwar für den Friedensschluß mit Israel zu bestrafen, beschlossen die Chefs der arabischen Staaten im März 1979 in Bagdad, Ägypten jede weitere Finanzhilfe zu versagen. Millionen Ägypter hatten unter diesem plötzlichen Verlust an Geldmitteln zu leiden, die vor dem Frieden mehr als einige hundert Millionen Pfund betragen hatten. Und noch grausamer für ein so armes Land wie das unsere. Die Araberführer hatten darüber hinaus beschlossen, einen totalen Wirtschaftsboykott über Ägypten zu verhängen. Tausende verloren ihre Arbeit, weil Multimillionen Dollar schwere arabische Firmen ihre ägyptischen Zweigstellen schließen mußten. In diesem Sommer waren Kairos größte Hotels und Nightclubs am Nilufer, normalerweise überfüllt mit Sommertouristen aus den wesentlich heißeren Golfstaaten, so gut wie leer geblieben, genauso wie die Tausende von Luxuswohnungen, die die Ägypter sonst an die arabischen Besucher vermieteten. Einige arabische Fluggesellschaften hatten im selben Moment, da Premierminister Begins Maschine am 25. Dezember 1977 in Ismailia landete, ihre Flüge nach Kairo eingestellt. Die übrigen waren ihrem Beispiel gefolgt, als Anwar das Friedensabkommen von Camp David unterzeichnete. Und um sicherzustellen, daß niemand nach Ägypten reiste, hatten die arabischen Regierungen sogar den arabischen Luftraum für alle ägyptischen Maschinen gesperrt.

Auch politisch waren wir auf der Bagdad-Konferenz abgeschnitten worden. Es war Ägypten gewesen, das 1945 die Arabische Liga angeregt und gegründet hatte, jene Gruppe von zweiundzwanzig arabischen Ländern, die fast wie eine kleine UNO funktionierte. In Bagdad hatten die Araber jedoch beschlossen, Ägypten die Mitgliedschaft zu entziehen und das Hauptquartier der Arabischen Liga von Kairo nach Tunis zu verlegen. Die Vertreter Ägyptens sollten von nun an nicht mehr zur Teilnahme an zukünftigen arabischen Gipfeln geladen und bis 1980 die Botschaften aller arabischen Länder in Kairo geschlossen werden, nachdem jedes arabische Land bis auf Oman und den Sudan die diplomatischen Beziehungen mit Ägypten abgebrochen hatte. Selbst den Gelehrten der El-Azhar-Moschee sollte die Teilnahme an internationalen Islam-Konferenzen versagt bleiben.

Doch Anwar ließ sich nicht so leicht einschüchtern. Diese Versuche, seinen Willen zu brechen, festigten nur seine Entschlossenheit zum Frieden und erbitterten ihn um so mehr gegen jene, die Ägypten schadeten. Immer wieder wies er in seinen Reden die Kritik der Araber zurück und betonte, daß er den Frieden halten werde. Meine eigene Hoffnung war, daß die Araber bald die Vorteile des Friedens mit Israel einsehen und ihre Feindseligkeiten gegen Ägypten einstellen würden. Bis dahin versuchte ich meinem Land nach besten Kräften zu helfen.

Aber das war nicht mehr so leicht. Es hatte immer Leute gegeben, die mit mir und der Rolle, die ich außerhalb des Hauses übernahm, nicht einverstanden waren, aber doch niemals eine Opposition wie die, der ich mich im Herbst 1979 gegenübersah. Unter Nasser hatten die Menschen ihren Zorn und ihren Groll auf die Regierung aus Angst vor Verhaftung unterdrücken müssen. Nun, da für Ägypten eine der schwierigsten Wirtschaftskrisen begann, konnten sie aufgrund von Anwars Politik der freien Meinungsäußerung ihrer Nervosität und Enttäuschung Ausdruck verleihen. Anwars politische Gegner – die Fundamentalisten, die Kommunisten, gewisse Mitglieder der Oppositionsparteien – verbündeten sich, um alle und alles, was mit der Regierung in Zusammenhang gebracht werden konnte, zu diffamieren. Und ich schien eine ihrer bevorzugten Zielscheiben zu sein.

»Sie hat fünfunddreißig Mercedeswagen ganz für sich allein. Durch den Zoll hat sie sie bringen können, weil sie gesagt hat, sie wären für wohltätige Zwecke.«

»Die Coca-Cola-Gesellschaft hat ihr einhunderttausend Dollar für die Behinderten gegeben. Sie hat das Geld für sich behalten.«

»Sie hat sich ein riesiges Grundstück außerhalb von Alexandria angeeignet. Ganz einfach ihren Namen draufgeschrieben und es sich genommen.«

Auf einmal hörte ich überall Gerüchte über meine »Korruption«. Der Präsident der Nasser-Bank von Ägypten hatte sich einmal erboten, der Wafa wal Amal dadurch zu helfen, daß wir gemeinsam eine kleine Anzahl von Limousinen kauften, die an Touristen vermietet werden sollten; die Hälfte der Einnahmen sollte der Wafa gehören. Doch als die Bank die Wagen mitsamt den Chauffeuren zur Wafa schickte, damit der Verwaltungsrat sie in Augenschein nehmen konnte, erzählten die Fahrer den Leuten, die Wagen seien alle für mich bestimmt. Sofort wurde von den Oppositionellen verbreitet, ich hätte die Autos für meinen persönlichen Gebrauch gekauft. Und selbst als der Verwaltungsrat der Wafa wal Amal entschied, dieses Projekt nicht durchzuführen, da es sich finanziell nicht lohnte, wollten die Gerüchte nicht verstummen. Immer wieder sprach man von »Jehans Autos«, und das Gerede nahm so überhand, daß ich ihm in einem Fernsehinterview entgegentreten mußte.

Es war eine schreckliche Zeit. Menschen, die ich kaum kannte, bedienten sich meines Namens, um ihre eigenen illegalen Machenschaften zu rechtfertigen. Ein ehemaliger Angestellter der Wafa wal Amal belud einen riesigen Lkw mit Fernsehapparaten und anderen Geräten aus der zollfreien Zone in Port Said und behauptete beim Zoll, er müsse die Waren im Auftrag von Frau Sadat an verschiedene Wohlfahrtseinrichtungen liefern. Zum Glück konnte der Mann verhaftet werden, als er diesen Trick zum drittenmal anwenden wollte und einer der Zollbeamten in meinem Büro anrief, um seine Identität bestätigen zu lassen.

Ein anderer Zwischenfall war noch beunruhigender. »Ich bin entsetzt und tief enttäuscht«, lautete ein Brief, den mir 1980 ein Marineoffizier schrieb. »Ich habe Ihre Fürsorge für unsere Soldaten immer bewundert, doch weder das noch die Tatsache, daß Sie die Gattin unseres Präsidenten sind, gibt Ihnen das Recht, jenes Grundstück zu beanspruchen, das ich für meine Familie in Alexandria gekauft habe.« Ich war sprachlos, denn das einzige Grundstück, das ich besaß, waren die zwölf Morgen in Mit Abul-Kum, die mir und Anwar gemeinsam gehörten. Völlig perplex war ich jedoch, als ich die Angelegenheit durch einen Angestellten aus meinem Büro untersuchen ließ. »Der Offizier hat recht«, meldete er mir. »Auf seinem Grundstück steht ein Schild, das besagt, es gehöre Jehan Sadat.«

Die Wahrheit kam rasch ans Tageslicht. Das Schild war von Jehan Talaat Sadat aufgestellt worden, der Tochter von Anwars Bruder Talaat. Ihr Mann hatte es mit jenem Marineoffizier zusammen gekauft, und dann hatten sich die beiden Besitzer über die Größe ihrer Anteile gestritten. Meine Nichte hatte das Problem lösen wollen, indem sie, um den Offizier einzuschüchtern, das Schild aufstellte und aus dem Namen absichtlich das Wort »Talaat« wegließ. Wenn der Offizier merkte, daß die Frau des Präsidenten mit dem Streit zu tun habe, so lautete ihre Überlegung, werde er bestimmt nachgeben.

Ich war außer mir, Anwar ebenfalls. Er befahl Talaats Tochter Jehan, den Streit um das Grundstück sofort vor dem Gericht auszutragen. Juristisch wurde das Problem geklärt, doch die Gerüchte hielten sich.

Anwar nahm die Attacken gegen ihn und gegen mich weit gelassener als ich. »Diese Oppositionellen sind Querulanten«, erklärte er mir. »Achte einfach nicht auf sie, denn du kannst tun, was du willst, sie werden stets etwas auszusetzen haben.« Er hatte natürlich recht, und mir war klar, daß ich es nicht allen recht machen konnte. Ich versuchte die irrationalen

Anschuldigungen zu ignorieren, aber sie schmerzten mich trotzdem. Und die Angriffe gingen weiter.

Im September 1979 erkundigte sich die amerikanische Schauspielerin Elizabeth Taylor, ob sie Ägypten einen Besuch abstatten dürfe. Ich war begeistert. Elizabeth Taylor war meine Lieblingsschauspielerin, und ich hätte sie schon lange gern kennengelernt. Doch wie allen, die schon einmal Israel besucht hatten, war Elizabeth Taylor das Betreten unseres Landes untersagt worden.

Nach den Verträgen von Camp David spielte es nun natürlich keine Rolle, daß sie in Israel gewesen war: Die arabische schwarze Liste besaß für uns keine Gültigkeit mehr. Und so lud ich Elizabeth Taylor voll Freude auf eine Tasse Tee bei mir zu Hause in Kairo ein. All meine Kinder hatten es so eingerichtet, daß sie dabeisein und sie kennenlernen konnten, und wir verbrachten ein paar reizende Stunden zusammen. Leider war Elizabeth Taylor sehr enttäuscht, Anwar nicht anzutreffen, der sich gerade in Ismailia aufhielt. »Vielleicht kann ich ein Zusammentreffen mit ihm arrangieren, bevor Sie Ägypten wieder verlassen«, erklärte ich ihr.

»Hier bei mir ist jemand, der dich gern kennenlernen möchte«, berichtete ich Anwar, als ich ihn in Ismailia anrief. Doch Anwar war viel zu beschäftigt, um irgend jemanden zu empfangen.

»Wie schade, Anwar«, gab ich zurück. »Elizabeth Taylor wird sehr enttäuscht sein.«

Kurze Pause. »Das ist natürlich etwas anderes. Herzlich willkommen«, sagte er lachend.

Sein Büro sorgte dafür, daß Elizabeth vor ihrer Weiterreise nach Israel mit dem Präsidentenhubschrauber nach Ismailia fliegen konnte. Anwar war begeistert über die Gelegenheit, sie kennenzulernen, die Opposition dagegen war empört und kritisierte uns beide, wir verschwendeten unsere Zeit mit einer Schauspielerin aus dem Westen, die als Sympathisantin der Israelis bekannt sei.

Ein weiterer »Skandal« im Zusammenhang mit einem prominenten Amerikaner folgte schon bald. Nicht lange, nachdem Anwar die Friedensverträge unterzeichnet hatte, erhielt unsere Botschaft in den Vereinigten Staaten ein Schreiben von Frank Sinatra, der sich erbot, bei einer Wohlfahrtsgala zugunsten der Wafa wal Amal zu singen. Ich fand diese Idee großartig, und meine Begeisterung stieg, als der US-Wohlfahrtsausschuß unter dem Vorsitz von Michael Bergerac, dem Präsidenten von Revlon, beschloß, die Gala im Herbst in Kairo zu geben. Hätte man sich eine bessere Werbung für unser Land denken können als die Fernsehübertragung von Frank Sinatra, wie er vor den Pyramiden sang? Unmengen von Amerikanern würden die Sendung bei sich zu Hause sehen und sich wünschen, auch einmal nach Ägypten reisen zu können.

Für die Gala selbst sollten die ausländischen Geschäftsleute 2500 Dollar pro Ticket bezahlen, das einen dreitägigen Hotelaufenthalt mit ihrer ganzen Familie sowie Besichtigungsfahrten zu den großen Sehenswürdigkeiten einschloß. Nachdem sie von so weit hergekommen waren, würden die Ausländer, wie wir hofften, ein wenig länger in Ägypten verweilen und ihre Dollars auf unseren Märkten, in unseren Hotels und Restaurants ausgeben. Die Gala würde uns keinen Piaster kosten, denn das Geld dafür sollte von jenen, die es sich leisten konnten, aus dem Ausland kommen, und Ägypten durfte den Profit einstreichen. Frank Sinatra und sein gesamtes Gefolge wollten sogar ohne Gage auftreten, und nur ihre Reisekosten von Amerika nach Ägypten sollten von den Einnahmen der Gala erstattet werden.

Sobald sich die Nachricht von der Wohltätigkeitsgala jedoch herumsprach, schlugen die Querulanten wieder zu. Die Ägypter würden von ihrem eigenen Fest ausgeschlossen, behaupteten sie, denn viel zu wenige würden sich den Preis einer Eintrittskarte leisten können. »Da haben sie recht«, gestand ich ein. »Wir werden Karten für unsere eigenen Landsleute reservieren.« Also wurden zehn Prozent der Karten zum Preis von 100 ägyptischen Pfund für Ägypter zur Verfügung gestellt. Doch das genügte den Oppositionellen nicht.

Die Tatsache, daß die Wohltätigkeitsgala von Revlon finanziert wurde und wir Frank Sinatra persönlich empfingen, zog weitere, noch heftigere Kritik auf uns. Revlon war aus den arabischen Ländern verbannt worden, weil die Firma mit Israel Geschäfte machte. Frank Sinatra stand wegen seiner weithin bekannten Unterstützung für Israel auf der schwarzen Liste.

Ich ignorierte die Kritik, um so mehr, als die Wohltätigkeitsgala ein großer Erfolg wurde und der Wafa über 100 000 Dollar einbrachte. Von Anfang an hatte ich mir vorgenommen, Spenden für unsere karitativen Einrichtungen von jedem entgegenzunehmen, der helfen wollte. Wenn andere darin einen Konflikt entdeckten, dann war das ihr Problem.

»Frau Sadat, möchten Sie, daß ich Geld für Ihre Projekte sammle?« hatte mich eine jüdische Freundin kürzlich gefragt, als ich in den Vereinigten Staaten war.

»Selbstverständlich! Ich würde mich freuen!« antwortete ich.

»Aber ich habe eine Bedingung«, warnte sie mich. »Wenn ich Spenden für die Wafa wal Amal sammle, werde ich auch für die Hadassah in Israel sammeln.«

Ich mußte lachen. »Warum denn nicht?« gab ich zurück. »Helfen Sie zehn israelischen Organisationen, wenn Sie das möchten. Ich habe nichts dagegen. Wenn Sie darüber hinaus auch uns helfen wollen, finde ich das großartig.«

Aber die Oppositionellen wollten nicht einsehen, daß Frieden mehr bedeutete als nur das Ende eines Krieges. »Wir müssen dem Vordringen der Israelis auf ägyptischen Boden Einhalt gebieten!« erklärten die Anhänger der linken Unionisten-Partei im Februar 1980 an dem Tag, an dem der erste israelische Botschafter in Ägypten eintraf, verbrannten israelische Papierfähnchen und hißten die schwarzweiße Flagge der Palästinenser. Die Sozialistische Arbeiterpartei reagierte ähnlich, zog die Palästinenserflagge auf dem Dach ihres Hauptquartiers auf und druckte sie auf einer Seite ihrer Zeitung ab. Die Moslembrüder hatten ihre Einstellung natürlich schon vor Monaten klargelegt. Normalisierung der Beziehungen mit Israel, ließ *Der Ruf* verlauten, sei »ein Krebsgeschwür in Ägyptens Körper«, das Ideen nach Ägypten hereintragen werde, die »dem Islam widersprechen und die ägyptische Familie zerstören«.

Anwar weigerte sich, diesen engstirnigen Ansichten nachzugeben. Erst einen Monat vor Beginn der Normalisierung hatte er bei einer Rede vor unserem Parlament den Propheten zitiert: »Selbst wenn sie mir die Sonne in die rechte und den Mond in die linke Hand legten, um meine Ansicht über diese Frage [des Friedens] zu ändern, würde ich sie nicht ändern, bis Allah meine Botschaft siegen läßt oder ich sterbe...«

Ich unterstützte meinen Mann nach Kräften und versuchte angesichts einer so starken Opposition möglichst gelassen zu bleiben. Keiner von uns wußte, daß die schwerste Probe, auf die Anwars Mut und seine Prinzipientreue gestellt werden sollten, bereits in einem Monat folgen würde.

»Unsere Lage ist verzweifelt, Jehan«, sagte mir Farah, als sie mich im März 1980 aus Panama anrief. »Der Krebs meines Mannes hat sich nun auch auf die Milz ausgedehnt, und wenn er nicht sofort operiert werden kann, wird er sterben. Aber hier gibt es keinen, dem ich vertraue.«

»Warum denn nur, Farah? Warum?«

Sie schien den Tränen nahe zu sein. »Das ist am Telefon schwer zu erklären«, gab sie zurück, um mir anzudeuten, daß ihr Telefon abgehört wurde. »Aber wir müssen Panama augenblicklich verlassen. Es gibt bedrohliche Berichte.«

Ich wußte sofort, worauf sie anspielte, denn auch ich hatte Gerüchte gehört, daß Panama vielleicht einen Handel mit Chomaini abschließen und den Schah in den Iran und einen sicheren Tod zurückschicken werde.

Mir kamen die Tränen, als ich ihr zuhörte. Ihre Stimme, einstmals so kraftvoll, klang angestrengt, ihre frühere Selbstsicherheit schien gebrochen. Nach der Abreise aus Ägypten waren sie von Marokko auf die Bahamas, von da nach Mexiko und dann in die Vereinigten Staaten gezogen, um irgendwo Zuflucht zu finden, waren aber nirgends aufgenommen worden. Den grausamsten Schlag hatte ihnen ihr sogenannter Verbündeter versetzt, die Vereinigten Staaten, die, eingeschüchtert durch die Drohungen Chomainis, nichts Eiligeres zu tun wußten, als den kranken Schah außer Landes zu schaffen, nachdem militante Studenten im November 1979 die US-Botschaft in Teheran gestürmt und fünfzig amerikanische Geiseln genommen hatten. Schließlich hatten der Schah und Farah vorübergehend Zuflucht in Panama gefunden, mußten nun aber schon wieder weiterziehen. Und zwar möglichst schnell.

»Sie müssen sofort nach Ägypten kommen, Farah«, drängte ich sie. »Ich rufe Sie zurück, sobald wir alles arrangiert haben.« Farah hatte ihr Heimatland verloren. Nun verlor sie vielleicht auch noch ihren Mann. Auch wenn ich den Schah nicht persönlich gekannt hätte, wäre meine Reaktion nicht anders ausgefallen: Einem Mann, der verloren, krank und von Feinden umgeben ist, nicht zu helfen, wäre unmenschlich gewesen. Wenn wir diesem Mann Obdach gewähren, wird Allah uns bestimmt nicht verlassen, dachte ich mir. Es war keine Frage der Politik, es war eine Frage der Menschlichkeit.

Auch Anwar willigte sofort ein, den Schah aufzunehmen, trotz politischen Drucks aus Amerika und ungeachtet der Unruhen, die seine Ankunft bei den Fundamentalisten auslösen würde.

Farah Diba und ihr Mann trafen am 23. März in Kairo ein, und nachdem wir den Schah ins Krankenhaus gebracht hatten, versuchte Anwar der Bevölkerung mit einer sehr schönen Ansprache im Fernsehen zu erklären, warum er ihnen Asyl gewährte. Die Ägypter reagierten mit einem einhelligen Ruf nach Unterstützung für meinen Mann, und Fellachen erboten sich, vom Land draußen nach Kairo zu kommen, um beim Schah Wache zu stehen. Mit einem Stimmergebnis von 384 zu 8 akzeptierte die Volksversammlung die Entscheidung meines Mannes, den ehemaligen Herrscher von Persien aufzunehmen – mit einer mehr als überwältigenden Mehrheit. Nur die Fanatiker akzeptierten sie nicht.

Aufgrund von Gerüchten über terroristische Aktionen wurden bewaffnete Wachtposten in der amerikanischen Universität von Kairo stationiert, wo Rida, der Sohn des Schahs, studierte. In Assiut, dem Zentrum der ägyptischen Fundamentalisten, hatten die Unruhen bereits begonnen. Während der Schah in Kairo auf die Operation vorbereitet wurde, hatten sich dort zweitausend Oppositionelle versammelt, um meinen Mann zu beschimpfen. Diese Unruhen ausnutzend, hatten die schlimmsten Fanatiker wieder angefangen, auch gegen die Kopten zu predigen und die gegen die Regierung gerichtete Demonstration in eine antichristliche umzuwandeln. Daraufhin wandte sich die aufgebrachte Menge gegen die Kopten. Erst die mit Tränengas bewaffnete Polizei vermochte den Gewalttätigkeiten, die mehrere Todesopfer unter den Kopten forderten, ein Ende zu setzen.

Die Fanatiker schienen unfähig, zu begreifen, daß es zu den Grundprinzipien des Islam gehört, einem Bruder in Not, wie dem Schah, zu helfen. »Erweise deinen Eltern und Verwandten, den Waisen und Bedürftigen, den nächsten und den fernen Nachbarn Gutes«, heißt es in der Vierten Sure des Korans. Seit der Zeit Jesu Christi, dessen Familie nach Ägypten floh, hatte Ägypten politischen Flüchtlingen immer Asyl gewährt. Der ehemalige Präsident Salal von Jemen lebt als Gast der Regierung ebenso in Kairo wie die Ehefrau und Familie von Kwame Nkruma aus Ghana. Exkönig Paul von Griechenland und König Zog von Albanien hatten ebenso im Exil in Ägypten gelebt wie die gegenwärtigen Präsidenten von Tunesien und Algerien, Habib Bourguiba und Houari Boumedienne. König Idris von Libyen und König Saud von Saudi-Arabien waren nach ihrem Sturz in Ägypten aufgenommen worden. Sogar der Familie König Faruks hatte Anwar wieder ägyptische Pässe gegeben, und einige seiner Verwandten waren für immer zurückgekehrt.

Und doch nannten die Fanatiker meinen Mann nun einen *kafir*, einen Ungläubigen, nur weil er diese Tradition der Gastfreundschaft und Hilfe fortsetzte. Kein Mensch konnte gläubiger sein als Anwar. Er kannte die Heilige Schrift auswendig und las sie in jedem Ramadan wiederum dreimal; eine Lesung wurde für unsere Kinder aufgezeichnet. Er schlief mit dem Koran unter dem Kopfkissen und hatte sich einen Vers aus dem Koran auf die Rückseite seiner Uhr gravieren lassen. Niemals versäumte er eines der fünf Tagesgebete und verneigte sich so oft, daß er das Mal der Frommen auf der Stirn trug, jenen kleinen, runden Fleck, den die Ägypter *el-zebiba* nennen, die Rosine. Freitags besuchte Anwar unfehlbar eine Moschee und wechselte dabei häufig das Gotteshaus, um verschiedene Scheichs bei der *chutba* zu hören. Vor allem aber lebte Anwar seinen Glauben täglich und hielt sich streng an die Grundsätze des Islam.

Der Islam der Fanatiker dagegen war eine Religion des Hasses. Ihre Übergriffe auf die Kopten in Assiut verursachten mir Übelkeit. Sie benutzten die Kontroverse um den Schah, um zu erreichen, was sie so oft schon durch andere Mittel zu erreichen versucht hatten: die Zerstörung der Harmonie zwischen Moslems und Christen. Seit über einem Jahr schon hörte ich gerüchteweise, daß Mitglieder der islamischen Radikalengruppen die Kopten in Minia und Assiut belästigten, den beiden ägyptischen Provinzen mit dem größten Anteil koptischer Bewohner. Im Januar 1980 hatte eine Gruppe Fanatiker, die sich Dschihad nannte, Heiliger Krieg, Bomben auf zwei Kirchen in Alexandria geworfen. Zum Glück hatte es keine Todesopfer gegeben, und alle Attentäter waren verhaftet worden.

Immer mehr Berichte über Gewalt gegen Christen erreichten die Hauptstadt. In der Woche der Demonstrationen in Assiut waren mehrere Studenten verletzt worden, als moslemische und koptische Studenten in einer Jugendherberge in Alexandria aneinandergerieten. Am 30. März protestierte der koptische Patriarch Schenuda gegen diesen Zwischenfall, indem er alle Osterfeierlichkeiten absagte, auch den traditionellen Austausch von Grüßen zwischen ihm und meinem Mann. Am 3. April nahmen fünftausend Moslemstudenten an Demonstrationen gegen den Schah und die Kopten teil. Am 8. April wurden zwei Kopten getötet und fünfunddreißig verletzt, als sie in Minia von Moslems überfallen wurden.

Im Mai liefen die wildesten Gerüchte um. »Die religiösen Fanatiker entführen Christenmädchen und zwingen sie, Moslems zu heiraten«, berichtete mir eine koptische Freundin. »Im ganzen Land werden die Kirchen niedergebrannt«, meldete eine andere. Auf Flugblättern der Fundamentalistengruppen von Kairo wurde behauptet, bei den Zusammenstößen in Minia hätten Regierungstruppen auf Moslems geschossen. Koptische Extremisten übertrieben die Gerüchte, weil sie dadurch die Regierung zu zwingen hofften, neue Gesetze zum Schutz der Christen zu erlassen. Moslemische Extremisten übertrieben die Gerüchte, um die Menschen gegen die Regierung aufzuhetzen. Niemand wußte, wem er noch glauben sollte.

Verschlimmert wurde die Lage noch durch ein schockierendes Ereignis, in das die Vereinigten Staaten verwickelt waren. Obwohl Anwar wußte, daß es den Fundamentalisten mißfallen würde, hatte er sich einverstanden erklärt, einem US-Rettungsteam bei dem Befreiungsversuch für die amerikanischen Geiseln im Iran unseren Luftstützpunkt in Kena als Sprungbrett zur Verfügung zu stellen. Das Unternehmen geriet zur Katastrophe. Die Amerikaner, mit den Tücken der Wüste nicht vertraut, verloren im Sandsturm einen Hubschrauber, während zwei Flugzeuge zusammenstießen und acht Soldaten sterben mußten. Wir alle waren entsetzt darüber, daß ein militärisches Unternehmen, geplant von einem so hochentwickelten Land wie Amerika, in einem derartigen Chaos enden konnte. Nun hatten die eifernden Chomaini-Anhänger in Ägypten neue Munition für ihren Kampf gegen Anwar bekommen. Er mußte schnell handeln.

Innerhalb eines Monats erarbeitete Anwar eine politische Lösung für unsere religiösen Differenzen. Er ernannte einen Parlamentsausschuß von Moslems und Kopten, der die Berichte über die religiösen Spannungen untersuchen sollte. Nachdem er die Ergebnisse der Untersuchungen vorliegen hatte, versuchte er das Problem des Sektierertums möglichst unparteiisch in den Griff zu bekommen. Um Ägyptens sechs Millionen Christen zu beruhigen, ordnete er an, schärfer gegen sämtliche Organisationen vorzugehen, die religiösen Fanatismus verbreiteten, darunter die Fundamentalistengruppen an den Universitäten. Als Konzession an die moslemischen Extremisten schlug Anwar eine Textänderung der ägyptischen Verfassung vor. In unserer Verfassung hieß es, die Scharia, das islamische Recht, sei »*eine* Hauptquelle ägyptischer Rechtsprechung«. Nun wollte Anwar statt dessen sagen, die Scharia sei »*die* Hauptquelle ägyptischer Rechtsprechung«. Die extremen Kopten erhoben gegen diese Formulierung zwar Einspruch, bei einem Volksentscheid im Mai 1980 stimmten jedoch 98 Prozent der ägyptischen Wähler dafür.

Auch die Regierung stand hundertprozentig hinter Anwar. So hundertprozentig, daß sie ihm nicht glauben wollten, als er im Frühjahr seinen Entschluß bekanntgab, 1982, zwei Jahre vor dem Ende seiner Amtszeit, als Präsident zurückzutreten. Ich nahm an der Jahresversammlung des Zentralkomitees der Nationalistischen Unionspartei teil, als Anwar seinen Rücktritt ankündigte. »Lebenslang! Lebenslang!« skandierten die Parteimitglieder daraufhin. »Du mußt dein Leben lang regieren, Sadat!« Überall um mich herum begannen die Menschen zu applaudieren und stimmten in die Rufe ein. Offensichtlich erfreut, lachte Anwar über die stürmische Begeisterung seiner Parteifreunde. Aber der Stein geriet ins Rollen. Kurz nach dem Ende des Parteikongresses wurde eine Gesetzesänderung verabschiedet, durch die das Limit der Amtszeit eines Präsidenten auf zwei

Amtsperioden erhöht wurde. Damit war Anwar also berechtigt, für eine weitere Amtsperiode von sechs Jahren zu kandidieren, was er jedoch auf gar keinen Fall tun wollte.

»Sie glauben nicht, daß du zurücktreten willst«, warnte ich Anwar. »Du mußt es wirklich tun, du darfst es nicht nur androhen.«

»Keine Sorge, Jehan«, gab er zurück. »Sobald wir den ganzen Sinai zurückbekommen haben, werde ich Mubarak die Regierung übergeben. Ich weiß, wann meine Zeit gekommen ist. Ich werde mich nicht wie ein alter Schauspieler verhalten, der auf der Bühne bleibt, obwohl das Publikum ihn schon längst nicht mehr sehen will.«

Beschwichtigt von Anwars neuer Haltung gegenüber den Moslemfanatikern, hoben der Patriarch Schenuda und seine Anhänger den Bann auf den koptischen Feierlichkeiten auf. Nicht einmal die ewig protestierenden Fundamentalisten konnten ihre Genugtuung über das neue Zusatzgesetz zur Verfassung verbergen.

Als die religiöse Krise beigelegt war, begann sich Anwar mit der Wirtschaftskrise zu befassen. Er gewährte den Staatsangestellten Sonderprämien und erhöhte ihre Gehälter um zehn Prozent. Er senkte die Importzölle, erhöhte die ägyptischen Mindestlöhne um fast ein Drittel und setzte die Politik staatlicher Subventionen auf lebenswichtige Produkte wie Brot, Benzin, Speiseöl, Strom und Zucker fort. Die deprimierte Stimmung bei den Ärmsten und Unzufriedensten begann sich zu heben. Doch nichts von all dem, was Anwar tat, vermochte sämtliche Fraktionen in dem zunehmenden Chaos des Mittleren Ostens zufriedenzustellen.

»Schon wieder ein Drohbrief«, teilte mir Anwar eines Tages im Juni 1980 mit. »Die Palästinenser kündigen an, daß sie dich umbringen oder entführen werden, wenn du es wagst, auf der Frauenkonferenz von Kopenhagen zu erscheinen.«

Ich schwieg.

»Ich werde dich nicht zurückhalten, Jehan«, fuhr Anwar fort. »Aber du mußt dir überlegen, ob sich das Risiko wirklich lohnt.«

»Nun ja, Anwar«, sagte ich schließlich, »so zu sterben, ist jedenfalls besser als im Bett.«

Ich wollte diese Frauenkonferenz der Vereinten Nationen im Juli auf gar keinen Fall versäumen. Dafür hatte ich bei der ersten, fünf Jahre zuvor in Mexico City, zu viele wichtige Erkenntnisse gesammelt. Bei meinen Zusammenkünften mit Premierministerin Bandaranaike von Sri Lanka, Nusrat Bhutto von Pakistan und anderen Politikerinnen, die für eine Verbesserung der Lage der Frauen in ihren Ländern arbeiteten, hatte ich vieles erfahren, das mir bei meiner Arbeit in Ägypten zustatten kam. In Mexico City hatte ich mich geweigert, mit Frau Rabin aus Israel zu sprechen, dieses Jahr in Kopenhagen dagegen würde ich mich als Freundin mit den israelischen Delegierten unterhalten können. Diesmal waren es die Palästinenser, die sich selbst zu meinen Feinden erklärt hatten.

Als ich mit den anderen ägyptischen Delegierten in

Kopenhagen landete, wimmelte es auf dem Flughafen von Sicherheitsbeamten. Eine dänische Zeitung hatte geschrieben, es sei geplant, mich zu entführen, und die dänische Regierung war fest entschlossen, jeden Zwischenfall zu verhindern. Meine Leibwachen wurden in unserer Botschaft postiert, in der ich wohnte, sowie vor allen Räumen, die ich im Gebäude der Konferenz, in den Krankenhäusern und Altenheimen betrat, sogar im Tivoli. Während der vier Tage, die ich in Dänemark verbrachte, wurde ich nur allein gelassen, wenn ich den Waschraum aufsuchte.

Da es den Palästinensern also praktisch unmöglich war, körperlich an mich heranzukommen, griffen sie zu anderen Methoden, um mich zu attackieren. Obwohl sie kein eigenes Land hatten, das sie vertreten konnten, waren Palästinenserinnen als »Beobachterinnen« zur Frauenkonferenz eingeladen worden. Mehrere Angehörige der palästinensischen Gruppe hatte ich vor Jahren in Kairo kennengelernt, darunter die Delegationsleiterin Laila Chaled. Damals wirkte Laila auf mich wie eine nette, fast schüchterne junge Frau, aber das war, bevor sie an der Entführung von zwei amerikanischen Linienflugzeugen beteiligt war. Jetzt, in Kopenhagen, gab sie sich eiskalt und hart und trat im militärischen Tarnanzug auf. Während ich eine Pressekonferenz hielt, auf der ich über die Verpflichtung der Araber sprach, Frieden mit ihren Nachbarn zu schließen, erklärte Laila den Reportern, da Israel Palästina nicht anerkenne, sei die einzige Sprache, in der sie sich Israel noch verständlich machen könnten, die der Gewalt.

Während meiner Rede vor den versammelten Delegierten verhielten sich Laila und ihre Gruppe offen feindselig. Ich hatte kaum mein Mikrofon eingestellt und zu sprechen begonnen, als die Hälfte der Palästinenserinnen aufstand und geräuschvoll den Konferenzsaal verließ. Ihre Unhöflichkeit ignorierend, sprach ich weiter, obwohl es mir ziemlich schwer fiel, jene Palästinenserinnen zu ignorieren, die zurückblieben, um mich zu stören. »Nieder mit der Verräterin!« schrie mir eine Frau auf arabisch zu. »Ihr Mann hat die Araber verraten!« Ich sprach weiter, als sei ich allein im Saal. »Verräter! Verräter! Sadat ist ein Verräter!« riefen nun auch andere Palästinenserinnen – so laut, daß ich fast nicht mehr weitersprechen konnte. Tu so, als seist du taub, Jehan, redete ich mir selbst zu; die anderen im Saal verstehen kein Arabisch. Aber die Rufe wurden immer lauter. Ich schwieg erst, als die Vorsitzende der Konferenz mir zuwinkte, ich solle aufhören. Die Palästinenserinnen dagegen schwiegen nicht.

Ich konnte nur noch an eine Zeile von Shakespeare denken. »Wenn ich den Mund öffne, laßt keine Hunde bellen«, zitierte ich aus *König Lear* auf englisch, damit mich alle verstehen konnten. Doch ich bezweifelte, daß die Palästinenserinnen ein einziges Wort davon vernahmen, denn sie waren inzwischen an die Polizei geraten, die erschienen war, um sie zur Ruhe zu bringen. Kurz darauf wurde die Versammlung jedoch schon wieder unterbrochen, weil sich die Delegierten aus dem Irak und Iran erhoben, um den Saal zum Zeichen der Solidarität mit den Palästinenserinnen ebenfalls zu verlassen. Während ich meine Ansprache beendete, löste sich die Konferenz im Chaos auf.

Ich fand das Verhalten dieser Araberinnen auf der Konferenz beschämend. Schließlich waren wir nach Kopenhagen gekommen, um über unsere Gemeinsamkeiten zu diskutieren, sie aber redeten nur von unseren Differenzen. Jede Delegierte hatte das Recht, den Saal zu verlassen, wenn ihr ein Vortrag nicht gefiel. Einmal wäre ich fast bei der Rede einer Iranerin hinausgegangen, die behauptete, Chomainis neues Gesetz, das den Frauen den Tschador aufzwang, sei ein Fortschritt für die Frauen, weil sie sich dadurch die Ausgaben für Make-up sparen und sich öfter zu Hause ausruhen konnten. Aber ich hätte mich niemals so unhöflich verhalten wie die palästinensische Delegation. Es war eine Schande, daß diese Araberinnen vor den Augen der ganzen Welt von der Polizei aus dem Saal geschleppt werden mußten.

Ihr Verhalten erfüllte mich mit Zorn. Auch wenn sie mich immer wieder bedrohten und angriffen – ich hatte stets mein möglichstes getan, um den Palästinensern zu helfen, weil ich Verständnis für ihr Anliegen hatte, aber zuweilen fiel mir das doch ziemlich schwer. Einmal, auf der Fahrt von Kairo nach Alexandria, stieß ich auf der Wüstenstraße auf einen Wagen, der sich überschlagen hatte. Der Fahrer war hinausgeschleudert worden und blutete stark. Die Mitfahrerin hockte im Schockzustand neben ihm und weinte.

»Halten Sie!« befahl ich meinem Chauffeur, griff schnell nach dem Verbandskasten, den ich immer im Auto mitführte, und eilte hinüber, um ihnen zu helfen.

»Allah segne Sie, Schwester Jehan! Allah segne Sie, Mutter!« rief der Verletzte mit palästinensischem Akzent, als ich ihm das Blut vom Gesicht wischte und die Wunden an seinem Hals mit einem Antiseptikum auswusch.

»Nicht sprechen! Keine Sorge. Es ist nicht so schlimm«, redete ich ihm beruhigend zu.

»Allah schütze Sie, Schwester Jehan!« rief der Mann abermals, diesmal in noch bewegterem Ton. Nachdem ich ihm das Blut von Augen und Mund entfernt hatte, konnte ich endlich sein Gesicht erkennen: Es war Yassir Arafats Bruder Fathi, der Arzt beim palästinensischen Roten Halbmond in Heliopolis war.

Rasch wandte ich mich seiner Mitfahrerin zu: Es war Enaam, Arafats Schwester. Seit Wochen drohten die Palästinenser und Yassir Arafat nun schon, meinen Mann zu töten, verurteilten Anwar öffentlich zum Tode, weil er mit Israel Frieden geschlossen hatte. Und nun lagen diese beiden da vor mir und bedurften meiner Hilfe. Ich beschloß, zu vergessen, was zwischen uns stand, und ausschließlich an die humane Pflicht der Hilfeleistung zu denken. »Mein Leibwächter wird Ihren Bruder ins Krankenhaus fahren«, erklärte ich Enaam, als ich sie ein bißchen beruhigt und ihr etwas Riechsalz gegeben hatte. »Sie selbst werden sich schnell wieder erholen, und Ihr Bruder braucht nichts als ein paar kleine Nähte.«

Als sie fort waren, telefonierte ich voraus, damit die Ärzte sich der beiden sofort annahmen. Was später geschah, erfuhr ich nicht, denn weder Fathi noch Enaam setzten sich jemals mit mir in Verbindung. Aber das war nicht weiter schlimm. Wichtig war für mich eigentlich nur, daß es mir gelungen war, mich durch die Politik nicht an meiner menschlichen Pflicht hindern zu lassen.

In schweren Zeiten die Würde nicht zu verlieren: Das lehrte mich Allah im Jahre 1980 immer wieder. Und sobald ich aus Dänemark nach Ägypten zurückkehrte, lehrte er es mich abermals. Anwar hatte mich während der Konferenz angerufen, um mir mitzuteilen, daß der Gesundheitszustand des Schahs bedenklich sei. Und als ich ihn diesmal mit Farah und ihren Kindern besuchte, wußte ich, daß seine Zeit gekommen war.

Der Schah war magerer und bleicher, als ich ihn je gesehen hatte, und atmete nur unter größten Schwierigkeiten. Dennoch wirkte er überhaupt nicht bemitleidenswert, überhaupt nicht schwach. Im Gegenteil, die Haltung, mit der er in den Kissen seines Bettes lehnte, ließ deutlich erkennen, daß er noch immer ein Kämpfer war. Die Ärzte hatten uns gesagt, er leide unter starken Schmerzen, doch er beschwere sich kein einziges Mal.

Zwei Tage später, am 26. Juli 1980, starb der Schah.

Es war ein sehr, sehr heißer Sommertag in Kairo, als wir die etwa fünf Kilometer vom Abdin-Palast zur El-Rifai-Moschee zurücklegten, wo der Schah beigesetzt werden sollte. Auch sein Vater war hier begraben worden, bevor der Schah seine sterblichen Überreste in den Iran heimholte. Auf Anwars Anweisung ging ich an Farahs Seite; es war das erste und einzige Mal, daß ich je an einem Trauerzug teilgenommen habe. »Du tust ganz einfach, was Farah tut«, hatte Anwar mir geraten. »Wir müssen ihr an diesem traurigen und schweren Tag zur Seite stehen.« Also blieb ich zusammen mit meinen Kindern und Enkeln neben ihr.

Hinter uns erstreckte sich, so weit wir sehen konnten, die lange Kolonne derer, die das Andenken des Schahs ehren wollten: sämtliche Minister der ägyptischen Regierung sowie Expräsident Nixon aus den Vereinigten Staaten, Exkönig Konstantin von Griechenland, die Botschafter der Vereinigten Staaten, der Bundesrepublik Deutschland, Frankreichs, Australiens und Israels und zahllose ägyptische Bürger. Viele Menschen säumten die Straßen, Balkons und Hausdächer, um den Trauerzug zu sehen. Es war das größte Begräbnis, das es in Ägypten je gegeben hatte, und die letzte Möglichkeit, der Welt zu zeigen, daß der Schah Besseres verdient hatte als die Art, wie man ihn behandelt hatte. Wenigstens Ägypten hatte einem Freund nicht den Rücken gekehrt.

Vier Tage nach dem Tod des Schahs folgte die nächste Katastrophe: Die israelische Knesset erklärte Jerusalem zur »vereinten und unteilbaren Hauptstadt Israels«. Schlimm genug, daß die Israelis das Abkommen von Camp David gebrochen und im Westjordanland weiterhin Siedlungen gebaut hatten, schlimm genug, daß der Termin für die palästinensischen Autonomie-Gespräche zwei Monate zuvor ohne weitere Fortschritte verstrichen war. Doch daß die Israelis die heilige Stadt Jerusalem für sich allein beanspruchten, war ein Sakrileg. Jerusalem war die Heimat von 70000 Moslems und für nahezu 800 Millionen weitere Mohammedaner ein Heiligtum. Wenn die Israelis einen Teil der Stadt haben wollten, hätten sie Jerusalem geteilt lassen sollen, wie es vor 1967 gewesen war. Dies war ein Schlag für uns alle.

Der König von Saudi-Arabien rief ebenso zum Dschihad gegen die Zionisten auf wie alle anderen arabischen Staatschefs. Anwar vermochte seine Wut über Israel kaum zu zügeln. »Auf wessen Seite stehen sie?« fragte er mich verzweifelt. »Statt mit mir zusammenzuarbeiten, treiben mich die Israelis ein ums andere Mal in die Enge. Es ist, als hätten sie sich mit den Arabern verbündet, um gegen Ägypten und den Frieden zu kämpfen.«

Ein weiteres Mal gefährdeten die Israelis den Friedensprozeß im Jahre 1981, als ihre Flugzeuge nur zwei Tage nach einem Gipfelgespräch zwischen Premierminister Begin und meinem Mann im Sinai den Kernreaktor im Irak bombardierten. Begin hatte Anwar nichts von diesem Vorhaben gesagt, doch Anwars Gegner in Ägypten vermuteten natürlich, daß er davon gewußt haben müsse. Entsetzt über Israels Verrat bestellte mein Mann sofort den israelischen Botschafter nach Alexandria in unsere Villa, um schärfsten Protest gegen diese jüngste Provokation einzulegen. Noch nie hatte ich Anwar so wütend erlebt; er war so heftig erregt, daß seine Stimme bis zu mir in den zweiten Stock hinaufdrang. Damals wie jetzt waren die Zeitungen und Zeitschriften der ägyptischen Oppositionsparteien voll von antiisraelischen Leitartikeln. Bei jedem Schritt, den mein Mann auf den Frieden zuging, gingen die Israelis zwei Schritte zurück.

»Wir müssen Jerusalem von den Zionisten befreien! Wir müssen die El-Aksa-Moschee zurückholen, wenn es sein muß mit Gewalt!« predigten die Imams nach der Annexion Jerusalems in ganz Ägypten. In den Moscheen, den Versammlungsräumen, den Hörsälen und Auditorien der Universität rotteten sich die Fundamentalisten zusammen und gewannen mit ihren Kampagnen eine immer größere Anzahl jener, die vom Frieden mit Israel enttäuscht waren.

Im Herbst kauften die Studenten Mitschnitte der Predigten eines Fundamentalistenscheichs, als wären es Lieder aus der Hitparade. So viele Moscheen richteten ihre Lautsprecher auf den Campus, daß die Rufe der Muezzins zu den Gebetszeiten einander übertönten. Die Fanatiker hämmerten zwar niemals an die Tür meines Hörsaals, um zu verlangen, daß die Studenten aufhörten zu lernen und statt dessen beteten, aber ich hörte sie in allen Gängen. Außerdem wurden sie immer militanter und gewalttätiger, stürmten einmal sogar in einen Saal, in dem Studenten für eine Theateraufführung probten, und trieben sie mit Messern von der Bühne. Ich war entsetzt, als mir am nächsten Tag mehrere Studenten die häßlichen roten Schnittwunden an ihren Armen und

Beinen zeigten. Ein junger Mann, der Leiter der Studentenvereinigung, trug einen Gips: Die Fanatiker hatten ihm den Arm gebrochen.

Auf dem Gelände der Universitäten außerhalb von Kairo geschah noch Schlimmeres. In Alexandria waren Männer in Galabiyas ins Büro des Dekans eingedrungen und hatten ihn mit dem Tod bedroht, wenn er nicht sofort Koedukation, westliche Musik und Unterricht während der Gebetszeiten verbiete. »Tötet mich, wenn ihr wollt«, hatte der Dekan zu ihnen gesagt, »aber ich werde mich euren Drohungen nicht fügen.« Nach stundenlangen Verhandlungen hatten die Fanatiker ihre Geisel freigegeben, doch erst, nachdem er ihnen versprochen hatte, die jungen Männer und Mädchen auf getrennte Seiten der Hörsäle zu setzen.

In Assiut hatten die Fanatiker praktisch die Revolution ausgerufen. »Zeigt uns euren Trauschein!« verlangten sie von Männern und Frauen, die sie gemeinsam auf der Straße antrafen. Bärtige Männer hieben mit Stöcken auf die Beine junger Mädchen ein, deren Röcke nicht bis zu den Knöcheln reichten. Studenten aus den islamischen Radikalengruppen schlossen sich mit Fundamentalisten außerhalb der Universität zusammen, zerstörten ein Fernsehgeschäft in der Stadt, schmierten »Sündenpfuhl« auf die Fenster von Frisiersalons und Fotohandlungen und forderten, daß alle Geschäfte während der Gebetszeiten schließen müßten. Abend für Abend berichteten die Nachrichten von neuen Greueln, die die Fanatiker von Assiut begangen hatten.

Im Herbst 1980 las ich täglich bei Morgengrauen die Zeitungen der Opposition und erstattete Anwar, wenn ich ihn weckte, ausführlich darüber Bericht. Anwar selbst hatte es längst aufgegeben, die Oppositionspresse zu lesen. »Ich weiß ja doch, was sie schreiben werden, also wozu noch ihre Lügen und Übertreibungen lesen?« sagte er zu mir. »Sobald sie ihre Freiheit verantwortungsbewußt nutzen, werde ich sie wieder lesen.« Obwohl er sich der Gefahr bewußt war, die vom Fundamentalismus ausging, weigerte er sich doch stets, etwas dagegen zu unternehmen. »Wo bleibt der Sinn der Demokratie, wenn ich jeden, der gegen mich ist, ins Gefängnis stecke?« fragte er mich bei einem unserer Gartenspaziergänge, hin und her gerissen zwischen seiner Überzeugung und der zunehmenden Gefahr. »Wenn der richtige Zeitpunkt kommt, Jehan, werde ich handeln und ihnen beweisen, daß ich recht habe.« Je unruhiger ich in dieser schwierigen Zeit wurde, desto ruhiger wurde Anwar.

Die Gefahr eines Bürgerkrieges wuchs, und allmählich wurde es Zeit für Sofortmaßnahmen. Doch Anwar wollte demokratisch vorgehen: Schritt um Schritt. Es gab bereits Anzeichen für seinen neuerlichen Versuch, die Fundamentalisten zufriedenzustellen. Ein Rundfunksender brachte nonstop Koranlesungen. Die Fernsehsender erhielten Befehl, fünfmal täglich für den Ruf zum Gebet zu pausieren. Die staatlichen Schulen offerierten Koran- und Hadith-Unterricht, und 250 Millionen ägyptische Pfund waren für den Bau neuer Moscheen in zahlreichen Armenvierteln Kairos bereitgestellt worden. Trotzdem forderten in jeder Moschee der Kairoer Innenstadt sowie an zahlreichen Straßenecken bärtige Männer mit Megaphonen Privatspenden.

Anwar verbrachte immer mehr Zeit zu Hause, wo er im Garten betete und meditierte. Ich selbst konzentrierte mich ganz auf meine Arbeit an der Universität. »Warum arbeitest du so schwer für ein so kleines Gehalt?« fragten mich meine Freunde, meine Kinder und sogar Anwar. »Weil meine Arbeit mir Freude macht. Ich unterrichte gern«, antwortete ich ihnen. »Vergeßt nicht, daß ich nicht immer die Frau eines Präsidenten sein werde.« Insgeheim freute ich mich auf den Tag, da Anwar zurücktreten und mit mir, wie er es versprochen hatte, auf Urlaub in den Schwarzwald fahren würde. Nur elf Monate blieben noch bis zur letzten Phase der Rückgewinnung des Sinai und zu seinem Rücktritt. Erleichtert begrüßte ich den Beginn der Sommerferien Ende Mai. Doch die Gewalttätigkeiten gingen weiter.

Anfang Juni erlebten wir die schlimmsten Zusammenstöße zwischen Moslems und Kopten in der Geschichte Ägyptens. Es fing damit an, daß die Moslems Anspruch auf ein Grundstück erhoben, auf dem die Kopten eine Kirche bauen wollten. Und aus einem ganz banalen Streit zwischen Nachbarn wurde eine Schlacht. Die Einwohner des Viertels, in dem sich der Kampf abspielte, waren nervös und gereizt, und auch mich machte diese Nachricht nervös, denn diesmal fanden die Unruhen nicht in Assiut statt, sondern in der Hauptstadt selbst.

Solange ich denken konnte, hatten wir in Kairo mit Kopten zusammengelebt, und noch nie war die Religion ein Anlaß für Gewalt oder auch nur Streit zwischen uns gewesen. Nun jedoch gefährdeten die gedankenlosen Aktionen der Extremisten ein jahrhundertealtes Vertrauensverhältnis. »Warum verschwenden diese Menschen ihre Kraft mit derartigen Auseinandersetzungen?« wetterte Anwar. »Was heißt das schon – Kopte oder Moslem? Wir sind alle einfach Ägypter – Ägypter, die lieber gemeinsam die Rückgabe des Sinai feiern sollten. Wir haben Wichtigeres zu tun, als uns Gedanken darüber zu machen, wer Kopte ist und wer Moslem.«

Aber die Spannungen ließen nicht nach. Vor dem Portal jeder koptischen Kirche wurden Polizisten postiert und im Zusammenhang mit den Zwischenfällen über hundert Personen verhaftet. In einem oberägyptischen Dorf wurden über dreitausend Waffen beschlagnahmt, darunter eine Fliegerabwehrkanone. Das religiöse Fieber einiger weniger wurde zur Epidemie.

Die Moslems fingen an, das Armaturenbrett ihrer Autos mit dem Koran zu verzieren und auf die Stoßstangen unser Glaubensbekenntnis zu kleben: »Es gibt keinen Gott außer Allah, und Mohammed ist sein Prophet.« Die Kopten rollten ihre Ärmel auf, um die Kreuze zu zeigen, die ihnen nach der Geburt aufs Handgelenk tätowiert worden waren, und klebten Bilder von Schenuda, dem koptischen Patriarchen, auf ihre Stoßstangen.

Sogar Schenuda selbst verhielt sich unvernünftig:

Er sprengte den Rahmen seiner Rolle als Religionsführer und begann über Politik zu predigen. Aber auch andere koptische Priester legten ihre Zurückhaltung ab und gossen Öl ins Feuer der Auseinandersetzung, statt es einzudämmen. »Da ihr in der Minderheit seid, seid ihr gefährdet. Bekommt so viele Kinder, wie ihr könnt, und habt stets eine Pistole im Haus«, verkündeten sie. Anwars Zorn auf die koptischen Extremisten war ebenso groß wie deren Zorn auf ihn.

»Bitte, Jehan, versuchen Sie alles, was in Ihrer Macht steht, um den Patriarchen mit Ihrem Mann zu versöhnen«, lautete die Botschaft, die mir ein befreundeter Kopte zukommen ließ. »Die Lage wird immer brisanter.« Ich versuchte Anwar zu bewegen, sich mit Schenuda zusammenzusetzen und vernünftig mit ihm zu reden, aber er wollte nicht. Gleichzeitig versuchte Musa Sabri, Chefredakteur der Zeitung *el-Akhbar*, der Anwar sehr nahestand und selbst Kopte war, Schenuda zur Versöhnung mit meinem Mann zu überreden. Doch auch der Patriarch blieb stur.

Im August, kurz bevor Anwar und ich zum ersten Treffen mit Präsident Reagan und seiner Frau Nancy aufbrachen, erreichte der Volkszorn einen Höhepunkt. Eine Bombe explodierte auf einer koptischen Hochzeit in Schubra, einem streng christlichen Viertel von Kairo, die einige Gäste tötete und andere verletzte. Ich war entsetzt und Anwar schwor, bei unserer Rückkehr alle Schuldigen zu bestrafen.

Inzwischen aber bestraften die Kopten uns. Ich

wollte meinen Augen nicht trauen, als ich am zweiten Tag unseres USA-Besuchs die *Washington Post* aufschlug. »Kopten wurden bei lebendigem Leib verbrannt«, hieß es in einem halbseitigen »Offenen Brief an Präsident Sadat«. »Kinder wurden von Balkons geworfen. Christen wurden gezwungen, der Religion ihrer Väter abzuschwören. Die staatlich kontrollierten Medien attackierten und verhöhnten die christliche Religion.« Die Liste der Vorwürfe, unterzeichnet von den Coptic Assodations of America und Canada, schien kein Ende zu nehmen. »Mr. President«, hieß es zum Schluß, »Sie selbst haben den staatlich subventionierten Fundamentalismus, wie er von Ghaddafi und Chomaini geübt wird, immer wieder verurteilt. Warum machen Sie demselben Wahnsinn in Ägypten nicht ein Ende?«

Falls die Kopten mit ihren Übertreibungen um Sympathie werben wollten, so hatten sie Anwar nur noch mehr erzürnt. »Jetzt hab' ich aber genug!« fauchte Anwar, nachdem er diese Veröffentlichungen gelesen hatte, und sein Gesicht war dunkel vor Wut. Gegen Abend jedoch wurde er wieder ruhiger und plauderte beim Dinner im Weißen Haus angeregt mit Präsident Reagan. Auch ich verlebte einen angenehmen Abend und genoß das Gespräch mit Nancy Reagan über unsere Kinder und Projekte. In der Nacht aber vermochte ich kaum zu schlafen, denn meine Kopfschmerzen waren schlimmer denn je.

Was sollte aus Ägypten werden? Was sollten wir tun? Meine Besorgnis verstärkte sich noch, als der österreichische Kanzler Kreisky Anwar in Washington anrief, um ihm von dem für die Heimreise geplanten Zwischenstop in Wien abzuraten, weil man am Flughafen zwei Palästinenser mit automatischen Waffen und Handgranaten verhaftet habe.

Unsere Feinde lauerten überall. Wir werden es überstehen, sagte ich mir immer wieder, wenn ich daran dachte, wie oft man uns früher schon bedroht hatte. Wieder sicher in Ägypten, wirkte Anwar ruhiger und zuversichtlicher denn je. Im Laufe der nun folgenden Tage konsultierte er seine Berater und ließ sich die jüngsten Informationen über die Lage zwischen Moslems und Kopten geben. Immer öfter blieb er zu Hause, saß ganz allein auf seinem Balkon oder ging im Garten spazieren. Dieses Verhalten war mir vertraut, deswegen störte ich ihn auch nicht: Anwar hatte sich alle Ratschläge angehört und suchte nun zu einer eigenen Entscheidung zu kommen.

Am 5. September, genau eine Woche nach unserer Rückkehr aus den Vereinigten Staaten, unternahm Anwar einen kühnen Schritt, um die Ordnung in Ägypten wiederherzustellen: Er ließ alle Personen, die in irgendeiner Verbindung zu den jüngsten religiösen Gewalttätigkeiten standen, von der Polizei verhaften; unter den Festgenommenen befanden sich zahlreiche fundamentalistische Scheichs und eine Anzahl koptischer Priester, die für ihre extremistischen Ansichten bekannt waren. Hunderte von Anhängern der Moslembrüder wurden zur Vernehmung geholt. Ihre Zeitschrift wurde ebenso verboten wie die Publikationen der radikalen Kopten. Selbst dem koptischen Patriarchen Schenuda wurde verboten, aufrührerische politische Proklamationen zu verlautbaren. Anwar enthob ihn seines Amtes, ernannte an seiner Stelle einen Fünferrat und verbannte ihn nach Wadi el-Natrun, einem koptischen Kloster in der westlichen Wüste.

Auch die Aktivitäten der fundamentalistischen Studentengruppen wurden eingeschränkt, denn Anwar erließ ein für alle Universitäten geltendes Verbot der Galabiyas und des schweren Schleiers. Viele Professoren zeigten sich erleichtert, denn endlich konnten die Universitäten sich wieder auf ihre Rolle als Bildungsstätten besinnen. Anwar hatte auch bekannte Mitglieder der Oppositionsparteien verhaften und die Veröffentlichung ihrer Presseerzeugnisse vorübergehend verbieten lassen.

Für Ägypten war es eine kritische und äußerst gefährliche Phase. Denn so viele Gegner Anwar auch aus dem Verkehr gezogen hatte – einige konnten sich der Verhaftung entziehen. Vor allem ein Verschwörer machte ihm Sorgen. Einige Wochen zuvor hatte ihm der Innenminister das Tonband einer Unterhandlung zwischen einem Waffenhändler und einem Mann geschickt, der sagte, er brauche Waffen, um Anwar el-Sadat umzubringen. Dieser Mann war bis zum Haus eines gewissen Abbud el-Zumor verfolgt worden, eines Offiziers des militärischen Geheimdienstes. Doch als die Polizei El-Zumor am 5. September mit allen anderen verhaften wollte, war er spurlos verschwunden. Diese potentielle Bedrohung durch El-Zumor machte Anwar so sehr zu schaffen, daß er sie sogar in einer seiner Reden erwähnte. »Ich weiß, es gibt einen Offizier, der noch frei herumläuft, und ich vermute, daß er mich jetzt hört«, erklärte Anwar. »Ich möchte ihn warnen, denn auch ihn werden wir bald haben.«

Die Minister meines Mannes sowie die Mitglieder seiner Partei unterstützten einstimmig Anwars Entscheidung, endlich sämtliche Agitatoren zu verhaften. Denn schließlich war es lebenswichtig, während dieser letzten, sensiblen Phase der Rückgabe des Sinai jegliche inneren Unruhen zu vermeiden. Im April, und bis dahin waren es nur noch sieben Monate, sollte die Rückgabe des Sinai abgeschlossen sein. Ich zählte die Tage, konzentrierte mich ganz auf den Moment, da Anwar als Präsident zurücktreten würde. Wir konnten uns auf unser zukünftiges Leben freuen, auf Reisen, unsere Familie oder auch einfach nur darauf, ungehindert einkaufen zu gehen – eben auf ein Leben ohne diese ungeheure Verantwortung. Es sollten sieben schreckliche Monate werden.

Die europäische und die amerikanische Presse kritisierten meinen Mann schärfstens, daß er so viele politische Gegner verhaftet hatte, und nannten ihn einen Diktator statt einen Vertreter der Demokratie. Anwar fühlte sich von diesen Angriffen zutiefst verletzt. »Beachte sie gar nicht«, versuchte ich ihn zu trösten. »Wenn sie besser über die Lage bei uns informiert wären, würden sie dich begreifen.«

Doch Anwars Besorgnis legte sich nicht. »Ich brauche Zeit. Zeit!« sagte er, während er rastlos in seinem Schlafzimmer auf und ab ging. »Begreifen diese Leute das denn nicht? Die Lage in Ägypten droht außer Kontrolle zu geraten. Ich hatte keine Wahl; ich *mußte* die subversiven Elemente in unserem Land vorübergehend handlungsunfähig machen. Wir dürfen die Rückgabe des Sinai nicht gefährden!«

»Du hast recht, Anwar, und die Ausländer haben keine Ahnung«, versuchte ich ihn zu beschwichtigen.

»Nichts wäre mir lieber, als die Verhafteten allesamt zu entlassen«, erklärte er mir. »Und das werde ich auch tun, denn die meisten von ihnen werden bald zur Vernunft kommen und erkennen, was für unser Land am besten ist. Nur im Fall der religiösen Extremisten kann ich wohl nichts tun, denn mit denen kann man einfach nicht diskutieren.«

Aber die Westmächte fuhren fort, Anwar zu verleumden, während in Ägypten selbst eine Drohung gegen ihn die nächste ablöste.

»Bitte, Jehan, sei sehr vorsichtig!« warnte er mich eines Vormittags im September. »Schränke deine Tätigkeit wenigstens ein paar Monate ein, bis ich das Gefühl habe, die Situation in der Hand zu haben. Es könnte Leute geben, denen die Verhaftungen gegen den Strich gehen.«

Er verdoppelte die Zahl der Leibwachen für mich und Gamal, denn natürlich wußte er, ein wie verlokkendes Ziel unser einziger Sohn bot. Ich dagegen bat ihn inständig, auch seine eigene Tätigkeit einzuschränken. Aber er weigerte sich, ja er zeigte sich immer öfter in der Öffentlichkeit.

Es gab keinen Tag, an dem ich, wenn ich mich morgens von ihm verabschiedete, erwartete, ihn abends lebend wiederzusehen. »Bitte Anwar, wenn du schon deine Reisen nicht absagen willst, nimm wenigstens einen geschlossenen Wagen oder zieh eine kugelsichere Weste an«, bat ich ihn inständig.

Unsere Kinder waren genauso besorgt. »Die meisten Menschen lieben dich, das wissen wir, Papa«, sagte Lubna eines Morgens zu ihm. »Aber ein einziger Verrückter genügt, um dich zu töten.«

Anwar ließ sich nicht beirren. Eines Morgens zeigte er mir einen Brief des Mannes, der ihn vor vierzig Jahren bei einem seiner Fluchtversuche vor den Engländern versteckt hatte. Der Mann, ein Lastwagenfahrer, den Anwar seither nicht mehr gesehen hatte, lud ihn nunmehr zur Hochzeit seiner Tochter in Mansura ein. Anwar war tief gerührt von dieser Einladung und freute sich über die Gelegenheit, sich bei ihm für den großen Dienst zu bedanken, den dieser Mann ihm vor so vielen Jahren geleistet hatte. »Könntest du nicht einfach ein Geschenk schicken?« fragte ich ihn, weil ich ihn vor einer weiteren gefährlichen Reise bewahren wollte.

»Ein Geschenk schicken ist nicht dasselbe wie selbst hinfahren, Jehan«, antwortete Anwar. Er akzeptierte die Einladung und beschloß, in einem Zug mit offener Plattform zu reisen, unterwegs in jedem Dorf kurz haltzumachen, und im Anschluß an die Hochzeitsfeier im offenen Wagen durch die Stadt zu fahren.

»Laß den Zug wenigstens nicht so oft halten«, bat Hosni Mubarak ihn noch kurz vor der Abreise. Doch nicht mal auf seinen Vizepräsidenten wollte Anwar hören; ihn interessierte vielmehr die Reaktion der Bevölkerung auf die Verhaftungswelle. Als er später heil und gesund aus Mansura zurückkehrte, war er überglücklich, denn die Menschen dort schienen seine Maßnahmen im Kampf gegen die inneren Unruhen gutzuheißen.

Ich aber machte mir große Sorgen. Immer häufiger lehnte Anwar alle guten Ratschläge seiner Umgebung ab und zog sich immer mehr in sich selbst zurück. Es war, als müsse er eine Art göttlichen Auftrag erfüllen, bei dem niemand ihn stören dürfe. Er wirkte auf fast mystische Art distanziert – ganz anders als in den Stunden der Zurückgezogenheit, die er suchte, wenn er wichtige Entscheidungen zu treffen hatte. Er verhielt sich immer mehr wie ein Sufi, der mit Allah auf eine sehr intime, liebevolle und offene Art kommuniziert. Sogar äußerlich wirkte er wie ein Sufi: mager, sehr mager, weil er sich jede feste Nahrung versagte und bei den Mahlzeiten jetzt nur noch Suppe und gekochtes Gemüse zu sich nahm. Außerdem begann er immer wieder vom Tod zu sprechen.

Im September hatte er mir dreimal erklärt, er werde Allah begegnen. »Wie interessant, Anwar«, neckte ich ihn das erstemal, als wir im Garten spazierengingen. »Wann hat Allah dir denn gesagt, daß Er dich hier besuchen will?« Auch beim zweitenmal neckte ich ihn noch, obwohl ich allmählich ängstlich wurde. Dies war nicht der Sadat, den ich kannte, der realistische, harte Sadat, der sich niemals Illusionen hingab. Beim drittenmal sagte ich gar nichts mehr.

»Allah hat mir mehr geschenkt, als ich es mir je hätte träumen lassen«, sagte er auf einem anderen Spaziergang Anfang Oktober. »Wir waren siegreich im Krieg wie im Frieden. Ich habe den Grundstein für die Demokratie in Ägypten gelegt und die Zeichen für den wirtschaftlichen Aufschwung gesetzt. Was kann ein Mann mehr verlangen? Ich habe den Auftrag erfüllt, den Allah mir gegeben hat.«

»Warum glaubst du deinen Auftrag erfüllt zu haben?« wandte ich ein. »Allah entdeckt den Menschen niemals seine Geheimnisse.«

Aber auch darauf hatte er eine Antwort. »Ich habe niemals behauptet, die Geheimnisse des Himmels zu kennen, Jehan. Aber ich spüre, daß mein Leben dank Allahs Gnade seinen Tribut an das Schicksal gezahlt hat.«

Nun begann er von seiner Grabstätte zu sprechen, von seinem Wunsch, am Fuß des Berges Sinai beigesetzt zu werden. Aber je mehr er von seinen Vorahnungen sprach, desto mehr sprach ich von dem gemeinsamen Leben, das vor uns lag und auf das wir uns beide freuten.

»Wohin reisen wir zuerst? Nach Deutschland in den Schwarzwald oder nach Venedig, wo du in einer Gondel für mich singen wirst?« wollte ich wissen.

»Ach, Jehan.« Mehr sagte er nicht.

Ich weigerte mich, auf seine Todesahnungen einzugehen, weigerte mich, ihn gehen zu lassen. Ich war hier, auf dieser Erde, und wollte ihn hier bei mir haben. »Anwar, du verwöhnst Gamal zu sehr«, schalt ich ihn am 2. Oktober. »Warum läßt du ihn nach Amerika gehen? Du solltest ihm die Reise verbieten.«

Anwar sah mich lächelnd an. »Ich möchte alles für ihn tun, was ich kann, solange ich noch am Leben bin«, antwortete er mir. »Du wirst sehen, er ist nicht verwöhnt. Wenn ich sterbe, wird er dir zeigen, daß er ein echter Mann ist, der seine Verantwortung tragen kann.«

»Wie kannst du nur so etwas voraussagen?« gab ich zurück. »Du wirst nicht mehr da sein, und ich bleibe mit ihm allein.«

»Du wirst schon sehen, Jehan«, versicherte er mir. »Du wirst schon sehen.«

Am 3. Oktober flog Gamal nach Kalifornien. Zum Abschied umarmte er seinen Vater und mich und ging zum wartenden Wagen hinunter, nur um zu erfahren, daß sich sein Flug um eine halbe Stunde verzögere. Also kam er noch einmal herauf und setzte sich zu seinem Vater.

»Papa verhält sich sehr sonderbar«, sagte Gamal zu mir, als er sich abermals zur Abfahrt bereitmachte. »Als ich mich von ihm verabschiedete, lächelte er nur und sagte: ›Bleib nicht zu lange in den Staaten, Gamal. Komm bald zurück.‹«

»Was hat er gesagt, Gamal?« wollte ich wissen.

»›Kümmere dich um deine Mutter‹«, erwiderte Gamal mit besorgter Miene. »Das hat er sonst noch nie gesagt. Sonst hat er mir immer nur befohlen, mich um meine Schwestern zu kümmern.«

»Und genau das wirst du auch tun«, versuchte ich ihn zu beruhigen. Dann fuhr er los.

Den Vormittag des 5. Oktober verbrachte ich mit der Arbeit an meiner Dissertation. Wie immer, hatte ich keine Sekunde Zeit zu erübrigen und beneidete Anwar, der im Garten saß und zu lesen versuchte, während Gamals zweieinhalbjährige Tochter Jasmin auf ihm herumturnte. Wie friedvoll und glücklich Anwar von meinem Fenster aus wirkte! Ich wußte, daß er sich auf die Parade am folgenden Tag freute. Ich selbst hatte inzwischen dafür gesorgt daß seine neue Uniform und seine Marschallschärpe gebügelt und seine Stiefel blitzblank geputzt wurden. Bis auf Gamal wollten all unsere Kinder und Enkel kommen, um den achten Jahrestag unseres Sieges über Israel gemeinsam mit uns zu feiern. Der 6. Oktober würde ein Feiertag für uns alle sein, eine Erholung von den in ganz Ägypten brodelnden Spannungen. An diesem einen Tag würde kein Wölkchen den Himmel trüben.

14 Unendliches Leid

Hellichter Tag verwandelte sich in Nacht, Nacht wieder in Tag. Mechanisch erledigte ich alle nach Anwars Tod notwendigen Formalitäten, nahm die Beileidsbekundungen meiner Freunde, meiner Mitarbeiter bei den karitativen Organisationen und Projekten, der Regierungsmitglieder in Kairo und Munufiya, der Würdenträger aus aller Welt entgegen, die zu Anwars Beisetzung gekommen waren.

»Es ist sehr schwer, doch ich bin froh, daß mein Mann auf den Füßen gestorben ist und nicht auf den Knien«, sagte ich zu Begin, dessen Gesicht vor Erschütterung und Trauer ganz grau war.

»Ich habe nicht nur einen Partner in unseren Friedensverhandlungen verloren, sondern auch einen Freund«, gab er zurück.

Hunderte von Menschen kamen an den nächsten drei Besuchstagen, um zu kondolieren, und Tausende von Beileidsbriefen trafen ein. Die Ärzte gaben mir Beruhigungsmittel, damit ich ein wenig Ruhe fand, aber ich konnte nicht schlafen. Ständig kam mir etwas in den Sinn, das ich unbedingt Anwar erzählen mußte, das ich mit ihm teilen wollte. Und dann fiel es mir wieder ein: Anwar war nicht mehr unter uns.

Tag für Tag verließ ich morgens als erstes das Haus, um zu seinem Grab zu gehen, um mich ihm nahe zu fühlen und seiner Seele Ruhe zu bringen. Wenigstens ist Anwar im Paradies, versuchte ich mich zu trösten. Da Anwar so brutal von der Kugel eines Attentäters niedergestreckt wurde, war er zum Märtyrer geworden, und Märtyrer kommen nach unserem Glauben unmittelbar ins Paradies. Da Allah ihn so schnell zu sich genommen hatte, war Anwar doppelt gesegnet. Geringere Menschen müssen oft lange leiden, doch jene, die Allah am meisten liebt, erspart Er diese furchtbaren Schmerzen.

Obwohl ich immer schon geahnt hatte, daß man meinen Mann für seinen Mut und seine Friedensvisionen umbringen würde, war ich nicht wirklich darauf vorbereitet gewesen. Mein Herz war gebrochen.

»Allah segne Sie, Frau Sadat«, sagten die Menschen, die gleich mir erschüttert und in tiefer Trauer am Grab meines Mannes standen, wann immer ich dort hinkam, Tag und Nacht. Manche beteten, manche weinten, manche starrten nur fassungslos vor sich hin.

Unsere Kinder waren niedergeschmettert. »Wenn ich nur bei ihm gewesen wäre«, klagte Gamal, der bei den Feierlichkeiten des 6. Oktober stets unmittelbar hinter seinem Vater zu sitzen pflegte. »Ich hätte ihn schnell zu Boden gestoßen und mich sofort über ihn geworfen.«

»Nein, Gamal«, versuchte ich unseren Sohn zu trösten. »Sein Leben lag nicht in deiner, sondern in Allahs Hand. Niemand und nichts hätte seine Lebenszeit verlängern können.«

Doch Gamal war untröstlich und versank in eine monatelange tiefe Depression, weil er meinte, den Vater im Stich gelassen zu haben.

Auch Nana, unsere jüngste Tochter, litt unendlich. Monatelang besuchte sie täglich das Grab ihres Vaters und kam jedesmal mit tränenüberströmtem Gesicht zurück. Sie fand nicht aus ihrer Verzweiflung heraus, so daß ich schon Angst hatte, sie könnte krank werden.

»Geh bitte nicht jeden Tag zum Grab, Nana«, drängte ich sie behutsam. »Deinem Vater wäre es nicht recht, dich so traurig zu sehen.«

Aber sie setzte ihre Totenwache fort, bis wir sie zu ihrem eigenen Wohl daran hinderten. Heute besuche ich das Grab, wenn ich zu Hause in Kairo bin, mit meinen Kindern einmal die Woche. Und noch immer strömen Nanas Tränen.

Bei den Vereinten Nationen in New York wurde eine Gedenkfeier abgehalten. »Seine sterbliche Hülle, sein Käfig, mag nicht länger unter uns weilen«, sagte der geistliche Meister Sri Chinmoy vor den Delegierten und Angestellten. »Seine himmlische Seele jedoch, der Vogel, bleibt hier bei uns und predigt Frieden, Frieden, Frieden, bis die ganze Welt davon erfüllt ist.« Bei einem Treffen der Commonwealth-Länder im australischen Melbourne verharrten die Chefs von einundvierzig Nationen vor der Eröffnung der Sitzung in einer Schweigeminute und unterzeichneten eine Trauerdeklaration, die mir Malcolm Fraser, Vorsitzender des Commonwealth, übersandte. »Für mich war er einer der größten Staatsmänner der Welt«, setzte der Premierminister von Australien persönlich hinzu. »Wir trauern mit Ihnen.«

Auch die geistlichen Häupter der Welt trauerten um Anwar, darunter Papst Johannes Paul II., der erst fünf Monate zuvor selbst durch einen Schuß verletzt worden war, und seine Heiligkeit, der Dalai Lama.

Offizielle Kondolenzschreiben von Regierungen aus aller Welt kamen ebenso wie ganz persönliche Briefe an mich. Bewegende Briefe von unseren Freunden im Staat Israel trafen ein. Yitzhak Navon, der israelische Präsident, schrieb mir:

»Offira und ich waren zutiefst erschüttert von dem schweren Schlag, der Sie getroffen hat. Ihr verstorbener Gatte war nicht nur ein hervorragender Staatsmann internationalen Formats, sondern darüber hinaus ein außergewöhnlicher Mensch. Er vereinte in sich ein menschlich-warmes Herz mit dem Verstand eines großen Denkers. Wir bewunderten und liebten ihn zugleich... Sein Andenken wird noch für Generationen ein leuchtendes Beispiel sein.«

Auch Aliza Begin schrieb mir aus Jerusalem und bedauerte, ihren Mann nicht zu Anwars Beisetzung begleiten zu können.

Briefe kamen aus Amerika von Mitgliedern des US-Senats und des Kabinetts. Ronald und Nancy Reagan schickten mir ein Album mit Fotos von unserem letzten Besuch in Amerika sowie eine Aufnahme von Anwar allein, die, wie es im Schreiben hieß, »seine ganze Seele zeigte«.

Es gab so viele Zeichen der Herzlichkeit! Oft konnte ich bei der Lektüre dieser Briefe die Tränen nur mit Mühe zurückhalten. Fadila Ahmad Fuad, Schwiegertochter von König Faruk, schrieb:

»Ich entbiete Ihnen und Ihrer lieben Familie mein aufrichtiges Beileid zum Tod des geliebten Friedenshelden Mohammed Anwar el-Sadat; ich rufe den Allmächtigen an, ihn ins Paradies aufzunehmen und Ihnen Geduld und Trost zu schenken. Niemals werde ich vergessen, was ich als Mutter empfunden habe, niemals das Gefühl der Menschlichkeit vergessen, das ich an dem Tag erlebte, als mir erlaubt wurde, meinen Sohn den geliebten Boden Ägyptens betreten zu lassen, das Land der Liebe, das Land des Friedens, das Land, das dieser Held, dieser Märtyrer des Friedens und der Liebe, mit seinem reinen Blut getränkt hat. Friede und die Barmherzigkeit, der Segen Allahs sei mit Ihnen.«

Ebenso berührt war ich von einem freundlichen Telegramm des Prinzen und der Prinzessin von Dschidda in Saudi-Arabien sowie von einem herzlichen Schreiben König Husseins von Jordanien. Obwohl er Jordaniens diplomatische Beziehungen mit Ägypten abgebrochen hatte, besaß er den Anstand, den Tod seines Freundes persönlich zu betrauern. Genauso, wie ich nach dem tragischen Tod seiner Frau Alia nach Jordanien gereist war, um ihm mein herzlichstes Beileid auszudrücken, kondolierte mir der König nunmehr im wahren Geist des Islam.

Ich hoffte, daß sich noch andere arabische Staatschefs dazu durchringen konnten, Anwar zu ehren, aber das war nicht der Fall. Ihre Ehefrauen und die Frauen aus den arabischen Ländern, mit denen ich mich befreundet hatte, zeigten mehr Mitgefühl. Da sie persönlich aus politischen Gründen nicht kommen konnte, entsandte Madame Wassila von Tunesien ihre Schwester Naila zu einem Kondolenzbesuch. Scheicha Fatima von Abu Dhabi schickte eine Delegation nach Kairo, die meinem Mann die letzte Ehre erweisen sollte. Auch aus Katar kam eine Frauengruppe. Das Mitgefühl und der Mut dieser Frauen berührten mich tief. Die Reaktionen vieler anderer Moslems dagegen vertieften noch meinen Schmerz.

In Bagdad führten die Menschen auf den Straßen ebenso Freudentänze auf wie der flaggenschwingende Mob in Libyen, als Radio Tripolis die Nachricht vom Tod meines Mannes verbreitete. Eine ganze Woche lang ging die haßerfüllte Propaganda der Libyer weiter, während Ghaddafi die Bevölkerung Ägyptens aufforderte, die neue Regierung zu stürzen, ja sogar nach Kairo zu marschieren und Anwars Leichnam in Stücke zu reißen. Auch im Iran rief Ayatollah Chomaini die Ägypter auf, »die Nachfolger des toten Pharao« zu stürzen und eine islamische Republik auszurufen. Im Libanon feierten die militanten Palästinenser mit Tanzen, Singen und dem *scharbat*, einem Getränk, das bei uns nur den freudigsten Ereignissen vorbehalten ist. »Wir schütteln die Hand, die am Abzug lag«, verkündete ein PLO-Befehlshaber.

Als ich die Demonstrationen dieser irregeleiteten Menschen sah, wurde mir schwer ums Herz. Denn wenn die Zeit kommt, da jene, die uns Leid zugefügt haben, sterben müssen, wird es mit meinem Zorn auf sie ein Ende haben. Dann werde ich nicht in Jubel ausbrechen, sondern den Hinterbliebenen kondolieren. Das ist die Botschaft des wahren Islam. Nach Anwars

Tod waren jedoch einige Menschen so verbittert, daß sie unsere Religion verrieten. Ihr Verhalten war beschämend, vor allem die Respektlosigkeit einiger Palästinenser. Niemand hatte sich mehr für die Palästinenser eingesetzt als mein Mann. Bei allen Verhandlungen mit Israel war Anwar niemals von der Forderung nach dem Recht der Palästinenser auf Autonomie und Selbstbestimmung abgewichen. Er war es gewesen, der den ersten mutigen Schritt zur Lösung unserer Probleme tat, indem er Frieden schloß. Und nun war er dafür ermordet worden.

In Ägypten wurde das Kriegsrecht ausgerufen: Auf der Straße durften sich keine Gruppen von mehr als fünf Personen bilden. Anwars Heimatdorf Mit Abul-Kum wurde abgesperrt, und niemand durfte es betreten. Über tausend religiöse Fanatiker wurden zur Vernehmung festgenommen und ihre Häuser durchsucht. Es war unglaublich, aber die Polizei fand nicht nur riesige Waffenverstecke, sondern auch einen detaillierten Plan für die Machtübernahme. In weniger als achtundvierzig Stunden verbreitete sich das Fieber der Gewalttätigkeit nach Assiut, wo sich militante Fundamentalisten zwei Tage lang Kämpfe mit der Polizei lieferten, bei denen sechsundsechzig Polizisten und einundzwanzig religiöse Fanatiker starben.

Die Unruhen verbreiteten sich im ganzen Land. Niemand wußte, ob es sich wirklich um einen Staatsstreich handelte und wer ihn leitete. Die Verantwortung für das Attentat auf Anwar wurde von einer Gruppe übernommen, die sich *Dschihad* nannte, derselben Terroristenzelle, die 1980 Bomben in den Kirchen von Alexandria gelegt hatte. Niemand wußte, wie viel es waren und wie tief sie die ägyptische Gesellschaft infiltriert hatten. Ich, in Kairo, wußte nicht, worauf ich mich gefaßt machen mußte, ob meine Kinder und ich gefährdet waren. Damit uns nur ja niemand belauschen konnte, ging ich mit ihnen in den Garten, wo wir flüsternd beratschlagten, ob wir aus Ägypten fliehen oder doch lieber bleiben sollten. Wir kamen überein: In welcher Gefahr wir auch immer schweben mochten – Anwar zu Ehren würden wir auf jeden Fall in Ägypten bleiben.

Als sich herausstellte, daß die Ermordung meines Mannes das Werk einer Handvoll von Wahnsinnigen war und keine nationale Verschwörung, gestaltete sich das Leben wieder halbwegs normal. Im Gegensatz zu dem Chaos, das nach Nassers Tod geherrscht hatte, verlief die Präsidentschaftsübernahme durch Mubarak störungsfrei: ein Beweis für die Stabilität des von Anwar in Ägypten etablierten demokratischen Systems. Aber das Land litt noch unter dem Schock. Wir hatten eine der niedrigsten Kriminalitätsraten der Welt und waren nicht an Gewalttätigkeiten und Morde gewöhnt. Nur die Fundamentalisten, immer noch eine winzige Minderheit der Bevölkerung, hielten Gewalttätigkeit für ein legitimes Mittel zur Durchsetzung ihrer angeblich religiösen, in Wirklichkeit jedoch politischen Ziele:

»Zum Ruhm Ägyptens! Attacke!« soll einer der vier Attentäter geschrien haben, als er, aus seinem Maschinengewehr feuernd, auf die Zuschauertribüne zustürzte. Bei der später folgenden Untersuchung stellte sich heraus, daß der vierundzwanzigjährige Anführer, Leutnant Chaled Ahmed Schawki el-Islambuli, auf Befehl Oberst El-Zumors gehandelt hatte, jenes Geheimdienstoffiziers, vor dem Anwar gewarnt worden war und der sich im September der Verhaftungswelle politischer und religiöser Subversiver durch die Flucht hatte entziehen können.

Ich war empört, als ich im Dezember im Fernsehen beobachten mußte, wie der Prozeß ins Chaos abglitt. Immer wieder störten die vier Hauptangeklagten und die zwanzig mitangeklagten Komplizen die Gerichtsverhandlung mit beleidigenden Zwischenrufen. Als Vorsitzende des Volksrats von Munufiya hatte ich Diskussionen zwar zugelassen, ja sogar gefördert, die Zügel aber stets in der Hand behalten. Der Richter hier, in diesem Gerichtssaal von Kairo, blieb passiv. Gewiß, ich wußte, daß er neutral sein mußte, aber doch nicht gleich so furchtbar hilflos! Ungestraft brüllten die Verschwörer beleidigende Behauptungen über Anwar und sein ganzes Regime in den Saal. Es war, als hätte Sadat das Verbrechen begannen, nicht sie; als hätte Sadat den Mord begangen, statt das Opfer dieses Mordes zu sein. Nicht die Attentäter waren es, über die hier gerichtet wurde, sondern Sadat.

Islambuli und die anderen zeigten weder Reue noch Bedauern, sondern prahlten sogar damit, eine heilige Mission erfüllt zu haben. Es sei Allahs Wille, behauptete Islambuli, Bürgerrecht durch islamisches Recht zu ersetzen, den Frieden mit Israel zu brechen und durch den Mord an Anwar die September-Verhaftungen der fundamentalistischen Moslemführer und -anhänger zu rächen. Es schien, als erwarteten sie statt Strafe für den Meuchelmord an meinem Mann noch Glückwünsche.

Das Chaos steigerte sich noch, als die Attentäter und Abd el-Salam Farag, der Koordinator des Überfalls, im März zum Tode, der größte Teil ihrer Komplizen zu Gefängnisstrafen verurteilt wurden. »Trauert nicht, denn ich werde Allah wiedersehen«, rief Islambuli seiner Ehefrau und seiner Mutter zu, die beide tief verschleiert waren. »Wir sind frei, die Gefangenen seid ihr!« Es war wirklich erschreckend, wie sehr sie von ihrer Idee besessen waren. »O Jerusalem, Kalifat des Todes, die Moslems kommen!« schrie ein anderer Schuldiggesprochener, als die Urteile verkündet wurden. »Begin wird von der Hand der Moslems sterben!« rief ein anderer, der den Koran und eine Fahne mit bluttriefendem Davidstern schwenkte. »Sadat war der größte Agent der Zionisten!«

Geschürt von den Fundamentalisten, verbreitete sich das Anti-Sadat-Feuer überall. Jetzt scharten sich all jene zusammen, die gegen Anwar gewesen waren, um sein Andenken zu schänden. »Die Frauen des Propheten blieben in der Sicherheit ihres Hauses, wo sie putzten und kochten. Die Witwe unseres Präsidenten ließ sich von Hubschraubern frisches Gemüse und Obst bringen«, behauptete ein Fundamentalistenscheich in seiner Freitagspredigt. Die Oppositionspresse veröffentlichte Gerüchte, ich sei nach Anwars Beisetzung am Flughafen erwischt worden, als ich mit Koffern voller Gold zu fliehen versuchte, aus einem Museum hätte ich ägyptische Kunstwerke gestohlen, mein Lehramt an der Universität hätte ich mir erschlichen und selbst meine Kinder hätten sich nicht für das Studium qualifizieren können.

Jeden Morgen beim Erwachen fiel mein Blick auf die Schlagzeilen der Zeitungen, die wieder neue, aus den Finger gesogene Anschuldigungen enthielten. Anwar habe in Ägypten zwölf Häuser besessen, lautete eins dieser Gerüchte, während mir selbst in der ganzen Welt Immobilien gehörten. Wie lächerlich! Nicht einmal die Villa in Giseh war unser Eigentum. Unser einziger Besitz war das Haus in Mit Abul-Kum. Die Residenzen des Präsidenten, in denen Anwar bei seinen Besuchen in den Provinzen aus Sicherheitsgründen wohnte, waren allesamt Staatseigentum und wurden jetzt von Mubarak benutzt. Es war eine schreckliche Zeit für uns. Eine schreckliche Zeit!

Niemand wußte, wem er glauben sollte. Nicht einmal unser neuer Präsident. Kurz nach Anwars Tod rief mich Hosni Mubarak an und erklärte mir, er wolle mich genauso behandeln, wie mein Mann Frau Nasser behandelt hatte, mir also eine Staatspension und Wohnung für meine Familie zuerkennen. Aber nicht einmal er war mit den Tatsachen vertraut. »Ist das Haus in Giseh Ihr Eigentum!« fragte er mich.

Ich war in einem so furchtbaren Zustand, daß ich nicht einmal lachen konnte. »Dann glauben selbst Sie, Herr Präsident, daß dieses Haus mir gehört? Woher hätten Anwar und ich wohl so viel Geld nehmen sollen, um dieses Haus zu kaufen? Nein, nein! Es ist gemietet!«

»Ich wollte nur sichergehen«, gab er zurück. Und er überschrieb mir nicht nur das Giseh-Haus, sondern auch das in Alexandria zu meiner und der Kinder lebenslänglichen Nutzung.

Ich war ihm natürlich dankbar, doch als ich den Telefonhörer auflegte, überlief mich ein eiskalter Schauer. Wenn ein Mann, der uns so nahestand wie Mubarak, nicht wußte, was unser Eigentum war und was nicht – was sollten dann die Menschen denken, die uns nur aus der Ferne kannten?

»Wie sind die Sadats so reich geworden?« wurden abermals Gerüchte in den Zeitungen veröffentlicht, und zwar mit Fotos von mir und den Kindern. »Seht nur, wie sie sich kleiden!« Ich hatte immer nur wenig Geld für Kleidung ausgegeben und mir im Jahr höchstens drei bis vier gute Kleider gekauft, die ich dann aber zehn Jahre lang trug. Die Anzüge, die ich für Anwar kaufte, bestanden ebenfalls nur aus einigen wenigen guten. Und eine ganze Anzahl meiner eigenen wie auch der Kleider für meine Kinder zu Schamm el-Nesim und anderen Feiertagen nähte ich selbst. An der Universität wurde ich von meinen Studenten immer wieder mit meiner Sparsamkeit aufgezogen, weil ich ständig das Licht in den unbenutzten Hörsälen ausmachte und meine eigenen Vorlesungen ganz ohne elektrisches Licht abhielt. »Wollen Sie, daß wir blind werden?« pflegten meine Studenten zu scherzen. »Elektrischer Strom kostet Geld, das Tageslicht nicht«, antwortete ich dann. Nach Anwars Tod aber wollten die Verleumdungen nicht aufhören.

Die Situation war unerträglich. Denn fing ich erst an, eine einzige dieser Anschuldigungen zu widerlegen, würde es kein Ende mehr nehmen. Ich beschloß, die Leute sagen zu lassen, was sie wollten, bis sie sich ein wenig beruhigten und vernünftigen Erklärungen zugänglich waren. Doch schließlich konnte ich nicht länger schweigen.

Zwei Monate nach dem Tod meines Mannes wurde ich von einem Abgeordneten aus Alexandria verklagt, der mich beschuldigte, eine Geldsumme, die er Jahre zuvor dem SOS-Kinderdorf gespendet hatte, nicht weitergeleitet zu haben. Augenblicklich rief ich im Kinderdorf an, erhielt den datierten Einzahlungsbeleg zugeschickt und veröffentlichte ihn in der Zeitung. Die Klage wurde abgewiesen. Anschließend erhielt ich Woche für Woche Vorladungen von einem anderen Mann, einem Anwalt, der behauptete, ich verfüge nicht über die erforderlichen Qualifikationen für eine Zulassung zum Studium. Der Rektor der Universität antwortete ihm und machte meine Zensuren und Prüfungsergebnisse öffentlich bekannt. Doch die Gerichtsvorladungen nahmen kein Ende; es war, als stünde jetzt ich vor dem Gericht und nicht Anwars Mörder.

»Islambuli will hören, wie Sie sich verteidigen«, erklärte der Anwalt sogar öffentlich. Was sollte ich dem denn nur sagen – daß er recht gehabt hatte, meinen Mann umzubringen? Ich weigerte mich, der Vorladung zu folgen.

Die meisten Lügen vermochte ich zu ignorieren. Einige aber verletzten mich tief, vor allem neu auftauchende Gerüchte im Zusammenhang mit der Wafa wal Amal. Um mich als Frau zu diskreditieren und um zu zeigen, daß jedes bißchen Einfluß, das ich besaß, einzig auf meinen Mann zurückzuführen war, setzten zwei Kriegsbeschädigte bei den Kabinettsministern und natürlich bei den Zeitungen eine Petition in Umlauf, in der sie mich beschuldigten, die Veteranen mit minderwertigen Lebensmitteln beliefert und sie überdies betrogen zu haben, weil ich ihnen keine Autos verschafft habe.

Tag um Tag verbreitete die Presse diese Lügen. »Bitte, Mama, tritt von der Wafa zurück«, flehten mich meine Kinder an. »Nach all deinen Bemühungen für die Invaliden hast du diesen Ärger wahrhaftig nicht verdient.« Aber ich habe mich noch nie vor einem Kampf gedrückt. »Die Wafa ist nicht nur für diese beiden da«, erklärte ich den Kindern und meinen Freunden, die mich ebenfalls zum Rücktritt drängten. »Ich arbeite für die Mehrheit der Behinderten, und wenn zwei davon unzufrieden sind, bedeutet das nicht, daß alles, was ich getan habe, vergebens war.« Andere Veteranen, die von der Wafa versorgt wurden, überschütteten die Zeitungen mit bewegenden Briefen, in denen sie mich verteidigten. Und auf einer Sitzung des Verwaltungsrates, an der ich selbst nicht teilnahm, stimmten sämtliche Ratsmitglieder dafür, die beiden Unruhestifter auszuschließen.

All das widerte mich an – meinetwegen, wegen der Kinder, wegen Anwars ehrenhaftem Namen. Ich erwartete, daß irgend jemand diesen grundlosen Angriffen ein Ende bereitete, doch das geschah nicht. Vielleicht gehörte auch diese Art der Meinungsfreiheit zu unserer neuen Demokratie. Aber ich litt unendlich, ebenso meine Kinder, deren Trauer um ihren Vater von diesen Verleumdungen seines Andenkens noch vertieft wurde. »Seid nicht verbittert, seid lieber stolz«, predigte ich ihnen immer wieder. »Sie kritisieren euren Vater, weil er der erste war, der Ägypten die Demokratie brachte, der erste, der Andersdenkenden die Möglichkeit gab, ihre Meinung zu äußern. Das ist es, was er anstrebte. Euer Vater ist zufrieden. Selbst seine Seele ist zufrieden.«

Doch meine Kinder blieben verbittert, denn sie begriffen nicht, warum es der Presse und den Kritikern meines Mannes erlaubt sein sollte, sich so bösartig über ihn zu äußern. »Wenn das die Demokratie ist, warum haben sie ihn dann nicht ebenso hart kritisiert, als er noch lebte?« wollten meine Kinder wissen.

»Wer Großes erreicht, hat viele Feinde«, hielt ich ihnen vor. »Jene, die gegen ihn waren, lügen; deshalb haben sie gewartet, bis er tot war und sich nicht mehr verteidigen konnte.«

Drei Jahre lang gingen die Verleumdungen in der Presse weiter, bevor sie endlich allmählich nachließen. Doch es war sehr viel Schaden angerichtet worden. Manche hielten mich immer noch für eine reiche Frau, während in Wirklichkeit alles, was ich besaß, die Staatspension war.

Gamal versuchte mir nach seines Vaters Tod vom ersten Augenblick an zu helfen, weil Anwar ihm aufgetragen hatte, für mich und seine Schwestern zu sorgen. Aber er war erst fünfundzwanzig und hatte bei seinem Schwager eben erst eine Stellung als Petrochemie-Ingenieur angetreten. Wenige Monate nach Anwars Tod kam Gamal mit einem Kuvert zu mir.

»Was ist das?« fragte ich ihn erstaunt.

»Das ist für dich«, antwortete er.

»Aber woher kommt das?«

Schließlich gestand er, daß der Inhalt sein Gehalt war, das er zwischen mir und seiner Frau aufgeteilt hatte.

»Aber Gamal, ich habe doch meine Pension! Bitte, gib es deiner Frau und deiner Tochter«, sagte ich zu ihm.

Aber er wollte nicht. »Es ist meine Pflicht, Mama«, behauptete er. »Ich muß tun, was mir mein Vater aufgetragen hat.«

Auch für seine Schwestern fühlte sich Gamal verantwortlich. Nach Anwars Tod wurde eine der Töchter meines Mannes aus erster Ehe von der Zeitung, bei der sie in Amerika arbeitete, entlassen. Da sie die Universität besuchen wollte, bat sie ihren Bruder, wie es ihr gutes Recht war, um das Geld für die Studiengebühren. Gamal ging sofort zur Bank, um einen Kredit über die Summe aufzunehmen, die sie brauchte, um ihr Studium abzuschließen, und kam gemeinsam mit seinem Schwager Mahmud Osman für die Unkosten der Schwester auf. Anwar hatte bei unserem letzten Spaziergang recht gehabt: Gamal war ein verantwortungsbewußter junger Mann geworden, auf den ich sehr, sehr stolz sein konnte.

Auch nachdem Monate vergangen waren, vermochte ich mich nicht aus den Depressionen zu lösen. Ich trat als Vorsitzende des Volksrats von Munufiya zurück und gab meinen Lehrposten an der Universität auf. Ich war nicht mehr mit ganzem Herzen bei meiner karitativen Arbeit und besuchte die Talla-Kooperative im ersten Jahr nur zweimal, die Wafa wal Amal sowie das SOS-Kinderdorf nur vier- oder fünfmal. Ich wußte natürlich, daß Anwars Tod Allahs Wille und nicht nur sein eigenes, sondern auch mein Schicksal war. Doch ständig nagte an mir dieses schuldbewußte Gefühl, daß ich seinen Tod irgendwie hätte verhindern, daß ich unauffällig für mehr Sicherheitsmaßnahmen hätte sorgen können. Ein ganzes Jahr lang machte ich alles und jeden, vor allem aber mich selbst für seinen Tod verantwortlich.

Ich trug nur Schwarz, und als das traditionelle Trauerjahr vorüber war, fuhr ich immer fort, Schwarz zu tragen. Jeden Morgen, wenn ich den Kleiderschrank öffnete, sah ich nur schwarz und empfand auch alles immer nur schwarz. Ich mochte keine Farben tragen, keinen Schmuck und kein Make-up. Manche Frauen ließen die Trauerzeit im Handumdrehen hinter sich, mir aber war das einfach unmöglich. Irgend etwas in mir war tot.

Meine Kinder machten sich große Sorgen. »Du solltest dich etwas heller kleiden, Mama«, baten sie mich und brachten mir neue Blusen oder Röcke, die wenigstens grau waren. Ich aber lebte nur meiner Trauer. Noch immer stand ich um sechs Uhr früh auf, las nach dem Gebet die Zeitungen, beantwortete meine Post und besprach mit der Köchin täglich die Mahlzeiten, doch während des restlichen Tages wanderte ich ruhelos in der Villa umher, fand nicht genug Energie, das Haus zu verlassen, konnte mich nicht genug konzentrieren, um die Zeit, die ich daheim verbrachte, sinnvoll zu nutzen. Immer wieder stand mir die Szene von Anwars Tod vor Augen. Wie in einem Alptraum wollte ich ihr entfliehen, doch immer wieder hörte ich das Dröhnen der Düsenjäger am Himmel, das Peitschen der Schüsse, das furchtbare Schreien...

Noch monatelang durchlebten meine Enkelkinder immer von neuem ihre Angst während des schrecklichen Geschehens bei einem morbiden Spiel, das sie »Parade« nannten. »Bumm! Bumm!« rief eines von ihnen, woraufhin die anderen den Kopf in den Armen bargen und sich zu Boden warfen. Jedesmal, wenn Gamals zweieinhalbjährige Tochter Jasmin ein Foto ihres Großvaters sah, zielte sie mit der Hand darauf wie mit einer Pistole. Der Großvater fehlte ihnen sehr; niemals vergaßen sie, wie seine Miene sanft wurde, wenn er sie ansah, wie er ihnen erlaubt hatte, auf ihm herumzuklettern und ihn am Schnurrbart zu ziehen.

Von allen Enkeln litt der sechsjährige Scharif am meisten unter Anwars Tod. Als der Älteste hatte er seinem Großvater am nächsten gestanden. Es war Anwar gewesen, der Scharif am ersten Schultag begleitete, Anwar, der Scharif die Hausaufgaben abhörte, wenn er nach Hause kam. Jetzt hatte Scharif das Interesse an der Schule verloren, legte während des Unterrichts einfach den Bleistift hin und weigerte sich, zu schreiben. Die anderen Kinder, erklärte uns sein Lehrer, sprächen immer wieder von seinem Großvater und ließen ihn nicht vergessen. Als Scharif nach einem Monat überhaupt nicht mehr zur Schule gehen wollte und behauptete, die anderen Kinder seien alle klüger als er, weil sie einen Großvater hätten, er aber nicht, ließen wir ihn die Schule wechseln.

Anwars Mörder wurden am 15. April 1982 hingerichtet. Statt wie Märtyrer in den Tod zu gehen, die zu sein sie doch behaupteten, waren sie auf einmal gar nicht mehr sicher, ob sie gottgefällig gehandelt hatten. Mein Herz quoll über vor Bitterkeit, als mir ein Offizier, der bei der Hinrichtung anwesend gewesen war, berichtete, daß man einen von ihnen zur Hinrichtung habe tragen müssen und daß Islambuli selbst den Scheich, der dort war, um seine letzten Worte zu vernehmen, wiederholt gefragt habe: »War es richtig, was ich getan habe? War es richtig?«

Tiefer Abscheu für diese Menschen erfüllte mich. Daß man ein solches Verbrechen aus einer festen, wenn auch fehlgeleiteten religiösen Überzeugung beging, konnte ich noch verstehen; daß aber die Mörder meines Mannes ihr eigenes Handeln plötzlich in Frage stellten, ließ Anwars Tod wie einen Dummenjungenstreich erscheinen. Diese Feiglinge hatten mir meinen Mann, meinen Kindern den Vater und meinem Heimatland den Führer genommen. Auch die Zweifel ihrer allerletzten Minuten würden ihn nicht wieder lebendig machen.

Ein Jahr nach Anwars Tod reiste ich zum erstenmal ins Ausland: nach Amerika, um von Nancy Reagan die meinem Mann posthum verliehene Friendship Medal entgegenzunehmen, nach England, wo der Greater London Fund for the Blind mich zur »Frau des Jahres« ernannte, und dann nach Paris, wo der Chefredakteur der *Politique Internationale* meinen Mann zur »Persönlichkeit des Jahres« bestimmte. Ich fühlte mich geehrt von dem Respekt, der mir und meinem Mann entgegengebracht wurde, hatte aber das Gefühl, daß eine Hälfte von mir fehlte. Zu Hause in Kairo nahm ich mein Studium an der Universität wieder auf und arbeitete für meine Doktorarbeit über den Einfluß der englischen Literaturkritik auf die ägyptischen Kritiker in der Zeit zwischen den Weltkriegen. Außerdem begann ich als Vorbereitung auf ein Buch über meinen Mann, unser gemeinsames Leben und Ägypten, meine Tagebücher noch einmal zu lesen sowie Unterlagen und Fotos zu sammeln.

Viele haben von ihm gesagt, er sei seiner Zeit voraus gewesen. Aber da möchte ich widersprechen. Wie kann die Idee des Friedens, der Beendigung eines Krieges – wie können diese Dinge ihrer Zeit voraus sein? Mein Mann repräsentierte die Mehrheitsmeinung in Ägypten. Mit Allahs Hilfe hat er sein Leben als eine Mission gelebt, sich ganz seinem Land gewidmet und ihm schließlich sein Leben geopfert. Anwar lebte seine Ideale in jedem Augenblick seines Daseins und verlor niemals seine Vision aus den Augen. Er befreite unser Land und brachte ihm Frieden. 1971 erarbeitete er die ägyptische Verfassung, in der

der Rechtsstaat verankert wurde, und schuf die wirtschaftlichen Voraussetzungen für den Wohlstand Ägyptens. Er schaffte die Pressezensur ab und schenkte unserem Volk Freiheiten, die es bisher nicht gekannt hatte. »Freiheit ist die schönste, heiligste und kostbarste Frucht unserer Kultur«, sagte er oft. Daß diese Freiheiten zuweilen mißbraucht wurden, war unvermeidlich. Die Menschen brauchen Zeit, um die Selbstdisziplin der Demokratie zu lernen.

Von anderer Seite wurde behauptet, *ich* sei meiner Zeit voraus. Aber auch dem möchte ich widersprechen. Die Moslemfrauen haben genausoviel Recht wie andere Frauen auf eine aktive Rolle in der Gesellschaft, auf die Zusammenarbeit miteinander und mit den Männern, um ihre und die Lebensbedingungen anderer zu verbessern. Daß ich mich diesem Kampf angeschlossen und versucht habe, die traditionellen Barrieren zu durchbrechen, die die Moslemfrauen zum Schweigen verurteilten, war mein Schicksal und Allahs Wille. Und ich habe dafür gelitten. Aber wir beide, Anwar und ich, akzeptierten, daß man für jeden Fortschritt, für jede Veränderung einen Preis zahlen muß. Und wir haben ihn bereitwillig gezahlt.

Rückblickend würde ich keinen Augenblick meines Leben verändern wollen und bedaure nur, daß Anwar nicht lange genug leben durfte, um sich mit mir zusammen zur Ruhe zu setzen. Es wäre das Paradies gewesen, gemeinsam ein friedliches Dasein ohne jede Verantwortung, ohne jeden Druck zu genießen. Wir hatten uns beide so sehr auf ein ganz neues Leben gefreut, in dem wir unsere Enkelkinder heranwachsen sehen und uns in unserem Haus in Mit Abul-Kum, wo Anwar zu schreiben beabsichtigte, entspannen wollten. »Ich träume von dem Tag, an dem wir ohne Leibwachen, ohne Protokoll nach Europa oder Amerika reisen und ein normales Leben führen«, sagte ich oft zu ihm, als sich der Zeitpunkt für die Rückgabe des Sinai näherte. »Keine Sorge, Jehan. Er wird kommen«, versicherte er mir dann. Doch das war ein Traum, der sich nicht erfüllte.

Heute lebe ich, als sei er noch am Leben. Ich arbeite noch immer für den Frieden, für die Verbesserung des Lebensstandards der Armen, für die Rehabilitation der Behinderten, für eine liebevolle Unterbringung der Waisen, für den Kampf um die Rechte der Frauen. Die wahre, ruhige Heiterkeit, die wir als Menschen empfinden, entspringt, wie ich ganz fest glaube, nur den Bemühungen, anderen zu helfen. Ich stelle mir gern vor, daß Anwar sieht, was ich tue, und stolz auf mich ist.

Heiraten werde ich niemals mehr; ich denke auch nicht daran, meinen Namen zu ändern. Ich habe immer nur Anwars Frau sein und ihm zur Seite stehen wollen, doch lebe ich nicht in der Vergangenheit oder in einer Illusion. Anwar ist nicht mehr, und ich muß weiterleben. Ich glaube an das Heute und an das Morgen und lebe das Heute und das Morgen. Perfektion gibt es nur in Allah, und ich als Mensch versuche, solange ich auf dieser Erde bin, alles zu tun, um ein so guter Mensch zu werden, wie es mir eben möglich ist. Nach dem Tod werde ich wieder mit Anwar vereint sein, das weiß ich.

Eines Tages werden die Ägypter erkennen, was Anwar für unser Land getan hat, und ihm den ihm zukommenden Platz in der Geschichte einräumen. Ich warte geduldig. Seine Papiere sind gesammelt und geordnet, die Tonbänder seiner Reden sowie sein Briefwechsel mit den Staatschefs der ganzen Welt ebenfalls. Eines Tages wird man ein ihm gewidmetes Museum bauen, davon bin ich fest überzeugt.

Für dieses zukünftige Museum verwahre ich in unserem Haus in Giseh all seine persönlichen Sachen. Manchmal gehe ich in sein Schlafzimmer und öffne den Schrank, um mir die Militäruniform anzusehen, die er am letzten Tag seines Lebens trug. Ich habe sie weder reinigen noch ändern lassen, als ich sie aus dem Krankenhaus abholte. Sie hängt da mit den Einschußlöchern an der Schulter und in dem braunen Ledergürtel, der rechte Ärmel ist noch aufgeschlitzt, wo die Ärzte ihm die Bluttransfusionen gegeben haben. Auf dem Hutregal liegt Anwars Militärmütze verschmiert von Blut, das möglicherweise nicht das seine ist, da er sie nicht trug, als er erschossen wurde.

Auch das blutgetränkte Unterhemd, das er trug, hängt im Schrank; es ist inzwischen steif und braun geworden. Selbst das bewahre ich für den Tag, da Ägypten bereit ist, meinen Mann zu ehren, bereit ist, anzuerkennen und zu respektieren nicht nur, was ein Mann seinem Land, sondern was er uns allen gab.

Epilog

Die sechs Jahre, die seit dem Tod meines Mannes verstrichen sind, waren sehr schwer für mich. Was sollte ich tun? Wovon sollte ich leben? Wie versprochen, gewährte mir die ägyptische Regierung eine kleine Pension, außerdem lehrte ich an der Universität von Kairo weiterhin arabische Literatur. Aber ich wurde immer rastloser. Eines Tages im Jahre 1984 kam mich Dr. James Holderman, Rektor der University of South Carolina, besuchen. Als mir diese Universität 1979 die Ehrendoktorwürde verlieh, hatte ich mich mit Dr. Holderman und seiner Familie angefreundet. Nach dem Tod meines Mannes war er mit Frau und Tochter sogar nach Ägypten gekommen, um mir zu kondolieren. Nun, in meinem Wohnzimmer in Giseh, schlug Dr. Holderman mir eine Ortsveränderung vor und bat mich, ein Lehramt in den Vereinigten Staaten zu übernehmen. Nachdem ich mit meinen Kindern gesprochen hatte, beschloß ich, seinem Ratschlag zu folgen. Ich habe es nicht bereut.

Den Winter 1985 verbrachte ich in Washington und pendelte einmal pro Woche zur University of South Carolina, wo ich Vorlesungen über die Stellung der Frauen in Entwicklungsländern hielt; in Washington stellte ich ein Symposion für die American University zusammen, die mich für das Frühjahrssemester als »Distinguished Professor in Residence« eingeladen hatte. Das Symposion mit dem Titel »Frauen in einer sich verändernden Welt« war ein großer Erfolg, vor allem durch die Teilnahme meiner lieben Freundinnen Rosalynn Carter, Betty Ford, Jeane Kirkpatrick, Coretta King, Barbara Bush und Barbara Walters. Dr. Holderman hatte recht: Ich genoß die Ortsveränderung ebenso wie die Herausforderung, in Amerika zu leben und zu lehren. Meine Studenten sowohl in Washington als auch in South Carolina waren offen und direkt und wollten bis in die kleinste Einzelheit alles über mein Leben in Ägypten wissen. Ganz zweifellos habe ich mehr von ihnen gelernt als sie von mir. Und als man mich bat, 1986 wiederzukommen, abermals an der University of South Carolina zu lehren und außerdem als Gastprofessorin der Radford University in Radford, Virginia, zu lesen, war ich sofort einverstanden.

Ich war sehr, sehr fleißig während meiner ersten beiden Winter in Amerika, bereitete mich auf meine Vorlesungen vor und flog nicht nur zwischen Virginia und South Carolina hin und her, sondern kreuz und quer durchs ganze Land, um überall Vorträge über die Stellung der Frauen und die Notwendigkeit des Weltfriedens zu halten. Es war ein anstrengendes Leben, und anfangs fühlte ich mich recht unsicher. Ich hatte noch nie selbst für meinen Lebensunterhalt sorgen müssen und hatte noch nie ein richtiges Gehalt bekommen außer dem geringen Betrag als Vorsitzende des Volksrats von Munufiya, den ich der Talla-Kooperative zukommen ließ.

Zugleich bereitete ich mich auf meine Doktorprüfung an der Universität von Kairo vor. Ich mußte einen perfekten Eindruck machen, denn ich wußte, daß meine Arbeit von all meinen und vor allem den Gegnern meines Mannes in Ägypten unnachsichtig unter die Lupe genommen werden würde. Mein Herz raste, als ich im Sommer 1986 den Prüfungssaal der Universität betrat. Um mich zu unterstützen und mir Mut zu machen, hatten Freunde Hunderte von Blumenarrangements in die Universität geschickt. Ich kam mir vor wie in einem wunderschönen Garten, als mich der Prüfungsausschuß drei Stunden lang – teilweise sehr streng – examinierte. Später protestierte meine Tochter Jehan bei einem der Professoren gegen die Schwierigkeit seiner Fragen. »Mir blieb keine Wahl«, erklärte ihr Dr. Ibrahim Abdel Rahman. »Ich wollte auch nicht den Schatten eines Verdachts aufkommen lassen, daß Ihre Mutter eine Vorzugsbehandlung genieße. Um zu beweisen, daß sie ihren Doktortitel ehrlich verdient, mußte sie mehr wissen und sich gewandter ausdrücken können als jeder normale Doktorand.« Als mir der Titel mit allen Ehren zugesprochen wurde, war ich unendlich dankbar.

Jetzt teile ich meine Zeit zwischen Giseh und Virginia, wo ich mir 1985 ein kleines Haus gekauft habe. Ich führe ein sehr ruhiges Leben, stets begleitet von einem der beiden Militäradjutanten, die auch meinem Mann gedient hatten. Im Herbst 1986 nahm ich von beiden Universitäten Urlaub, um an meinem Buch zu arbeiten, und stellte fest, daß mir die Ruhe und Entspannung zu Hause nach dem ständigen Hin und Her im ganzen Land richtig guttat.

Meine Freunde in Ägypten und meine neuen amerikanischen Freunde fragen mich oft, ob es mich unglücklich macht, nach dem luxuriösen Leben als Frau des Präsidenten von Ägypten jetzt um soviel einfacher leben zu müssen. Aber ich habe keine Sehnsucht nach dem Pomp. Statt dessen bin ich stolz auf meine Unabhängigkeit und Selbständigkeit.

Meine Nachbarn in Virginia sind wunderbar zu mir, laden mich zu ihren traditionellen Festen wie Thanksgiving und Weihnachten ein und besuchen mich nachmittags zu Tee und Plaudereien. Die Freunde, die Anwar und ich hier während seiner Präsidentschaft gefunden haben, sind mir treu geblieben und überaus aufmerksam, vor allem Nancy Reagan, die ich mehrmals im Weißen Haus besuchte. Henry Kissinger ruft mich oft an und erkundigt sich, wie es mir geht, ebenso meine liebe Freundin Barbara Walters. Besonders freundlich war David Rockefeller zu meiner Familie. Er sorgte dafür, daß mein Sohn Gamal im letzten Winter am Chase Training Program der Chase Manhattan Bank teilnehmen durfte. Es war wunderbar, meinen Sohn und seine Familie in Amerika in meiner Nähe zu haben; obwohl sie in New York wohnen und ich in Virginia, sprechen wir oft miteinander, und der Flug dauert nur eine Stunde anstatt der zehn, die mich vom Rest meiner Familie in Kairo trennen. Im März 1987 bekamen Gamal und Dina ihre zweite Tochter, die sie Nur nannten.

Dennoch ist es für mich nicht leicht, so weit von Ägypten entfernt zu leben, und so leide ich oft an Heimweh. Ich vermisse die banalsten Dinge, sogar den Sand. Ich habe Videokassetten von ägyptischen Theaterstücken, die ich mir oft ansehe, und Tonbänder meiner Lieblingssängerin Umm Kalthum, die ich mir im Auto anhöre. Und natürlich gibt es das Telefon. Meine Freunde in Ägypten rufen mich oft an, viele andere Freunde halten ebenfalls mit mir Kontakt. Die Prinzessin von Dschidda telefoniert ebenso gelegentlich von Saudi-Arabien aus mit mir wie Scheicha Fatima aus Abu Dhabi und Farah Diba von ihrem Wohnsitz in den Staaten. Mindestens einmal pro Woche rufen meine Töchter aus Kairo an, doch wenn ich mit ihnen telefoniere, fühle ich mich zuweilen nur noch weiter von ihnen entfernt. Ich möchte sie sehen, meine Enkelkinder umarmen, mich mit eigenen Augen davon überzeugen, daß alles in Ordnung ist. Aber das Leben hat es nicht so gewollt.

Nach Ägypten kehre ich jeden Sommer und wenn möglich zu den religiösen Feiertagen und Festen zurück. Und natürlich immer am 6. Oktober, dem Todestag meines Mannes. Ich zähle die Tage, bis ich wieder in Ägypten bin. Obwohl ich als Vorsitzende sämtlicher sozialer Organisationen zurückgetreten bin – weil ich es weder fair noch produktiv finde, weiterhin den Vorsitz zu behalten, wenn ich so häufig auf Reisen bin –, besuche ich jedesmal die Wafa und die Talla-Kooperative.

Der Kampf um die Frauenrechte in Ägypten geht weiter. Im Jahre 1985 strich der ägyptische Oberste Gerichtshof die von uns durchgesetzten Zusatzklauseln des Personenstandsrechts. Der Widerruf dieser Gesetze war ein immenser Sieg für die Fundamentalisten, die von Anfang an behauptet hatten, die Gesetze zum Schutz der Frauen bei Ehe und Scheidung widersprächen der Scharia. Die Frauengruppen protestierten natürlich heftig gegen die Abschaffung der Zusatzklauseln und verlangten, daß sie dem Parlament noch einmal vorgelegt wurden. Wir alle waren unendlich dankbar, als das Parlament die Gesetze von 1979 nur wenige Monate nach ihrer Abschaffung wieder einführte, nachdem sie vom Gerichtshof geprüft und dem islamischen Recht entsprechend befunden wurden. Nun hatten wir den Kampf um das Personenstandsrecht schon zweimal gewonnen, aber die Opposition gegen die Frauen ist immer noch sehr tief verwurzelt. Im Sommer 1987 wurde das von meinem Mann vorgeschlagene Wahlrecht, unter dem eine bestimmte Anzahl von Abgeordnetensitzen den Frauen vorbehalten werden sollte, widerrufen. Der Kampf hört nicht auf.

Dieses Buch zu schreiben ist mir sehr schwer gefallen; es brachte Erinnerungen zurück, die ich vergessen wollte, Erinnerungen an ein Leben voll Frieden und Glück, wie es mir nie wieder beschieden sein wird. An den Wänden meines Hauses in Virginia hängen zahlreiche Fotos von meinen Kindern und Anwar, die ich mir täglich ansehe: wir alle in Ismailia, kurz vor Anwars Reise nach Jerusalem; ein Foto von Anwar und mir mit den Carters in Camp David, wo wir ein Schneemobilrennen veranstalteten; Anwar und Jasmin am Tag vor seinem Tod zusammen im Garten. Auch das letzte Foto von Anwar besitze ich, das ihn zeigt, wie er bei der Militärparade am 6. Oktober 1981 zum Himmel aufblickt. Sekunden später war er tot.

Dank seiner Kraft und seines Vertrauens in mich habe ich durchhalten können. Trotz aller Schwierigkeiten, trotz allem, was ich erlebt habe, bin ich stark geblieben. Ich habe mich auf meine eigenen Füße stellen und ein neues Leben ohne meinen Mann beginnen müssen. Gefälligkeiten habe ich weder verlangt noch erhalten. Ich mache meinen Weg allein und voll Würde. Und ich bin, als Ägypterin, sehr stolz darauf.

Stark und sinnlich – eine große Liebesgeschichte

Roman / 288 Seiten / Leinen

Der Roman einer Liebe zwischen zwei Frauen – zugleich die Geschichte einer Selbstfindung und eines neuen, erfüllten Lebens – mit großer Einfühlsamkeit erzählt.